DE LA

JURISPRUDENCE

ANGLAISE

SUR LES CRIMES POLITIQUES.

IMPRIMERIE DE LACHEVARDIERE

RUE DU COLOMBIER, N° 30, A PARIS.

DE LA

JURISPRUDENCE

ANGLAISE

SUR LES CRIMES POLITIQUES,

PAR

M. DE MONTVÉRAN,

AUTEUR DE L'HISTOIRE CRITIQUE ET RAISONNÉE DE LA SITUATION DE L'ANGLETERRE, ETC.

TOME TROISIÈME.

Paris,

CHARLES GOSSELIN, LIBRAIRE

DE SON ALTESSE ROYALE MONSEIGNEUR LE DUC DE BORDEAUX,

Rue Saint-Germain-des-Prés, n° 9.

M DCCC XXIX.

SUITE

DE LA

SECONDE PARTIE.

PROCÈS POLITIQUES.

SECONDE PÉRIODE, DE 1688 A 1820.

JURISPRUDENCE
ANGLAISE
SUR LES CRIMES POLITIQUES.

SECONDE PARTIE.

(SUITE.)

MAISON DE BRUNSWICK - HANOVRE.

RÈGNE DE GEORGE Ier,

Proclamé le 17 septembre 1714. . . . . Mort le 11 juin 1727.
Douze ans, neuf mois et vingt-cinq jours.

I. Avènement à la couronne et choix du ministère. — II. Rébellion en Écosse. — III. Arrangement de finances. — IV. Le parlement est rendu septennal. — V. Projet de limiter le nombre des pairs. — VI. Négociations et traités de George Ier, et introduction de la politique hanovrienne.

I. Les agitations et les rivalités des partis et la haine de la majorité de la nation anglaise pour les Stuarts, l'incapacité du faible héritier de leurs droits et son opiniâtre persévérance à se refuser à toutes les voies conciliatrices, amènent une maison entièrement étrangère, ignorant les lois, les usages, la langue même des peuples confiés à son sceptre (1), à régner sur l'Angleterre. Dans l'état où la mort soudaine, quoique prévue, de la reine Anne (1er août 1714) plaçait les Whigs et les Torys, le trône était encore à celui des deux princes qui, plus diligent, l'occuperait le premier. L'un, George Ier, montrait pour cette belle couronne, que lui destinait *l'Acte d'établissement*, une indifférence qui pouvait lui devenir fatale. Par jalousie de son fils, qui fut depuis George II, il désavouait le chargé d'affaires de Hanovre, qui, d'accord avec les chefs des Whigs, demandait au ministère de la reine Anne que le prince électoral de Hanovre fût sommé de prendre séance au Parlement comme duc de Cambridge. L'autre, Jacques III, n'avait pas eu assez d'audace pour venir un moment auprès de sa sœur réclamer secrètement de sa tendresse et des liens du sang de loyales et publiques démarches pour lever l'*Attainder* sous lequel le Parlement l'avait placé; et, depuis sa mort, il se refusait aux instances des chefs des Torys et de la haute église, d'arriver à White-Hall, de faire une profession de foi de la religion anglicane, de demander seulement à l'archevêque de Cantorbéry ses instructions sur le symbole de son église, de se présenter hardiment ensuite à la Chambre des pairs, pour purger son *Attainder*, et de requérir qu'un Parlement libre décidât de ses droits et du mérite de l'Acte d'établis-

(1) Le roi George Ier ne savait pas l'anglais, et Robert Walpole ne savait pas le français. Il en résultait qu'ils ne parlaient d'affaires qu'en latin. George II savait l'anglais et le prononçait mal; il ne le parlait jamais en public.

sement, dès qu'il adoptait la religion protestante. Tous les mémoires du temps ne permettent pas de douter que l'*Attainder*, que l'*Acte d'établissement* auraient été renversés, et qu'il eût été préféré à l'électeur de Hanovre.

Les Whigs eurent beaucoup de peine à obtenir la proclamation de George Ier. A la fin, vers le 10 de septembre, les Torys la leur abandonnèrent. Tirés de leur incertitude par l'inactivité de Jacques III, qui ne sera plus que le *Prétendant*, ils cherchèrent à se faire un mérite de concourir à la reconnaissance de George Ier, et ambitionnèrent le ministère. Se donnant pour les véritables soutiens de l'autorité absolue, pour les défenseurs de la prérogative royale, ils ne faisaient des Whigs que des républicains (1), et ils furent étonnés, mécontents que tous les postes de confiance fussent pris par les Whigs, et que George Ier mît à la tête de ses conseils sir Robert Walpole et lord vicomte Townshend, lord Stanhope et lord Cowper, chancelier d'Angleterre. Sir Robert Walpole ne tarda pas à sortir du cabinet, mais deux ans après il y rentra, pour l'occuper tout entier jusqu'en 1742.

II. Les Écossais, plus attachés à la maison de Stuart que les Anglais, espérant un plus grand courage dans le Prétendant qu'il n'en a déployé, s'étaient montrés en sa faveur avec une grande décision.

---

(1) Nous montrons, dans le procès du comte d'Oxford, combien cette idée était fausse, et quelle est celle qu'on doit se former des principes des Whigs et des Torys, à la fin du règne de la reine Anne et au commencement de celui de George Ier.

L'*Acte d'union* de 1707 n'était pas assez fondé dans leurs mœurs ; l'*Acte de sécurité* occupait trop encore leurs souvenirs, éveillait trop tous les intérêts, l'honneur, la gloire nationale, pour qu'ils ne regardassent pas la signature du traité d'union comme un suicide honteux, que la force, aidée par la corruption de quelques uns de leurs chefs, avait arraché à leur dernier Parlement. Les Écossais prirent donc les armes, dès le commencement d'octobre, pour défendre la cause de Jacques III.

Le dernier ministère de la reine Anne avait travaillé de tout son pouvoir à y amener les esprits. Harley, comte d'Oxford et de Mortimer, avait constamment courtisé les Torys et la haute église ; et Bolingbroke, et le duc d'Ormond en particulier, avaient introduit dans toutes les places importantes des Jacobites et des *non-Jureurs*. Le premier était avec un parti qui avait l'ascendant ; les autres se livraient à des factions qui les ont perdus. Mais parmi les hautes classes de la société, il y avait beaucoup plus de Whigs qui travaillaient pour la maison de Hanovre que de Torys.

Ceux-ci trouvaient dans la masse de la nation un nombre considérable de Presbytériens que les lois de tolérance n'avaient protégés ni contre la haute église, ni contre les Jacobites, qui occupaient en force les places de l'administration et de l'ordre judiciaire et surtout les justices de paix. La majorité des petits propriétaires des comtés et la bourgeoisie des villes étaient donc Whigs, et restaient tels avec obstination.

En vain, aux sermons de Sacheverel, qui avaient produit une si grande agitation, les chefs des Torys avaient-ils fait succéder d'autres prédications et une foule de pamphlets destinés à inculquer le principe de la *Légitimité des droits héréditaires à la couronne*, leur origine divine, *les dangers de l'élection populaire;* Bolingbroke et Ormond ne convertissaient personne dans les classes moyennes de la société. On avait été obligé de traduire à la Cour du Banc du roi un docteur Beffort, auteur d'un des plus virulents pamphlets en faveur des *Droits héréditaires*. Le libelle fut condamné; mais le cabinet donna ordre de surseoir à toutes poursuites contre l'auteur, en raison des fonctions et du caractère sacré de cet ecclésiastique. Un pardon, le plus ample possible, n'aurait pas été reproché à la Cour; mais c'était pour la première fois que le titre d'ecclésiastique était produit comme un motif de suspendre le prononcé d'un jugement. Ce ministère tenait donc plus vives, au lieu de les calmer, les haines du parti national contre le Prétendant.

Il n'avait pas plus de succès en faisant proclamer partout, même dans les chaires, que l'église anglicane était en danger. Personne n'y croyait; on ne lui voyait d'autres ennemis que les catholiques, déclarés ou secrets, qui faisaient la force de la faction des Jacobites.

Le duc de Marlborough avait été privé de son commandement, pour y porter le duc d'Ormond. La conduite du duc avait été censurée en Parlement; on lui avait ôté ses émoluments et pensions; son secrétaire était chassé de la Chambre des communes et mis en prison. Mais, quoi qu'on ait pu dire de l'homme privé, Marlborough était une gloire nationale, et l'honneur des armes pour tous les pays.

Le traité de la Barrière, peu après la signature des préliminaires avec la France, était attaqué en plein Parlement; et lord vicomte Townshend, qui l'avait signé, était censuré. On en aurait même fait autant du traité de la Grande alliance. Plus tard, on élevait aux nues le traité d'Utrecht, que trois ans après, en 1715, on déclarait honteux, sans qu'on eût plus de motifs pour les éloges outrés que pour les censures amères qu'on en faisait. La paix d'Utrecht était ce qu'elle devait être; mais l'esprit de parti avait une véhémence extraordinaire dans les Whigs comme chez les Torys.

Ces excès du ministère, des Torys et des Jacobites produisirent une réaction sur le corps électoral d'Angleterre. Les députés au Parlement de novembre 1713 furent en majorité Whigs; et ce fut à cette Chambre des communes que George Ier dut sa proclamation à la couronne. Elle aida et donna une grande force à la régence, qui gouverna depuis le 1er août 1714 jusqu'au 17 septembre. On ne doit pas se dissimuler cependant qu'elle fut servie par l'obstination de Jacques III à rester catholique, et surtout à ne pas débarquer en Angleterre ou en Écosse.

Les comtes de Derwentwater, de Nithisdale, de Wintoun, de Carnwath, le vicomte Kenmure et les lords Widdrington et Nairn, vers la fin de septembre 1714 ou au commencement d'octobre, se réunirent en armes dans le comté de Tiviotdale, et entrèrent en Angleterre par les comtés de Northumberland et de Cumberland. Ils étaient, vers le 15 novembre, dans celui de Lancastre, prenant possession, au nom de Jacques III, des places, des arsenaux et des caisses publiques. Des troupes furent rassemblées sous le commandement du général Wills, militaire distingué, qui, aussitôt qu'il eut quelques forces, attaqua les Écossais avec beaucoup de résolution, sous Preston, dans le comté de Lancastre. Ils furent battus, culbutés et forcés de rentrer dans la ville. Sommés, après cette échauffourée, de mettre bas les armes, ils se confièrent à la générosité du général, sollicitèrent par lui la clémence royale, et se soumirent. Les chefs furent arrêtés et conduits à la Tour ; et ce court mais vif engagement mit fin à la rébellion.

Le 9 janvier 1715, M. Lechmère, membre de la Chambre des communes, dénonça ces grands ou imprudents coupables. La délibération fut courte. Ils furent accusés à la barre de la Chambre des pairs; et le même soir les articles de l'accusation furent présentés.

Nous donnons les procès des sept lords écossais après ce précis du règne de George Ier.

III. La guerre de la succession avait été très onéreuse ; elle avait coûté à l'Angleterre bien plus qu'à la France; 88,360,000 liv. st. (l'once d'argent valant 2 sh. 8 d. 1/2, la moitié de sa valeur actuelle). La reine Anne laissait à sa mort une dette de 51,375,000 liv. st. Cette dette était le résultat d'emprunts faits à des intérêts très élevés, de 6 p. o/o jusqu'à 12. Il était impossible de la payer ; on ne pouvait opérer sur elle qu'en réduisant les intérêts. Lord Stanhope, qui fut chargé du ministère des finances, institua trois grandes catégories de dettes publiques, dans lesquelles il classa les dettes du pays envers la Banque, la Compagnie de là mer du Sud, et d'autres compagnies ou actionnaires des emprunts. Chaque classe avait une nature d'impôts dont le produit était appliqué et spécialement affecté au paiement de la dette du pays envers eux, en capital et en intérêts. Les deux grandes compagnies de finances avaient promptement consenti à des réductions d'intérêts; les produits des recettes qui leur étaient attribuées donnaient donc des excédants qui étaient versés à un quatrième fonds dit d'amortissement. Ces *quatre grands fonds*, de la Banque, de la mer du Sud, *fonds réuni*, et de l'amortissement, ont eu une grande renommée, et marchèrent bien pendant trois ans; mais ils ne pouvaient influer sur la dette qu'en réduisant l'intérêt; et l'opération, terminée avec les deux compagnies de la Banque et de la mer du Sud, ne pouvait l'être, pour *le fonds réuni*, que dans le cas où une des deux compagnies se mettrait à la place des actionnaires de ce fonds: la compagnie de la mer du Sud s'en chargea. Elle fit monter ses actions d'abord à 200 p. 0/0. Tous les actionnaires *du fonds réuni* apportèrent leurs titres de dettes pour les convertir en *Actions de la mer du Sud*. Contenu dans ses bornes et limité à cet effet unique, ce mouvement de finance et de circulation était utile et louable; mais l'engouement du public et la cupidité de quelques hommes en place s'en saisissant à leur profit, dénaturèrent toute l'opération, et portèrent les actions de la mer du

Sud de 100 liv. st. à 1125 liv. st. Cette grande quantité de valeurs en circulation amena une crise financière, dont l'Angleterre se ressentit long-temps. Les *Actions de la mer du Sud* tombèrent à 170 liv. st., et cette crise se termina par l'agiotage le plus honteux.

La Chambre des communes retrouva, dans ses obligations de veiller au salut de l'État et à la conservation de ses finances, tous les pouvoirs dont elle avait besoin. Elle exerça son droit de contrôle et d'enquête avec promptitude et sévérité. Elle envoya à la Tour le chancelier de l'Échiquier (ministre des finances), souillé de toutes ces infamies, le directeur-général des postes, et les directeurs et les principaux agents de la compagnie; leurs biens furent saisis et vendus : ils produisirent une somme de 2,000,000 liv. st. Ce que la Chambre des communes ne pouvait pas faire seule, reçut le concours des Pairs. Cinq lois de finances furent passées. La dette publique fut acrue de 2,000,000 l. st.; mais l'intérêt des dettes publiques, à partir du 5 janvier 1727, fut réduit à 4 p. 0/0.

IV. Quelque énergie qu'eussent déployée les Whigs pour la défense de l'*Acte d'établissement*, on ne peut s'empêcher de croire qu'elle aurait été inutile, si Jacques III avait eu plus de décision : et il devait en résulter que le gouvernement du roi George Ier serait long-temps faible. Il était également à craindre que, dès que le premier Parlement de ce règne aurait été terminé, par la dissolution triennale de 1717, des élections Torys ne vinssent dominer les Communes, et causer dans la législation des embarras qui retarderaient ou empêcheraient la promulgation de quelques lois importantes, et rendraient la marche de l'administration vacillante et incertaine.

On avait acquis, en vingt années d'existence de la loi nouvelle, sur la durée triennale des Parlements, la triste expérience qu'on n'avait marché que de réactions torys en réactions whigs. Il est bien vrai que les Torys avaient l'appui de la reine Anne ou de son cabinet, et que ce seraient les Whigs auxquels le roi George et son ministère donneraient de la force. Il est également vrai qu'on avait le secours d'une dissolution royale d'une Chambre des communes inquiétante. Mais on ne doit, dans un bon système de gouvernement représentatif, recourir qu'avec modération à une semblable mesure, qui, bien que légale, est toujours un coup d'État constitutionnel, et une planche à naufrage qu'il ne faut jeter que dans des périls manifestes; d'ailleurs cette loi des Parlements triennaux n'avait pas poussé, dans la nation, des racines bien profondes.

D'un autre côté, le règne glorieux d'Élisabeth avait dû la vigueur de ses actes à des Parlements de cinq, de sept et de dix ans. Le long Parlement de Charles II avait consolidé d'abord la restauration, et avait ensuite combattu avec succès l'ascendant des Catholiques et du duc d'York. On pouvait donc en attendre autant d'un long Parlement Whig.

On objectait, à la vérité, que le Parlement actuel, ou, pour être plus exact, la Chambre des Communes actuelle, n'avait de pouvoirs que pour trois ans, et qu'elle les étendait à six et à sept ans; que si l'omnipotence du Parlement suffisait à les proroger de quatre années, cette omnipotence pourrait de nouveau, à leur expiration, les prolonger indéfiniment. Ces objections furent rejetées, et on passa le bill du Parlement septennal. En 1720, il fut cependant question de le proroger encore; sir Robert Walpole s'y opposa, prit ses mesures pour les nouvelles élections, et une proclamation royale en prononça la dissolution, après cinq années, onze mois et vingt-un jours de durée.

V. La faction qui, soutenue par les Whigs et le parti national, avait amené des modifications généralement utiles, ou du moins faiblement contestées dans la durée des Parlements, voulut porter dans la Chambre des pairs une concentration de pouvoir et d'influence qui devait rencontrer plus d'opposition dans le grand corps de la nation et dans la Chambre des communes. Le comte de Sunderland, un des ministres de George Ier, venait de persuader à ce prince, bien plus occupé de son électorat de Hanovre et de ses intérêts dans l'Allemagne septentrionale, que des affaires de son royaume, de renoncer au droit de la couronne de créer des pairs librement et à sa volonté. Il fallait que le roi connût bien peu les lois du pays et les combinaisons du système constitutionnel de l'Angleterre pour délaisser une si haute et si essentielle prérogative du sceptre qui lui avait été confié.

La partie était bien liée entre le cabinet ou la faction qui le dominait, et un très grand nombre de pairs. Il paraissait très important à ceux-ci de fermer la porte après eux. Le nombre des pairs existant aurait été augmenté. L'Écosse aurait eu vingt-cinq Pairs au lieu de seize, venant par élection à chaque Parlement; tous les pairs écossais, Jacobites ou soupçonnés de l'être, ou plutôt ceux qui n'étaient pas de la faction de Sunderland auraient été exclus. La couronne n'aurait plus eu de nomination, dans les deux royaumes, qu'en cas d'extinction de chaque pairie.

Le Bill fut donc proposé à la Chambre des pairs, et passa, non sans objections, mais sans protestations. De semblables vestiges d'opposition seraient devenus, si cette mesure eût été adoptée, terribles pour les Pairs qui auraient protesté.

Dans les Communes, il y avait un intérêt contraire. Il était essentiel pour les membres de cette Chambre que les portes de la pairie fussent ouvertes devant eux, et aussi largement qu'il était possible. Aussi les Communes montrèrent-elles la plus franche opposition à ce projet. Les hommes influens de la Chambre, joints aux Torys peu nombreux qui y siégeaient, et à une nouvelle opposition formée des mécontents du gouvernement du roi, firent sentir qu'il avait fallu une ignorance complète des principes de la constitution anglaise, une grande insouciance de tout ce que cette mesure pouvait créer de dangers, pour oser conseiller et adopter un semblable abandon des droits les plus beaux et les plus importants de la couronne, et les plus utiles au pays.

On leur objecta qu'à la vérité ce resserrement du nombre des pairs actuels donnait à ceux-ci une grande influence, mais qu'il diminuait la prépondérance de leur Chambre. La pairie était le but de l'ambition de toute la noblesse riche des comtés. Avec le pouvoir non limité de la couronne, la Chambre des pairs renfermerait à la longue toutes les notabilités du pays; et la Chambre des communes ne serait formée que de petits propriétaires sans influence. En laissant la porte de la pairie ouverte à toutes les ambitions, la couronne avait sur les Communes un moyen de corruption assurée. Ainsi, dans ce projet, les pairs existants gagneraient tout; leur Chambre perdait de son influence; elle tournait toute à l'avantage de celle des communes, qui, d'un autre côté, devenait plus indépendante.

Cette question fut longuement débattue; et aujourd'hui même elle se débattrait encore aussi longuement, sans être autrement résolue : elle le fut alors dans la Chambre basse. Le bill n'arriva pas à sa troisième lecture, et fut perdu.

VI. C'était bien injustement que les Whigs et le parti de l'opposition, sous le dernier ministère de la reine Anne, avaient cherché à prévenir et à fausser l'opinion publique sur le traité d'Utrecht; il n'en était pas de plus avantageux et de plus honorable pour l'Angleterre.

L'influence de l'Angleterre sur les affaires de l'Europe s'était accrue par les résultats de la guerre de la succession, et par la paix que la reine Anne et Louis XIV venaient de donner à tous les États engagés dans cette grande lutte. Le système des emprunts, qui, sous la reine Anne, avait pris de rapides mais onéreux développements, avait fourni à l'Angleterre des moyens de conclure des traités avec les princes de l'Allemagne, et d'entrer avec succès dans toutes les combinaisons de la politique continentale. S'il était de son intérêt de les adopter, ces mêmes moyens lui resteraient; et elle en a usé largement avec la Confédération Germanique. La république des Provinces-Unies lui était dévouée; et l'Angleterre était toujours à la tête du parti protestant de la vieille ligue de Smalcade. L'occupation des Pays-Bas, par l'Autriche, rendait son alliance nécessaire à la monarchie autrichienne. La maison de Savoie, entre l'Autriche et la France, trouvait dans la puissance anglaise seule une protection assurée, et son indépendance de l'une et de l'autre de ces maisons rivales. Le Portugal avait été obligé de chercher un refuge auprès du lion britannique, et jamais il n'a pu se tirer de ses griffes. Le Nord, en convulsion, n'offrait encore que des tempêtes au milieu desquelles on ne pouvait asseoir aucune marche, aucunes combinaisons; mais celles-ci ne tardèrent pas à se présenter, et l'Angleterre se trouvait le mieux placée pour saisir les occasions d'accroître son influence.

L'époque de la paix d'Utrecht a donc été celle du XVIIIe siècle, où la diplomatie européenne a joué le rôle le plus brillant. Elle a été presque aussi féconde en alliances et en traités, et dès lors en négociations, que celle du congrès de Vienne et des traités de Paris, un siècle après. George Ier, élevé à l'université de Gottingue, et d'une érudition dans le droit des gens un peu pédantesque, arrivait à point, aux premiers jours de ce carnaval de diplomatie, pour diriger celle de l'Angleterre. On traita donc en son nom, et il traita lui-même et eut des alliances avec toutes les cours de l'Europe.

Le duc d'Orléans, régent de France, sentait que la paix était nécessaire à cette grande monarchie; et une pension anglaise de 40,000 liv. sterl. au cardinal Dubois assurait la persévérance de ces bonnes dispositions. L'Espagne avait un besoin aussi grand de la paix; elle luttait contre la turbulence du cardinal Albéroni, et plus tard contre les intrigues de Riperda et l'ambition de la reine Élisabeth Farnèse pour l'établissement de ses enfants. La monarchie autrichienne était encore en guerre avec le Turc; et quelque brillantes qu'eussent été les dernières campagnes du prince Eugène et la paix qu'il venait de conclure à Carlowitz, il fallait à Charles VI, pour sa *Pragmatique sanction*, de longues années de calme et de tranquillité.

On n'en signa pas moins des alliances qui souvent étaient contraires. George Ier et Robert Walpole étaient constamment guidés par ce principe, qu'il fallait autant qu'il était possible être l'ami de tout le monde. Ils se trouvèrent donc jetés dans une multitude de négociations et d'affaires difficiles dont souvent il leur fut impossible de se démêler sans compromettre les intérêts de l'Angleterre, et sans la jeter dans des connexions et des combinaisons continentales, au-delà de ce que lui commandait sa dignité. La puissance de la Grande-Bretagne était trop solidement assise pour qu'elle ne pût pas imposer sa médiation à tous les états qui voudraient déranger l'équilibre de la balance politique de l'Europe, et troubler le système de paix générale. Parmi les grandes négociations et alliances de cette époque, le *Traité de la Barrière*, la *Quadruple alliance*, la *Triple alliance* et celles qui en dérivaient, constituaient l'Angleterre dans un état imminent d'hostilité avec chacune des puissances de l'Europe, aussitôt que la lutte des partis, les intérêts commerciaux si variables d'un grand peuple et d'une grande navigation, ou les combinaisons de la politique hanovrienne, paraîtraient l'exiger. Parmi les motifs réels des six ou sept guerres que l'Angleterre a entreprises dans le siècle qui s'est écoulé depuis la paix d'Utrecht, on retrouvera ces trois causes. Le système de Robert Walpole a donc contribué à porter l'Angleterre à ces dépenses et à ces énormes dettes publiques qui sont venues déranger l'équilibre de son système constitutionnel dont nous exposerons les modifications à la fin de ce volume.

Cependant le roi George Ier n'avait pas négligé les intérêts de son électorat, au hasard de compromettre ceux de l'Angleterre. Il venait de prendre part au renouvellement de la guerre du Danemarck, de la Russie et du roi Auguste II de Pologne, contre Charles XII; et il achetait, de la première de ces puissances les duchés de Brême et de Werden. Il commettait l'Angleterre avec la Suède; et, sans l'assassinat de Charles XII, au siége de Frédérickshall, en Norwège, dans l'hiver de 1718, des Suédois et des Russes seraient venus en Écosse, au printemps suivant, placer Jacques III sur le trône de ses ancêtres, et probablement sur celui d'Angleterre.

C'était le premier exemple des dangers de la politique hanovrienne; et ce n'est pas la dernière fois qu'elle est venue entraver ou modifier les combinaisons de la politique vraiment anglaise. Il n'est pas du but de cet ouvrage d'en retracer la progression, nous viendrons seulement aux résultats. Du dernier des électorats de l'empire, ayant une population de 4 à 500,000 individus, le Hanovre, sous peu d'années, sortira de la protection du sceptre impérial britannique, formant un royaume de 2,500,000 habitants, et ayant englobé la plus grande partie des cercles de Basse-Saxe et de Westphalie.

A l'aspect des difficultés que faisait prévoir la politique hanovrienne; à l'insouciance que montrait George Ier pour la belle couronne que les Whigs et le parti national lui avaient sauvée; à la conduite étrange de ce prince avec ses nouveaux sujets, beaucoup de prestiges s'évanouissaient, et avec eux l'enthousiasme, la fougue anglaise et l'affection. Les Whigs étaient devenus ses premiers esclaves, et maudissaient les fers qu'ils s'étaient forgés, et que, tous les jours, ils rivaient de nouveau: grâces à leur haine des jacobites et aux rivalités et oppositions des partis, ils se refusaient à les briser (1). On peut dire justement que, si la maison de Brunswick

---

(1) En lisant l'histoire du règne de George Ier, on sera étonné du luxe d'arbitraire avec lequel les pouvoirs dictatoriaux les plus étendus avaient été accordés à son gouvernement par les Whigs. Sans doute ils étaient nécessaires, mais la fougue anglaise et les passions haineuses des partis ont contribué à ces excès. On en retrouvera les preuves:

1° Dans des suspensions continuelles de l'*Habeas corpus*,

a fourni au trône d'Angleterre une dynastie de quatre rois et peut-être de cinq, elle en a l'obligation à la maison de Stuart. Personne n'a mieux servi George Ier que Jacques III et ses royales incapacités.

Les Whigs ne négligèrent pas cependant de profiter de l'ascendant qu'ils avaient obtenu, pour faire confirmer les lois de tolérance, attaquées et affaiblies par la Haute Église et les non-Jureurs. Leurs efforts et leurs mesures, à cet égard, seront mieux appréciés au procès d'Atterbury évêque de Rochester, où nous serons amenés, pour la dernière fois[1], à traiter des matières religieuses.

---

même de treize mois de durée, et avec une telle rigueur qu'un lord spirituel du Parlement, l'évêque de Rochester, a été tenu sept mois à la Tour, au secret le plus rigoureux;

2° Dans la violation du secret des lettres, avouée hautement par sir Robert Walpole, comme un droit régalien dont il ne voulait pas se départir;

3° Dans la publicité d'une discussion devant la Chambre des communes, sur le mode usité à la poste pour lever l'empreinte des cachets, et entre les employés de la poste et les graveurs sur métaux;

4° Dans les refus des conseils de la couronne et des déchiffreurs du bureau secret, ou *cabinet noir* de la poste anglaise, d'exposer les principes d'après lesquels ils rétablissaient le sens d'une lettre écrite en termes de convention, signifiant autre chose que ce qu'indique l'union des lettres formant le mot, et attribuaient en résultat de leur déchiffrement la faculté de constituer l'écrivain d'une telle lettre coupable du crime de haute trahison;

5° Dans l'assemblée d'un camp sous Londres, en pleine paix. Les preuves en sont consignées dans tout le procès d'Atterbury, évêque de Rochester.

Les Whigs, qui avaient obligé Guillaume III à renvoyer ses gardes hollandaises, et à réduire l'état des forces, à la paix (de Riswick), à 10,000 hommes, avaient laissé au roi George Ier 37,000 hommes de troupes, en pleine paix.

PROCÈS

Sur *Impeachments* de la Chambre des Communes,

POUR CRIME DE HAUTE TRAHISON,

De JACQUES, comte DE DERWENTWATER. . . . . . Condamné, exécuté.
De GUILLAUME, lord WIDDRINGTON . . . . *Idem*. . . . pardonné.
De GUILLAUME, comte DE NITHISDALE. . . . . *Idem*. . . . échappé.
De ROBERT, comte DE CARNWATH . . . . *Idem*. . . . pardonné.
De GUILLAUME, vicomte KENMURE . . . . *Idem*. . . . exécuté.
De GUILLAUME, lord NAIRN . . . . *Idem*. . . . pardonné.

HAUTE COUR DU PARLEMENT.

9 février 1715. . . . . . Deuxième année de George Ier.

I. Dénonciation à la Chambre des communes.—II. Accusation. — III. Procès. — IV. Les accusés plaident, *Coupable* et *merci*. — V. Discours du lord Grand Sénéchal. — VI. Jugement et exécution.—VII. Réflexions sur ce procès.

I. Le 9 janvier 1715, M. Lechmére fit une dénonciation à la Chambre des communes contre les lords écossais qui avaient pris les armes l'automne précédent. Elle était la conséquence de l'exposition qu'il venait de faire de l'état de la nation, dans les dernières années du règne de la reine Anne et dans le moment présent. Cet état du pays était alarmant et réclamait la considération du Parlement et la vigilance de la Chambre des communes en particulier. Elle avait fait la RÉVOLUTION, l'ACTE D'ÉTABLISSEMENT; elle avait maintenu leurs résultats et remis le sceptre britannique à George Ier; il lui fallait continuer son ouvrage (1). Avec une témérité que la lâcheté seule du Prétendant avait rendue vaine et malheureuse, sept lords des principales familles de l'Écosse ou du nord de l'Angleterre avaient porté la guerre dans les comtés de l'intérieur; ils avaient succombé, ils étaient à la Tour de Londres. Les lois demandaient une vengeance; la stabilité du nouveau gouvernement, un exemple.

M. Lechmére « accusait donc Jacques comte de » Derwentwater de haute trahison, laquelle accu» sation il s'engageait de faire bonne. »

A la suite de ce discours, il y eut une très longue discussion dans les Communes. Des motions semblables à celle de M. Lechmére dénoncèrent Guillaume lord Widdrington, Guillaume comte de Nithisdale, George comte de Wintoun, qui eut un procès séparé, Robert comte de Carnwath, Guillaume vicomte Kenmure et Guillaume lord Nairn. Ils furent aussitôt accusés à la barre de la Chambre des pairs. Les articles de l'accusation furent rédigés dans la même séance, et portés, dans la soirée même, à la barre des Lords.

Les Pairs ordonnèrent qu'ils seraient communiqués aux lords accusés; qu'ils auraient dix jours pour donner leurs réponses, et que la Haute Cour du Parlement procéderait, le 19, à leur jugement. Tous les accusés, à l'exception du comte de Win-

---

(1) Voir le no Ier du régné de George Ier.

toun, plaidèrent *Coupable* et *merci*. Il fut assigné au comte de Wintoun un plus long délai pour produire ses défenses.

Le chancelier lord Cowper fut nommé Grand Sénéchal, et la grande salle de Westminster fut disposée pour les séances de la Haute Cour.

Il fut permis aux accusés de prendre tels conseils qu'ils voudraient.

II. *Articles de l'accusation.*

«Comme, depuis plusieurs années, de détestables » projets et conspirations ont été formés pour renverser notre antique constitution et les lois bienfaisantes de cet empire, pour détruire la religion » protestante, et pour persécuter ceux qui en font » profession, dans le but de leur substituer un » pouvoir arbitraire et le papisme...; dans laquelle » horrible conspiration, un nombre considérable » de personnes de divers rangs et conditions a pris » une part très active et d'une manière publique; » et comme plusieurs protestants, se parant d'un » zèle faux ou vain pour l'église d'Angleterre, se » sont joints aux papistes, et ont uni leurs efforts » pour exécuter et accomplir ces méchants et pernicieux desseins et actes de trahison......

» Cependant, par les faveurs de la Providence, » et la sagesse énergique de Guillaume III, dans » les dernières années de son règne, il nous avait » été accordé qu'un *Acte d'établissement de la » couronne* dans une maison protestante portât le » sceptre de ces royaumes dans les mains de S. M. le » roi George Ier, glorieusement régnant, seul et

» unique moyen de maintenir notre religion, nos » lois et nos libertés et la religion protestante en » Europe. Mais depuis cet instant, et dans les der- » nières années du règne de la reine Anne, des » traîtres n'ont pas cessé de machiner et de conspi- » rer pour détruire les inappréciables bienfaits de » ces actes; et ils ont cherché, sans espoir raison- » nable de succès, de porter au trône impérial de » ces royaumes un prince papiste et bâtard, le » Prétendant. »

» Après ce préambule, l'accusation déroule la série de faits, d'actes, de manœuvres de cette vaste conspiration, tant au dedans qu'au dehors du royaume: dans le royaume, ceux que M. Lechmére avait présentés, dans sa motion pour une enquête sur l'état de la nation; à l'extérieur, les négligences affectées à remplir les engagements de la Grande alliance contre la monarchie de Louis XIV, les oppositions au projet du traité de la Barrière, les articles préliminaires de paix avec la France, et le traité d'Utrecht (articles qui trouveront beaucoup mieux leur place dans le procès du comte d'Oxford et de Mortimer, qui suivra ceux-ci).

» Venant ensuite aux lords accusés, les articles énoncent que, pour porter ces desseins pernicieux et détestables à leur exécution, dans le mois de septembre dernier, les lords accusés, réunis avec Thomas Forster le jeune, lord Charles Murray, Thomas Ekrington, sir Francis Anderson, Raphael Slandish, Richard Townly, Charles Butler, Thomas Walton, Gabriel Hasketz, Richard Gascoignes et autres, ont pris les armes dans les mois de septembre, octobre et novembre, et ont fait, dans les comtés de Tiviotdale, Northumberland, Cumberland et Lancastre, la guerre à Sa Majesté, se sont emparés des hommes et chevaux, des places et arsenaux militaires et des caisses publiques, au nom du Prétendant, Jacques III; qu'enfin les 9, 10, 11, 12 et 13 de novembre, ils ont occupé la ville de Preston dans le Lancastre-Shire, et se sont battus contre les troupes de Sa Majesté.

» Tous lesdits actes de trahison ont été commis » par Jacques comte de Derwentwater, Guillaume » lord Widdrington, Guillaume comte de Nithisdale, » George comte de Wintoun, Robert comte de » Carnwath, Guillaume vicomte Kenmure et » Guillaume lord Nairn, et leurs complices dans » ladite conspiration.

» C'est pourquoi les chevaliers, citoyens et bour- » geois représentant les Communes de la Grande- » Bretagne, assemblés en Parlement, tant en leur » nom qu'en celui de toutes les communes de » la Grande-Bretagne, accusent lesdits Jacques » comte de Derwentwater, etc.... par-devant vous, du » crime de haute trahison, s'engageant de faire bon- » nes lesdites accusations (*Impeachments*) aussitôt » que le lieu et le temps leur en seront assignés (1).

» Se réservant d'ajouter ou de retrancher à la- » dite accusation et à cesdits articles, en tout le » cours du procès, ainsi qu'ils en ont le droit, et

(1) Les sept lords étant à la Tour, les Communes ne demandent point que les Pairs s'assurent de leur personne.

» de répliquer aux réponses desdits lords accusés, » s'ils venaient à en faire.

» Priant et requérant les Lords que lesdits articles soient communiqués auxdits lords accusés; » et que, sur les procédures, interrogatoires, débats et procès, jugement leur soit donné, convenable à la loi et à la justice. »

III. Le 10, les sept lords accusés furent amenés à la barre de la Chambre des pairs par le lieutenant de la Tour; et le lord chancelier (lord Cowper, du ministère whig de la reine Anne de 1708), président de la Chambre, ordonna qu'il leur en fût fait lecture, et leur assigna un terme de dix jours francs pour y répondre. Le comte de Wintoun fut le seul qui en demanda une copie; c'était annoncer qu'il voulait plaider *non Coupable*; dès lors, il eut un procès séparé. Il demanda également qu'il lui fût donné un conseil. Le lord chancelier annonça de nouveau à tous les lords accusés qu'ils avaient la faculté de prendre un conseil pour les éclairer sur leur réponse aux articles, et plaider pour eux, sur le point de droit.

Le 19 janvier se tint la première session de la Haute Cour pour le jugement des lords Derwentwater, Widdrington, Nithisdale, Carnwath, Kenmure et Nairn.

Les Lords se rendirent, suivant le cérémonial, dans la grande salle de Westminster, revêtus de leur robes écarlates, doublées d'hermine; le lord chancelier quitta le sac de laine et vint se mettre sur un fauteuil, placé sur la seconde marche du trône. Après que sa commission de *High Stuard* (lord Grand Sénéchal) lui eut été présentée à genoux, et qu'il en eut ordonné la lecture, il y reçut la baguette blanche, marque de ses fonctions, la remit à un des officiers du Parlement debout à sa droite; fit faire les proclamations d'usage par un des sergents d'armes de la Chambre, et déclara que la Haute Cour avait séance.

Il ordonna ensuite que les lords accusés fussent amenés à la barre, et lecture fut faite des articles de l'accusation, en présence des membres des Communes directeurs de l'accusation, assis dans une loge qui leur avait été préparée en dedans de la barre.

IV. Le comte de Derwentwater parut le premier à la barre, où, s'étant mis à genoux jusqu'à ce que le lord Grand Sénéchal lui eût donné la permission de se relever, le Grand Sénéchal lui dit: « Jacques comte de Derwentwater, qu'avez-vous » à répondre aux articles de l'accusation portées » contre vous par les Chevaliers, etc., tant en leur » nom qu'en celui de toutes les communes de la » Grande-Bretagne? »

Le comte de Derwentwater supplia la Cour de lui permettre de présenter sa réponse par écrit, et qu'elle voulût bien s'en faire donner lecture.

« Sa réponse énonçait d'abord qu'il était persuadé que l'accusation de la Chambre des communes, d'une assemblée aussi respectable, aussi pénétrée d'amour et de zèle pour les intérêts du pays, que pleine de bonté et d'humanité, de justice et de clémence, ne s'opposait pas, bien qu'elle fût d'une grande rigueur contre lui, à ce qu'il fût admis à réclamer pardon et merci pour sa faute, toute condamnable qu'elle était. »

« Il observait que sa fatale entreprise avait été commencée sans préméditation, à l'improviste et à la chaude, et dans le premier moment des incertitudes universelles sur la reconnaissance et l'exercice des droits de S. M. George Ier; qu'ils n'avaient rien prévu, pris aucunes dispositions militaires, combiné aucun plan d'attaque; qu'ils avaient paru au combat comme à un duel entre deux puissantes et valeureuses nations; qu'ils n'avaient pas eu le dessein de répandre le sang de leurs frères; que leur guerre avait été humaine, loyale; qu'ils avaient montré un grand respect pour les propriétés privées; qu'ils avaient exercé, dans le cours de leur campagne, envers les prisonniers de guerre, la même clémence qu'il réclamait en ce grand jour de leur jugement de vie et de mort. »

« Il faisait remarquer qu'après les affaires du 9 et du 10 novembre devant Preston, ils auraient encore pu tenter la fortune dans les plaines du Northumberland, où leurs amis étaient réunis en nombre plus considérable qu'ils ne l'étaient alors; que même, renfermés dans Preston, et après les deux attaques des 11 et 12 des majors généraux Carpenter et Dorner, contre lesquelles leur résistance avait été heureuse et prolongée, il leur restait tous les moyens de percer les lignes des troupes du roi et de faire leur retraite; que leur état était si peu désespéré que c'était le Lieutenant-Général Wills qui leur avait envoyé des officiers pour traiter d'une suspension d'armes; qu'ils y avaient consenti; que des otages respectifs avaient été envoyés, deux colonels, de la part du Général en chef Wills, et de la part des Écossais, lui et un autre (M. Charles Forster); que le Général leur avait alors proposé de traiter de leur soumission et de la reddition de la place de Preston; qu'ils avaient demandé, en rendant la place, d'être regardés comme prisonniers de guerre; que le général Wills avait voulu qu'ils se rendissent à discrétion; que ces termes étaient les seuls possibles, dans une insurrection et une véritable prise d'armes, leur entreprise ne pouvant pas être considérée même comme un acte de guerre civile, encore moins comme une guerre entre deux nations devenues subitement ennemies; que lors même que lui, Général en chef, leur accorderait de tels termes, ils seraient rejetés par le gouvernement, leur capitulation n'étant, en aucun cas, susceptible de ratification; qu'il fallait bien mieux se rendre, en s'en remettant à la clémence du roi; que c'était le véritable moyen de la mériter et de l'obtenir. »

« Que c'était dans ce sens qu'il avait écrit lui-même, et sur l'invitation du général Wills, à ceux de ses camarades qui tenaient encore la place de Preston; et que cette lettre, dans laquelle il leur faisait part de sa résolution de ne pas reprendre les armes, les avait déterminés. »

« Qu'enfin, après la reddition de cette ville, sa condition d'otage avait cessé, et qu'il était libre de se retirer; mais qu'il avait tellement imbu l'opinion d'une amnistie royale, qu'il avait continué de rester auprès du général Wills, jusqu'au moment où étaient arrivés des ordres du gouvernement de l'arrêter et de le conduire à la Tour. »

« Que, par ces motifs, il sollicitait le pardon de S. M. »

Cette réponse ne marquant pas d'une manière suffisante s'il était dans l'intention de plaider *Coupable* et *Merci*, le lord Grand Sénéchal lui en fit la demande. Il répondit qu'il plaidait *Coupable*, et suppliait les Lords et les Communes de demander pour lui le pardon de S. M. Il se retira.

Les mêmes formalités furent observées à l'égard de lord Widdrington; il dit à peu près les mêmes choses, mais avec plus d'assurance; les mêmes questions lui furent faites, il plaida *Coupable* et *Merci*.

Il en fut de même pour le comte de Nithisdale; il présenta les mêmes motifs pour solliciter la clémence du roi. Il ajouta qu'il n'avait pris aucune part à la conspiration; qu'ayant été mandé à Édimbourg par le gouvernement de l'Écosse, il avait appris que c'était pour le renfermer comme otage dans le château; qu'il avait donc refusé de s'y rendre; qu'environné ensuite de ses amis en armes, il n'avait pas voulu les abandonner et s'était joint à eux dans une entreprise qu'il n'approuvait pas. Il plaida également *Coupable* et *Merci*.

Le comte de Carnwath ne donna pas de réponse par écrit; il présenta la même défense et les mêmes titres à solliciter et à recevoir un pardon, et plaida *Coupable* et *Merci*, sur la demande spéciale que lui en fit le Grand Sénéchal.

Le vicomte Kenmure et lord Nairn plaidèrent

également : *Coupable* et *Merci.* Celui-ci fit observer aux Lords qu'il n'était entré dans l'insurrection qu'après la prise de Perth et de Dunkeld par les troupes du comte de Marr, et lorsque ses possessions étaient au pouvoir des insurgés. Leurs chefs étaient ses amis; il aurait encouru le reproche de lâcheté, s'il les avait abandonnés.

Le lord Grand Sénéchal leur dit: « Vous avez » été accusés par la Chambre des communes, du » crime de haute trahison; vous avez plaidé *Coupa-* » *bles* et *Merci ;* vous êtes donc convaincus, par » votre propre aveu, des crimes dont vous êtes ac- » cusés; et vous échappez, par cette reconnaissance » du mérite de l'*Impeachment* des Communes, à la » juste et solennelle censure de vos pairs, les Lords » de la Haute Cour, au jugement desquels, ainsi qu'à » celui de Dieu, vous vous en êtes remis. Il ne me » reste donc plus qu'à prononcer jugement sur » chacun de vous. »

» Jacques comte de Derwentwater, qu'avez- » vous à dire pour vous opposer à ce que je pro- » cède à un jugement contre vous? »

Le comte de Derwentwater dit que, dans le premier moment de la terreur que lui imposait la présence d'une assemblée aussi vénérable et aussi redoutable que celle des Lords de la Haute Cour, il n'avait pas insisté autant qu'il aurait dû le faire sur sa reddition volontaire et sur sa condition d'otage, affranchi par la reddition de Preston; qu'il n'avait voulu ni se retirer chez lui ni quitter le quartier général, ce qui démontrait qu'il avait été persuadé qu'il leur était permis d'espérer une amnistie. Il sollicitait la merci de la Haute Cour, et n'avait aucun motif pour s'opposer au jugement qu'on allait prononcer contre lui. »

Lord Widdrington releva d'une manière touchante sa conduite vis-à-vis des prisonniers de guerre, et son respect des propriétés. Il sollicita la pitié des juges pour sa femme et ses quatre enfants en bas âge.

Le comte de Nithisdale, celui de Carnwath, le vicomte Kenmure et lord Nairn développèrent les mêmes titres à une clémence étendue de la Haute Cour; et ils s'abstinrent, ainsi que les deux premiers lords, de faire aucune opposition à ce qu'il fût procédé au jugement.

V. Le lord Grand Sénéchal, avant de prononcer le jugement, fit une allocation grave et sévère aux six lords coupables.

« Il leur dit que rien au monde ne les rendait excusables, et ne leur acquérait des titres à la clémence de leurs juges, les Lords, de leur pays et du roi; que ce qu'ils présentaient dans leurs humbles suppliques à la Haute Cour pour en obtenir la merci, se bornait à annoncer qu'ils n'avaient pas fait tout le mal qu'il était en leur pouvoir de faire; qu'ils étaient coupables d'avoir commencé la guerre civile dans leur patrie; que si elle avait été réprimée dès son origine, ces royaumes le devaient à l'énergie prompte et aux sages dispositions des généraux de S. M. et à la bravoure des troupes sous leurs ordres; que, bien qu'ils eussent porté dans leur entreprise tous les désordres inséparables d'une mauvaise cause, les rivalités des chefs, la conscience profonde des subordonnés, qu'ils faisaient le mal; la perte de tout espoir, l'absence de toute justice et de toute religion, ils n'en étaient pas moins condamnables au tribunal de la raison, dans tous les pays; et qu'il n'y avait qu'une témérité coupable, dans ce dernier grand jour de leur jugement, qui pouvait conseiller de faire valoir comme mérite ce qui n'était que le résultat de touteguerre impie, comme la leur, et comme le sera toujours une guerre civile.

»Que même, à ce moment fatal où ils vont éprouver toutes les rigueurs de la loi, ils en ressentent encore les bienfaits; que, grâces à cette heureuse constitution dont ils voulaient dépouiller leur patrie; que, grâces à cette révolution, à ce Parlement, à cette sagesse du roi Guillaume, qu'ils ont attaqués et outragés de mille manières, le jugement qui va être porté sur eux leur est donné par leurs pairs, non restreints à un petit nombre de commissaires que le pouvoir arbitraire des Stuarts, qu'ils tentaient de relever, choisissait parmi ses amis et les esclaves de la faveur des cours; mais à tous les Lords appelés à faire partie de cette Haute Cour, et spécialement appelés, par des sommations individuelles, et accourant tous, aussi bien pour leur faire justice ainsi qu'au pays, que pour les défendre, s'ils sont innocents; mais, s'ils sont coupables, n'exercer leurs redoutables fonctions qu'avec humanité et même avec indulgence.

»Qu'on leur a appliqué le statut de la vingt-cinquième année d'Édouard III, pour user de clémence envers eux; que si l'on eût exercé la loi du pays dans toutes ses rigueurs, par les statuts 5 et 6 de la reine Anne, tous ceux qui cherchent à priver de la couronne de ces royaumes les princes qu'y a appelés l'*Acte d'établissement de la couronne* dans une maison protestante, sont coupables de haute trahison; qu'ils ne l'étaient pas moins, d'après les mêmes lois, en contestant les dispositions dudit *Acte d'établissement*, et le droit qu'a eu le Parlement de le porter, etc. »

VI. Le lord Grand-Sénéchal, sans prendre l'avis des Pairs, et en sa qualité de seul juge du point de droit, le fait étant reconnu par eux, puisqu'ils plaidaient *Coupable* et *Merci*, donna jugement, et les condamna au supplice des traîtres : *Que Dieu vous accordes on pardon !* Et, découvert, il brisa sa baguette et déclara que la Haute Cour était terminée. Les Pairs se retirèrent dans leur chambre.

Le lendemain, la Chambre des lords fit une adresse au roi, pour prier S. M. d'accorder son pardon à ceux qu'elle jugerait, dans sa bonté et sa sagesse, le mériter. Le roi fit grâce de la vie à lord Widdrington, au comte de Carnwath et à lord Nairn. L'exécution des autres fut fixée au 24 février. Le comte de Nithisdale fut sans doute favorisé; il parvint à s'évader de la Tour, la nuit même de l'exécution. Le roi ne le fit pas poursuivre.

Le 24 février, le comte de Derwentwater monta le premier sur l'échafaud élevé sur la colline de la Tour. Il y avait été conduit en fiacre, ainsi que le vicomte Kenmure; la peine avait été commuée en celle de la décollation.

Le comte lut un discours au peuple. « Je vais

» paraître bientôt devant le souverain Juge... qui » m'accordera pour mes fautes le pardon que les » hommes en pouvoir m'ont refusé... et dont ils me » trouvaient indigne. Je l'espère de la bonté divine, » de mon repentir et des mérites de la passion » et de la mort de Jésus-Christ, notre Sauveur. » Ames chrétiennes! joignez-vous à moi dans vos » prières.

» Je demande pardon à tous ceux que j'ai scanda- » lisés, en me reconnaissant coupable dans mon » procès. J'avais été trompé... Ceux qu'on laissait » passer jusqu'à moi m'avaient dit qu'ayant été pris » les armes à la main, et réclamant l'amnistie qu'on » nous avait promise, je devais plaider *Coupable* et » *Merci*... Mais je vois aujourd'hui, en ce dernier » jour de vérité et de vie éternelle et de mort de » toutes les illusions, que je faisais mon devoir de » fidélité avec ce caractère de franchise et de loyauté » que j'ai toujours eu... N'ayant jamais reconnu » pour mon souverain légitime que S. M. le roi Jac- » ques III, je lui suis voué depuis mon enfance; je lui » ai porté de tout temps, et à l'exemple de mes » ancêtres, mon amour et mon zèle, persuadé que » lui seul peut rendre heureux les peuples de ces » royaumes, même ceux qui professent une religion » différente de la sienne...

» Je meurs dans la religion catholique. Je suis en » parfaite charité avec tous les hommes, et je re- » mercie Dieu de mourir sans haine des hommes » en pouvoir qui sont les instruments de ma mort; » et je pardonne à mes dénonciateurs.

» Si le roi George m'avait laissé la vie, je me

» serais cru obligé de ne jamais porter les armes
» contre lui. »

Il remit ce papier au shérif, fit des prières assez longues avec un prêtre catholique qui l'assistait, et mit sa tête sur le fatal billot : elle fut séparée de son corps, d'un seul coup.

Le vicomte Kenmure parut ensuite, accompagné de son fils et de deux ministres. Il ne fit point de discours; il croyait qu'on lui en refuserait la faculté. Après quelques prières, il voulut renvoyer son fils. Le jeune homme se jette à ses genoux, lui demande sa bénédiction, et la permission de lui rendre de pieux et terribles derniers devoirs. Il reste; et il a la douleur d'entendre deux fois la hache de l'exécuteur tomber sur son malheureux père, et le frapper de deux demi-morts.

Dans une lettre qu'on trouva sur le vicomte Kenmure, et qu'il avait adressée au roi Jacques III, il lui recommandait sa femme et ses enfants; il mourait pour son service.

VII. Si les factions eussent été moins terribles, moins bouillantes de vengeance; si l'esprit de parti écoutait jamais la justice, ne se rendait pas sourd à la voix de l'humanité et de la clémence, le comte de Derwentwater et le vicomte Kenmure eussent été sauvés. Sans doute ils étaient coupables de haute trahison; mais elle avait été provoquée par les rigueurs du gouvernement d'Écosse, qui avait voulu prendre des otages, et avait confié l'exécution de cette mesure aux milices du Lothian et à la férocité des montagnards. Il fallait que ceux qui, lors de l'*Acte de sécurité* et depuis, s'étaient montrés partisans des Stuarts, fussent victimes, sous le nom d'otages, ou coupables en prenant les armes. L'insouciance qu'avait montrée George Ier pour recevoir le sceptre qu'on lui offrait rendait sans doute la condition des Whigs très périlleuse en Écosse; et elle a causé l'injustice de prendre, contre le vœu de la loi, des otages dans un royaume soumis à une constitution représentative et à des lois protectrices des personnes et des propriétés. Mais cette incertitude de l'acceptation de la couronne par George Ier excusait, quoi qu'en ait dit le chancelier, l'entreprise des lords écossais; et ceux-ci ne s'égaraient pas, quand ils invoquaient une merci que les factions ne connurent jamais. L'opinion publique, à la vue de ce sang versé sur l'échafaud, et couvrant un fils, à genoux, de celui de son père, se réveilla de sa soudaine stupeur, et amassa sur les triomphateurs du jour la haine presque universelle. Sans nul doute elle sauva le comte de Wintoun, et peut-être le comte d'Oxford et Mortimer; qui du moins lui dut la longueur de son procès et fut ainsi enlevé à la condamnation que poursuivaient les Communes; mais elle éloigna du roi et de son gouvernement des sujets qui venaient de lui donner des preuves énergiques d'affection. Il n'était plus couvert contre de nouvelles insurrections que par la lâcheté de Jacques III et le mépris qu'elle avait élevé.

PROCÈS

Sur *Impeachment* de la Chambre des communes,

POUR CRIME DE HAUTE TRAHISON,

De GEORGE, comte DE WINTOUN. . . . . Condamné, échappé.

HAUTE COUR DU PARLEMENT.

15, 16 et 19 mars 1715. . . . Deuxième année de George Ier.

I. Réponse du comte de Wintoun. — II. Réplique des Communes. — III. Procès et débats. — IV. Jugement et condamnation.

I. Le comte de Wintoun avait fait connaître, le 10 janvier, lorsque, de la Tour, il fut amené à la barre de la Chambre des pairs, qu'il plaiderait non-coupable. Il eut donc un procès séparé de celui des six autres pairs accusés. Il demanda un délai pour fournir sa réponse; on lui accorda jusqu'au 16 janvier, pour la présenter. Le 16, il n'avait encore produit aucune pièce. On lui donna trois jours pour choisir un conseil et rédiger sa réponse. Le 19, il parut de nouveau à la barre et remit une pétition, demandant un plus long délai, et qu'en raison de ce qu'il ignorait les lois et les usages du Parlement, il lui fût nommé un conseil et des solliciteurs; les trois jours qui lui avaient été accordés étant expirés, la faculté de recevoir quelques amis lui avait été retirée; et le conseil sur lequel il avait jeté les yeux lui avait refusé son ministère. Il réclamait donc de la justice des Lords que sir Constantin Phipps et M. Pierre Williams, jurisconsultes distingués, lui fussent assignés pour conseils, ainsi que deux solliciteurs (procureurs) qu'il indiquait. Sa demande lui fut accordée; mais le délai pour répondre ne fut étendu que jusqu'au 21 janvier. Le 21, une pétition de sa part pour un nouveau délai fut rejetée; et il fut appelé à la barre des Lords le 23 : en vain réclamait-il plus de temps, il était repoussé par les Lords presque avec humeur. Il produisit donc sa réponse par écrit; elle était préparée et sur parchemin.

Nous avons vu que les articles de l'accusation des Communes le comprenaient avec les six autres pairs; il répondit donc :

« Qu'il lui était bien douloureux d'avoir encouru le déplaisir et la haine d'une réunion de magistrats aussi distingués que les représentants de toutes les communes de la Grande-Bretagne, mais qu'il ne les avait pas mérités. Depuis huit ans, revenu de voyages lointains, il vivait retiré et solitaire dans ses terres à Seaton. Le peu de communication qu'il avait avec les hommes, et surtout avec les bourgeois des villes voisines, les avait rendus ses ennemis; par esprit de pique et de vengeance, ils l'avaient fait mettre sur une liste d'otages que dressait le gouvernement d'Édimbourg. Il avait cru devoir se refuser à des ordres que le gouvernement n'avait pas le droit de donner. Pour l'y contraindre, les milices des environs étaient venues l'assiéger dans son château, avec du canon. Il était parvenu à s'échapper; ses propriétés avaient été pillées et complètement dévastées; sa personne avait été traquée, de place en place, de fermes en chaumières; enfin il avait été pris par les montagnards. Des amis, engagés dans la fatale entreprise qui a fini dans le Lancashire, le délivrèrent. Il les suivit, pendant quelque temps, plus pour les arracher à un projet qu'il n'approuvait pas, que par reconnaissance. Il les quitta, dans l'intention de se retirer en Hollande. Il fut repris de nouveau par les milices du Lothian. Ses amis le délivrèrent encore; il n'avait donc plus d'autre parti à prendre que de les accompagner. Il n'était point armé, n'a point combattu, n'a pas violé une caisse, n'a attenté à aucune propriété, et s'est trouvé avec eux à Preston et à sa reddition parcequ'il ne lui avait pas été possible de faire autrement. Les ordres du conseil d'Écosse, l'acharnement, la barbarie de ceux auxquels il en avait remis l'exécution, ont tout fait, et ont donné à un citoyen paisible, loyal et fidèle aux lois, l'apparence d'un conspirateur et d'un traître. »

II. La Chambre des communes répliqua, le 28 janvier, et détruisit les allégations du comte de Wintoun. Il avait amené une compagnie de cavalerie aux rebelles et avait pris le commandement d'un régiment de cette arme. Il avait combattu à sa tête dans les diverses rencontres que les rebelles avaient eues avec les troupes royales, et enlevé les chevaux de l'État et ses armes, pour équiper son régiment. Lui-même avait toujours été armé d'une épée et d'une paire de pistolets, n'avait pas plus respecté les propriétés privées que les propriétés du gouvernement, et était un des chefs des rebelles.

Les Communes s'engageaient à faire bonnes et à prouver ces charges au procès ; et elles nommaient pour les soutenir M. Hampden, sir Joseph Jékill, sir Robert Walpole, le procureur général, M. Cooper, et sir William Thomson.

III. Le 8 février, le comte de Wintoun fit une pétition aux Lords pour indiquer ses témoins, au nombre de treize, et prier la Chambre de donner les facilités nécessaires pour leur comparution. Les Lords accordèrent l'objet de la pétition, et fixèrent en même temps la première séance de la Haute Cour au 16 du même mois : c'était une époque bien peu éloignée. Le 10, le comte de Wintoun présenta une nouvelle pétition, dans laquelle il fit remarquer que des témoins, appelés du centre de l'Écosse, au milieu de l'hiver, seraient dans l'impossibilité d'arriver à temps pour déposer ; que c'était vouloir lui ôter tous les moyens de défense. On assigna donc le 8 mars, au lieu du 16 février. Le 5 mars, Lord Wintoun annonça à la Chambre des lords que ses témoins n'étaient pas encore arrivés ; il demandait que les Lords obtinssent des Communes que le général Carpenter, membre de la Chambre des communes, reçût d'elle la permission d'être cité en témoignage dans son procès. Cette permission fut donnée.

Le 15 mars, la Haute Cour fut constituée avec les formalités d'usage. Lord Cooper, chancelier, reçut la commission de Grand-Sénéchal et la baguette blanche ; il vint prendre séance dans un fauteuil sur les marches du trône, et fit faire les proclamations d'usage. George comte de Wintoun fut amené à la barre; le lord Grand-Sénéchal lui adressa la parole avec beaucoup de dignité pour lui annoncer qu'il lui serait accordé un loyal, juste et humain procès, et que les règles de la procédure seraient exactement observées à son égard. On lui donna une nouvelle lecture des articles de l'accusation des Communes, de sa réponse et de leur réplique.

Le Grand-Sénéchal lui demanda ce qu'il avait à dire; il répondit : « non-Coupable. — Comment » voulez-vous être jugé? — Par Dieu et par mes » Pairs. » Lord Cooper ordonna que l'on fît l'appel des Lords présents, ils étaient au nombre de 90; ils s'ajournèrent ensuite à leur Chambre.

La Haute Cour étant rentrée en séance, M. Hampden ouvrit le procès par le développement des charges de l'accusation contre George comte de Wintoun. Sir Joseph Jékil exposa ensuite les principes du statut de la 25e année d'Édouard III, d'après lequel les Communes poursuivaient le jugement; et le procureur général, sir Édouard Northey, analysa les motifs que le comte de Wintoun avait produits dans sa réponse et la réplique des Communes.

Les témoins, après avoir prêté serment devant un des clercs de la Chambre, furent successivement introduits, interrogés et examinés, par le lord Grand-Sénéchal, sur la demande du comte de Wintoun, qui lui transmettait ses observations par un clerc de la Chambre à lui assigné pour interprète après le serment ordinaire.

Le comte de Wintoun paraissait ne pas avoir

bien su la langue anglaise; et le Chancelier s'était approché de la barre pour mieux entendre les témoins. Le procureur général, sir Joseph Jékill et M. Hampden les examinèrent à leur tour.

Six témoins produits par l'accusation furent entendus le premier jour. Le comte de Wintoun ne les contredit point; il se plaignait de ce que ses conseils ne pouvaient pas les examiner dans son intérêt, et qu'il fût engagé dans un procès où il voyait sa vie compromise, sans être défendu. Il dit que ses témoins n'étaient pas arrivés, et demanda que la Haute Cour fût ajournée jusqu'à leur arrivée. Les Lords se retirèrent dans leur chambre, et délibérèrent sur sa demande; elle fut rejetée; la séance fut renvoyée au len demain, 16 mars. Le comte de Wintoun parlait si bas qu'il ne pouvait pas être entendu; c'était par ce motif qu'il lui avait été accordé un interprète. Les commissaires des Communes demandèrent qu'au moins il parlât assez haut pour que, eux, ses voisins, à côté de lui à la barre, pussent l'entendre; la Cour l'ordonna bien ainsi; mais le comte de Wintoun ne se conforma point à cet ordre.

Le 16, il n'y eut aucun témoin entendu; la plus grande partie de la séance se passa en débats entre le comte de Wintoun et le lord Grand-Sénéchal. L'accusé fut sommé de produire ceux de ses témoins, au nombre de neuf sur treize, qui étaient arrivés. Il se borna à demander que ses conseils fussent entendus. Il lui fut répondu qu'ils ne pouvaient l'être que sur des points de droit, et non sur le fait et pour sa défense personnelle. Le comte de Wintoun montra de la mauvaise foi, de l'obstination. Les Lords s'ajournèrent à leur chambre. Rentrés à la Haute Cour, le Grand-Sénéchal prévint le comte de Wintoun qu'il devait se livrer dans ce moment même à sa défense; qu'autrement il accorderait la parole à l'accusation, pour la réplique finale de la Chambre des communes. Il y eut une interruption de la séance. Le comte de Wintoun fut sommé d'entrer dans sa défense; il ne le fit pas. La parole fut accordée à M. Cowper, qui résuma l'accusation et l'évidence, et prouva qu'elle était complète contre l'accusé; qu'aucune des allégations du comte de Wintoun n'avait été prouvée. Il avait été commis, à la vérité, de grandes dévastations de ses propriétés, mais après qu'il eut passé aux rebelles. Toutes les charges de l'accusation, des articles et de la réplique furent établis de la manière la plus démonstrative. Le comte de Wintoun n'y avait rien opposé, ou très peu de chose; il paraît même que le clerc de la chambre était son véritable défenseur, et disait pour lui tout ce qu'il aurait dû dire. Tenant un papier à la main, que les conseils du prévenu avaient crayonné, il le lut, l'étendit, le développa d'une manière aussi ingénieuse que noble et pleine d'humanité. On fit tout ce qu'il était possible de faire pour une mauvaise cause.

Les Lords se retirèrent un instant dans leur chambre, pour délibérer et aller aux opinions. Rentrés en séance, le lord Grand-Sénéchal proposa de procéder au jugement. Il ordonna donc que l'appel fût fait par le plus jeune baron, et à chaque pair nommé, il demandait son opinion. « Tho-

» mas lord Parker, l'accusé est-il coupable du crime » de haute trahison? — *Coupable sur mon honneur*, » fut la réponse unanime des 90 Lords présents.

Le lord Grand-Sénéchal prononça le jugement qui déclarait George comte de Wintoun coupable du crime de haute trahison dont il était accusé. Le prisonnier fut reconduit à la Tour, et les Lords s'ajournèrent à leur chambre.

IV. Le 19 mars, la Haute Cour tint sa troisième et dernière séance.

Le lord Grand-Sénéchal, après les proclamations d'usage, assis et couvert, dit : « George comte de » Wintoun, la dernière fois que vous avez paru à » cette barre, je vous ai fait connaître que vos pairs » vous avaient trouvé coupable de la haute trahi- » son dont vous êtes accusé; c'est-à-dire que, d'a- » près la loi, vous êtes convaincu du crime de haute » trahison; je demande maintenant à Votre Seigneu- » rie ce qu'elle a à dire pour s'opposer à ce que je » procède à une condamnation à mort contre vous, » d'après la loi? »

Le comte de Wintoun répondit par son interprète, « Que ses conseils avaient un point de droit » à soumettre à la Cour, pour prouver qu'un juge- » ment ne devait pas être prononcé contre lui. » Le lord Grand-Sénéchal : — « Assignez au moins ce » point de droit. — « Je n'entends pas ce que Votre » Seigneurie veut dire. » Sir Constantin Phipps, conseil de l'accusé, dit : « S'il plaît à Vos Seigneu- » ries, nous avons un point de droit à présenter » humblement à la Haute Cour, si... » En cet instant il fut interrompu par le procureur-général et M. Cooper, qui trouvèrent très mauvais que les conseils de l'accusé osassent prendre la parole avant que la Cour leur en eût donné la permission. Le lord Grand-Sénéchal intervint sur ce commencement de débats. — « Sir Constantin Phipps, vous » savez que l'usage est toujours que le point de droit » soit assigné par l'accusé, avant que vous puissiez » le développer. — Mylords, si j'avais été entendu, » dans dix mots de plus... » Sir William Thonson : « Mylords, nous insistons pour que ce monsieur de la » longue robe ne dise pas un mot de plus. » Lord Ilay demanda que les Lords se retirassent dans leur chambre.

Rentrés en séance, le Grand-Sénéchal dit à l'accusé qu'il n'avait pas répondu à sa demande; et à sir Constantin Phipps, qu'il le réprimandait, au nom de la Haute Cour, pour sa présomption d'avoir pris la parole avant que le point de droit eût été indiqué par l'accusé.

Le lord Grand-Sénéchal répéta la même question au comte de Wintoun, qui répondit : « Mes con- » seils sont prêts à soumettre à la Cour le point de » droit, qui résulte de ce que l'accusation est nulle, » parcequ'elle n'assigne pas avec précision l'épo- » que à laquelle le crime dont elle me charge a été » commis. »

La parole fut accordée aux conseils de l'accusé.

Sir Constantin Phipps, entrant dans la nature des effets d'une accusation de haute trahison, dit que le statut exigeait que l'époque précise de la perpétration du crime fût fixée, 1° parceque la haute trahison emporte la forfaiture et la confiscation des biens; il faut donc assigner le jour précis où elle est encourue et où la confiscation est acquise; 2° parcequ'il faut que l'accusé ait le droit le plus étendu de défense; s'il pouvait prouver un *alibi*, on lui en enlèverait la faculté. L'accusation dit que la trahison des sept lords a été commise dans *les mois de septembre, d'octobre et de novembre.* Si l'accusé veut prouver qu'il n'était pas dans le lieu où le crime a été commis, l'obligera-t-on à produire comme témoins toutes les personnes avec lesquelles il a eu des communications personnelles pendant ces trois mois?

» Il y a également dans l'*Impeachment* des Communes une grande incertitude sur le lieu où le crime a été commis. Elle assigne les comtés de Tiviotdale, Northumberland, Cumberland et Lancaster. L'accusation serait donc erronée et insuffisante.

» Le crime même, son acte patent (*Overt-Act*) n'est pas assigné avec plus de précision. On accuse d'avoir *levé guerre* contre le roi, les sept lords ou *quelques uns d'entre eux*, dans les places et comtés susdits *ou ailleurs;* d'avoir combattu les troupes royales à Preston ou *autres lieux*, les 9, 10, 11, 12 et 13 novembre, ou *environ.* Que signifie ce mot *environ?* il peut comprendre un mois comme deux jours, trois jours ou une semaine. »

Et il ajoute : « Je n'ai peut-être pas assez d'usage » de la loi du Parlement relative aux formes; mais » la loi du Parlement est la loi de la terre; mais » ce que je sais bien, c'est qu'une pareille accu- » sation, faite sur un simple *Indictment*, devant » les tribunaux de la Loi Commune, serait rejetée. «

M. Williams, deuxième conseil du comte de Wintoun, fit valoir en faveur de son client cette incertitude de l'accusation, quant au temps, au lieu, et à la personne des accusés. Il prouva par divers précedents que, dans les procès sur l'accusation d'un Grand jury, les Cours de loi exigeaient que le temps, le lieu et les personnes fussent exactement désignés ; que l'usage du Parlement était le même, et qu'il citerait en preuve l'accusation de Sacheverel, dans laquelle les époques de la perpétration du *Misdemeanors* avaient été exactement indiquées ; et il faisait remarquer, à cet égard, qu'il ne devait y avoir aucune dlfférence, entre un *Impeachment* pour *Misdemeanor* et celui de haute trahison : le Parlement l'avait ainsi décidé en plus d'une occasion.

Les directeurs de l'accusation voulaient lui faire retirer la parole, prétendant qu'il entrait dans un plaidoyer sur un point de fait. Le lord Grand-Sénéchal lui permit de continuer.

Les directeurs de l'accusation, pour les Communes, répondirent, par M. Cooper et sir William Thomson, que la Chambre s'était réglée par les lois et usages du Parlement, sur lesquels ils insistèrent peut-être avec quelque brutalité ; qu'en fait, les actes principaux de la rébellion avaient été commis par le comte de Wintoun aux jours indiqués dans l'accusation, et à Preston ; que l'accusation de plusieurs personnes étant générale, ils avaient dû employer des expressions générales quant au temps, quant aux lieux et quant aux actes ; mais qu'il suffisait qu'il y eût eu évidence que le comte de Wintoun avait combattu, le 11 novembre, à Preston, à la tête d'un corps de cavalerie, contre les troupes du roi, pour qu'il eût commis le crime; or, les Lords avaient confirmé cette évidence, par leur déclaration unanime de coupable.

Les conseils de lord Wintoun répondirent à ceux de l'accusation, ou plutôt donnèrent des explications sur ce qu'ils avaient déjà dit, et conclurent :

Que la mention du jour de la perpétration du crime est nécessaire, dans une accusation de haute trahison;

Que l'omission de cette mention est un vice capital de l'accusation de la Chambre des communes;

Que cette mention n'ayant pas été exprimée dans l'acte d'accusation du comte de Wintoun, l'*Impeachment* est nul d'une nullité radicale.

Le Procureur-général répliqua, une dernière fois, pour l'accusation.

Le lord Grand-Sénéchal demanda au comte de Wintoun s'il avait quelque autre motif de s'opposer au jugement qu'il allait rendre; il répondit qu'il priait la Cour d'entendre ses conseils, qui auraient sans doute à lui en proposer de nouveaux. Le Grand-Sénéchal lui dit : « Vous avez déjà demandé plusieurs fois que la Cour entendît vos conseils ; ils » ont été admis à présenter vos motifs; ils ont discuté » les moyens de l'accusation, et fait valoir ceux que » vous opposez au jugement : en avez-vous d'autres? — Puisque vous ne voulez pas entendre » mes conseils, je n'ai plus rien à dire. » Il était trois heures après midi.

Les Lords se retirèrent dans leur chambre pour

délibérer. Reprenant séance à cinq heures, le lord Grand-Sénéchal dit :

« George comte de Wintoun, je vous ai déjà » annoncé que vos Pairs vous ont trouvé coupable; » c'est-à-dire, dans les termes de la loi, que vous » êtes convaincu du crime de haute trahison. Votre » Seigneurie a plaidé en nullité de l'accusation. Vos » Pairs ont rejeté votre opposition au jugement. Il » ne me reste plus qu'à prononcer votre condam- » nation. »

Et après un discours dans lequel il exposa les faits de la rébellion, fit l'éloge du gouvernement et du mode qu'il avait employé pour la réprimer, et ne parla pas de l'espèce de mauvaise foi, de l'obstination du comte de Wintoun à se dire innocent, il prononça contre lui la peine des traîtres.

Le comte de Wintoun fut reconduit à la Tour. Le Grand-Sénéchal brisa sa baguette, et annonça que la Haute Cour était terminée.

Le comte de Wintoun parvint à s'évader de la Tour; il est à croire que le gouvernement lui en facilita les moyens. C'était assez de deux exemples, surtout le gouvernement ayant à se reprocher d'avoir pris des otages.

PROCÈS

DE ROBERT COMTE D'OXFORD ET MORTIMER,

GRAND-TRÉSORIER D'ANGLETERRE,

Sur *Impeachment* de la Chambre des Communes,

POUR CRIME DE HAUTE TRAHISON ET MALVERSATIONS,

(*High treason and Misdemeanors*),

HAUTE COUR DU PARLEMENT.

Du 9 juillet 1715 au 1er juillet 1717. . . . . 2e et 3e années de George Ier.

I. Réflexions générales. — II. État des partis. — III. Wighs et Torys. — IV. Jacobites. — V. Nécessité de terminer la guerre de la succession d'Espagne. — VI. Acte d'accusation des Communes et articles additionnels. — VII. Réponses du comte d'Oxford. — VIII. Les Lords règlent la procédure. — IX. Les Communes abandonnent l'accusation.

I. La Chambre des communes, à la fin de la session de 1715, accusa de haute trahison et de grands crimes et malversations, le comte d'Oxford. Elle remit en même temps son acte d'accusation, rédigé en seize articles. Les Communes demandèrent que le comte d'Oxford fût conduit à la prison de la Tour; ce que les Pairs ordonnèrent, après avoir entendu le prévenu.

Les Communes ajoutèrent six nouveaux articles d'accusation. Le comte d'Oxford envoya à la Chambre des lords sa réponse; communiquée aux Communes, elle ne tarda pas à être suivie de leur réplique.

Tels sont les faits de ce procès, dans le mois de juillet 1715.

L'accusation et le procès du comte d'Oxford et Mortimer ont droit à un grand intérêt.

Ce procès a commencé non seulement à fixer l'étendue de la juridiction souveraine de la Cour de Parlement, mais a montré quelle était la puissance des deux Chambres législatives qui le composent avec le roi. Dans le procès des cinq lords (Sommers, Hallifax, Portland, etc. en 1701), la Chambre des pairs, dans son adresse au roi Guillaume, s'était souvenue quelle était *l'Aula magna... regni*. Ici, les Communes revendiquent les mêmes droits.

En accusant de haute trahison le comte d'Oxford pour avoir négocié la paix d'Utrecht, les Communes portaient atteinte à la prérogative constitutionnelle de la couronne, le droit de faire la paix et la guerre. Le Parlement pouvait bien refuser des subsides pour la guerre; il forçait le gouvernement à faire la paix; mais, les ayant accordés, la couronne pouvait, dans sa capacité constitutionnelle, refuser de s'en servir pour la guerre, et déterminer, dans sa royale et paternelle discrétion, qu'elle donnerait au peuple de la Grande-Bretagne les bienfaits de la paix. Il pouvait y avoir eu crime et malversations de la part du ministère et de Harley comte d'Oxford, qui en était le chef, en n'ayant pas négocié une paix plus avantageuse ; mais il n'y avait pas de trahison, du moins elle était couverte du manteau royal. Si les ministres avaient, en conscience, comme des hommes d'honneur doivent le faire, et en usant des lumières de l'expérience qu'ils avaient acquise, de l'esprit de prévoyance qui leur était départi, avisé la reine Anne sur la paix et sur la guerre, on ne devait rien exiger de plus.

Les Communes allèrent au-delà ; et elles changèrent la constitution anglaise, en ce point que, depuis ce procès, tous les ministres qui se sont succédé au pouvoir, du règne de George Ier à celui de George IV, ont toujours déféré aux deux Chambres l'initiative des grandes mesures de gouvernement ; ils ont mis ainsi leur responsabilité à couvert.

Le conseil en était donné aux ministres futurs par lord Oxford lui-même, lorsque, dans sa réponse première et improvisée à l'accusation des Communes, il disait aux Pairs :

« Mylords, si les ministres d'État, agissant par les » ordres immédiats de leur souverain, sont ensuite » rendus responsables de leurs mesures, il peut ar- » river, un jour ou l'autre, que ce soit le cas de tous » les membres de cette auguste assemblée. »

II. Avant d'entrer dans le développement des articles de l'accusation et des réponses de l'accusé, il nous paraît utile de tracer l'état des partis qui agitaient l'Angleterre à cette époque (1).

---

(1) Par le procès des sept lords écossais, le Parlement et le ministère avaient été au plus pressé. L'ordre chronologiq

L'Acte de l'*Établissement de la couronne* dans la branche protestante, les princes de la maison de Brunswick-Hanovre (*Act of Settlement*), avait terminé et complété la Révolution de 1688. Les partis et les esprits étaient cependant encore en fermentation; mais les succès de la guerre de la succession, la douceur de la reine Anne et la mollesse de son gouvernement, en même temps que son respect de l'opinion publique et son obéissance aux véritables intérêts de l'Angleterre, avaient amené un peu plus de calme.

Les Whigs et les Torys formaient les deux partis qui obtenaient une alternative prépondérance. Les Whigs avaient eu la supériorité pendant le règne du roi Guillaume; c'étaient eux qui avaient fait l'Acte d'établissement. La reine Anne, dont l'intelligence et l'aptitude pour le gouvernement étaient au-dessous de la médiocrité, haïssait les Whigs, et avait une prédilection, sucée peut-être avec le lait dans la maison de son père, Jacques II, pour les Torys. Elle les appela au pouvoir, par l'entrée dans le cabinet, des comtes de Rochester, de Nottingham et de Buckingham, chefs des Torys. Elle s'en dégoûta

amenait donc les premiers ces deux procès. Ces quatre articles préliminaires du procès de lord Oxford donnent l'état de l'Angleterre, pendant les dernières années de la reine Anne, et lors de l'avènement à la couronne de George Ier; et cet état trouve mieux sa place ici que dans l'article de l'*Administration de la reine Anne* (pag. 266 du 2me volume), ou à celui de l'*Avènement à la couronne et choix du ministère*, (pag. 1 de ce 3e vol.); se rapportant à tous les deux, ils en sont *le développement*.

bientôt; et Godolphin, beau-père de Marlborough, fut grand-trésorier, de 1704 à 1708, avec une administration qui passait pour tory, mais que les Whigs dominaient, en la menaçant continuellement. La reine prêtait peu de force à ce ministère; il en recevait une très grande des victoires de Marlborough, de son énorme crédit en Hollande et dans l'Empire, et de la haine générale portée à Louis XIV et à la France. Le parti whig avait alors pour chefs, parmi les Pairs, des hommes d'un rare mérite, les lords Somers, Hallifax, Warton, Orford et Sunderland, que les jalousies de Godolphin avaient éloignés du cabinet, mais qui n'en avaient pas moins une très grande influence dans les affaires. Ils ne l'exercèrent bien, malgré la reine Anne et sa haine en général pour les chefs de parti, que de 1708 à 1710. Ces cinq lords composèrent l'administration jusqu'en 1710. A cette époque, le cabinet redevint tory par l'ascendant que prit sur la reine lady Marsham, et par la disgrâce de la duchesse de Marlborough. Ce fut sous ce ministère et pendant l'administration de Harley, qui en était le chef, comme Grand-Trésorier, et de Bolingbroke, que furent ouvertes les négociations qui finirent par la paix d'Utrecht (1).

On prendrait cependant une idée fausse de l'ascendant successif de chacun de ces partis, en s'imaginant que les chefs de ces divers ministères étaient réellement Whigs ou Torys; la nuance de leurs opinions était peu tranchée. Rochester,

---

(1) Voir la page 265 du 2e volume.

Nottingham et Buckingham, Torys véritables, ou passant pour tels, avaient été les moteurs de l'adresse présentée à la reine pour inviter la princesse Sophie, électrice douairière de Hanovre, à résider en Angleterre; c'était une vengeance qui fut fatale à leur ambition. Godolphin se disait Whig, et était en inimitié constante avec les chefs de ce parti dans la Chambre des pairs. Marlborough avait passé pour Tory; ses liaisons les plus intimes étaient avec les chefs des Whigs. Harley, comte d'Oxford, avait été compté parmi les Torys; cependant sa conduite dans le cabinet avait été long-temps celle d'un Whig; et, dans la réalité, il était Whig.

Les véritables causes des divisions qui existaient entre les hommes qui se sont succédé dans le cabinet reposaient tout entières dans l'amour du pouvoir et les ressentiments de l'avoir perdu, les jalousies de la domination, pour la conserver ou l'acquérir, et le besoin de se rendre nécessaire ou redoutable à l'administration de la reine, afin d'en obtenir une part. Le Parlement était toujours partagé, quoique inégalement, entre la trésorerie et l'opposition.

Si de ces sommités des pouvoirs politiques nous descendons au grand corps de la nation, nous trouverons en lui un vif, noble et rationnel attachement à la révolution de 1688, au *Bill* des droits et à l'Acte d'établissement. Protestants et Dissidents (*dissenters*), autant qu'un grand nombre de Catholiques, tenaient à cette reconnaissance solennelle, opérée dans le cours de douze à quinze années, des droits des sujets et de leurs devoirs, des droits du souverain et des pouvoirs de l'administration. Ces droits, ils voulaient les maintenir à tout prix : restrictions intérieures mises quelquefois à la liberté et à la propriété du citoyen; contributions et impôts onéreux, et emprunts qui en étendent la durée; service personnel des milices, enrôlements forcés et presse des matelots, pertes du commerce maritime; rien ne coûtait, dès qu'il était question de conserver ce qu'on avait acquis à la Révolution de 1688, de faire la guerre à Louis XIV et d'abaisser la puissance de ce prince, ennemi redoutable, et tous les jours dénoncé au peuple anglais, de cette révolution, des principes qu'elle avait créés et reconnus et de leurs conséquences, le renvoi de la branche aînée de la maison de Stuart.

Nous retrouvons ces grandes maximes, ces bases de l'opinion publique, dans les principes constitutifs et les théories politiques du Torysme et du Whighisme, se partageant à peu près le grand corps de la nation.

III. Les termes de Tory et de Whig, employés pendant le Long Parlement de Charles II, et lors du bill d'exclusion de Jacques II, pour désigner les Royalistes et les Républicains, les Épiscopaux et les Presbytériens, n'avaient plus, au commencement du dix-huitième siècle, une telle acception. Un fauteur de la monarchie illimitée n'était plus un Tory; un partisan de la république n'était plus un Whig.

Les deux partis étaient réunis, en théorie, en ce point que, Whigs et Torys voulaient le maintien de la constitution qu'avait reconnue la Révolution de 1688, c'est-à-dire, l'administration et le gouvernement de l'État par un souverain héréditaire, le concours de ce souverain avec les deux Chambres du Parlement dans la législation, et les autres institutions politiques et municipales les plus anciennes et les plus importantes, qui en dérivent et assurent aux citoyens leurs droits de sécurité personnelle, de liberté personnelle et de propriété privée.

Mais les deux partis étaient divisés en ceci, que, pour un Tory, la constitution, en tant qu'elle était une constitution, était un point final, au-delà duquel on ne devait point aller, et duquel on ne pouvait pas s'éloigner : elle devait être invariable et n'être jamais susceptible d'améliorations. Le Tory avait en aversion tout changement, tout perfectionnement, que le temps, des mœurs nouvelles, d'autres circonstances auraient conseillé d'introduire.

Un Whig, au contraire, était convaincu que toutes les formes de gouvernement sont subordonnées au bien public, et sujettes à un changement, lorsqu'elles cessent de promouvoir ce grand objet de la réunion des hommes en société politique, quoiqu'il fût pleinement d'accord avec son antagoniste, qu'il était des bornes constitutionnelles qui devaient être fermes et stables, et qu'il fallait rejeter toute innovation, dès que la nécessité n'en était pas démontrée d'une manière irréfragable. Le Whig avait une tendance naturelle aux améliorations politiques d'un ordre supérieur ; le Tory les avait en haine. Le Whig aimait à exalter la liberté et les droits de l'homme; le Tory, les droits des souverains; et celui-ci ne cessait de prophétiser l'anarchie et les désordres qu'amène la résistance à l'oppression qu'il appelait du nom de sédition. Les Torys déploraient les malheurs que causent les révolutions. Il en est toujours ainsi chez les peuples qui ont été long-temps agités par des bouleversements politiques.

Quoique Whigs et Torys, comme on l'a vu, eussent admis comme un principe avoué de tous, le maintien de la constitution, pour le Whig, la constitution n'avait fait que reconnaître d'une manière solennelle les droits des sujets. Mais, suivant les Torys, la prérogative de la couronne devait être l'objet principal de tous les soins, de tous les hommages du public; elle était avant tout. Il en résultait que, dans les temps d'effervescence des passions politiques, on pouvait craindre que le Tory n'aidât à établir le despotisme; et le Whig, à détruire la monarchie. Le premier était généralement hostile à l'affranchissement de la presse et à la liberté d'examen, surtout dans les matières religieuses; le second en était l'ami. Le principe de l'un était, conservation; celui de l'autre, amélioration.

Dans les dérivés de cette théorie, on pouvait classer cet attachement aveugle du Tory à l'église et à ses prééminences les plus hautes et les plus dominantes: à cet attachement, il sacrifiait tous les sentiments de l'humanité et la tolérance, dans la protection qu'il accordait à la haute église contre les Catholiques; elle devait être armée de toute la force des lois pour les persécuter. Le Whig, au contraire, plaçait au milieu des trophées de la Révolution de 1688 les actes de tolérance qu'elle avait passés. Il souriait avec pitié ou mépris au langage hautain des prélats de l'Église nationale; il protégeait les Dissidents. Cette distinction entre ces deux partis, lors même qu'ils ont été d'accord sur la liberté civile et le pouvoir royal, a subsisté long-temps, et subsiste encore. Elle a, pour les Torys de la haute église, une nuance de cupidité et d'intérêt personnel qu'elle n'avait point alors.

Enfin, les Whigs paraissaient avoir pris une idée plus complète et plus juste de la nature et des fins de la société civile. Leurs principes étaient plus vertueux, mais plus flexibles aux variations du temps et des circonstances, et plus appropriés à de larges et viriles intelligences. Les Torys semblaient guidés plutôt par des intérêts personnels, l'égoïsme, l'ambition, la haine, les jalousies et la vengeance, que par l'amour du bien public. On affirmait que l'aristocratie anglaise était whig, quoiqu'elle commençât dès lors à être tory, et qu'elle le soit devenue, depuis, bien davantage.

On ne peut méconnaître cependant que ces deux éléments politiques opposés entrent avec succès, et pour des fins utiles, dans la composition de l'esprit public en Angleterre, et en forment cet ensemble compact et vigoureux qui en réunit toutes les parties, et empêchera, même dans les plus difficiles circonstances, la dissolution d'un gouvernement si essentiel à la civilisation anglaise. Whigs et Torys sont les deux forces opposées du système de Newton, qui retiennent les planètes dans leur orbite, et font marcher sans entraves, sans collision, les institutions sociales de la vieille et toujours masculine Angleterre.

IV. Au travers de ces partis, et se recrutant chaque jour de ce qu'ils renfermaient d'hommes faibles ou avides, d'ambitieux et de nécessiteux, de catholiques et de mécontents de la haute église, les Jacobites prenaient de la force et du crédit. Sous Guillaume III, et depuis la bataille de la Boyne, quelle que fût leur haine contre ce prince, ils avaient été obligés de la cacher ou de la contenir. Sous la reine Anne, et après la mort de Jacques II, ils montrèrent plus de soumission. La reine était au moins pour eux une régente, pendant la minorité de son frère Jacques III; ils lui obéissaient avec peu de répugnance. Ils entretenaient l'espoir que ce jeune prince embrasserait la religion protestante anglicane; qu'il adopterait les principes et les conséquences de la Révolution de 1688. L'Acte d'établissement aurait conservé toute sa force, en ce qui touche les institutions politiques. Il aurait placé le premier dans l'ordre de la succession à la couronne, Jacques III, sous un titre quelconque; et ce n'aurait été qu'à défaut de sa descendance que les enfants de la princesse Sophie seraient montés sur le trône d'Angleterre.

Il nous reste à examiner si, en 1710 et sous le ministère du comte d'Oxford, ce parti avait reçu plus de force; si la reine Anne elle-même l'appuyait de ses vœux, de ses sentiments, de son pouvoir; si son Grand-Trésorier et le cabinet lui étaient livrés.

Les mémoires du temps annoncent que les Jacobites, dans les dernières années du règne de cette princesse, étaient établis solidement à la cour et dans le Parlement, au moins dans la Chambre haute. La Chambre des communes de 1710 était acquise par le résultat des nouvelles élections; et des moyens auraient été pris pour assurer une grande majorité à ceux qui proposeraient de reviser l'Acte d'établissement. Bolingbroke avoue que le cabinet leur avait donné toutes les places, tous les emplois lucratifs et de confiance; l'armée en était pleine; la flotte restait toujours ce qu'elle est, attachée aux principes de la révolution. Il n'y a donc pas lieu de douter que, si Jacques III eût pris la communion dans une chapelle de l'Église anglicane, si même, en 1712, il était arrivé à Londres en annonçant qu'il se ferait instruire par l'archevêque de Cantorbéry, il aurait succédé paisiblement à sa sœur. L'électeur de Hanovre, George Ier, avait refusé aux Whigs d'envoyer son fils aîné, depuis George II, en Angleterre. Dans l'état présent des partis, la couronne était au premier occupant.

La reine Anne était-elle favorable au parti Jacobite ?

Sans doute la reine aurait vu avec plus de satisfaction son frère devenir héritier présomptif de la couronne que l'électeur de Hanovre; mais toute faible qu'était l'intelligence de la reine, cette princesse ne pouvait pas se dissimuler que, dès l'instant que le rappel de Jacques III serait prononcé, elle cesserait d'être maîtresse des affaires, et bientôt même finirait de régner. Un Parlement Jacobite l'aurait envoyée à Windsor ou à Hampton-Court, avec une forte pension. Restaurer Jacques III, était reconnaître de fait la succession au trône, de droit divin, de Jacques Ier; la reine Anne n'était plus qu'une usurpatrice, dont la déposition du trône devait être plus ou moins accélérée, mais toujours certaine. On avait eu besoin d'elle pour exécuter le rappel de son frère; on la briserait dès qu'il serait obtenu.

Sous la verge souple de lady Marsham comme sous la verge raide, dure et insolente de la duchesse de Marlborough, la reine Anne a pu manifester quelques sentiments en faveur de son frère. Elle a dû se montrer fort mécontente des sottises des Jacobites, du titre de roi que Louis XIV avait donné au fils de Jacques II, de l'expédition d'Écosse, de la présence de son frère dans les armées françaises, faisant les campagnes de Flandre contre ses troupes et celles des alliés, de ses refus enfin de quitter le catholicisme. Il y avait là moins de dissimulation, et il n'y avait, en tout le reste, que de la crainte et de la faiblesse. On a pu penser enfin que la reine était d'accord avec le chef de son ministère, de donner aux Jacobites quelque allurement qui les modérât, contînt leur fougue et éloignât le renouvellement de leurs sottises.

Nous croyons que la reine n'a pu vouloir la restauration jacobite qu'on tentait vers 1712.

Le cabinet de 1710 était-il jacobite? il n'y a aucun motif d'en douter. Quelle preuve en avait-on en 1715? les preuves matérielles en existaient dès 1713, lors de la convocation d'un nouveau Parlement, laquelle opéra la réaction la plus complète contre les Jacobites ; Torys et Whigs s'étaient réunis à l'approche d'un commun danger et à l'aspect de l'ascendance du parti de Jacques III. Les preuves matérielles frappaient donc tous les yeux, même sans tenir compte des aveux consignés par Bolingbroke, dans ses *Lettres sur l'histoire* et dans *sa Correspondance*, imprimées beaucoup plus tard ; sa fuite en France, à la mort de la reine, attestait formellement de sa culpabilité.

La part que le comte d'Oxford avait dans toutes ces intrigues ne paraissait pas aussi évidente. Il a fallu un siècle pour que des preuves nous fussent acquises qu'il les connaissait, s'en servait pour des fins utiles, donnait des espérances aux Jacobites, mais ne faisait aucun acte formel d'adhésion à leurs projets. Il était bien difficile que le chef du cabinet, dans de telles circonstances, ne fût pas entraîné à des espèces de connivences avec ce parti, lesquelles auraient eu pour but de ne pas perdre toute communication avec lui, de le toucher par ses surfaces, et de continuer vis-à-vis d'un semblable ennemi une reconnaissance générale de ses forces et de ses mouvements. Mais alors même il ne pouvait être accusé que d'avoir exécuté les ordres de la reine, 1° en donnant entrée dans les places et dans l'armée aux Jacobites, ce qui n'était qu'une affaire de faveur ; et 2° en négociant les préliminaires de la paix avec la France, qui était un exercice d'un droit constitutionnel du monarque anglais. Sans doute ces mesures devaient sembler préparatoires au rappel de la branche aînée des Stuarts ; mais en quoi étaient-elles formellement illégales? le parlement pouvait bien changer l'Acte d'établissement, puisque lui-même l'avait fait. La *Loi Commune*, qui veut l'hérédité du trône, n'était point blessée; cette loi fondamentale n'était point renversée, elle était expliquée, et recevait dans ce cas son application par un statut déclaratif, tel et aussi bien que l'étaient le *Bill des droits* (*Stat.* 1, *William III et Mary II*, *ch.* 1), et l'Acte d'établissement (*Settlement's Act*) dans la branche protestante (*Stat.* 12 *et* 13, *William III*, *ch.* 2). L'origine un peu viciée des droits des Stuarts d'Écosse à la succession d'Élisabeth, l'entêtement de Jacques Ier pour la monarchie absolue et l'obéissance passive; la haine de la liberté anglaise et le manque de sincérité du vertueux et infortuné Charles Ier; la prodigalité, les mauvaises mœurs et l'amour du pouvoir absolu de Charles II; enfin l'obstination de Jacques II et son attachement à la religion catholique et aux jésuites, pouvaient être l'objet de sérieuses et profondes réflexions et de plus d'une alarme; mais, en même temps, des remèdes, des correctifs pouvaient être proposés contre le retour de dangers semblables à ceux que les quatre règnes de ces princes avaient amenés ou fait craindre pour la constitution. Aussi l'accusation des Communes contre le comte d'Oxford ne portait que sur les négociations qui avaient conduit à la paix d'Utrecht; elles ne pouvaient l'attaquer comme Jacobite, comme elles l'auraient fait de la personne de Bolingbroke, comme elles le firent, en 1723, de celle de l'évêque de Rochester.

V. Depuis plus de soixante ans, l'Angleterre avait été agitée par des révolutions. Bien des intérêts avaient été froissés ou déplacés, bien des existences sociales avaient été détruites, et tant de gens avaient leur fortune à refaire, qu'un désir immodéré et vil de l'argent, et du pouvoir, qui mène à en acquérir, se montrait partout. Une avidité grossière pour les emplois et pour les places s'était donc emparée de la nation. Dans les classes élevées, on la voilait du nom d'une honorable ambition; l'intrigue était cependant le moyen dont elles se servaient. Dans les classes inférieures, on ne se couvrait d'aucun prétexte; c'était l'amour de l'argent dans toute sa nudité : il menait aux plus grands vices, et la nation cessait de paraître estimable.

Le système adopté, pour les emprunts, des annuités viagères pour une ou plusieurs vies, traînait à sa suite l'égoïsme et l'immoralité. L'agiotage les y fixait. De nouvelles sortes de fortunes dans les fonds et par les entreprises du gouvernement, les fortunes mobilières, élevaient à côté de l'*intérêt territorial* un intérêt presque diamétralement opposé. Il fallait tenir compte de leur lutte; et les mesures financières du gouvernement en étaient entravées. La refonte des monnaies, si nécessaire, mais opérée avec tant de lenteurs et de difficultés, vint ajouter encore à la démoralisation des classes inférieures et aux embarras de la circulation. Les premiers billets de l'échiquier et leurs coupures prirent possession de la place; les billets de la banque d'Angleterre, les actions de la mer du Sud, les bons de l'Inde, parurent à leur tour.

En multipliant les signes des valeurs des denrées, etc., ils en augmentèrent le prix vénal, que l'énormité des impôts tendait à accroître encore. Les crises de la circulation créaient un malaise général, peu propre à redonner des mœurs à une nation qui les avait perdues.

Il est hors de doute, et il en existe des preuves, que le comte d'Oxford, bien plus que Bolingbroke, mais ainsi que les fortes têtes de l'administration et du Parlement, avaient reconnu, dans cet état des hommes et des choses, une impérieuse nécessité de faire la paix.

Les mémoires particuliers et les autres ouvrages, qui ont été publiés jusqu'à ce jour (1) établissent clairement que la cour de Saint-Germain avait toujours entretenu une correspondance très active avec les personnes qui exerçaient une grande influence dans le cabinet de Saint-James. Godolphin et Marlborough étaient en relations suivies avec la cour de Saint-Germain, quoique la confiance en eux fût très faible. Le débarquement en Écosse de l'expédition de 1708 avait aliéné, de la cause des Jacobites, la reine, et dès lors Godolphin. Marlborough avait continué de protester de son dévouement à Jacques III; mais l'égoïsme et la dissimulation de son caractère ne permettaient pas de compter beaucoup sur lui.

En 1710, le comte d'Oxford envoya l'abbé Gau-

(1) Nous renvoyons à l'*Histoire constitutionnelle d'Angleterre*, par Hallam, édition anglaise de Paris, 1827, tom. IV, chap. 16, pour avoir la série de ces divers ouvrages.

thier au maréchal duc de Berwick, fils naturel de Jacques II, avec des instructions pour traiter d'une restauration. La reine retenait le sceptre pendant sa vie; des garanties pour la liberté et la religion anglicane auraient été assurées; mais le préliminaire indispensable était la signature de la paix; tout était disposé dans le Parlement, à cet effet. Un plan serait donné, l'année suivante, par le comte d'Oxford, pour amener la conclusion; mais, ni à l'époque indiquée, ni pendant la vie de la reine, le Grand-Trésorier, quoiqu'en communication avec Saint-Germain et les chefs des Jacobites en Angleterre, n'alla pas au-delà de cette proposition : peut-être les avait-il bien jugés.

Était-ce dissimulation, était-ce irrésolution de caractère de la part du comte d'Oxford? était-ce changement dans les circonstances qui devaient amener la restauration des Stuarts et dans les personnes qui l'auraient dirigée? n'était-ce que défiance des Jacobites, de leur prudence, de leur bonne foi dans l'exécution de leurs engagements, soit vis-à-vis du Parlement et envers le peuple anglais et ses libertés, soit avec lui-même, comte d'Oxford? était-ce crainte de la faiblesse de la reine et de sa versatilité? était-ce enfin la pudeur et une certaine honte de détruire la succession dans la ligne protestante, qu'il avait contribué si essentiellement à établir? rien n'est prononcé sur ces motifs. Lord Oxford avait trop d'adresse pour donner, dans sa conduite politique, la moindre prise sur lui; il faut consulter ses actes; ses mœurs publiques font mieux connaître ses intentions réelles; au moins c'est sur ses mesures politiques qu'il doit être jugé. Quelles sont-elles? Opposition aux hauts Torys et même de la haine contre eux; dissentiments avec ceux de ses collègues qui se dévouaient entièrement à la cour de Saint-Germain, Bolingbroke, les ducs de Buckingham et d'Ormond, lord Stormont; tentatives fréquentes pour se rapprocher des Whigs; mépris hautement prononcé des principes des Jacobites; craintes enfin, très habituellement manifestées, de ne pas conserver le pouvoir dans un cabinet jacobite. C'en est assez pour prononcer sur la conduite politique de ce chef d'un des cabinets de la reine Anne. On conçoit qu'une telle direction des affaires a dû lui faire beaucoup d'ennemis; que les Communes ont dû se porter vivement à l'accuser; mais qu'une prison de deux années, la fuite de Bolingbroke son collègue, qu'on devait regarder d'abord comme une lâcheté, tandis que la présence du comte d'Oxford attestait de son innocence; les éclaircissements que le temps amène toujours, et la modération qu'il porte avec lui dans les ressentiments, ont été utiles à sa décharge de toute accusation, si ce n'est à la conviction de son innocence; c'était tout ce qu'il fallait pour ce grand ministre.

VI. *Acte d'accusation de Robert comte d'Oxford et Mortimer.*

Le préambule, en rappelant le testament de Charles II, qui donnait au duc d'Anjou la succession entière de la monarchie espagnole, cite le deuxième traité de partage, réprouvé par le Parle ment dans le procès de lord Sommers, du comte de Portland, du comte d'Orford et de lord Hallifax, en 1701. Ce traité contenait la stipulation expresse de ne négocier qu'en commun. Le traité de 1708 en faisait également la loi; elle avait été observée dans les conférences de La Haye et de Gertruidemberg, en 1710. Le comte d'Oxford lui-même, en s'introduisant, avec *d'autres perfides conseillers*, dans le cabinet de sa *sacrée* majesté, la reine Anne, en juillet et août 1710, avait reconnu l'existence de ce solennel engagement; et bien que, dans le mois d'avril 1711, il fût entré dans une étroite et secrète correspondance avec le sieur de Torcy, secrétaire du roi de France, il s'était fait commander par la reine, à la suite *des faux et pernicieux conseils* qu'il lui avait donnés, de communiquer seulement, à La Haye, au Grand-Pensionnaire et aux ministres de Hollande, que des préliminaires de négociations pour la paix avaient été ouverts, à Londres, séparément des alliés, mais sans leur faire connaître leur étendue et leur gravité et d'une manière vague. Les ministres hollandais remercièrent la reine de sa gracieuse communication, et déclarèrent qu'ils étaient prêts à concourir avec S. M. à l'effet d'obtenir une paix avantageuse, solide et durable.

Cependant malgré ces prémisses :

« Art. 1er. Robert comte d'Oxford et Mortimer *traîtreusement, illégalement*... en violation de son serment comme Grand-Trésorier d'Angleterre...... sans aucun égard à l'honneur et à la sécurité de S.M. et de ses royaumes, a fait négocier, etc. » Cet article relate ensuite l'envoi à Paris de Matthieu Prior, au moment où Louis XIV envoyait à La Haye M. de Torcy, pour traiter avec les États-Généraux.

L'article 2 inculpe les négociations à Londres, du comte de Darmouth et du vicomte Bolingbroke, avec M. Mesnager, chargé des affaires de France. Il érige ces négociations préliminaires en traité de paix définitif, et accuse également le comte d'Oxford de ce qu'elles n'ont été faites qu'en vertu d'un simple pouvoir de la reine, et non de lettres munies du grand sceau.

L'article 3 forme appendice au précédent. Le fait est que le comte d'Oxford n'a communiqué à la Haye que des *articles préliminaires*, qui étaient, suivant l'accusation, un traité définitif.

L'article 4 est également un appendice du 2e et une conséquence de l'opinion des Communes, que les préliminaires étaient le traité définitif; et il accuse le comte d'Oxford d'avoir fait assurer le comte de Buys, ambassadeur des États-Généraux, du désir de la reine, de maintenir la bonne harmonie avec eux, et de ne pas faire de traité séparé.

L'article 5 ne voit, dans les instructions données aux plénipotentiaires anglais, à Utrecht, pour traiter de la paix, que fraude et perfidie, puisque la paix était déjà conclue.

Article 6. « Par la connivence de Robert comte d'Oxford aux artifices et aux intrigues des négociateurs français, les conférences d'Utrecht ont été lentes, évasives, inutiles, la véritable négociation de la paix ayant lieu à Londres; laquelle conduisait à former un traité séparé, au déshonneur de la reine et de ses royaumes, et en violation des engagements contractés par les divers traités de la Grande alliance. »

Article 7. « Sa sacrée majesté a été conseillée par Robert comte d'Oxford, d'exiger que des garanties fussent données que les couronnes de France et d'Espagne ne seraient jamais réunies sur la même tête ; et cependant, toujours par les mêmes avis de Robert comte d'Oxford, elle se serait contentée d'adopter l'inutile expédient d'une renonciation du duc d'Anjou à la couronne de France ; et elle aurait été amenée *méchamment, illégalement et traîtreusement*, par ledit Robert comte d'Oxford, à signer et à ratifier une paix séparée, qui ne garantissait le repos de l'Europe et la tranquillité des alliés de S. M. que par un acte vain et illusoire. »

L'article 8 est relatif à l'ordre donné au duc d'Ormond de ne pas faire coopérer les troupes anglaises aux mouvements de l'armée des alliés, à la fin de 1711.

L'article 9 est également relatif à cet ordre, et inculpe le comte d'Oxford, en sa qualité de Grand-Trésorier, de n'avoir pas envoyé des fonds pour le paiement des troupes à la solde de l'Angleterre, qui avaient désobéi aux ordres du duc d'Ormond.

Article 10. « Que par les avis et conseils dudit Robert comte d'Oxford, Henri vicomte Bolingbroke avait été envoyé à Paris, pour signer une suspension d'armes et d'hostilités par mer et par terre. »

L'article 11 accuse le comte d'Oxford d'avoir été d'avis, dans les conseils de la reine, de ne pas tenir à la place de Tournay, pour augmenter le nombre des places de la barrière, si la France exigeait qu'elle lui fût rendue. (Cette accusation a long-temps paru la plus grave des charges de *l'Impeachment* des Communes.)

Article 12. «La reine avait fait la guerre à l'Espagne, non seulement pour la sécurité de l'Europe, mais encore par des motifs d'indignation de la conduite du duc d'Anjou, devenu roi d'Espagne, qui avait reconnu Jacques III; et cependant ledit Robert comte d'Oxford et Mortimer n'a pas exigé que ce prince obligeât le roi Jacques III à renoncer au titre de roi d'Angleterre.»

Article 13. «S. M. la feue reine avait annoncé deux fois à son Parlement que des moyens avaient été pris pour assurer à ses sujets, dans le traité de paix, le commerce, et les droits de navigation et de pêche les plus utiles à leur prospérité; et cependant ces droits avaient été sacrifiés dans le traité secret, et on en renvoyait la discussion à des conférences générales.»

Le 14e article est relatif à la cession qui avait été faite, d'après le désir des plénipotentiaires français, au duc de Savoie, de la Sicile, plutôt que de la Sardaigne, au grand détriment de S. M. impériale Charles VI.

Par l'article 15, le comte d'Oxford est accusé de n'avoir pas communiqué au Parlement les *préliminaires*, dont les Communes font toujours le *traité* de paix *définitif*.

Article 16. «Par tous ces détestables, perfides et »pernicieux conseils, Robert comte d'Oxford a bas»sement, ingratement et scandaleusement abusé de

» la confiance et de la faveur de sa royale maîtresse, » et, à l'aide de l'autorité de son nom et de ses pa» roles, a trompé le Parlement et l'a engagé dans des » résolutions imprudentes et fatales; a non seulement » empêché le Parlement de donner ses prudents avis » dans ces conjonctures critiques; mais non content » d'avoir, dans toutes les occasions, fait les plus » grands efforts pour renverser l'antique constitu» tion du Parlement, et étant *méchamment* déter» miné à détruire la liberté et l'indépendance de la » Chambre des lords, ... ledit Robert comte d'Ox» ford et Mortimer, a conseillé à S. M. la feue reine » de créer, pendant une prorogation du Parlement, » douze nouveaux Pairs.

» Tous lesquels crimes et malversations ont été » commis et faits par ledit comte d'Oxford, contre » S. M. notre dernière souveraine et dame, sa cou» ronne et sa dignité, la paix et l'intérêt de ses » royaumes, et en violation de la confiance placée » en lui, comme Grand-Trésorier de la Grande-» Bretagne, etc.

» Pour lesquelles causes, les chevaliers, citoyens » et bourgeois de la Chambre des communes, as» semblés en Parlement, accusent, tant en leur nom » qu'en celui de toutes les communes de la Grande-» Bretagne, ledit Robert comte d'Oxford et Morti» mer, etc., *de Haute-trahison* et autres *Grands crimes » et malversations* mentionnés dans lesdits arti» cles;

» Se réservant d'ajouter, etc., et de répliquer » aux réponses que donnera Robert comte d'Ox» ford, etc., demandant que lesdits articles lui

» soient communiqués, et qu'il soit sommé d'y ré-» pondre; et que des procédures, interrogatoires, » débats et jugements soient faits à son égard, ainsi » qu'à celui desdits crimes, tels que la loi et justice » requièrent.

» Ils prient en outre et demandent que ledit » Robert comte d'Oxford et Mortimer soit exclu » à l'instant de la Chambre, et soit mis en une » prison sûre. »

Après la lecture de ces articles, une motion fut faite pour que le comte d'Oxford fût envoyé à la garde du sergent d'armes de la Chambre. Les Communes en furent prévenues, par un message. Le 9 juillet 1715, le comte d'Oxford fut amené à la barre des Pairs. Lecture lui fut donnée de cet acte d'accusation; il y répondit en ces termes :

« Mylords, c'est un grand malheur pour un homme » d'État de tomber dans la disgrâce d'un corps » aussi grand et aussi puissant que la Chambre des » communes de la Grande-Bretagne; et mon mal-» heur est d'autant plus grand, que j'ai eu l'hon-» neur d'être placé à la tête d'un ministère de toutes » les mesures duquel on veut me rendre respon-» sable... ; mais c'est une consolation pour moi... » d'avoir l'honneur d'être membre de cette auguste » assemblée... qui saura appuyer ses procédures et » son jugement sur l'honneur, les lois et l'équité, » et n'est pas atteinte de l'esprit de parti.

» Mylords, j'aurais beaucoup de choses à dire pour » ma défense.... je les resserrerai dans un cadre » très étroit. L'accusation tout entière me paraît » devoir être réduite à la négociation et à la conclu-

»sion de la paix. Que la nation eût besoin de la »paix, il n'est personne qui le nie; j'espère que »plus tard il me sera facile de prouver que les con»ditions de la paix étaient aussi avantageuses qu'on »pouvait l'attendre des circonstances... et de la »résistance et des retards que mettaient quelques »uns des alliés à entrer dans les mesures de la reine. »Il est certain que cette paix, telle mauvaise qu'on »veuille la supposer, a été approuvée par deux »Parlements successifs. On a objecté contre cette »paix, qu'elle était une paix séparée; mais j'espère, »Mylords, qu'elle paraîtra générale; et c'est la »France et non la Grande-Bretagne qui a fait les »premiers pas pour une négocation; et, Mylords, »y aura-t-il de la présomption à dire que, pendant »mon administration, la reine était aimée ici, et »redoutée au dehors?

»Quant à l'affaire de Tournay, dont on fait une »charge principale contre moi, je puis prouver, »d'une manière incontestable, que je n'y ai aucune »part, et qu'elle a été traitée, sur tous les points, »par cet infortuné gentilhomme (Bolingbroke), qui »a cru convenable de se mettre de côté. J'oserai »dire cependant en sa faveur que, par cette charge, »fût-elle prouvée, il ne serait pas coupable de haute »trahison. Pour ma part, comme j'ai toujours agi »sous la direction de la feue reine et par ses ordres, »je suis justifié dans ma conscience. Je tiens peu »à la vie *usée et maladive* d'un vieillard...; mais je »ne puis pas, sans la plus noire ingratitude, pa»raître sans intérêt pour la mémoire de la meil»leure des reines. Elle m'a comblé d'honneurs et

» de biens, que je n'avais jamais sollicités d'elle ; » et je défendrai jusqu'à mon dernier soupir sa » mémoire et les mesures qu'elle avait adoptées. » Mylords, si des ministres d'État, agissant par les » ordres immédiats de leur souverain, peuvent de- » venir ensuite responsables de ce qu'ils auront fait, » ce peut être le cas, un jour ou l'autre, de tous les » membres de cette auguste assemblée. Je ne doute » pas cependant que, sans regarder à vous-mêmes et » à l'avenir, vous m'accorderez un accueil favorable ; » et j'espère que, dans le cours de cette enquête, il pa- » raîtra que j'ai, non seulement mérité l'indulgence, » mais encore les faveurs du gouvernement. Mylords, » je vais maintenant prendre congé de vos Seigneu- » ries et de cette honorable Chambre, et peut-être » pour jamais. J'abandonnerai la vie sans regrets, » avec plaisir même, dans une cause favorisée par » feu ma chère royale maîtresse ; et lorsque je » considère que je dois être jugé par la justice, » l'honneur et la vertu de mes pairs, j'acquiescerai » avec satisfaction à ce que vous prononcerez, My- » lords : la volonté de Dieu soit faite.

Il y eut alors une motion pour que le comte d'Oxford fût enfermé à la Tour. Elle passa à la majorité des lords présents, au nombre de 113 : mais il y eut une protestation vive de la minorité, de 52 lords spirituels ou temporels.

Articles additionnels d'accusation de Robert comte d'Oxford et Mortimer, de Haute trahison et de grands crimes et malversations.

L'article 1er est relatif à l'expédition malheureuse

du Canada; il accuse lord Oxford de l'avoir conseillée dans des vues de trahison. Elle avait causé une dépense de 28,000 liv. sterl; et il avait fait tous ses efforts pour empêcher que le Parlement l'examinât avec trop de soins.

L'article 2 est relatif à des valeurs négociables, pour une somme de 13,000 liv. st., produit de quelques droits de la couronne sur les étains de Cornouailles, passées au crédit du sieur *Drummond*, et endossées, par celui-ci, au comte d'Oxford. Cette opération devait être régularisée par un ordre de la reine, qui accordait cette somme au comte d'Oxford, en rémunération de ses bons et loyaux services; mais la mort prompte de la reine avait empêché que l'ordonnancement fût complété. Le comte d'Oxford avait envoyé aux commissaires de la trésorerie cette somme de 13,000 l. st., lesquels avaient refusé de la recevoir.

L'article 3 établit que le comte d'Oxford, en accordant un crédit illimité à Matthieu Prior, pour la négociation secrète dont il était chargé à Paris, et en ordonnançant ses traites sur l'échiquier, jusqu'à la concurrence de 12,360 liv. sterl., faites par lui, sans qualité, ni titres diplomatiques, a abusé du dépôt dont il était chargé et de la confiance publique, et violé ses devoirs et ses serments, comme Grand-Trésorier d'Angleterre.

Dans l'art. 4, les Communes forment un chef d'accusation de *Malversations* par le comte d'Oxford, de ce qu'il aurait, sur un crédit de 500,000 l. st., accordé par le Parlement, pour payer des dettes de la liste civile, fait acquitter une somme de 37,328 l. st. 13 sh. 7 d.

au profit de la reine Marie, veuve de Jacques II, laquelle lui avait été constituée en douaire, sous le nom de quelques lords institués par ce prince, exécuteurs testamentaires et fidei-commissaires; et des sommes moins fortes, au profit de l'abbé Gauthier et autres agents secrets de la reine Marie et du Prétendant; *Malversations* et *crimes équivalant à une Haute trahison.*

L'article 5 incrimine la présentation que le comte d'Oxford avait faite à la reine de sir Patrice Lawless, agent du prétendant, sous le nom de don Carlos Mari, l'autorisation qu'il avait reçue de feu S. M. et l'ordre qu'il avait signé de faire payer à Lawless quelques sommes de deniers, ainsi qu'à l'abbé Gauthier et autres agents du prétendant.

L'article 6 est en entier relatif à la révolte de la Catalogne entreprise par les instances des ministres anglais et du comte de Peterborough, et sur les promesses qui avaient été faites aux Catalans de la conservation de leurs priviléges, et à l'abandon postérieur de ces braves gens à tous les ressentiments de la maison de Bourbon; ce qui était un outrage à la bonne foi de la reine et à l'honneur du peuple anglais, et une violation de la loi des nations et de celles de l'humanité.

« Tous ces grands crimes et malversations ont » été commis par ledit Robert comte d'Oxford et » Mortimer, Grand-Trésorier, etc.

» Pour lesquelles causes, les chevaliers, citoyens » et bourgeois de la Chambre des communes, assem- » blés en Parlement, tant en leur nom qu'en celui de » toutes les communes de la Grande-Bretagne, ac-

» cusent ledit Robert comte d'Oxford, etc., d'autres » *Grands crimes et malversations ;*

» Se réservent la faculté d'ajouter encore, etc. ;

» Prient et demandent que ledit Robert comte » d'Oxford, etc., soit sommé de répondre auxdits » articles additionnels. »

VII. *Réponse de Robert comte d'Oxford et Mortimer.*

L'objet des deux derniers traités de partage de la succession de Charles II était d'empêcher que les couronnes de France et d'Espagne, ou d'Autriche et d'Espagne, ne fussent réunies sur une seule tête ; la balance politique de l'Europe l'exigeait.

Le second traité de partage fut blâmé par le Parlement, parcequ'il donnait trop à la maison de Bourbon et au royaume de France.

Cependant, lorsque le testament eut été accepté par Louis XIV, le duc d'Anjou fut reconnu par le roi Guillaume. L'occupation des Pays-Bas par les troupes françaises alarma la Hollande. Dix mille Anglais furent envoyés sur le continent. On pouvait encore s'entendre ; on demandait des dédommagements pour l'Autriche.

La reconnaissance de Jacques III rompit l'accord qui allait s'établir ; mais on ne voulait pas alors réunir toute la monarchie espagnole sur la tête du chef de la maison d'Autriche.

Le cas serait arrivé, en 1709, lorsque l'archiduc Charles a été appelé à l'empire et à la monarchie autrichienne.

Les États-Généraux regardaient cette union comme aussi dangereuse que celle des deux monarchies de France et d'Espagne. Ils étaient prêts à renoncer au traité de la Barrière, si avantageux pour eux.

« La Chambre des pairs a déclaré, après de sages » méditations, qu'il ne pouvait y avoir de paix sûre » et durable, si l'Espagne était réunie avec les pos- » sessions espagnoles du Nouveau-Monde sur la » tête d'un Bourbon ; mais il n'est aucun de vous, » Milords, qui ne se souvienne que c'était dans la » crainte que les couronnes de France, d'Espagne » et d'Amérique ne formassent qu'une seule mo- » narchie. »

Lord Oxford fait observer qu'il n'a point recherché l'honneur que la feue reine lui avait fait de l'appeler au ministère, en 1710 ; qu'il l'a même refusé, dans la prévoyance des difficultés d'une position semblable, au moment des négociations d'une paix peu aisée à traiter et à conclure.

Le fardeau de la guerre était lourd. D'après l'alliance de 1703, l'Angleterre devait supporter les trois cinquièmes des dépenses de la guerre de terre, et les cinq huitièmes des frais de la guerre maritime ; mais ces charges augmentèrent bientôt. La guerre de terre et de mer coûta, en 1703, 4,000,000 liv. sterl. ; en 1707, 5,500,000 liv. sterl. ; et en 1710 et 11, 7,000,000 liv. sterl. Les finances de l'État devinrent embarrassées. Les impôts, accrus exorbitamment, ne produisaient rien. Les emprunts étaient de jour en jour plus onéreux : tous ces faits sont de notoriété générale. Les impôts, en Hollande, étaient sans doute également considérables ; mais ils étaient acquittés sans murmures, et produisaient chaque jour davantage. L'économie dans les dépenses des États-Généraux était grande et bien entendue ; et cet excédant toujours croissant du produit des impôts avait ses sources dans les profits, toujours également croissants, du commerce. Le nôtre déclinait donc, puisque ses bénéfices ne suffisaient pas pour alimenter nos impôts, et que leur produit diminuait de jour en jour. La guerre nous était donc doublement onéreuse.

Les princes de l'empire ne fournissaient pas en entier les troupes pour lesquelles la reine leur payait des subsides. Jamais l'empereur n'a rempli les engagements qu'il avait contractés ; on se battait pour lui, et il ne paraissait pas dans les champs de bataille. Les troupes portugaises étaient d'un tiers moins fortes que le contingent du Portugal, réglé par l'alliance.

C'était donc l'Angleterre qui supportait seule les frais de la guerre. Le Parlement l'avait reconnu, et il l'a déclaré plusieurs fois à la reine et à son ministère, dans ses messages et dans les discussions de chacune de ses Chambres.

« Vous remarquerez, Milords, que depuis 1706, » les avantages et les pertes de la guerre ont, en » général, été compensés. La France avait eu une » disette très forte en 1709. Les récoltes de 1710 et » de 1711 étaient abondantes ; les profits du com» merce de l'Amérique espagnole venaient donner » de l'activité à ses manufactures. Elle souffrait, mais » elle n'était pas totalement écrasée. Nous estimons » que les frais de la guerre de la succession nous » ont coûté plus qu'à la France. On croit qu'ils s'é-

» lèvent, pour nous, à 90,000,000 liv. sterl.; pour » elle, à 70,000,000 liv. sterl.

» La paix était nécessaire à toutes les puissances » engagées dans la lutte; elle nous a été avanta» geuse; elle a donc atteint le but que s'était pro» posé la grande alliance (1). »

Le comte d'Oxford répond ensuite, en détail, à chaque charge ou article de l'accusation.

Au premier, par une dénégation positive d'aucune convention secrète. L'abbé Gauthier a apporté au cabinet de la reine une lettre de M. de Torcy, qui proposait d'ouvrir à Londres les négociations préliminaires de la paix. La reine a fait donner part aux États-Généraux de cette proposition. M. Prior n'a été envoyé à Paris qu'après cette communication, et pour constater que les ouvertures de M. de Torcy étaient bien réellement de lui et du cabinet de Versailles.

Le secret est de rigueur sur tous les offices diplomatiques, on le sait; il l'était bien plus encore, puisqu'on ne voulait plus se servir du canal des États-Généraux, par lesquels on n'avait rien conclu, à La Haye et à Gertruydenberg. Le secret n'a point été demandé par le cabinet de la reine, mais par M. de Torcy, qui paraissait dès lors le plus faible, et celle des parties à qui la paix était le plus nécessaire. Lord Oxford insiste plusieurs fois sur ce fait.

La reine ne voulait traiter des préliminaires que

(1) La réponse du comte d'Oxford est excessivement longue; elle remplirait cent bonnes pages d'un grand in-8°. Nous en donnons l'extrait, et même fort en abrégé.

d'accord avec les États-Généraux, et de la paix que dans un congrès de toutes les puissances. La France ne s'y montrait pas opposée.

Au second article, lord Oxford répond: M. Mesnager a apporté à la reine une lettre du roi de France, qui reconnaissait son titre de reine de la Grande-Bretagne. Il y a eu, des conversations multipliées avec M. Mesnager, mais non des négociations pour arriver à des préliminaires. Les ministres de la feue reine ont demandé quels seraient ces articles préliminaires. M. Mesnager les a développés dans un office qu'il a signé. C'est la seule pièce qui ait été envoyée aux États-Généraux. Il n'y a eu ensuite de signé, par le lord comte de Darmouth et Henri Bolingbroke, que des préliminaires (1).

---

(1) La réponse de l'article 2 s'applique à l'article 3.

On voit que la Chambre des communes a constamment voulu faire, des propositions que l'abbé Gauthier portait au maréchal de Berwick (ci-dessus, pag. 67), une convention secrète. Les meneurs de la Chambre et du procès avaient eu quelques notions vagues de l'envoi de l'abbé et des paroles qu'il portait; mais il n'en existait aucune preuve par écrit, ni de note qui pût les renseigner à cet égard. Ces propositions, si elles avaient été faites de bonne foi, constituaient un acte ouvert de trahison: tout po[illegible] croire qu'elles étaient délusoires. La reine Anne, qui con[illegible]ssait bien sa position, l'état de son royaume, celui de ses finances, l'agitation des esprits, le crédit que les jacobites puiseraient dans cette condition des affaires, voulait, 1° la paix à tout prix; 2° qu'elle lui fût demandée par la France; et, 3° que son cabinet dominât la négociation, soit qu'elle fût séparée, soit qu'elle fût conduite de concert avec les États-Généraux: et elle l'obtint. Le comte d'Oxford, qui avait dirigé cette ruse diplomatique pour sauver l'honneur de son pays et conserver l'opinion de sa force, avait bien mérité de lui, et n'était ni un traître ni un malversateur.

Au 4e, lord Oxford ne se rappelle pas quelles étaient les représentations de M. de Buys : la reine était pieuse, loyale et vraie; il ne croit pas qu'elle ait cherché, en présence des membres de son conseil, à tromper M. de Buys et les États-Généraux.

Au 5e, puisqu'il n'y a pas eu de traité secret, il n'y a pas eu, et il n'était pas nécessaire d'avoir de doubles instructions.

Au 6e, les conférences du congrès d'Utrecht ont été retardées, parceque les plénipotentiaires français ne voulaient pas traiter par écrit, mais de vive voix.

A l'article 7e, dès qu'il n'y a pas eu de traité séparé, la septième charge de l'accusation tombe.

Au 8e article, lord Oxford répond que la prudence ordonnait d'éviter tout engagement sérieux et de risquer de perdre une bonne position, celle qu'avaient les affaires des alliés.

Au 9e article, il dit : «Les alliés décampaient pour aller faire le siége de Landrecies. Le duc d'Ormond, d'après ses instructions, refusa d'y coopérer. Il donna ordre aux troupes à la solde de l'Angleterre, de ne pas suivre ce mouvement; elles désobéirent; la reine, dans son indignation, défendit de leur payer leur solde.»

A l'article 10e, il observe qu'il n'a nullement concouru à la convention de suspension des hostilités par terre et par mer. Elle est du fait de Bolingbroke, et ne mérite pas de blâme.

Sur l'article 11e, il nie d'avoir eu l'intention d'accorder au roi de France la place de Tournay.

Il avoue qu'il a été d'avis que cette forteresse n'était pas assez importante à la barrière, accordée aux Hollandais, pour que la retenir dût compromettre la paix.

A la 12ᵉ charge, lord Oxford répond qu'il n'a donné aucun avis ; et que, l'eût-il fait, ce n'était pas un cas de trahison. La reine étant reconnue par Louis XIV comme reine de la Grande-Bretagne, cette reconnaissance emportait celle de l'Espagne, pour laquelle la France stipulait.

La 13ᵉ n'est pas fondée. Le commerce anglais et la navigation de la Grande-Bretagne ont acquis, par le traité, de grands avantages ; ne fût-ce que le traité de l'*Assiento?*

La 14ᵉ charge est détruite, si on considère qu'il était trop important pour le commerce anglais d'enlever tout de suite la Sicile aux Espagnols. Des dédommagements étaient dus à l'empereur d'Allemagne et au duc de Savoie ; l'empereur refusait la paix, le duc de Savoie l'acceptait ; il fut le premier pourvu.

Sur la 15ᵉ charge, lord Oxford dit : «La reine Anne était une personne pieuse, loyale et scrupuleuse sur la vérité, elle devait et voulait toujours la dire au parlement. Elle l'a fait même dans les circonstances rapportées au 15ᵉ article. On ne peut disconvenir cependant qu'il est, dans les affaires d'État, des bornes à leur révélation. La prudence, l'intérêt bien entendu du pays, celui même de la paix que l'on négociait, les avaient posées. »

Sur la 16ᵉ charge : il est de l'essence de la prérogative royale que Sa Majesté nomme librement,

Ex proprio motu, et quand il lui plaît, les personnes qu'elle veut appeler à l'honneur de la pairie. La reine le fait ordinairement sans consulter ses conseillers privés; sans doute ils indiquent quelquefois au choix de S. M. des serviteurs de l'État, des individus recommandables par leurs talents ou leurs vertus; ils n'ont jamais été au-delà. A la suite de vingt années de guerre, sur terre comme sur mer, et de négociations épineuses pour la guerre comme pour la paix, la reine avait des preuves de sa satisfaction à donner, des services publics à récompenser en plus grand nombre.

« Le comte d'Oxford répond aux articles additionnels de l'accusation. Au premier : il est vrai qu'il n'avait pas approuvé l'expédition du Canada, qu'il s'en était expliqué, et qu'elle n'était pas praticable à l'époque de l'année ou dans l'année même où elle était proposée. En 1711, il était malade et n'assistait pas à celui des conseils privés où elle fut approuvée. Il n'a point fourni les fonds de l'État, il les a même refusés pendant quelque temps; ce n'est que sur les ordres de la reine, qu'il a ouvert à la trésorerie le crédit nécessaire. Il a soumis au conseil son opinion, que l'opération pourrait être désapprouvée par la Chambre des communes; qu'il ferait ses diligences pour la défendre, qu'il fallait d'abord en faire différer l'examen; qu'il n'avait pas demandé d'autre secours à ses amis. »

« Au 2e article : Les produits de quelques mines d'étain appartiennent à la couronne; la reine, pour récompenser les services du sieur Drummond, lorsque Godolphin était à la tête des finances, lui avait fait délivrer 13,000 liv. sterl. environ, des obligations des marchands d'étain, au profit de la liste civile. Elles avaient été endossées à Drummond. Leur négociation était assez difficile; Drummond avait donc préféré de l'argent qui lui avait été compté, et il avait à son tour endossé les billets en blanc. Plus tard la reine, voulant accorder au comte d'Oxford une indemnité et une gratification après sa maladie, lui donna ces obligations, restées sans appropriation dans la caisse de sa maison. Il les a négociées pour 10,000 liv. sterl. Des bruits injurieux à sa réputation, des calomnies ayant circulé, il fit passer à la trésorerie l'ordonnance de la reine qui disposait, en sa faveur, de ces obligations, les bordereaux de leur remise par le caissier de sa maison et ceux de la négociation que lui-même en avait faite. Les commissaires, les agents de la trésorerie et de l'échiquier n'ont eu autre chose à faire qu'à lire ces pièces, en prendre note, s'ils le voulaient, et les renvoyer au comte d'Oxford. »

« Au 3e article: Aucune loi n'empêche le souverain de la Grande-Bretagne de fixer les appointements, honoraires et indemnités des ministres et agents diplomatiques, de varier leurs titres, etc. La reine a pu donner un titre à M. Prior, et des appointements à lui, à l'abbé Gauthier et aux autres agents employés par ses ordres, quoique ces derniers fussent étrangers. »

« Au 4e article, lord Oxford fournit les éclaircissements suivants:

« Le roi Jacques II, en 1685, avait constitué, sur

le revenu héréditaire de l'excise et de la poste aux lettres, qui lui avait été concédé à vie par le Parlement de 1660, une rente ou annuité viagère, au profit de la reine Marie (d'Est) son épouse, mais sur la tête et au nom de cinq personnes, exécuteurs du contrat et dépositaires ou fidéi-commissaires pour cette princesse, de 37,528 l. 13 s. 7 d. sterl. Il avait, de ses propres fonds, constitué une autre annuité de 10,000 liv. sterl. également au profit de la reine Marie et également dans des dettes publiques. Ces deux annuités ont été exactement acquittées pendant le règne du roi Guillaume; il en a été de même sous la reine Anne; et le comte d'Oxford a suivi l'exemple de ses prédécesseurs. Ces rentes ou annuités sont une propriété privée de la reine Marie. Avant la guerre, les fonds passaient par l'ambassade de France; depuis la guerre, ils étaient remis à l'abbé Gauthier, chapelain de l'ambassade, chargé de les faire parvenir à la reine Marie. »

« Sur l'article 5 : Lawless était un contumace irlandais. Lord Oxford est d'avis, ainsi que beaucoup de jurisconsultes de la couronne, que le souverain peut recevoir, entendre un contumace et lui accorder un sauf-conduit temporaire. Lawless avait été envoyé en Angleterre par le roi d'Espagne, Philippe V, et la feue reine son épouse, pour proposer au ministère de la reine Anne quelques facilités ou licences de faire le commerce dans l'Amérique espagnole, moyennant une indemnité. Il était à Londres sous le nom de Carlos Mari et passait pour Espagnol; on l'entendit, on refusa ses propositions; mais comme il avait fait accepter à la reine, au nom du roi d'Espagne, quelques raretés et des denrées de l'Amérique espagnole, la reine donna ordre de lui compter 1,000 liv. sterl., qui furent passées au débit du compte des produits du traité de *l'Assiento.* »

« Sur l'article 6, relatif aux Catalans, le comte d'Oxford reconnaît que la reine avait promis ses bons offices aux Catalans, mais auprès de Charles III d'Autriche, et non de Philippe V de Bourbon. Les chances de la guerre étant malheureuses, elle ne leur devait rien. Elle a été cependant utile aux Catalans, par ses lettres à Philippe V, et leur a obtenu la confirmation de presque tous leurs priviléges; ceux qui n'ont pas été renouvelés ont été compensés par la faculté de faire le commerce avec l'Amérique, réservée jusque là à Cadix et à Séville. Si l'obstination des Barcelonnais leur a été fatale, si l'amiral sir James Wischart a coopéré à la reddition de leur ville, le comte d'Oxford n'y a eu aucune part. »

Après cette réponse aux vingt-deux articles de l'accusation, lord Oxford fait d'abord toutes les réserves nécessaires à sa défense, n'ayant établi ses réponses que de mémoire et sur de simples *notes* de ses services publics de quinze années à la tête des affaires et dans la direction des plus importantes négociations. Quelques unes des grandes transactions politiques auxquelles il a pris part, concernent des ministres étrangers qu'il serait convenable d'entendre. Dans des négociations semblables, dont le secret est l'âme, il a peut-être été mal servi par sa mémoire; et il reconnaît qu'il lui est impossible d'en exposer quelques unes dans leurs détails, avec toute la clarté désirable et qu'exigerait l'accusation. La Chambre des communes a eu tous les moyens possibles à sa disposition, et toutes les pièces du cabinet de la feue reine et du conseil privé : il n'en a aucune ; et il juge convenable à sa défense de réclamer de la Chambre des pairs qu'elle s'en fasse délivrer des copies dont il ait communication. »

« Il observe que dans des négociations aussi longues comme dans toutes les grandes affaires du Gouvernement, S. M. la reine Anne avait souvent demandé l'avis des hommes d'État des deux Chambres qui avaient des connaissances étendues et de l'influence sur l'opinion publique : et c'est lui seul qu'on rend responsable des erreurs de tous, s'il en a existé, et des méprises de l'opinion publique ; elle n'est pas toujours infaillible. »

« La feue reine avait des notions exactes sur l'état de ses royaumes, sur celui des puissances voisines, de la France, de l'Espagne et de l'Amérique espagnole. Elle était justement pénétrée de l'impossibilité de continuer la guerre une année de plus. Elle savait que, si l'hiver de 1709 avait été funeste à la France, les récoltes de 1710 et 1711 avaient ramené l'abondance, et que l'action de son gouvernement marchait avec plus de facilité. La France et l'Espagne se rétablissant, leurs ressources s'accroissant au lieu de décliner d'une manière sensible, dès que Louis XIV faisait des ouvertures pour la paix, il ne restait qu'à s'assurer de leur sincérité et à les accueillir ensuite. La paix était l'objet constant de tous les soins de la feue reine; elle devenait chez cette princesse une passion, l'affaire unique de sa vie. C'est dominée par cette honorable et généreuse préoccupation, qu'elle entrait au Conseil privé. Toutes les fois que les avis des serviteurs de la couronne s'éloignaient de ce but de son gouvernement, elle les y ramenait et n'en acceptait que ce qui pouvait conduire, non plus directement et plus sûrement à ce but, mais plus promptement. Le comte d'Oxford peut assurer que souvent même les avis, les opinions de ses conseillers privés, étaient inutiles; il s'agissait de la paix; il était dans les droits du souverain de déterminer, sans contrôle, de la guerre ou de la paix; elle donnait donc par elle-même des ordres, et rejetait les conseils qui auraient pu renvoyer à un terme plus éloigné ses bénédictions. »

« Au reste, qu'aurait produit la continuation de la guerre pour atteindre le but qu'on se proposait, dès l'origine, que n'aient pas obtenu les négociations? »

« L'impossibilité que les couronnes de France et d'Espagne fussent jamais réunies sur une seule tête? Elle était l'effet des renonciations. La reconnaissance du titre de la reine, comme souveraine de la Grande-Bretagne et de l'Irlande? C'était le premier acte des négociations qu'avait apporté M. Mesnager, dans la lettre de Louis XIV à la reine. La sécurité de la Hollande contre les entreprises de la France? le traité de la Barrière l'avait garantie; et l'acquiescement de la France et de l'Espagne à ce traité était un article essentiel des préliminaires. Nous avons obtenu des stations et des ports dans le Nouveau-Monde. Nous sommes entrés, par le traité de l'*Assiento*, dans le commerce de l'Amérique espagnole, convention si avantageuse pour nous que les États-Généraux n'ont fait des plaintes, n'ont montré de l'humeur, élevé des résistances au traité définitif, que parceque les Hollandais n'étaient pas appelés à en partager les avantages. »

« Cette paix a été approuvée par le Parlement; cette paix a été honorable pour l'Angleterre; c'est la reine qui l'a accordée, à la demande du roi de France, faisant les premiers pas de la réconciliation des deux peuples. C'est la reine de la Grande-Bretagne qui a reçu les ouvertures de la paix, et a communiqué les préliminaires aux États-Généraux; mais en même temps a dominé les négociations, et a su interdire à la Hollande ces prétentions, ces duretés, ces exigences démesurées qui avaient fait rompre les conférences de La Haye et de Gertruydenberg. Cette paix a été faite au moment opportun, à celui où, épuisés d'hommes et d'argent, nous allions ne plus être en mesure de faire les frais de la campagne suivante; à celui où la discorde s'emparait des alliés; et cette paix a obtenu tout ce qu'on pouvait avoir par la guerre. »

« Et cependant on m'accuse de haute trahison, pour avoir acquis, par les négociations, tout ce que nous demandions, en 1702, au deuxième traité de partage, et qui allait nous échapper en 1712. Il y a donc ici une injustice dont on veut me rendre la victime, et dont j'ose ne pas redouter les effets dans une assemblée aussi auguste, aussi pénétrée de ses devoirs, des sentiments de l'équité et de l'honneur, et de la connaissance des hommes et des affaires, que l'est la Chambre des pairs de la Grande-Bretagne. »

« Le comte d'Oxford finit sa défense par remarquer que les plus fortes charges de l'accusation, portent sur ce qu'il a négocié un traité séparé ; ce qui n'est pas, puisque les préliminaires ont toujours été communiqués aux États-Généraux, la reine ne conservant, de l'avantage de sa position d'avoir reçu, seule, les premières ouvertures, que celui d'accélérer la marche de la négociation et de dominer les résistances de l'obstination, de l'égoïsme, de l'esprit de haine et de vengeance de quelques uns des alliés. Mais qu'on admette que l'Angleterre, par la manière dont le comte d'Oxford a dirigé les négociations, a traité séparément des alliés, quel blâme ce mode a-t-il mérité? qui s'en est plaint? la reine Anne a survécu environ seize mois à la signature de la paix, aucune des puissances contractantes ne s'est plaint; au contraire, elles ont toutes témoigné à cette excellente princesse leur satisfaction et leur reconnaissance. »

« Le comte d'Oxford présente enfin aux Lords » l'assurance la plus affirmative, la plus solennelle, » qu'il est innocent des crimes dont la Chambre des » communes l'accuse; que dans ces négociations, » comme aux autres affaires de l'État dans lesquelles » il a eu l'honneur d'être employé par la feue reine, » il a toujours agi au mieux de sa prudence, de son » adresse et de son jugement, avec le plus sincère » désir et dans les meilleures intentions de servir la

» patrie, uniquement et sans aucune vue d'intérêt » personnel, etc. »

Réplique des Communes de la Grande-Bretagne à la réponse de Robert, comte d'Oxford et Mortimer.

« Les Communes ont pris en considération la » réponse de Robert, comte d'Oxford et Morti» mer, aux articles d'accusation contre lui présentés » par les chevaliers, citoyens et bourgeois des » communes de la Grande-Bretagne assemblés en » Parlement, et observent avec étonnement que » ledit comte, au lieu de donner une réponse rai» sonnable et pertinente sur les charges graves et » justes portées contre lui par les Communes de » la Grande-Bretagne, a présumé, non seulement » de dénier qu'il ait conseillé et soit concerné en » aucune affaire de l'État, dans les articles qui le » chargent, quoiqu'il ait reconnu qu'elles ont eu » lieu sous une administration dont notoirement il » était le chef et premier ministre, mais encore de » faire, de sa réponse, un libelle calomnieux et mé» chant, déversant sur sa royale maîtresse le blâme » de tout ce que, par ses impositions sur l'esprit de » la reine, il a fait contre l'honneur de cette prin» cesse et les intérêts du pays; s'efforçant en même » temps, dans ce libelle, d'exciter à la haine contre » les Communes de ce royaume et de flétrir la » mémoire de la reine. »

« Mais les Communes pensent que s'il était pos» sible d'aggraver le lourd fardeau de culpabilité, » que les trahisons et autres crimes les plus odieux » dudit comte font peser sur lui, sa tentative et sa

» basse ingratitude de les imputer à sa royale maî-
» tresse, doit le charger d'un nouveau poids d'infa-
» mie, et provoque à tel point la juste indignation
» des Communes, qu'elles se croient obligées de
» demander à Vos Seigneuries que justice immé-
» diate soit faite de cet inconcevable attentat contre
» l'honneur de la feue reine et les procédures des
» Communes. »

« Les Communes sont convaincues que les tra-
» hisons et autres crimes dont ledit comte est ac-
» cusé restent dans toute leur force, et que la
» nécessité de faire sur lui une justice prompte et
» exemplaire, exige qu'on y procède sans délai.
» Elles ne doutent pas que Vos Seigneuries sauront,
» dans le temps, venger l'honneur de la feue reine,
» défendre celui des Communes de la Grande-Bre-
» tagne et la justice de leurs procédures. Les Com-
» munes affirment donc que les charges portées
» contre ledit Robert, comte d'Oxford et Morti-
» mer, sont vraies, et que ledit comte est coupable
» de tous et de chacun des articles de l'accusation
» et des charges qui y sont contenues, et de la ma-
» nière et dans la forme dans lesquelles il est accusé;
» qu'enfin les Communes sont prêtes à prouver leur
» accusation, en tel convenable temps qui sera as-
» signé à cet effet. »

VIII. La virulence de cette réplique devait engager la Chambre des pairs à prendre du temps et à laisser la fermentation des esprits se refroidir; sans doute l'accusation, la défense modérée et pleine du comte d'Oxford, la brièveté en même temps que l'exaspération de la réplique des Communes, laissaient beaucoup à penser ; et les réflexions ne pouvaient que tourner entièrement l'opinion publique en faveur du comte d'Oxford. Cet illustre prévenu avait cependant encore beaucoup d'ennemis ; il n'était pas réconcilié avec tous les Whigs, et ils siégeaient en grande majorité dans ce Parlement inaugural de George Ier, assemblé le 17 mars 1715. Le premier acte des Communes, qui tenait un peu de la fureur, avait été l'accusation du comte d'Oxford. Cette Chambre se rendait septennale par le statut de sa deuxième session, chap. 38. Elle se maintenait le pouvoir violent que lui assurait sa composition. Entièrement dévouée à la maison de Hanovre, elle allait poursuivre ses antagonistes avec acharnement.

Les Torys pouvaient bien se croire joués par le comte d'Oxford, comme ils commençaient à apercevoir qu'ils l'avaient été par la feue reine.

Stanhope et Walpole, qui dirigeaient le parti de la cour, n'accordaient qu'une faible justice aux services réels qu'avait rendus à la maison de Brunswick-Hanovre le comte d'Oxford, un des promoteurs les plus ardents et les plus décisifs de l'*Acte d'établissement*. Les amis de cet ex-ministre devaient donc lui obtenir d'abord le bénéfice du temps. Près de deux ans s'écoulèrent sans qu'on s'occupât du comte d'Oxford.

Procès de Robert comte d'Oxford et Mortimer, fini par les Lords seuls.

Dans le commencement de juin 1717, le comte d'Oxford fit présenter à la Chambre des Pairs une pétition, demandant d'être jugé. Quelques membres de cette Chambre soutinrent que l'accusation était nulle et périmée, puisqu'elle n'avait été suivie d'aucun acte, dans la session où elle avait été complètement présentée. La motion, que le comte d'Oxford fût en conséquence rendu à la liberté, fut rejetée à une majorité peu forte. Il y eut une protestation du comte de Nottingham.

Il convenait bien mieux que le procès fût commencé, dès qu'on avait le moyen de le terminer peut-être sans jugement. L'accusation pouvait d'ailleurs être reprise par les Lords seuls, pour l'honneur de la Pairie, et pour faire justice à un des membres de ce corps respectable, dont il fallait reconnaître l'innocence ou la culpabilité. La Chambre des pairs s'ajourna donc au 13 juin, pour se constituer en Haute Cour du Parlement. Sur la demande des Communes, la première séance, dans la grande salle de Westminster, fut différée jusqu'au 24 de juin.

On avait demandé au roi de nommer un Grand-Sénéchal. Il choisit, le 24 juin, lord Cowper, chancelier et orateur de la chambre.

Le 24, les Pairs en robe, au nombre de cent six (les deux archevêques, douze ducs, trente-deux comtes, sept vicomtes, douze évêques, quarante barons, et le chancelier), se portèrent processionnellement à la grande salle de Westminster; ils y trouvèrent, à la barre, la Chambre des communes, en grand comité de la Chambre, et les directeurs de l'accusation dans la tribune qui leur avait été construite.

Après les deux proclamations ordinaires, pour le silence, et pour sommer de se présenter ceux qui ont droit et intérêt à l'accusation, les lettres-patentes du roi (*Warrant*) portant nomination du Grand-Sénéchal furent portées au chancelier par le secrétaire de la couronne en chancellerie. Le chancelier proposa à la Cour d'en entendre la lecture ; la proposition fut admise, et les Pairs l'entendirent, debout et la tête découverte. Elle fut remise ensuite, à genoux, au chancelier, qui quitta le sac de laine, et vint se placer en un siége plus élevé, sur la seconde marche du trône, ayant sa baguette blanche à la main. Il ordonna de nouvelles proclamations, et remit sa baguette à un officier de la Chambre, après avoir reçu l'assentiment de la Cour pour la lecture de l'acte d'accusation ; le comte d'Oxford arrivait à la barre. Après la lecture de cet acte, de la réponse verbale du comte, des articles additionnels, de la réponse générale du prévenu, et de la réplique de la Chambre des communes, que nous avons déjà donnés;

Le lord Grand-Sénéchal dit : « Robert, comte » d'Oxford et de Mortimer..... je vous fais connaître » simplement les formes que les Pairs ont adoptées » pour votre procès.

» 1° Vous et les personnes qui ont à parler dans » ce procès n'adresseront pas la parole à aucun lord » en particulier, mais à toute la Cour, par ce terme » de *Mylords*.

» 2° Le conseil de Votre Seigneurie siégera à la » barre, pour être entendu en toute matière de

» droit et de loi, s'il y a lieu, dans les articles d'ac-
» cusation de haute trahison. Vous pouvez confier
» à votre conseil votre défense entière, dans les ar-
» ticles d'accusation qui vous chargent de grands
» crimes et malversations.

» 3° Vos témoins seront interrogés, sous serment,
» aussi bien sur les articles de haute trahison que
» sur ceux de crimes et malversations. »

Le lord Grand-Sénéchal demanda à la Cour de quitter son fauteuil, trop éloigné de la barre, et de s'asseoir au bureau, qui en était beaucoup plus près, pour mieux entendre et être mieux entendu; d'où il dit :

« Messieurs de la Chambre des communes, vous
» pouvez commencer quand il vous plaira. »

Un des membres de la Chambre des communes lui fit répéter l'avertissement qu'il avait donné de sa place auprès du trône, ne le regardant pas sans doute comme donné aux Communes, et M. Hampden, un des directeurs de l'accusation, fit un discours pour en soutenir les charges et les articles additionnels, lequel était en général aussi violent que la réplique des Communes.

Quand ce discours, assez bref, fut terminé, un des directeurs de l'accusation annonça qu'il était chargé de prouver la vérité de la première charge de l'accusation. A ce moment, lord Harcourt, Chancelier dans le cabinet de 1704 à 1708, fit la motion que les Lords se retireraient dans leur chambre pour délibérer; elle fut admise.

Lorsque les Lords eurent pris leurs siéges dans la Chambre des pairs, le Grand-Sénéchal mit aux

opinions la question suivante : « Les Communes doi-
» vent-elles être admises à prouver les faits de mal-
» versations et grands crimes, contre Robert comte
» d'Oxford et de Mortimer, avant que le jugement ait
» été rendu sur les charges de haute trahison ? » Il y eut débat entre les membres de la Cour. On procéda d'abord à la question préalable; et elle décida pour la négative. Il fut ordonné d'en donner connaissance à la Chambre des communes, par un message. Les maîtres en chancellerie qui l'avaient porté annoncèrent que la Chambre des communes venait dans la grande salle de Westminster; les Lords y reprirent leurs places. Le Grand-Sénéchal rendit l'arrêt en conformité de la délibération ; et un des directeurs de l'accusation dit, au nom de ses collègues, qu'ils ne pouvaient pas prendre sur eux d'obéir à cet arrêt d'instruction de la Cour (*Rule*), qui leur paraissait attaquer les droits et les priviléges des Communes d'Angleterre, et qu'ils demandaient d'en référer à leur Chambre.

La Haute Cour s'ajourna au lendemain, mardi 25 juin; et le comte d'Oxford fut reconduit à la Tour.

Le 25, les Communes demandèrent aux Pairs un ajournement plus long, pour qu'elles eussent le temps de rechercher les précédents qui établissaient leurs droits de diriger l'accusation. Les Pairs s'ajournèrent au jeudi 27.

Le 27, les Communes demandèrent une conférence dans la Chambre peinte; elle eut lieu. Le lord garde du sceau privé, qui avait présidé le comité des Lords, rapporta que le comité des Communes avait présenté une note par écrit, qui portait :

« Que les Communes, dans la rédaction des articles de l'accusation, avaient suivi l'ordre naturel des faits ; qu'en prouvant les charges de crimes et de malversations, on arriverait à celles de haute trahison, qui en recevraient plus de force. »

« Que les Lords avaient reçu les articles de l'accusation tels qu'ils étaient présentés, et sans exiger ni spécification de leur nature, ni un autre ordre de rédaction. »

« Que les Communes sont maîtresses de la procédure, quant aux preuves, et que seules elles jugent mieux de leur enchaînement et de leur puissance pour la poursuite d'une accusation, dans laquelle toutes les communes de la Grande-Bretagne sont intéressées. »

« Qu'une grande confusion dans l'accusation résulterait de la décision des Pairs, et de leur choix de tel article de charges et de preuves correspondantes, plutôt que de tel autre, compris dans l'ordre de leur rédaction générale. »

« Que plusieurs pairs ont été déjà accusés, par les Communes, de haute trahison en même temps que de malversations ; qu'elles ont suivi, pour la production des preuves et pour les débats, l'ordre dans lequel les articles étaient exhibés ; que les Communes ne concevaient pas quelle raison déterminerait les Pairs à changer cet usage. »

« Par ces motifs, les Communes soutiennent que le procès doit être conduit comme il l'était, lorsqu'un des directeurs de l'accusation a été interrompu. »

La Chambre des pairs, après quelques débats, ordonna qu'il serait fait insistance sur le mode de poursuite du procès qu'elle avait adopté;

Qu'un comité des Pairs rechercherait les précédents, et préparerait la matière d'une seconde conférence; et que la séance serait ajournée au 28.

Le 28, lord Trévor fit le rapport des délibérations du comité:

« C'est le droit de toute Cour de justice supérieure, de régler l'instruction des procès portés devant elle; le droit de juger souverainement de toutes les accusations politiques étant inhérent à leurs seigneuries, et n'étant déterminé, dans son mode d'exécution, par aucune loi, les Lords ne peuvent pas être privés de la faculté d'y pourvoir; et leur droit ne doit pas être réglé par la volonté des Communes, mais par la leur. Si les Communes peuvent diriger l'accusation à leur gré, retarder les preuves et l'instruction sur le crime de haute trahison, leur préférer celles des *Malversations* et autres crimes, elles retiendraient un pair en captivité autant qu'elles voudraient, au grand déshonneur de la pairie, à la gratification particulière de leurs passions, et en haine de celui des pairs qu'elles en rendraient la victime. »

« Le comité pense donc que la résolution de leurs seigneuries doit être maintenue, ne fût-ce que pour empêcher qu'un précédent soit établi contre les droits de la Chambre, et en défaveur et au détriment de la juridiction supérieure des Lords. »

L'avis du comité fut adopté; une nouvelle conférence dans la Chambre peinte fut demandée, eut lieu, et fut consacrée à faire connaître la décision des Pairs.

La Chambre ajourna la reprise des séances de la Haute-Cour du Parlement au lundi 1er juillet.

Les Communes, le 29 juin, demandèrent une conférence ultérieure dans la Chambre peinte. Elle fut refusée par les Lords. Le lundi 1er juillet, les Communes se plaignirent du refus des Lords d'accorder une conférence libre; et elles insistèrent; c'était le seul moyen en usage pour s'entendre sur les dissidences d'opinion des deux Chambres; néanmoins elles n'acquiescèrent pas à la résolution des Lords.

La Chambre des pairs fit connaître ensuite, par un message, à celle des Communes, qu'elle allait procéder au jugement du comte d'Oxford.

La Chambre des Communes, délibéra sur le parti qu'elle devait adopter dans cette occurrence assez subite. Les débats furent vifs. On fit sentir que le comte d'Oxford n'était pas coupable de haute trahison; le parti du ministère voulait que le procès fût continué dans la forme voulue par les Pairs, et que les directeurs de l'accusation se bornassent à bien démontrer la culpabilité des *Malversations* et autres crimes. Le comte d'Oxford aurait été déclaré innocent des faits de haute trahison et coupable des autres. L'exaltation de sa supériorité d'influence sur la Chambre des pairs, l'orgueil des Communes, leur résolution de ne pas se soumettre à une décision qui allait devenir un précédent contre elles, opérèrent sur la résolution que prit cette

Chambre, à la majorité de 88 voix contre 56, d'abandonner la poursuite du comte d'Oxford.

Avant de se rendre à la grande salle de Westminster, les Pairs déterminèrent le mode par lequel ils constateraient le refus de la Chambre des communes de poursuivre le procès, et la forme dans laquelle ils prononceraient le jugement. Une proclamation et une citation des Communes, d'une manière générale, furent le mode adopté; un arrêt rendu par la Cour, à la majorité des voix, constatant l'innocence du prévenu, faute de preuves de l'accusation, était aussi bon et aussi légal qu'un arrêt contradictoire. D'ailleurs les Lords avaient délibéré sur la censure de la conduite du lord Oxford, et trouvaient qu'il avait répondu victorieusement aux vingt-deux articles de l'accusation, et qu'il n'était pas même coupable de *Misdemeanor*.

Les Lords ayant repris leurs siéges à la Cour, le Grand-Sénéchal ordonna que, le comte d'Oxford étant à la barre en la garde du lieutenant de la Tour, le sergent d'armes fît la proclamation ordinaire pour exiger le silence, et celle dont la teneur suit:

« Comme Robert comte d'Oxford et de Mortimer a été accusé par les Communes du royaume, *de Haute trahison et de Grands crimes et Malversations*, tous ceux qui ont intérêt et droit à prouver la vérité des charges desdits crimes, portés contre ledit comte, sont sommés de comparaître et de prouver lesdites charges, la Haute-Cour du Parlement procédant incontinent au jugement dudit comte.»

Personne ne comparaissant, le Grand-Sénéchal

posa la question suivante : « Personne ne se pré- » sentant pour prouver les charges de ladite accu- » sation, la Cour doit-elle procéder au jugement et » déclarer Robert comte d'Oxford et de Mortimer » innocent des charges portées contre lui ? »

« Et les Lords procéderont-ils au jugement dans » la forme en usage, dans leur chambre, en décla- » rant qu'ils sont *contents* ou *non-contents* ? »

La proposition fut adoptée pour l'affirmative. Alors le Grand-Sénéchal vint aux opinions, le Sécrétaire de la Chambre allant, une lumière à la main, (il était déjà nuit), auprès de chaque Pair, lui demander s'il était content. Ils déclarèrent non-coupable. Il n'y eut aucun dissentiment, et l'arrêt fut rendu à l'unanimité. Le lord Grand-Sénéchal le prononça, déchargea le lieutenant de la Tour de la garde du prisonnier, et rompit sa baguette blanche. Le comte d'Oxford fut libre.

PROCÈS

De JEAN PLUNKETT. . . . . Condamné.
De GEORGE KELLY, Alias JOHNSON. . . . . . , ... *Idem.*
De FRANÇOIS ATTERBURY, lord évêque DE ROCHESTER. . . . . *Idem.*

POUR CRIME DE CONSPIRATION ET MACHINATIONS DE TRAHISON,

(*Treasonable conspiracy*).

Sur nn Bill de *Pains and Penalties* de la Chambre des Communes.

HAUTE COUR DU PARLEMENT.

Mai 1723 . . . . Neuvième année de George Ier.

I. État de la question religieuse, jusqu'à George Ier. — II. De la Convocation du clergé d'Angleterre, ses deux chambres, et disputes sur leur pouvoir et sur celui de l'ordre épiscopal. — III. *Bangoriens et Anti-Bangoriens* (Jacobites et *Non-Jureurs*). — IV. Non-Conformistes et attaques aux lois de tolérance. — V. Transactions entre le Haut clergé et le gouvernement. — VI. Occasion du procès d'Atterbury; la conspiration de Layer. — VII. Bills de *Pains and Penalties*, contre Plunkett et Kelly. — VIII. Bill de *Pains and Penalties* contre Atterbury. — IX. Réflexions sur ces procès.

I. Nous avons vu (tome I, pages 144, 195 et 272) que le clergé de l'église d'Angleterre n'avait pas été moins ardent que celui des autres églises à étendre son influence, ses priviléges et sa juridiction. La première a été d'une grande utilité à la civilisation de ces temps de barbarie; elle l'accéléra. L'Évangile à la main, le clergé chrétien rendit les hommes plus vertueux, meilleurs, et souvent plus instruits. Le respect donna des priviléges aux membres du clergé : la protection du faible et l'équité de leurs jugements les leur conservèrent long-temps, ainsi que la juridiction. Mais leurs passions prirent un libre essor, leurs mœurs se corrompirent avec celles du siècle; et négligeant cette noble prépondérance que devaient leur acquérir leurs vertus, la charité évangélique, leur science et la nature de leurs fonctions, les évêques anglais avaient dirigé tous leurs efforts à obtenir une autorité temporelle, à l'abri ou sous le voile de leur influence spirituelle. Riches possesseurs du tiers des biens-fonds du royaume, ils ont long-temps formé, en Angleterre, le premier ordre de l'État, et le sont encore, mais avec bien moins de pouvoir. Les entreprises du clergé anglais pendant les douzième, treizième et quatorzième siècles furent réprimées par les constitutions de Clarendon, les statuts de *Circumspectè agatis*, des *Præmunire* et des Proviseurs, et les Cours du royaume arrêtèrent leur renaissance, par des arrêts de défense (*Writs of prohibitions*), moins respectueux sans doute, mais tout aussi utiles que nos appels comme d'abus, inventés, sous Philippe de Valois, par l'urbanité de nos Cours françaises et de leurs parquets, et qui n'avaient d'autre but, comme les arrêts des Cours de Westminster, que d'assurer le bénéfice des lois du pays au sujet français contre les abus et excès de pouvoir d'une autorité étrangère. Qu'on se reporte à la conférence de Vincennes et à l'avocat-général Pierre de Cugnières.

Pendant les guerres civiles des deux Roses, le *Wicleffisme* et les *Lollards* détruisaient le pouvoir du clergé anglais, et réprimaient, par leurs faits, et dans la lutte d'une mutuelle barbarie, les entreprises du clergé beaucoup mieux que les juges n'auraient pu le faire par les arrêts des Cours. Le clergé arrivait donc au schisme de Henri VIII, sans avoir fait un pas en avant; dans beaucoup de choses, sa marche même avait été rétrograde. En se faisant déclarer Chef suprême de la religion, Henri VIII, au milieu de la maraude générale qu'il faisait exécuter sur le clergé régulier et séculier de son royaume, ne laissait aux évêques, ni le temps, ni les moyens d'étendre leur autorité ou leur influence. C'était beaucoup pour le clergé que le statut des *six articles* le séparât des églises réformées presbytériennes des communions de Genève, de Zurich et d'Augsbourg, lui conservât un pouvoir spirituel assez grand, l'ordre et la juridiction épiscopale, les siéges au Parlement, comme *Lords spirituels*, le tiers des biens-fonds des menses épiscopales et de celles des chapitres, et les édifices, palais, châteaux, etc.

Sous Édouard VI, Cranmer fit entrer davantage le Haut clergé dans la réformation; mais le règne de ce prince fut court; celui de Marie Ire le fut encore davantage; les évêques se soumirent à Rome, ou furent persécutés. La *Gouvernante suprême des choses religieuses*, Élisabeth, contint beaucoup l'ordre épiscopal pendant tout son règne. Le ministère de cette souveraine avait de la prévoyance, et gouvernait d'une main ferme les choses religieuses; il cherchait dans le clergé un appui de la prérogative religieuse, plus que de la prérogative royale. Sous Jacques Ier, les évêques se dévouèrent à cette dernière ; sous le long Parlement ils furent les victimes de cette excentricité politique, si peu évangélique. Nous avons donné, dans le procès de Sacheverel, du n° II au n° VII, les vicissitudes de cette question religieuse, de Henri VIII jusqu'à la reine Anne ; le Haut clergé anglican fut sacrifié au catholicisme, sous Jacques II ; et nous l'avons vu lutter avec Guillaume III pour la tolérance(1). Des ménagements lui étaient dus, car plusieurs des évêques et des membres du second ordre ne voulaient pas prêter le serment de simple fidélité, exigé d'eux, comme de tous les autres citoyens, par le Bill des droits.

Sous le règne de la reine Anne, les évêques, comme Torys, reprirent de la prépondérance, mais ils en abusèrent. Leurs premières mesures furent de faire voter par la convocation, en février 1703, une adresse de congratulation à la reine, beaucoup plus dévouée et plus expressive qu'elles l'avaient jamais été ; ils répandirent ensuite que l'église anglicane était en danger. On avait préludé à ces re-

(1) La convocation de 1689 avait été rassemblée par les circulaires des doyen, archidiacres et chapitre de Cantorbéry, le Primat Bancroft étant suspendu, pour avoir refusé le serment d'*allégeance*. Le chambre haute de la Convocation, peu nombreuse, fit au roi une adresse assez sèche, le 5 décembre ; la chambre basse, le 6, fit la sienne, bien plus onctueuse et pleine de sentiments loyaux et patriotiques. Elle ne voulut pas adopter celle des évêques ; et ces prélats furent forcés de consentir à ce qu'à l'aide de légers changements, celle du clergé du second ordre fût présentée au roi Guillaume.

proches et à ces plaintes par une remontrance contre un sermon prêché par Benjamin Hoadley, depuis évêque de Bangor et chef des *Bangoriens*, contenant, assurait-on, des maximes séditieuses, et provoquant à la désobéissance et à la rébellion. Les évêques avaient laissé le soin de cette censure à la Chambre basse de la convocation. Une prorogation coupa court à cette chicane du clergé en corps contre un de ses membres; mais, dans le cours de l'année, l'opinion publique, par les soins des évêques et des Torys, fut égarée par ces craintes prétendues. Les deux Chambres furent obligées, à la rentrée du Parlement, de prendre et de publier leur résolution parlementaire, du 17 décembre, passée en statut: « Que ceux qui ré- »pandent que l'église est en danger sont des »perturbateurs publics. » La haute église fut donc obligée de resserrer ses voiles. Deux ans après, commencèrent les prédications, et sur les dangers de l'église, et sur les principes de l'obéissance. Le grand corps des Whigs, soutenu par le ministère et une Chambre des communes whig, obtint la condamnation d'un de ces prédicateurs et du plus audacieux, Sacheverel. Le brûlement par la main du bourreau des décrets de l'Université d'Oxford enlevait de la polémique des Torys les doctrines de l'*Obéissance passive* et de la *non-Résistance*. Mais les passions étaient toujours les mêmes, et avaient d'aussi actifs mobiles, les intérêts du jacobitisme déguisés sous les couleurs du torysme. Ce fut donc la *Légitimité des droits héréditaires*, leur origine divine, qui fournirent à une multitude de pamphlets, dans lesquels on déclarait la guerre à la Révolution de 1688. Dans le dernier ministère de la reine Anne, Bolingbroke et le duc d'Ormond surtout, favorisèrent les auteurs de ces brochures, et imprimèrent à la polémique tory et à ses réactions sur l'opinion publique, une direction favorable à leurs projets en faveur du Prétendant. La duchesse d'Ormond protégeait ouvertement le docteur François Atterbury, écrivain élégant, spirituel, profond même, et sans contredit un des membres du clergé anglican le plus remarquable : il prêtait sa plume, mais en secret, à ces compositions éphémères. Il était cependant entré dans la lice publiquement ouverte en faveur des pouvoirs de la convocation du clergé d'Angleterre, par une réponse au docteur Wake, qui, vers 1707, voulait ne faire de la convocation qu'une assemblée purement temporelle: et, dans la réalité, elle n'était pas autre chose. Atterbury en était récompensé par l'évêché de Rochester, le moins riche de l'Angleterre; la reine Anne le lui accordait presque malgré elle, mais sur les instances de la duchesse d'Ormond.

L'avènement du roi George Ier à la couronne vint déranger toutes ces machinations du clergé Jacobite; il ne lui fut plus permis de déguiser l'attachement au Prétendant sous les couleurs du torysme. Les Whigs avaient réuni leurs efforts, et, qu'on nous passe le terme, montré les dents et les griffes du lion, dans les procès des sept lords écossais, et dans leurs accusations du comte d'Oxford. Ils devaient triompher sans doute d'un clergé désuni et des chefs d'une faction religieuse, qui, saisie sur le temps et en pleine flagrance de délit, était entièrement dévoilée et n'était plus que séditieuse.

Vers 1717, il y avait lutte, 1° entre le haut clergé et le clergé inférieur, sur les pouvoirs de la Convocation et sur ceux de l'ordre épiscopal et de l'Église d'Angleterre en corps; 2° entre ces deux sections du clergé, relativement aux modifications qui pouvaient être adoptées dans la liturgie anglaise, afin de réunir dans la même communion les presbytériens mitigés et les anglicans; 3° entre le clergé des deux ordres et le gouvernement whig du roi George Ier, sur les principes de la tolérance et sur les effets et l'exécution des statuts passés, sous le roi Guillaume et la reine Anne, en faveur des non-Conformistes, séparatistes de la communion de l'Église d'Angleterre.

Nous allons parcourir les actes et les résultats de ces diverses luttes avant d'entrer dans le procès d'Atterbury; nous ne pouvons le présenter utilement à nos lecteurs qu'après l'avoir dépouillé de tout ce que la question religieuse y porterait d'hétérogène. On ne saisira bien l'espèce de convenance, pour certains intérêts de parti, des bills de *Pains and Penalties* d'Atterbury et consorts, qu'en montrant que cet évêque était le chef adroit d'une conspiration en faveur du Prétendant.

D'ailleurs le haut clergé anglican joue un très grand rôle dans toutes ces questions d'un ordre religieux. Sa longue résistance à l'émancipation que viennent d'obtenir les catholiques de toutes les incapacités politiques et civiles sous lesquelles ils gémissaient, a rendu sa conduite l'objet d'un intérêt de *criticisme* et d'impartialité historique que nous voulons servir (1).

II. Le clergé, quoi qu'on en dise, par la nature de ses fonctions, le but de son institution, le texte et les préceptes des saintes Écritures, les usages des apôtres et de l'Église, n'a pas moins de droit de s'assembler que tout autre corps politique. Le clergé anglican doit peut-être à sa faiblesse de résistance aux caprices de Henri VIII et à la perversité du cardinal Wolsey, archevêque d'York, alors son chef, d'avoir perdu ce droit inhérent à ses fonctions. Il l'avait conservé, au moins, comme pouvoir temporel, exerçant, de même que le Parlement et concurremment avec lui, la faculté de se taxer. On n'en était point encore venu aux impôts sur les consommations; les rois d'Angleterre avaient trouvé plus profitable de demander séparément, ou d'extorquer de leur clergé, des vingtièmes, quinzièmes, ou dixièmes de leur revenu, comme subsides ordinairement plus larges et plus abondants que ceux des propriétaires laïques.

Clarendon avait obtenu, en 1665, par un accord secret avec le Primat Sheldon, que le clergé renoncerait à son droit personnel de taxation (tom. II, p. 147). Il disait bien qu'il n'y avait pas de réunion d'hommes moins propre aux affaires que celle des

(1) Nous rejetons en *appendix*, à la fin du procès d'Atterbury, une note détaillée sur la Statistique présente du clergé anglican, et quelques aperçus relatifs à la grande mesure de l'émancipation des catholiques, soit de l'Irlande, soit de la Grande-Bretagne.

ecclésiastiques. C'était bon pour le moment, et pour ceux qui ne perçaient pas bien avant dans ses projets de forcer Charles II à ne pouvoir se passer de Parlement; mais le clergé ne fut pas mécontent d'être privé de la faculté de se taxer, ou plutôt d'être forcé par la Cour à lui donner de l'argent dans ses nécessités toujours urgentes et toujours renouvelées. La Convocation du clergé continua cependant de s'assembler en même temps que le Parlement.

Par la réformation et la destruction des couvents et des abbayes, la Convocation avait perdu les prélats des ordres monastiques, c'est-à-dire une trentaine d'abbés mitrés, le prieur général des chartreux et le grand-prieur de Malte. Le nombre des lords spirituels de la Chambre des pairs anglais en avait été réduit aux deux archevêques et aux vingt-quatre évêques qui y siègent encore aujourd'hui. La chambre basse de la Convocation avait été diminuée de quelques prieurs ou supérieurs claustraux et des fondés de pouvoirs ou procureurs des abbayes de filles.

Par l'abandon du clergé, de son droit de taxation personnelle que Clarendon lui avait si adroitement enlevé, la Convocation générale des prélats de l'Église anglicane devenait sans objet. Les deux provinces de Cantorbéry et d'York s'assemblaient donc séparément; l'une, des vingt-trois évêques de la première province, présidée par le Primat, et de cent soixante députés ou environ, se tenait à Londres. Elle a gardé le nom de Convocation; et la politique, et l'esprit de faction, constant envahisseur des matières religieuses, l'ont appelée à jouer un rôle plus ou moins actif dans la lutte des Jacobites contre les Whigs et la révolution ; c'est celle dont nous rapportons les actes.

L'autre, de la province d'York, ne réunissait que l'archevêque d'York et les évêques de Durham, de Carlisle et de Chester, et une douzaine de doyens ou députés de ces diocèses. Assemblée à York, et plus rarement que l'autre, elle n'avait aucune influence sur l'opinion d'une grande ville de province et des comtés du nord; et on ne lui confiait ni l'exercice d'aucune action politique, ni l'exécution d'aucun projet du Torisme jacobite.

A l'avènement à la couronne de Jacques II, et à celui de Guillaume et à la révolution, la Convocation vota les félicitations d'usage. Ces réunions une fois faites, et l'orateur de la chambre basse nommé, après quelques compliments des deux chambres de cette Convocation, ou quelques craintes de disputes entre elles, l'assemblée était prorogée jusqu'à un nouveau Parlement. (Voir la note de la page 288 tome II.)

En 1690, la Chambre des communes renvoya à la Convocation, pour avoir son avis sur des amendements proposés par la Chambre des pairs, à la loi de tolérance. Il est à croire qu'on sentit bientôt la gravité de cette mesure et toute sa portée; la Convocation resta toujours prorogée, et nous ne trouvons rien dans Wilkins (*Concilia Ecclesiæ magnæ Britanniæ et Ecclesiæ Hiberniæ*, t. IV) qui soit relatif à cet envoi.

La Convocation fit à la reine Anne une adresse

de félicitation sur son avènement, et fut prorogée. Il en fut de même lors du nouveau Parlement de 1705; la reine, en vertu de son droit de suprématie, la prorogea. Réunies, en 1707, et menacées d'une semblable prorogation, la chambre basse discuta les droits de la reine; une dispute assez vive s'éleva entre les membres de la chambre haute et ceux de la chambre basse, qui se croyait une Chambre des communes, non seulement sur le droit de la reine de la dissoudre ou de la proroger, mais sur celui de la chambre des évêques d'exercer la même faculté sur la chambre basse; celle-ci en vint même jusqu'à une protestation. « Depuis 1532, disait le clergé du second ordre, » jamais la Convocation n'avait cessé d'être réunie » et de siéger en même temps que le parlement et » pendant sa durée. » Sunderland trancha dans le vif de cette contestation, en prorogeant la Convocation entière. Un *Writ* (lettres-patentes) de la reine leur fit connaître que « S. M. la reine, *Gouvernante suprême des choses religieuses*, avait agi » en vertu de son droit royal de suprématie, et était » peu satisfaite que des membres de la chambre » basse de la Convocation, oubliant la fidélité qu'ils » lui devaient, se fussent permis une protestation » contre l'exercice de sa prérogative royale. »

Avec le Parlement de 1710, la Convocation fut assemblée, par des *Writs* de la reine, adressés à tous les évêques, les sommant de se trouver réunis le 27 de septembre, dans la salle du chapitre de la cathédrale de Saint-Paul, pour les évêques, et pour la chambre basse, dans celle dite de Jérusalem.

Le ministère tory de la reine avait de grandes vues sur la Convocation ; il voulait d'ailleurs faire oublier au clergé le procès de Sacheverell et la condamnation des décrets d'Oxford. On voulait également se servir de lui, et dans son intérêt, pour diriger des attaques contre les lois de tolérance.

En conséquence, aussitôt que ses Chambres eurent pris séance, une gracieuse permission de la reine leur fut remise, les invitant et leur portant le pouvoir de faire des canons :

1° Contre les accroissements de l'hérésie ; ce qui allait nécessairement à une attaque du système de tolérance du roi Guillaume ;

2° A régulariser les procédures des cours épiscopales, dans les cas d'excommunication, et à réformer les abus qui s'y étaient glissés ;

3° Pour ordonner la visite des prisons et des prisonniers ;

4° Pour établir des doyens ruraux et des conférences des curés et vicaires de la campagne ;

5° Pour ordonner un cadastre des biens-fonds, terres et maisons dépendants des bénéfices ;

6° Enfin, pour régulariser la délivrance des licences de mariages, dispenses de bans, de domicile et de degrés de parenté, et pour prévenir les mariages clandestins.

C'était, comme on voit, une ample matière ouverte aux discussions, et indiscrètement livrée aux disputes, aux aigreurs, aux ressentiments des partis ; et en effet, là prirent naissance les contestations dont nous parlerons, sous les numéros III et IV.

Il y eut des commissions nommées, et des rapports faits dans la Chambre haute principalement, les 2 et 7 mars, 18 avril 1710, et le 7 mai 1711.

La Convocation ne fut pas moins active, l'année suivante. Le docteur Atterbury était membre de la chambre basse; il ne put pas réussir à s'en faire nommer l'orateur (*Prolocutor*); cependant il y déploya des talents qui le firent regarder comme un des oracles du clergé du second ordre.

Le 11 avril 1711, l'ouvrage du docteur Wilson, manifestement hérétique et contre les dogmes du pur christianisme sans distinction de communion, fut dénoncé à la Chambre basse. Il y eut une censure, et on se disposait à procéder à une condamnation, et de l'ouvrage, et de la personne de l'auteur. Membre de l'église anglicane (établie par les lois), et pourvu d'une rectorerie ou d'un canonicat, il se séparait de la communion de son église; il méritait une excommunication et la privation de son ordre et de ses fonctions. Ses amis le défendirent, et on vit se renouveler les disputes qui avaient agité les églises catholiques. L'église a-t-elle le droit de condamner des propositions extraites d'un ouvrage en masse, *in globo*? Peut-elle connaître, d'une manière sûre et infaillible, le sens d'un auteur? Et si, en tombant dans des erreurs matérielles, il a péché par ignorance et sans intention formelle, est-il coupable et condamnable? On retombait, dans cette guerre théologique, dans ces affaires de la Constitution et des cinq propositions extraites de Jansénius, et de la bulle *Unigenitus*, qui ont fait tant de bruit. La Chambre haute de la Convocation, plus sage que la Chambre basse, le sentit très bien; elle avait moins de Jacobites que celle-ci. Un évêque ouvrit l'avis d'examiner, avant tout, si la Convocation, qui avait bien le droit de censurer des livres religieux publiés par des membres de son église, avait également celui de condamnation de la personne de l'auteur; et si, dans ce cas, son jugement serait sans appel? Le condamné ne pourrait-il pas se pourvoir devant S. M. la *Gouvernante suprême des choses religieuses?* Il y avait de la prudence dans les prélats de renvoyer toute cette affaire au ministère et à la reine.

La Chambre haute fit donc une adresse à S. M., pour la prier de consulter les juges du royaume sur toute la question. L'adresse fut accueillie par la Cour. Le 1er mai, il y eut une décision de six juges, auxquels se réunirent le procureur général et l'avocat général, qui étaient tous d'avis que la Convocation a le droit de condamner la personne d'un hérétique; que celui-ci a le droit d'appeler à S. M. la reine comme *Gouvernante suprême des choses religieuses*, et qu'elle déléguera des juges, pour reviser et confirmer ou annuler la condamnation; mais qu'en tout état de la cause le condamné peut se pourvoir devant les Cours de Westminster pour réclamer un *Writ de prohibition* (un arrêt de défense), et qu'elles ne pourront pas le refuser.

Des six autres juges, deux étaient empêchés, et quatre furent d'avis que la Convocation n'avait que le droit de censure des doctrines, et que celui de condamnation de la personne de l'auteur appartenait à l'évêque diocésain, avec appel au métropolitain, et recours, après le jugement du métropolitain, à la reine, en raison du droit de suprématie attribué à la couronne par les statuts de Henri VIII. D'après la différence de l'opinion des juges, il n'y avait donc pas eu de solution. Une polémique vive et pressée occupa toutes les plumes et électrisa toutes les têtes du clergé de la haute église, des universités et des membres du second ordre. Les querelles théologiques reprirent leur âcreté. Heureusement, la Chambre des communes du Parlement, du 12 novembre 1713, était décidément Whig : les têtes se calmèrent pendant quelque temps; mais l'opinion publique n'en agita pas moins toutes ces questions épineuses sur le droit des évêques et leurs pouvoirs de juridiction et d'ordre, sur l'autorité de la Convocation, sur celle qui doit appartenir à une église nationale pour maintenir la pureté de sa foi et de ses dogmes, conserver la régularité des mœurs et assurer l'exécution de ses lois disciplinaires. Les prélats de l'église anglicane commencèrent, ou plutôt continuèrent de s'apercevoir qu'en se séparant de l'unité de l'église catholique, ils s'étaient donné un maître dans la foi, en doctrine et en discipline, dans la reine Anne, dans la *Gouvernante suprême des choses religieuses*; et qu'au lieu d'être ballottés par le flot des controverses doctrinales, qui ont toujours quelque utilité, et trouvent un juge dans l'unité catholique, ils étaient agités par les orages de la politique et par les factions qui voulaient s'emparer du gouvernement. Il n'était pas difficile dès lors de prévoir qu'au premier choc la Convocation serait détruite, comme inutile et dangereuse.

Suivons ses actes jusqu'au règne de George Ier.

III. La Convocation de la province de Cantorbéry était réunie lors de l'avènement de George Ier; elle lui fit, assez tardivement et de mauvaise grâce, les félicitations d'usage. L'évêque de Rochester, Atterbury, dans la Chambre haute, était chef d'un parti, et ce parti était jacobite.

Le docteur Benjamin Hoadley avait été fait évêque de Bangor, dans la principauté de Galles. Entièrement Whig, on l'avait récompensé de ses opinions plutôt que de ses talents, qui étaient moins brillants que solides; ils étaient propres à en faire le chef d'un parti en harmonie avec les principes d'un gouvernement Whig et d'un ministère dont sir Robert Walpole, lord Stanhope et lord Cooper étaient les chefs. L'évêque de Bangor avait mieux compris que les autres prélats la condition de l'église anglicane, dans le système de tolérance de toutes les communions de la réforme, séparatistes de cette église, de ses dogmes, de ses cérémonies et de sa discipline. L'évêque de Rochester, tout aussi savant, mais bien plus spirituel et bien meilleur écrivain, lui était opposé, était le chef des Jacobites et des *non-Jureurs* qui se couvraient du nom d'*anti-Bangoriens*, et donnait pleinement à gauche, avec eux, sur toute cette question.

L'évêque de Bangor faisait remarquer que les prélats de l'église anglicane avaient été placés, par la réformation de Henri VIII, dans une situation plus honorable, plus indépendante qu'elle ne l'était sous la verge un peu coûteuse de la daterie, de la pénitencerie, des chancelleries romaines, et de celles des légats *à latere* de la Cour de Rome.

Les évêques étaient rentrés dans une grande partie du pouvoir de dispenser, que la Cour de Rome avait pris l'usage, ou reçu, de l'église universelle, le droit d'accorder ; le reste était confié et attribué au Primat. Si les évêques refusaient de certaines dispenses, on pouvait recourir en matière gracieuse au Primat, et en matière contentieuse, à la Cour des délégués ; et tout cela chez soi, et sans frais. Enfin, le Primat avait une juridiction préventive de celle des évêques, et se regardait souvent, en vertu de son droit de Patriarche d'Angleterre, comme l'ordinaire des ordinaires : c'était sans doute très contestable, mais ce n'était pas contesté.

Dans le clergé du second ordre et dans la Chambre basse, il se faisait une association assez bizarre des principes de juridiction des églises réformées des communions de Genève, de Zurich, et surtout d'Édimbourg, avec ceux de l'église anglicane ; de l'honorable pauvreté des ministres réformés de l'Écosse, avec les richesses un peu corruptrices des dignitaires, chanoines et recteurs anglicans. Ces messieurs du second ordre auraient voulu des synodes ruraux, des assemblées de paroisse, composées du ministre, de ses diacres et des anciens de la circonscription paroissiale, et qu'elles fussent investies du gouvernement et de la juridiction ecclésiastiques.

Le docteur Hoadley leur disait à tous : « Optez ; » vous ne pouvez pas être à la fois église nationale,

» retenant de Rome, mais chez vous, tout ce qu'il » vous a été possible d'en conserver, après en avoir sé» paré les abus; et église réformée, avec la plus simple » liturgie. Ne confondez point les dogmes princi» paux qui nous unissent à la réforme, avec les cé» rémonies accessoires et les droits et propriétés de » toute nature que nous nous sommes réservés, et » qui nous en séparent. »

L'évêque de Bangor admettait, comme principe incontestable, celui de l'obéissance pleine et entière aux lois du gouvernement politique sous lequel on vit, et une fidélité inaltérable aux statuts du Parlement.

Mais il voulait, en même temps, que l'église anglicane et sa hiérarchie jouissent de tous leurs droits de juridiction et de discipline sur ses membres; qu'elle pût les punir de peines ecclésiastiques, de suspension, de privation de l'ordre, et enfin de l'excommunication. Avec la tolérance générale de toutes les communions réformées, séparer de l'une d'elles n'était point diffamer l'ecclésiastique exclu; il se séparait de fait de son église, par ses dogmes, ses principes, ses opinions, ses mœurs notoirement corrompues, sa désobéissance; elle le séparait de droit et par jugement. L'église anglicane, en qualité d'église, établie par les lois, réclamait leur force et leur protection, le bras des Cours de Westminster pour faire exécuter la punition purement ecclésiastique, c'est-à-dire, la privation du bénéfice ou revenu attaché à certaines fonctions, que le condamné, de fait ou de droit, devenait incapable de remplir. Il n'y a rien à objecter, et bien peu de choses à opposer à une semblable réclamation.

Le 3 mai 1717, il y eut, dans la Chambre basse de la Convocation, une dénonciation des doctrines de l'évêque de Bangor, « telles qu'elles sont contenues dans un sermon sur le royaume de Jésus-Christ, qu'il vient de prêcher, et dans un livre qui a pour titre : *Préservatifs contre les principes et les pratiques des non-Jureurs, dans l'Église comme dans l'État.*

» Lesquelles doctrines tendent, 1° à renverser tout gouvernement et toute discipline dans l'église de Jésus-Christ, et à jeter le royaume dans l'anarchie et la confusion;

» 2° A attaquer et détruire la royale suprématie de la couronne dans les causes ecclésiastiques, et le pouvoir du Parlement de commander l'obéissance en matière de religion, en attribuant à ses statuts de perverses et séditieuses sanctions. » (Wilkins, précité, tom. IV, pag. 672.)

Il y eut, comme on doit le croire, de grandes rumeurs dans la Chambre basse de la Convocation. Elles ne furent pas moins vives, quoique plus décentes, dans la Chambre haute. L'évêque de Rochester, Atterbury, était à la tête des prélats qui voulaient donner cours à la dénonciation, nommer une commission, et, sur son rapport, procéder à une censure du sermon et du livre, et à une condamnation de la personne de l'auteur. Ces prélats étaient cependant peu nombreux.

Sir Robert Walpole et le ministère crurent qu'il était urgent de couper court à cette contestation entre les membres du clergé. Un Writ du roi, signé par lord Cooper, prorogea la Convocation, et elle ne fut plus réunie.

On écrivit des volumes de pamphlets sur toutes ces questions. Nous en avons compté quarante-trois, et nous ne les connaissons pas tous. Cette dispute finit, comme elles finissent toutes, dans les mépris de l'oubli. Mais la Convocation, sans statut qui l'abolît, par le fait seul que la couronne ne lui envoyait pas d'ordre de se réunir, ne s'assembla plus.

IV. Il était une autre question, bien plus importante, sur laquelle le clergé de l'église anglicane montrait une opposition combinée et systématique, la question de la tolérance des communions protestantes, séparatistes de la communion réformée anglicane, de sa liturgie, de quelques uns de ses dogmes, de toutes ses cérémonies, en un mot rejetant les *Trente-neuf articles* du statut d'Élisabeth, qui en formaient le symbole. (*Dissenters* et *non-Conformity*.)

Le clergé de l'église d'Angleterre disait : « La religion et le culte *cérémoniel* professés et exigés » des fidèles dans les symboles de notre foi forment la *Religion de l'État*; car l'église d'Angleterre » étant une église établie par les lois de l'État, ce » qu'elle propose à la croyance des membres de sa » communion est la religion établie par les lois, *la* » *Religion de l'État* Sa doctrine doit donc être regardée comme en pleine concordance avec les » lois de l'État; et ces lois doivent se mettre en harmonie avec elle. A ce titre de *Religion de l'État*

» sont attachés des droits qui lui sont inhérents et » essentiels; et ces droits consistent à ce que ses » règles, ses canons, ses injonctions cérémonielles » ou disciplinaires doivent recevoir dans leur exé- » cution la protection des lois. Ainsi, quand l'église » d'Angleterre excommunie un homme d'une immo- » ralité reconnue, cette excommunication aura des » effets civils, que la loi est obligée de reconnaître. »

On lui répondait de tous les côtés, et des Cours de loi de Westminster, et des débats de la Chambre des communes, des discussions même de celle des Lords, et des pupitres de toutes les communions *non-Conformistes*. « La religion est un fait de for » intérieur; il n'y a pas, et il ne peut pas y avoir de » *Religion de l'État*. Un homme, en se réunissant à » une société politique, ne lui a pas abandonné sa » liberté de penser intérieurement comme il veut, » sa conscience, sa croyance intime, son sentiment » religieux; car il ne lui a abandonné de ses libertés, » de ses propriétés, que ce qui était nécessaire pour » obtenir les fins de l'association à laquelle il était » agrégé. L'abandon de la liberté de conscience ne » donnera rien de plus, rien d'utile, rien qui soit » indispensable à l'association civile, pour que les » fins en soient obtenues. Il y a, il est vrai, une » église *établie par les lois de l'État*, c'est-à-dire, une » corporation qui a des fonctions spéciales, que » lui a confiées la société, des intérêts propres qui » en dérivent, et dès lors des droits. Ces intérêts » sont protégés, ces droits sont reconnus par les » lois; mais les uns et les autres ne sont protégés et » reconnus que suivant que ces lois l'ont déterminé, et

» dans les limites qu'elles leur ont assignées. Avant » la révolution, il n'y avait qu'un culte, qu'un ordre » de cérémonie; il fallait s'y conformer, ou bien on » encourait des incapacités légales dans tous les rap» ports sociaux de l'individu. Depuis le règne de » Guillaume III, d'autres cultes sont permis. Ces in» capacités sont levées, du moins provisoirement, au» jourd'hui. Un membre de la communion anglicane » passe à une autre de ces communions ou modes » de culte et de cérémonies, adoptés ou tolérés par » les lois. Vous ne pouvez pas le poursuivre parce» qu'il ne veut plus de vous, et qu'à votre culte il » en a préféré un autre. Vous pouvez l'excom» munier, il se sépare déjà lui-même de votre com» munion. Faites, dans votre intérieur, dans vos » églises, ce que vous voudrez; mais nous ne tolé» rerons pas un seul acte de vos chancelleries, d'une » publicité, telle minime qu'elle le puisse être, qui » tende à la diffamation de la personne. »

L'église anglicane objectait, et on lui donnait pleinement raison, qu'elle pouvait priver de ses fonctions ecclésiastiques et du bénéfice, revenu (*living*) qui y était attaché, un de ses membres qui ne se conformait pas à ses ordres, à sa discipline, à ses lois. Mais elle ne devait pas abuser de ce pouvoir. Un excès dans ce genre aurait provoqué un appel aux Cours de Westminster. La Cour du Banc du roi, sur une plainte du bénéficier, injustement chassé de son canonicat, de sa cure, informerait de la réalité de l'abus d'autorité commis, rendrait ensuite un arrêt de défense (*Writ of Prohibition*), et renverrait le plaignant en possession de son bénéfice. Il en était ainsi, même alors, parcequ'aucun sujet anglais ne doit être privé du bénéfice de la loi de la terre, de la Loi Commune; que, dans les cours d'église, il a été jugé d'après la loi canonique; que cette loi ne peut infliger que des peines canoniques et disciplinaires.

Depuis les lois de Tolérance, les Cours de Westminster se sont rendues plus faciles à approuver les jugements des chancelleries épiscopales et métropolitaines, qui excluaient du clergé anglican ceux de ses membres réfractaires opiniâtres à ses lois. Elles examinaient seulement si les monitions, les procédures canoniques avaient été régulières, si les formes avaient été observées; en même temps on a vu disparaître ces condamnations d'hérésie qui brûlaient et le livre et l'auteur : il n'y a plus d'hétérodoxes que les anti-trinitaires et ceux qui nient la révélation divine des livres saints.

A la fin du 18e siècle il s'établit à Londres un collége de sociniens. Ils se continrent pour l'enseignement des matières religieuses. On ne les persécuta point, mais on parvint à la suppression de cet établissement.

Par les lois de Tolérance passées sous le règne de Guillaume III, le statut d'*Uniformité* et l'acte du *Test* n'obligeaient plus le simple protestant qui se refusait à être en communion avec l'église épiscopale d'Angleterre; le catholique seul en était garotté; et il a fallu plus d'un siècle pour qu'il fût dégagé de ces liens. Cependant le réformé devait être reconnaissable et distingué du catholique. Les presbytériens et les autres membres des communions protestantes devaient donc, en conformité du statut 13 d'Élisabeth, ch. 12, « souscrire à tous » les articles religieux qui concernent *seulement* la » profession de la vraie foi chrétienne, et la doctrine » des sacrements de l'église réformée comprise dans » un livre qui a pour titre : *Articles sur lesquels il » a été convenu que repose la vraie foi des églises ré» formées.* » Pour le protestant, dissident de l'église épiscopale d'Angleterre, c'était tout qui était exigé de lui. Mais beaucoup d'âmes timorées et scrupuleuses, parmi les méthodistes, trouvaient que c'était beaucoup trop ; à plus forte raison les méticuleux des autres sectes protestantes n'étaient pas contents de ces *articles sur lesquels il a été convenu*, etc. : et ni les uns ni les autres ne faisaient la déclaration et l'acte de souscrire. Les épiscopaux qui voulaient persécuter, réclamaient des juges de paix l'exécution rigoureuse du statut. Tout reposait alors dans la complaisance de ces magistrats ; et comme personne n'était moins indépendant du chancelier qui les nommait et du ministère que les juges de paix, dès que le cabinet était tory, la plus pauvre chaumière des montagnes du Cumberland n'avait pas même l'immunité des vexations religieuses ; un vicaire ignorant et tracassier les multipliait parmi ses paroissiens.

Pour les dissidents qui étaient pourvus d'un office d'administration publique, qui servaient dans les armées de terre et de mer, que le choix de leurs concitoyens appelaient aux dignités municipales et aux charges des corporations, ou que la vanité poussait à l'honneur d'être marguilliers, exerçant toutefois par un député, on leur demandait de se soumettre à l'acte du *Test*, de faire un serment d'abhorrence de la transsubstantiation telle que la croyaient les catholiques, et de recevoir la communion dans une église du culte anglican ; ils devaient aussi prêter le serment de *Suprématie*. Beaucoup de presbytériens s'y refusaient; les uns par principes de conscience, les autres par indifférence pour tous les cultes généralement et par une répugnance spéciale au sacrement de la cène de N.-S. tel qu'il est enseigné et professé dans l'église épiscopale d'Angleterre; leur église admettant, sur ce mystère du christianisme, la doctrine de Calvin ou de Zuingle, ou les modifications qu'y a introduites OEcolampade.

A l'égard de ceux-ci la tolérance voulue par le roi Guillaume était donc incomplète et restreinte.

Elle ne l'était pas moins vis-à-vis des prédicateurs des communions dissidentes. Ils devaient adopter les sacrements de l'église réformée; mais il y a à cet égard, dans chaque secte, une grande variété d'enseignements. Leur communion en restreignait peut-être le nombre à trois, à deux, à un seul : ils se refusaient donc à faire cette déclaration. Cette difficulté n'a été levée à leur égard que par le statut 19 de George III, ch. 44 (en 1779).

Relativement même aux simples réformés ne voulant ni places du gouvernement, ni fonctions dans les corporations, la tolérance n'était pas complète. L'église épiscopale avait deux points de contact avec eux : les mariages, dont les curés et vicaires anglicans étaient officiers civils en même temps que religieux, et les petites écoles, qui étaient dans la dépendance des évêques et des archidiacres.

Les curés et vicaires anglicans étaient uniformément reconnus par les statuts 25 et 32 de Henri VIII, 2 et 3 d'Édouard VI, et plusieurs d'Élisabeth, officiers de l'état civil quant au mariage. Ils exigeaient un domicile d'un mois dans leur paroisse et constaté par eux, et la publication de trois bans, faite en chaire par eux, et affichée à l'église. La reconnaissance du domicile ouvrait la porte à une multitude de difficultés et de vexations. Il eût été plus simple de confier ces fonctions aux chefs des municipalités; mais il aurait fallu entrer en lutte avec la haute église. Les Torys auraient jeté les hauts cris à la proposition d'un semblable bill. Les Cours de Westminster aimaient mieux des curés ou des vicaires pour officiers de l'état civil, que des lords maires, prevôts ou baillifs. En cas de faute des premiers, un simple séquestre des fruits du bénéfice assurait leur soumission; avec les seconds, on n'avait que des procès interminables. Le cabinet de George Ier préféra donc de laisser les choses comme elles étaient. En dépit de la désaffection du haut clergé, en dépit de toutes ses circulaires et de ses mandements (*charges*), l'intérêt privé et les émoluments des fonctions curiales répondaient de la douceur des ecclésiastiques de la seconde classe.

Il y avait cependant des exceptions, celles de quelque mauvaise humeur curiale. Alors on allait se marier en Écosse, ou on ne faisait que des conventions civiles de mariage un peu plus solennelles : et la cohabitation, l'état bien public de mari et femme, et la naissance d'enfants communs, bien reconnus comme légitimes dans la famille et par les amis, suppléaient à la célébration. Quelque faciles que se montrassent les Cours de Westminster dans ces questions d'état, il y avait cependant des incapacités légales prononcées contre de tels mariages, et qui, encourues par le défaut de célébration devant le propre curé, ne se représentaient plus que fort tard, pour les enfants et pour les petits-enfants de ces mariages purement civils.

Une grave difficulté et une bien réelle persécution existaient encore pour les protestants non-conformistes des classes inférieures de la société, celles de ne pouvoir obtenir de petites écoles pour leurs enfants des deux sexes.

Il restait aux évêques anglicans, des usages de cette église catholique qu'ils avaient rejetée, l'inspection sur les petites écoles. Les écoles avaient été fondées dans les chapitres, dans les couvents; beaucoup avaient été établies dans les paroisses ; et pour les préserver de la destruction lente qui menace tout établissement public quand il n'est pas sous une protection spéciale, les fondateurs, ou ceux à qui en revenait l'utilité, les avaient déclarées ou fait déclarer *fondations pieuses*. A ce titre, elles rentraient sous la tutelle de l'église et sous l'inspection des évêques et de leurs archi diacres. Cette condition des petites écoles était heureuse, était douce, et assurait quelque durée à ces utiles établissements. Long-temps les évêques de l'église d'Angleterre, remplis de cette charité angélique de la religion de Jésus-Christ, pénétrés du grand dessein du sauveur des hommes, de rendre le monde plus vertueux et digne ainsi du bonheur éternel, s'étaient pliés à toutes les situations des hommes en société, imitant leur divin maître et ses apôtres, et les fondateurs des églises, prêchant l'obéissance aux pouvoirs établis, et la confiance dans les rois et les chefs des gouvernements, et n'annonçant aucune forme de préférence pour telle forme de société politique plutôt que pour telle autre. (Bossuet—*Politique sacrée.*) Les prélats de l'église épiscopale avaient été, sous les Plantagenets, à la tête du pays et du parti national. Sous les Stuarts, s'étant jetés dans les voies de la prérogative royale à origine divine, ils avaient perdu ce premier poste et la confiance générale. Ils voulaient élever les enfants de ces générations pauvres dans le respect des lois, l'amour du souverain, mais aussi dans un grand dévouement au pouvoir absolu, à un gouvernement arbitraire; et pour le faible il était bien plus tyrannique que pour le puissant.

L'ordre épiscopal avait donc mis quelque opposition à la faculté de tenir de petites écoles pour les non-conformistes. La déclaration de l'ouverture de ces écoles pouvait cependant ne pas être faite à leurs chancelleries. Des greffiers des sessions de juges de paix se rendaient faciles sur les protestations, les serments et les signatures de déclaration. Les évêques avaient donc repris, depuis le règne de la reine Anne, l'exercice de leur inspection des petites écoles, ou la faisaient exercer par des ecclésiastiques dévoués au Torysme. Tous ces pauvres pédagogues de villages non-conformistes étaient persécutés, quittaient leurs écoles; et l'instruction du peuple anglais, en opposition pleine de celle du peuple écossais, allait et est toujours allé en déclinant jusqu'au milieu du règne de George III, et à l'établissement des écoles suivant la méthode de l'abbé Gauthier, exécuté par le docteur Lancastre.

Oxford et Cambridge, grands et vénérables centres de l'enseignement, ne voyaient de non-conformistes, ayant un peu de fortune, que dans quelques collèges à fondation laïque, plus dans la seconde de ces universités que dans la première. Les dissidents envoyaient leurs enfants dans les universités de la Hollande et de l'Allemagne réformée. C'était une vexation que devaient proscrire une saine politique et une connaissance exacte du caractère anglais.

Ainsi de toutes parts, grâces au Torysme et au Jacobitisme déguisé de la haute église, et par le fait des ministères de la reine Anne, l'effet des lois de tolérance voulues par la révolution avait été arrêté et manqué. Cette partie si nombreuse et si respectable de la nation, les Presbytériens, était encore sous les coups dissimulés, secrets, et fourrés, de la haute église Tory-Jacobite. Atterbury était regardé comme le chef de ce système et le directeur des occultes machinations de la majorité de l'ordre épiscopal. L'orage se grossissait donc sur cette tête coupable.

V. Au moment où était frappé Atterbury, le ministère de George Ier et les Whigs, prenant plus de puissance et de crédit sur l'ordre épiscopal par des promotions à l'épiscopat de prélats non infectés de Jacobitisme, de celle entre autres du docteur Wake à l'archevêché de Cantorbery, redemandaient une exécution plus large et moins vexatoire des statuts de Guillaume III et de la reine Anne, de 1707 à 1709, en faveur des non-conformistes. Une transaction s'opéra donc entre la haute église et le ministère : du côté des ministres, il ne serait passé aucun bill en faveur des non-conformistes. Ce n'est que vers le milieu du règne de George II, que la loi statutaire est venue protéger la lérance voulue par le roi Guillaume et les Whigs. Le clergé de son côté se rendrait facile sur la célébration des mariages des non-conformistes, et n'exigerait plus ou ne ferait plus exiger avec rigueur la prestation des serments de *Suprématie*, du *Test*, d'abhorrence de la transsubstantiation. On donnerait, à qui les demanderait, des certificats de s'être présenté pour recevoir la communion.

Il fallait cependant pourvoir à la levée des incapacités légales encourues pour l'inexécution des statuts portés en matière religieuse sur l'uniformité de culte voulue par les lois, et relativement aux seuls non-conformistes. Il fut convenu, après des conférences avec les juges, que tous les ans, ou à peu près, la législature passerait une loi d'indemnité pour les personnes qui n'avaient pas prêté les divers serments, et qui avaient encouru des incapacités légales.

Cette mesure fut retardée. Le premier bill est de 1727 ; dans les années suivantes il fut renouvelé; il n'y en eut pas en 1729, 1741, 1746, 1747, 1750 et 1754. On arriva ainsi jusqu'au règne de George III, où ces bills furent passés, presque tous les ans, jusqu'en 1779. A cette époque la tolérance des sectes et des communions protestantes fut pleine et entière. Qu'on ne s'étonne donc plus des retards qu'a éprouvés la mesure bien plus grave de l'émancipation des catholiques !

VI. Le procès d'Atterbury, dans lequel nous entrons, a été un des plus célèbres qui aient été soumis à la Haute-Cour du Parlement. Nous avons dû, avant de le traiter, exposer l'état de la question religieuse, parceque l'évêque de Rochester était le chef du parti de l'opposition anti-presbytérienne et épiscopale; que ses talents et sa réputation le rendaient redoutable aux Whigs, qui tenaient fortement à la succession de la couronne dans une dynastie protestante; à Georges Ier, parce qu'il était le seul avec sa maison qui y eût des droits et professât la religion réformée; et enfin aux principes de la révolution, qui auraient été renversés si Jacques III était venu occuper le trône de son père et de ses deux sœurs aînées. Le haut clergé, qui avait contribué, aussi efficacement qu'il le pouvait, à cette *bienheureuse révolution* de 1688 (car elle est toujours ainsi dénommée), avait oublié, sous le règne de la bonne, mais faible, mais incapable reine Anne, et le procès des sept évêques et la conduite de son ordre envers le prince d'Orange. C'était l'effet de la composition d'un corps de vieillards investis d'une dignité égale, mais dépendants de la Cour par les nominations royales, et attendant journellement d'elle leur avancement et des promotions successives d'un évêché de 1,000 ou 1,200 livres sterling à des siéges de 30, 40, 50,000 livres sterling de revenu; des évêchés de Landaff, de Bangor, de Rochester, à ceux de Winchester, de Londres et de Durham, et aux deux archevêchés. Déjà, depuis l'avènement de Georges Ier et en neuf années, leur composition avait été changée. Dans le procès de l'évêque de Rochester, dix-sept prélats, sur vingt-six, ont assisté à la Chambre des pairs. Un seul, l'évêque de Chester, a protesté. Parmi les neuf évêques ou archevêques absents, l'évêque de Bangor n'aura pas siégépar délicatesse: il était l'antagoniste d'Atterbury. Les deux archevêques avaient voté pour la condamnation de Plunkett et de Kelly : ils auront cru devoir ne pas paraître dans une cause d'un de leurs frères, lequel, comme lord du Parlement, avait des priviléges qu'on méconnaissait, et comme évêque, aurait dû être jugé par ses comprovinciaux ; prétention épiscopale qu'ils ne revendiquaient ni n'abandonnaient en s'absentant de la Chambre des lords. Deux des évêques, ceux de Lincoln et de Salisbury, avaient accepté leur nomination dans la commission des Pairs, sur le rapport de laquelle la proposition des Communes, de procéder par des Bills de *Pains and Penalties*, avait été adoptée. Enfin l'évêque de Salisbury avait donné une opinion raisonnée et sur la compétence de la Chambre des Pairs dans la condamnation d'un évêque, et sur la culpabilité de l'évêque de Rochester.

Depuis la conspiration et le jugement des pairs écossais, le Prétendant n'avait pas cessé d'avoir des amis en Angleterre et en Écosse. Les partisans de sa maison avaient des projets de contre-révolution, mais il en était bien peu, parmi ceux de l'Angleterre, qui voulussent faire autre chose pour lui que des vœux, souvent secrets, et se livrer à de plus éclatantes manifestations de leur attachement à sa personne, et de leur respect pour ses malheurs, que par des *vivats* et des toasts loyaux à la suite d'un dîner, et avec des amis sûrs et peu nombreux. C'était dans les comtés du Nord que ces preuves de désaffection à la maison régnante se montraient plus qu'ailleurs.

Cependant le duc d'Ormond, en Espagne, cherchait à obtenir pour Jacques III, alors à Rome, l'intérêt de la reine Farnèse et quelques promesses de secours pour rétablir ce prince sur le trône de son père, et pour ramener la religion catholique en Angleterre et en Irlande. La mission d'Espagne avait été confiée au colonel Stanhope, frère du secrétaire d'État, et il avait l'œil ouvert sur les démarches du duc d'Ormond.

A cette époque, le baron de Goersy, ministre de Charles XII, avait donné les mains à un projet d'établissement de quelques marchands et aventuriers Suédois dans l'île de Madagascar. Une compagnie se forma; la paix laissait des soldats sans emploi, on les engageait dans cette entreprise. On réunissait des armes; plusieurs vaisseaux étaient déjà équipés. Vers 1720, cette compagnie arrêta ses paiements et ses expéditions; c'était une fortune pour les agents d'une contre-révolution anglaise. Le Prétendant fit acheter trois des vaisseaux de cette compagnie; des armes, 2,000 fusils, dit-on, des munitions de guerre, des canons. Il fit engager 300 ou 400 hommes; le duc d'Ormond favorisa cet armement par un convoi d'argent de 96,000 pistoles d'Espagne, 1,000,000 à 1,200,000 f., qu'il envoya de Madrid à Cadix. On vit ainsi, pendant près de trois ans, des bâtiments de commerce changeant souvent de pavillon et avec un armement extraordinaire, courir les côtes de la Méditerranée, de Civitâ-Vecchia à Cadix, sans destination connue. L'éveil fut donné par les consuls anglais des ports de cette mer et par le gouverneur de Gibraltar, dont la place était d'ailleurs menacée par l'Espagne. Le ministère du roi George redoubla donc de vigilance et d'espionnage. On se flattait parmi les Jacobites anglais et étrangers, du moins on l'annonçait, que la cour d'Espagne ferait une expédition de cinq à six mille hommes pris dans les brigades irlandaises à son service, et il était immanquable que cette expédition était destinée pour les côtes d'Angleterre ou d'Irlande; et nul doute pour les artisans de contre-révolution, que remettre Jacques III sur le trône de ses pères ne fût le but de cette expédition. A cette époque, l'Espagne n'avait pas renoncé à rentrer dans les anciennes possessions d'Italie qu'elle avait perdues à la guerre de la succession et par la paix d'Utrecht. Elle était armée; quinze vaisseaux de ligne étaient prêts dans ses ports; elle en équipait neuf autres. Il y avait donc quelque plausibilité dans les projets des contre-révolutionnaires bretons. Mais Alberoni était renvoyé; la France et l'Angleterre, le 21 septembre 1721, faisaient ensemble un traité pour forcer l'Espagne à exécuter le traité d'Utrecht; et le marquis de Grimaldi, plus sage que le cardinal Alberoni, se voyait forcé d'abandonner de semblables projets de débarquement. Le duc d'Orléans parlait très haut; l'intérêt de la France était uni à celui de l'Angleterre.

Cette conspiration contre le roi George Ier était des trois projets de contre-révolution anglaise dont nous avons à rendre compte, la plus dangereuse. Sir Robert Walpole la jugea très bien et redoubla de soins et de vigilance pour l'arrêter.

Le second projet consistait à amener dans la Tamise le duc d'Ormond, avec les trois vaisseaux d'origine suédoise et les armes qu'ils avaient embarquées. Des transports étaient réunis dans le port de Sant-Ander, en Biscaye, et le duc aurait eu 7 à 800 hommes de troupes de débarquement. Il trouvait, à Londres et sur la Tamise, des secours d'hommes et d'armes. On s'emparait de la tour et des divers postes de la métropole. Le premier projet se serait aidé des désordres assez ordinaires au moment des élections. Les organisateurs de celui-ci profiteraient du voyage du roi en Hanovre, et de son absence; il n'était donc pas question de s'emparer de la personne de ce prince. Ce projet fut connu assez long-temps à l'avance. Le marquis de Grimaldi, en Espagne, défendit de recevoir à la Corogne la marine du Prétendant. Le duc d'Ormond fut arrêté à Ventosilla, chez le duc de Medina-celi. On ne permit pas de réunir des transports dans le port de Sant-Ander; enfin le duc d'Orléans avait donné l'ordre d'empêcher le passage du duc d'Ormond par la France, ou de l'arrêter. Le roi George renonçait à son voyage d'Allemagne; des troupes étaient appelées dans des cantonnements près de Londres, et les garnisons d'Irlande arrivaient en Angleterre; enfin un camp allait être formé à Layton-Stone dans le comté d'Essex, sous Londres.

Des palais des grands, la conspiration descendait aux tavernes des faubourgs et de la contrée. Le troisième projet de contre-révolution anglaise était livré à d'obscurs aventuriers. Un Christophe Layer en était le chef ou plutôt un de ses enfants perdus, placé momentanément à sa direction. Un intrigant, Linch, et un racoleur, Mathieu Plunkett, qui tous deux trahissaient Layer ou l'ont trahi, en étaient les agents. Linch, Irlandais d'origine, courant les mers et exploitant les bourses de quelques dupes, venu des Canaries en Espagne, passant à Bordeaux et arrivant enfin à Londres, riche de projets et pauvre d'espèces, était chargé de faire la proclamation qui renversait le trône du roi George. Matthieu Plunkett, également Irlandais, ancien sergent, homme d'exécution, et qui avait déjà tiré Layer, une première fois, des mains des huissiers et des recors, devait embaucher huit sergents des régiments des gardes; et ceux-ci amèneraient chacun à Layer vingt-cinq soldats bien résolus. On avait besoin de ces deux cents hommes pour garder la tour. On attendait le général dont le nom était un mystère ; c'était toujours le duc d'Ormond et ses sept ou huit cents hommes. Layer, le jour où on lèverait le camp de Layton-Stone, devait s'emparer de la tour à neuf heures du soir ; il était assuré de l'officier qui commandait ce poste. Dans la même nuit, les ministres Walpole, Stanhope, Townshend, Carteret, et le général du camp, le comte de Cadogan, devaient être enlevés chez eux. On devait s'emparer de la personne du roi, et envoyer des matelots pour se saisir de la personne du prince de Galles, qui était à Chelsea. Enfin la banque, Guild-Hall, les postes de la ville et de la rivière seraient occupés ; mais il fallait que le général fût arrivé, et il n'arrivait point. C'était ainsi que cette troisième conspiration se rattachait à la seconde. Lord North et Grey, le comte d'Orrery, lord Strafford, sir Henri Gorring, le duc de Norfolk, étaient, ou au moins voyaient leurs noms compromis dans ces machinations de trahison. L'évêque de Rochester y était bien plus impliqué ; Linch dévoila le complot à sir Robert Walpole dès le 23 août. Lorsque ses révélations furent plus complètes, que Mathieu Plunkett se fut joint à lui, on arrêta Layer, vers le 18 septembre. Il fut mis à la tour, et fut interrogé plusieurs fois par le Conseil-privé. Il parla beaucoup dans l'espoir de sa grâce ; mais au-delà de ce qu'avait dénoncé Linch il ne savait pas grand'chose. On apprit par ses interrogatoires qu'il avait été deux fois à Rome, qu'il avait été reçu par le Prétendant ; qu'il l'avait entretenu de ses projets de contre-révolution ; qu'il avait obtenu de ce prince qu'avec la reine son épouse ils seraient parrain et marraine de son enfant, et que leurs procurations seraient adressées à lord North et Grey et à la duchesse d'Ormond; que pour lui donner plus de relief auprès de ses coopérateurs, Jacques III lui avait signé des reçus, la somme et le nom du prêteur en blanc; qu'il avait également vu et lié des communications avec des agents du Prétendant, à Bruxelles et dans les Pays-Bas; qu'enfin il y avait plusieurs lords qui étaient engagés dans la conspiration: il avait eu avec eux des communications orales, individuelles et secrètes.

Le danger du gouvernement lui était annoncé, mais avec quelques incertitudes cependant. Les ministres ne manquèrent ni aux devoirs de leur place ni à ce qu'exigeait l'état de crise du pays. Des lettres furent interceptées à la poste; peu de jours après, un bureau noir de déchiffreurs, de leveurs de cachets, de faiseurs d'empreintes, de faussaires habiles dans la contrefaçon des écritures et des signatures fut établi. Un espionnage fut régularisé. Les gens suspects furent arrêtés et mis en la garde de messagers d'état, dont les obscures demeures furent converties en prisons. Lord North, quittant sa résidence habituelle, fut arrêté à Porstmouth au moment de son embarquement pour la France. Enfin le Parlement fut assemblé; son premier acte fut d'accorder la suspension de l'*habeas corpus*. Il n'y avait plus rien à tirer de Layer, on le renvoya donc à la disposition du procureur-général de la couronne, qui le fit mettre aux fers et au secret. Ce magistrat dressa son information, et dans les derniers jours d'octobre il la présenta au Grand-Jury d'accusation du comté d'Essex.

Procès de Christophe Layer à la Cour du Banc du Roi, formant Cour d'oyer *et* terminer.

Layer fut amené, le 31 octobre 1722, à la barre de la Cour du Banc du roi ; on lui donna lecture de son acte d'accusation.

« Il est accusé de haute trahison, pour avoir *traîtreusement*, etc., le 25 août précédent, proclamé le Prétendant roi de la Grande-Bretagne et de l'Irlande, à Layton-Stone, dans le comté d'Essex, levé et fait la guerre à S. M. le roi George Ier, à l'aide d'une force armée et de soldats du camp, séduits et *embauchés*, et dans le dessein de se saisir de la personne de S. M. »

Layer demanda que ses chaînes lui fussent ôtées. Le procureur-général s'y opposa. Ses conseils plaidèrent d'abord pour obtenir la libération de ses fers, et ils firent entendre les geôliers qui déposèrent qu'il n'avait fait aucune tentative pour se sauver. La Cour n'accorda point cette demande.

Ses conseils plaidèrent ensuite contre l'*Indictment*, en raison de quelques vices de forme. Son nom en latin était *Christoforus*, et non *Christoferus;* il y avait des fautes de grammaire latine. La Cour passa outre, et accepta l'*Indictment* (l'acte d'accusation). La cause fut renvoyée au 3 novembre.

Le 3, après de nouvelles objections presque aussi futiles sur l'*Indictment*, qui ne furent pas admises, ses conseils et lui annoncèrent qu'ils plaideraient *non-Coupable*, et demandèrent qu'il lui fût accordé du temps pour faire venir ses témoins. On lui donna jusqu'au 21 novembre.

Le 21 novembre, à l'ouverture de la séance, il demanda que ses fers lui fussent ôtés, ce que la Cour ordonna. Il se plaignit du procureur-général, qui paraît l'avoir traité avec barbarie et illégalement. Il ne lui avait laissé passer la liste des jurés que le 19 au soir, et ne lui avait permis de communiquer avec son avocat que par écrit, et avait fait remettre à celui-ci le cahier qui contenait l'exposé de ses moyens de défense, le 20, la veille, à onze heures du soir; enfin, le procureur-général avait mis une garde de soldats très considérable, et avec une consigne sévère, aux avenues de la Cour; elle empêchait ses avocats et solliciteurs, ses témoins et les jurés d'arriver. Le Lord chef justice fit cesser ces vexations.

On procéda à la nomination des jurés et à leur triage et récusation; ce qui fut très long. Layer en récusa trente-trois, le procureur-général huit. Les conseils de l'accusé firent des représentations à la Cour, sur ce que ce magistrat les récusait aussitôt après que Layer les avait admis.

Les douze qui restèrent prêtèrent serment, et les conseils de la couronne développèrent l'accusation. Indépendamment des deux dénonciateurs qui chargeaient Layer, ses aveux, dans les interrogatoires devant le Conseil privé, combinés avec deux énormes liasses de papiers lui appartenant, saisies par des recors chez une mistriss Mason, logeuse, où était son domicile, dévoilaient et reconnaissaient toute la conspiration. Le malheureux Layer était perdu ; ses conseils n'avaient plus d'autres moyens à présenter à l'examen et à la pitié des jurés que les preuves que Linch et Matthieu Plunkett étaient des misérables, indignes de créance, témoins reprochables et illégaux, parcequ'ils avaient été membres et agents de la conspiration, et pouvaient avoir reçu leur grâce au prix de son sang: cette ressource même leur était ôtée ; car Linch et le vieux sergent s'étaient rendus de très bonne heure dénonciateurs. Ils voulaient également faire considérer mistriss Mason comme ayant pactisé avec les agents du Gouvernement pour substituer des pièces qui n'étaient pas les siennes, et étaient fabriquées à dessein de le perdre ; mais la saisie de mistriss Mason avait été judiciaire. Lorsqu'elle avait déclaré que ces pièces appartenaient à Christophe Layer, les huissiers saisissants avaient demandé la présence d'un juge de paix, qui avait reçu sous serment la déclaration (*Affidavit*) de mistriss Mason ; il avait paraphé et scellé les deux liasses de papiers, et elles avaient été régulièrement transmises au Conseil privé. Or, dans ces liasses, se trouvaient les reçus du Prétendant, d'autres pièces aussi importantes qu'il avait déclaré, dans ses interrogatoires, être à sa disposition ; et on n'usait contre lui, et pour corroborer les témoignages de Linch et de Matthieu Plunkett, que de pièces écrites de sa main, telles que le plan de la conspiration et sa proclamation de Jacques III.

Les débats roulèrent donc presque entièrement sur le personnel de Linch, Matthieu Plunkett et mistriss Mason. On prouva bien, pour la défense, que c'étaient des aventuriers, des ivrognes et une femme de mauvaise vie; l'accusation en faisait de petits saints: les jurés devaient en décider. Après un résumé très impartial des débats, fait par le Lord Chef-justice de la Cour du Banc du roi, sir Compton Pratt, les jurés se retirèrent dans leur chambre, et une demi-heure après rentrèrent avec la déclaration de *Coupable*.

Layer fut conduit à la Tour. Le 27 novembre on le ramena à la Cour du Banc du roi, pour recevoir son jugement. Le Lord Chef justice lui demanda ce qu'il pouvait opposer; ses conseils présentèrent trois ou quatre nullités aussi futiles que celles qu'ils avaient objectées contre l'*Indictment*. Elles ne furent pas reconnues par la Cour. Après une allocution grave, mais humaine, le Lord Chef justice prononça contre lui la peine des traîtres.

Layer obtint du Gouvernement des délais à l'exécution. Il fut interrogé plusieurs fois par le Conseil privé, et il fut appelé par-devant la Chambre des pairs. Soit qu'il ne fût qu'un agent obscur et sans crédit de cette conspiration, et que le rôle malheureux qu'il y avait joué ne lui eût été donné que par lui; soit qu'il voulût se taire, soit enfin que cette insurrection projetée ne fût qu'une échauffourée, on tira très peu de lumières de ses dépositions.

Il fut exécuté le 17 mai, et demanda que les bénédictions du Ciel tombassent sur Jacques III, légitime roi de la Grande-Bretagne et de l'Irlande, et sur sa famille.

VII. La rigueur des mesures du Gouvernement, la hauteur avec laquelle le cabinet dirigeait la dictature dont il s'était investi, et les discours des Whigs, mélangés de crainte et d'espérance, de modération et de ressentiment, d'abattement et de triomphe, faisaient présager pour la chose publique plus de dangers que le jugement de Layer et de sa conspiration n'en faisaient redouter, ou du moins n'en avaient fait courir. On avait annoncé que des personnes de distinction étaient compromises dans ces mouvements séditieux ; lord North, comme l'évêque de Rochester, avaient été arrêtés dans le courant d'octobre. Lord North avait paru aux débats du procès de Layer ; cet intrigant lui avait mené Linch. Lord North avait pratiqué envers lui cette hospitalité honorable, si familière à la noblesse anglaise, mais avec quelque réserve. Il avait accepté la procuration du Prétendant pour le représenter au baptême de Layer ; mais était-ce donc un crime de haute trahison? que se passait-il donc? où voulait-on en venir? comment sortirait-on enfin de cet enchaînement de mesures arbitraires qui mécontentaient tous les citoyens et faisaient regretter la quiétude et le laissez-aller des Torys de la reine Anne?

Le 15 janvier, le bureau de la Chambre des communes est couvert d'un énorme coffre. En ouvrant la séance, l'orateur annonce à la Chambre que ce coffre renferme une grande quantité de pièces que le roi a donné ordre de soumettre à la considération de la Chambre. Il propose la nomination d'un comité secret, qui sera chargé d'en faire le dépouillement et de rapporter successivement à la Chambre ce qui sera digne de son attention. La commission est nommée; elle est composée de

M. l'orateur, sir Spencer Compton;
Sir Robert Walpole, chancelier de l'Échiquier;
Sir Joseph Jekill, maître des rôles;
Paul Metthuen, contrôleur de la maison du roi;
Guillaume Pulteney, président du comité;
John Smith;
Richard Hampden;
Le lieutenant-général Wills;
Sir Robert Sutton.

Le 1er mars, M. Pulteney, président du comité, soumet à la Chambre un rapport extrêmement long, qui est appuyé peut-être de deux mille pièces différentes (1), dépositions et pièces du procès de Layer qui sont devenues, devant la Cour du Banc du roi, pièces judiciaires et reçues sous serment, rapports et interrogatoires au Conseil privé, notes et correspondances diplomatiques, lettres interceptées aux bureaux de poste ou leurs copies, déchiffrement de celles qui sont en chiffres, ou surchargées en encre invisible et pleines de noms de convention (*Jackson*, pour désigner le Prétendant, fils de Jacques II; *procès*, la conspiration; *marchandises*, les troupes de débarquement; *Digby*, pour le lieutenant-général Dillon, etc.); enfin, rapports

(1) Ces pièces sont classées en quatre-vingt-seize séries, désignées par des lettres de l'alphabet, majuscules et doubles majuscules, caractère ordinaire, ou lettres simples et doubles. Beaucoup de ces séries renferment de quarante-huit à cinquante pièces numérotées; quelques unes de soixante-quinze à quatre-vingts.

d'espionnages et de messagers d'état, faisant fonctions de geôliers de prisons spéciales, chartes privées, établies dans leur domicile. La Chambre ordonna que ces pièces seraient imprimées. Leur impression seule était une violation de toutes les lois et des secrets des familles. Quelques unes n'étaient données que par extrait, ce qui les rendait encore impropres à devenir l'objet d'un rapport légal à une des Chambres du Parlement. Il fallait que la peur de George Ier et de son ministère eût été portée à ses plus violents paroxysmes, pour que sir Robert Walpole recourût à une semblable mesure; et il fallait également et de grandes alarmes des Whigs les plus ardents, et la complaisance et la pitié de ceux qui étaient plus tempérés d'esprit et de caractère, pour permettre un semblable abus du pouvoir absolu d'une dictature.

Il résultait de ce rapport, 1° qu'il y avait eu trois projets différents de conspirations contre l'État: celui du duc d'Ormond, appuyé des secours patents de l'Espagne; celui du même duc d'Ormond, avec sept à huit cents hommes, et les vaisseaux suédois du Prétendant; celui enfin de l'embauchage des soldats du camp, et de la saisie, par adresse, et ensuite à force ouverte, de la Tour, de la Banque et des autres postes de la métropole, qui formait la conspiration de Layer.

2° Que différentes personnes de distinction étaient compromises dans ces divers projets; les uns étaient désignés à la Chambre, d'après des rapports de l'espionnage, des déclarations ou dépositions d'interrogatoire, faites devant le Conseil privé, ou sur des inductions, des oui-dire, consignés dans des lettres interceptées, des bruits de société; d'autres par leur conduite, par des relations avec les conspirateurs, qui, bien qu'innocentes aux yeux de la loi, prouvaient leur affection ou leurs égards de tout ordre pour le Prétendant, et leur désaffection pour la maison glorieusement régnante: nous les avons déjà nommés, le duc de Norfolk, le comte d'Orrery, lord Strafford, sir Henri Gorring, lord North et Grey, en Angleterre, et MM. William Erskine et Cochrane, en Écosse (1); d'autres enfin, par des lettres interceptées, pleines de termes de convention, que les déchiffreurs du ministère prétendaient reconnaître et réduire à leur véritable signification, soit écrites par eux, George Kelly, autrement Johnson, et Jean Plunkett, soit dictées à d'autres, l'évêque de Rochester.

(1) Layer avait dit dans ses interrogatoires à la Cour du Banc du roi et à la Haute Cour du parlement, et le rapport du comité secret avait également annoncé que les jacobites formaient un cercle connu sous le nom de *Burford's club*; et qu'il était composé du comte d'Orrery, des lords Scarsdale, Cowper, Gower, Craven, Bingley, et l'évêque de Rochester, et de sir Henry Gorring; MM. Dawkins, Shippen et Archibald Hatcheson;... du général Webb, de sir Constantin Phipps, membres de la Chambre des communes. Layer et Plunkett disaient également que deux cents Torys et quatre-vingt-dix Grumbletoniens ou Whigs, en opposition colérique avec le ministère, tenteraient les derniers efforts dans la Chambre des communes, pour empêcher que les bills fussent passés. Ces deux chefs d'intrigues ne parlaient ou n'osaient parler que sur de vagues ouï-dires. Deux déclarations motivées de lord Cowper et de M. Archibald Hutcheson démentirent ces dépositions, les 4 et 20 mars 1723. (*State'-Trial*, vol. VIII, n° 38 de l'*Appendix*, p. 571, 72.)

3° Que Plunkett et Kelly étaient les agents intermédiaires de ces intrigues et machinations de trahison, et que l'évêque de Rochester en était le directeur.

Le 8 mars, la Chambre des communes mit le rapport en délibération, et prit les résolutions suivantes :

« Que, prenant en considération le rapport et » les différentes pièces soumises à la Chambre, re» latives à cette horrible conspiration, il appert à » cette Chambre que cette détestable et horrible con» spiration a été formée et dirigée par des personnes » de distinction, leurs agents et complices, avec » des traîtres, au dehors, pour envahir ce royaume » à l'aide de forces étrangères, exciter des insurrec» tions et des rébellions au dedans, s'emparer de la » Tour et de la Cité de Londres, porter des mains » violentes sur les personnes de sa très sacrée Ma» jesté et du prince de Galles, dans le but de dé» truire le présent établissement de l'église et de » l'État, en portant au trône un Prétendant pa» piste. »

« Qu'il appert à cette Chambre que Jean Plun» kett a été un principal agent et un instrument de » cette dite... conspiration, et a été agent intermé» diaire de diverses traîtreuses correspondances, » pour obtenir l'invasion,... former des insurrections » et rébellions dans le royaume, et qu'il s'est en» gagé dans le projet.... de porter des mains vio» lentes sur la personne de S. M.. »

« Qu'il appert à cette Chambre que George Kelly, » *aliàs* Johnson, a été un principal agent et instru-

» ment dans cette dite.... conspiration, et a été l'a» gent intermédiaire de diverses *traîtreuses* corres» pondances, pour exciter des insurrections et » rébellions dans le royaume, et obtenir que des » forces étrangères envahissent le pays. »

« Qu'il appert à cette Chambre que François, » lord évêque de Rochester, a été principalement » occupé à former, diriger et porter à exécution » cette dite perverse et détestable conspiration pour » envahir le royaume avec des forces étrangères, y » exciter des insurrections et des rébellions dans le » but de détruire notre heureux établissement de » l'église (1) et de l'État, en plaçant sur le trône un » prétendant papiste. »

Par une résolution séparée, la Chambre ordonna à son comité secret les bills de *Pains and Penalties* de Plunkett, de Kelly et de l'évêque de Rochester.

Le 14 mars, la Chambre ordonna qu'il serait fait communication aux Lords du rapport de son comité secret, et des pièces à l'appui qui étaient déjà imprimées. L'énorme coffre alla couvrir le bureau de la Chambre des pairs.

Le 16, la Chambre des pairs nomma une com-

---

(1) Sir Richard Walpole n'était pas extrêmement dévoué à l'église (établie par les lois). On voit avec quels soins il invoque son intérêt, fait un appel au fanatisme religieux de l'église épiscopale, et associe dans ses craintes le papisme au projet de détruire la constitution du royaume. Sir Robert Walpole dominait dans la Chambre des communes par les pensionnaires qu'il y maintenait et par les officiers de la couronne. Mais il n'était pas le chef, le maître des Whigs du royaume; ils se retiraient de lui. Il fallait les inquiéter sur la conservation du Bill des droits et sur l'exécution de l'*Acte d'établissement*.

mission de neuf membres, à laquelle elle donna le pouvoir de requérir le serment; elle était composée des

Duc de Dorset,
Duc de Montrose,
Comte de Scarborough,
Comte de Lincoln,
Comte de Ilay,
Lord Lonsdale,
Lord Torrington,
L'évêque de Lincoln,
L'évêque de Salisbury.

Le comité fit son rapport, le 23 avril.

Il concorde avec celui de la Chambre des Communes, et doit obtenir plus de confiance. Les Lords commissaires ont examiné, sous serment, une multitude de témoins. Tous les faits tenant au second projet de conspiration et d'invasion du royaume par le duc d'Ormond, à la tête des huit cents hommes de l'expédition des navires suédois du Prétendant, sont bien constatés. Il en est de même de ceux qui établissent qu'il y avait une étroite correspondance entre le Prétendant et ses agents dans les Pays-Bas et les conspirateurs de l'intérieur; et les Lords du comité, en terminant leur rapport, énoncent, qu'ils ont fait usage des pouvoirs étendus qui leur avaient été donnés, « à l'aide desquels nous étions fondés à croire que » nous ferions de grandes découvertes, si les per- » sonnes que nous avons fait citer eussent été dis- » posées à dire la vérité. »

Ils ajoutent ensuite « qu'ils ont vu avec une dou- » loureuse pitié, que le zèle aveugle ou une misé- » rable infatuation de ces personnes les aient por- » tées à choisir de s'exposer aux plus grands dan-

» gers, plutôt que de faire connaître les auteurs
» ou les complices de leurs trahisons ; déclarant
» par là au monde que les ligues et engagements
» des méchants, entre eux, sont plus sacrés que les
» liens les plus forts et les droits inviolables de l'ordre
» social. Cependant les Lords du comité croient
» que le refus de dire la vérité, des témoins qu'ils
» ont examinés, pourra postérieurement leur deve-
» nir fatal, les charges ou indices étant d'une suf-
» fisante clarté pour les forcer plus tard à confesser
» la vérité. »

C'était une menace qui avait pour objet, en particulier, d'intimider Christophe Layer, et elle n'obtint rien. Dans les débats judiciaires à la Chambre des Pairs, on ne parvint pas à connaître les chefs de cette conspiration. Y en avait-il ?

Le fait que nous croyons très réel, c'est qu'elle n'en avait point en Angleterre. On punit deux agents subalternes, Plunkett et Kelly, et un agent supérieur, l'évêque de Rochester, qui était plutôt la victime des haines qu'il avait amassées et d'autres fautes de conduite, étrangères à la conspiration, que de la part légalement criminelle qu'il y avait prise.

Le 24 avril, la Chambre des pairs, prenant en considération le rapport de ses commissaires, passa la résolution suivante :

« Il a été résolu par les Lords spirituels et
» temporels assemblés en Parlement, que cette
» Chambre est pleinement satisfaite et convaincue
» qu'une détestable et méchante conspiration a été
» formée et exécutée pour solliciter le secours de

» troupes étrangères, afin d'envahir le royaume, » pour exciter à la rébellion et à des insurrections » à Londres et en diverses autres parties de la » Grande-Bretagne, et porter des mains violentes » sur la personne sacrée de Sa Majesté et sur celle » de S. A. R. le prince de Galles, dans le but de » détruire notre constitution et notre religion, en » plaçant un papiste, le Prétendant, sur le trône » d'Angleterre.

» Que des remerciements seraient adressés au » nom de la Chambre, par le lord Chancelier, aux » Lords du comité, pour avoir exécuté la charge qui » leur avait été confiée avec une grande exactitude, » avec soins, fidélité et candeur. »

Le 19 de mars, le bill de *Pains and Penalties*, de Jean Plunkett, fut présenté à la Chambre des communes; Plunkett ne fit aucune défense. Le bill subit ses trois lectures, et fut rédigé le 3 avril; il fut aussitôt passé. Il condamnait Plunkett à une prison perpétuelle, c'est-à-dire autant qu'il plairait à Sa Majesté, qui, de temps à autre, pouvait lui permettre de sortir librement, et le reprendre ensuite. Ses biens meubles et immeubles étaient confisqués. S'il s'échappait de prison, ou n'obéissait pas à l'ordre d'y rentrer, il se rendait coupable de félonie de première classe, qui ne pouvait pas être pardonnée. Ceux qui l'auraient aidé dans sa fuite étaient passibles de la même peine.

Jean Plunkett était né à Dublin, et avait été élevé au collége des Jésuites de Vienne en Autriche. Parent de personnes attachées à la maison de la reine Marie d'Est, veuve de Jacques II, il avait mérité quelque confiance du prince son fils; il avait conduit à Rome Layer et Kelly, et leur avait obtenu du crédit à la cour du Prétendant. Revenu en Angleterre, il avait, depuis trois ans, une correspondance étroite et réglée avec Jacques III, et lui rendait compte, jour par jour, de ce qui se passait. Il était également en relation avec le lieutenant-général Dillon, à Paris; sir William Ellis, à Rome et à Bruxelles, et avec les autres agents du Prétendant. Il se donnait et il passait généralement à Londres pour l'agent le plus accrédité de Jacques III. Les dépositions de Neynoé, de Kelly et de Layer le montraient tel. Enfin ses papiers, saisis chez lui, ses lettres envoyées ou reçues, mais interceptées et copiées à la poste, et ses chiffres, trouvés parmi ses papiers, ne lui permettaient pas de désavouer les titres qu'il s'était donnés et les actes qu'il avait faits.

Le bill de *Pains and Penalties* de la Chambre des communes fut envoyé aux Pairs. Ils entendirent Jean Plunkett, par son conseil; et, le 26 avril, ils passèrent le bill. Il eut, peu de jours après, la sanction royale.

Plunkett aurait pu être traité plus sévèrement, et être mis en jugement avec Layer. Sa qualité d'Irlandais, tenant à la maison de la reine Marie d'Est; sa religion de catholique romain, sans être prêtre ou engagé dans les ordres : une espèce de candeur qu'on reconnut dans ses aveux; une réserve honorable sur les noms de ceux des Pairs ou des gens considérés avec lesquels il avait eu des relations, lui furent utiles; on le regardait presque comme étranger; on peut le relever de différents faits du procès.

Il y eut une consultation des juges qui lui fut favorable. Elle était donnée sur diverses questions: 1° sur celle de savoir si, dans les Cours de loi de Westminster, on pourrait se servir contre lui des extraits des correspondances diplomatiques?

2° Si elles pourraient être communiquées en entier à la Haute-Cour pour motiver son jugement? Ou, 3° s'il ne pouvait en être fait usage que dans le préambule du Bill?

4° Il était chargé par les dépositions de Neynoé; mais ces dépositions n'étaient pas faites sous serment: les juges les écartèrent.

5° Enfin, le bill qui le condamnait, ainsi que Kelly, aurait force non seulement de loi, mais de chose jugée. Il ne pourrait, ainsi que son infortuné compagnon, être repris de trahison pour le même fait par les Cours de Westminster.

Sur les résolutions qui intervinrent en conformité de ces décisions des juges, il y eut des protestations de vingt-deux à vingt-quatre pairs qui les trouvaient trop favorables. Il y en eut une également, contre le Bill de condamnation, d'à peu près le même nombre de lords. Leurs motifs sont, en grande partie, ceux qu'ils ont donnés dans leurs protestations contre le jugement d'Atterbury (1). Il n'y en eut pas pour Kelly.

---

(1) Ils insistèrent principalement sur la violation du secret des lettres. On proposait même, dans le cours des débats du

Le 19 mars, après que le comité secret eut présenté le Bill de *Pains and Penalties* (de loi de punition et d'amende) contre Plunkett, on procéda à la première lecture de celui qui était proposé contre George Kelly. La Chambre entendit, les jours suivants, le conseil que son comité secret avait nommé pour défendre le Bill, et Kelly et ses avocats contre le Bill. Elle procéda ensuite aux deux autres lectures et à celle du Bill, rédigé en due forme, l'adopta, et l'envoya, le 6, à la Chambre des lords.

George Kelly était membre du clergé épiscopal d'Angleterre, et *non-Jureur*. Il avait été dénoncé par Matthieu Plunkett. Layer, interrogé sur son compte, s'était coupé, et avait ouvert, par ses réponses, la voie à des investigations plus complètes de sa culpabilité. Ainsi l'affirmait le rapport du comité secret.

Il avait été également dénoncé par Neynoé, espèce de commis se chargeant de copier pour le public. Neynoé avait été interrogé trois fois par le conseil privé, et toujours tenu en la garde d'un messager d'État; après son interrogatoire, il avait voulu s'échapper de la maison du messager d'État, et il s'était noyé.

Neynoé déposait que Kelly lui avait donné à faire trois copies d'un mémoire adressé au cardinal Du-

---

procès de Plunkett, d'accorder au ministère un bill d'*indemnité*. On s'y opposa, en le renvoyant à la fin du procès, et pour ne pas élever une question, dont les prévenus, et peut-être les témoins, se serviraient pour retarder la marche des procédures : les ministres l'obtinrent plus tard.

bois, pour le duc d'Orléans, régent, sur l'intérêt de la couronne de France à préférer la maison de Stuart à celle de Brunswick-Hanovre, pour occuper le trône de la Grande-Bretagne. Neynoé ajoutait que Kelly lui avait dit que c'était par ordre d'un M. Watson, qu'il supposait être le lord-Maréchal d'Écosse, lord Keith, proscrit à cette époque. Neynoé avait été chargé par Kelly de lui copier diverses lettres qu'il adressait à des agents du Prétendant et à ce prince lui-même. Ainsi déchiffrait-on les noms de convention que portaient les adresses de ces lettres.

Kelly était accusé d'avoir entretenu une correspondance très active avec la Cour de Jacques III et ses agents, surtout avec le lieutenant général Dillon, à Paris; correspondance dirigée en entier dans le but et pour le développement des trois projets de conspiration que nous avons annoncés.

Les charges les plus graves de Kelly reposaient sur ce qu'il était l'intermédiaire de la correspondance de l'évêque de Rochester avec le Prétendant, le lieutenant général Dillon et le comte de Marr, et qu'il avait écrit, au château de l'évêque, alors attaqué de fortes douleurs de goutte aux mains comme aux pieds, les trois fameuses lettres des 20 et 22 avril 1722, qui formaient la base de l'accusation contre l'évêque.

La Chambre des Pairs entendit les conseils chargés de la défense du Bill, et ceux de Kelly et George Kelly lui-même.

Kelly, dans son plaidoyer, attaque d'abord le rapport du comité de la Chambre des communes, et relève la fausseté, l'absurdité et les sophismes de ses allégations. Il se tait sur l'illégalité de toutes les mesures du cabinet. Il prouve la faiblesse de ses inculpations, en général. Dans le cours de sa défense, il montra qu'en faisant imprimer la volumineuse collection des pièces contenues dans le fameux et énorme coffre, le ministère n'a pas calculé que leur lecture attentive ferait ressortir une multitude de contradictions, qu'il soumet aux lords, et dont il tire parti pour démontrer ou au moins affirmer son innocence.

Sur la transcription des trois mémoires, il montre d'abord l'innocuité d'une telle transcription. Elle a été ordonnée par lui, en août 1725. Neynoé, pour le rendre plus coupable, rapproche l'époque de sa transcription de la fin de l'année, de celle du mois de décembre. Il est prouvé que lui, Kelly, était parti pour la France le 23 novembre précédent, et qu'il n'en était revenu que le 8 février 1721. Neynoé prétend que le Watson, d'après l'ordre duquel lui, Kelly, faisait copier ces mémoires, était le lord-Maréchal. Est-il probable que, sous le coup d'un *Attainder*, il osât vivre à Londres? Ce mémoire n'est pas celui du lieutenant général Dillon, qui était de plus de dix-huit mois antérieur, et auquel le cabinet fait énoncer des faits postérieurs. Neynoé assigne l'époque d'autres copies de lettres faites sous la dictée de Kelly, au mois de mars 1722. Kelly était retourné à Paris, le 22 février, et n'en est revenu que le 25 avril. Où était la nécessité de faire copier, en Angleterre, des lettres adressées, en France, à des personnes qu'il pouvait voir lui-même. Kelly insiste sur les contradictions des dépositions de Neynoé avec plus d'avantages qu'il n'avait besoin d'en chercher, la décision des juges, à cet égard, étant déjà rendue.

Kelly relève les improbabilités de beaucoup de lettres qu'on lui fait écrire à des agents du Prétendant, qu'il voyait tous les mois, suivant le rapport, et lorsque ce même rapport ne fait de lui qu'un intermédiaire de correspondance.

Le rapport du comité secret paraît n'avoir jamais d'autre but que celui de prouver la profondeur de la sagacité des employés de la poste, à déchiffrer les termes et les noms de convention; et il tombe dans mille absurdités et contradictions.

Il proteste, sur ce qu'il y a de plus sacré, qu'il n'a jamais été chargé de recevoir et de transmettre à l'évêque de Rochester, ou de lui, des lettres au Prétendant et à ses agents; et qu'il n'a pas écrit sous sa dictée les trois fameuses lettres dont on fait un crime à ce prélat. Il en désavoue l'écriture, et affirme que ce n'est pas la sienne. Il les dit fabriquées, à dessein de perdre l'évêque de Rochester.

Le rapport du comité dit que ces lettres ont été reconnues pour être de son écriture, parceque les employés de la poste ont reconnu l'identité de la main ou la similitude des caractères, avec ceux qu'ils avaient vus sur des lettres de lui, passées sous leurs yeux, dans les bureaux de la poste. Or il se trouve, toujours dans le volumineux rapport, que les dernières lettres qu'on lui a interceptées, et dont il a mis l'adresse de sa main, sont du 20, août 1721. Il se récrie sur la bonté de la mémoire visuelle de MM. les commis, sur la confiance que leur accordent les ministres, et sur l'improbabilité de l'existence d'un pareil phénomène, que sans doute la Chambre des Lords, dans sa sagesse, appréciera comme le fait le public.

Comment! objecte enfin Kelly, le ministère a saisi tous mes papiers, a intercepté toutes mes lettres, et il n'a pas trouvé ou gardé un chiffon de mon écriture, qu'il puisse ou ose livrer à la comparaison de vos seigneuries !

Il proteste de son innocence, réclame la justice de la Chambre des pairs, et la recevra avec respect; mais, si les lords le trouvaient coupable, il demande d'être traité comme un étranger, et banni de l'Angleterre.

Après avoir entendu ce plaidoyer, ainsi que deux lectures du Bill, la Chambre des pairs l'adopta. Kelly fut condamné aux mêmes peines que Plunkett.

VIII. L'évêque de Rochester, suivant le rapport du comité secret, était le chef caché de la conspiration; lui seul en était l'âme; lui seul avait mérité, et possédait entière, la confiance du Prétendant. Pourquoi pas le duc de Norfolk, pair catholique et leur chef depuis Élisabeth? Pourquoi pas lord North, qui était en prison? le comte d'Orreri? Lord Strafford que compromettait le rapport..... La nécessité, pour le cabinet, de faire une victime..... la haine et la vengeance marquaient l'évêque de Rochester.

Le 22 mars, le bill de *Pains and Penalties* contre François (Atterbury), lord évêque de Rochester, avait subi, aux Communes, toutes ses lectures et les formalités de sa rédaction; il fut envoyé, le 9 avril, à la Chambre des lords.

L'évêque de Rochester était donc accusé; il avait été jugé, lui lord spirituel du Parlement et en ayant les priviléges, et condamné, par la Chambre des communes, pour avoir entretenu des correspondances de trahison avec le Prétendant et ses agents. Il ne faut pas oublier que l'*Attainder* porté contre Jacques III frappait également ceux qui seraient en correspondance avec lui. L'évêque était également accusé d'avoir été le chef et le directeur de toutes les machinations de trahison qui, depuis 1721, menaçaient la Grande-Bretagne.

Il avait dicté à Kelly, disait le rapport, une lettre signée R*, adressée à M. Jackson. M. Jackson, suivant les OEdipes de la poste, était le Prétendant Jacques III, et l'R* majuscule indiquait l'évêque de Rochester.

Cette lettre, que nous abrégeons, en admettant comme véritable la signification attachée par le ministère et le comité aux termes conventionnels de cet argot diplomatique (*Cant-Words*), « excusait les retards qui avaient eu lieu dans les mouvements de l'intérieur. — L'occasion a été manquée, mais elle peut se représenter. — L'écrivain ne veut pas s'engager plus avant avec des personnes qui livrent l'affaire aux plus grands dangers, par leur précipitation. Il reviendra à eux quand il en sera temps, et avec d'autant plus d'opportunité et de succès, que, n'ayant pas approuvé leurs mesures imprudentes, il aura plus d'influence sur eux et leurs déterminations, quand il adoptera leurs projets. Il demande à M. Jackson d'annoncer qu'il a abandonné toute affaire. Il consent cependant à des entretiens avec eux, d'après ses popres termes, convenus avec eux et habituels, mais non à concourir à leurs opérations. Peu à peu, par le cours naturel des évènements, l'écrivain se montrera moins réservé et sera plus utile aux intérêts de celui auquel il écrit. — Il ajoute : « J'ai dicté ceci avec « grand'peine, en raison de ma santé, et parceque » je ne dois pas hésiter de vous annoncer ma réso» lution de ne pas aller plus avant ; j'y ajouterai » seulement mes loyales assurances d'un entier et » inaltérable respect pour vous. R*. 22 avril. »

Le 20 avril, de semblables avis avaient été adressés par le même, au lieutenant général Dillon, sous le nom de T. Jones à M. Chivers, et au comte de Marr, sous celui de T. Illington à M. Musgrave.

Ces lettres, disait le rapport, prouvaient que l'évêque de Rochester avait été à la tête de toutes les affaires de la conspiration, ne voulait plus y être, et se réservait pour des temps plus heureux qui ne pouvaient pas être bien éloignés. D'autres pièces, deux lettres à lui adressées, enjoignaient de se mettre en mesure pour le moment de la levée du camp dans le comté d'Essex.

Le rapport avait donc fourni quatre charges d'accusation contre l'évêque. La première, fondée sur des ouï-dire; la seconde, sur les trois lettres dictées par lui ; la troisième, sur les deux lettres qu'on disait avoir été écrites à l'évêque; et la quatrième argüait de la coïncidence des circonstances, du temps et des noms dont on avait fait usage dans les correspondances interceptées, pour établir la conviction que les ouï-dire étaient fondés et que les faits auxquels les trois lettres dictées et les deux adressées à l'évêque se rapportaient étaient exacts et vrais.

M. Constantin Phipps et M. Wynne étaient les avocats de l'évêque de Rochester. Ils se partagèrent sa défense sur la question de droit et sur celle de fait.

M. Constantin Phipps, d'abord, est bien loin d'attaquer, encore moins de dénier le pouvoir du Parlement. Les bills de *Pains and Penalties* sont de véritables bills d'*Attainder*, la peine seule les différencie; par l'un, la mort; par l'autre, la prison, l'exil, les amendes. Mais ce sont les mêmes motifs qui doivent diriger le Parlement; la nécessité qui ne montre que ce seul remède au silence de la loi, et la convenance, pour le salut de la chose publique. Dans le dernier procès d'*Attainder*, celui du colonel Fenwick, la loi se taisait sur le cas de la disparition d'un des deux témoins déjà entendus dans la cause, mais que les amis du prévenu avaient éloigné du royaume. Le Parlement suppléa au vice de la loi, qui n'avait rien prononcé, et punit la ruse du coupable et des siens; et il y avait convenance à donner un exemple. Dans le procès d'Atterbury, rien de semblable; l'évêque ne peut pas être coupable de haute trahison; il n'y a point de corps de délit (*Overt act*); aucun témoin ne l'accuse. S'il était coupable, le ministère l'aurait joint à Layer, et il aurait été condamné comme lui. Il n'y a aucune nécessité de faire un exemple; l'État est en paix; le gouvernement doit être sans inquiétude; ce n'est pas une échauffourée comme celle de Layer qui doit l'alarmer. L'évêque, au plus, serait coupable d'un *Misdemeanor*, d'un *Contempt of treason*, de n'avoir pas révélé des desseins de conspiration, qu'il ne savait que vaguement.

M. Winne rapporte les fameux ouï-dire, et il en démontre aisément le peu de consistance, les contradictions, la futilité de les opposer à l'évêque de Rochester.

Les trois lettres, qu'on prétend dictées par lui à Kelly, ne sont pas de l'écriture de ce dernier.

Les deux lettres interceptées qu'on dit lui avoir été adressées, étaient-elles bien pour lui? Tout repose sur la signification qu'on a donnée aux noms de convention; elles prouveraient en fait que, hors de l'Angleterre, on était persuadé qu'il y aurait des troubles à Londres, dès que le camp serait levé et les troupes rentrées dans leurs quartiers.

Tout repose donc, en général, sur les prétendus déchiffrements des mots de convention; et ils sont entièrement hypothétiques. Il y a mieux, on peut substituer d'autres noms à ceux que donnent MM. les déchiffreurs, et qui cadreront aussi bien à des projets de conspiration différents et à tous autres qu'à ceux que l'on prête à l'évêque de Rochester.

M. Winne s'attache, aussi bien que l'avait fait M. C. Phipps, à faire remarquer cette profonde et pernicieuse illégalité des mesures de l'administration, qui constituent arbitres suprêmes de l'honneur et de la vie des citoyens anglais, quelques hommes obscurs, travaillant dans l'ombre, sur des données purement idéales et secrètes, sans talents connus, sans indépendance, sans avoir prêté de serment, et sans existence sociale.

L'évêque de Rochester prit la parole, et se défendit avec moins d'éloquence qu'on n'en attendait de lui. La crainte plaçait peut-être ses talents au-dessous des dangers et des grands intérêts de sa position. Il releva cependant très bien les improbabilités dont était plein le rapport du comité. Il prouvait, par le témoignage de toute sa maison, hors un cocher, qui était gagné, à ce qu'il paraît, par l'accusation, qu'il n'avait reçu personne chez lui que des médecins, des amis et des parents, un deuil, ou des gens nécessaires, de la fin de mars au 5 du mois de mai. Dans cet intervalle, il avait perdu sa femme et il était perclus de la goutte. S'il eût voulu se retirer des affaires du Prétendant, il pouvait le faire d'une manière bien moins alambiquée, en lui faisant dire : J'ai perdu une épouse chérie; et, confiné chez moi par la douleur et les maux physiques, je vous demande de respecter la tranquillité d'un vieillard qui ne peut plus faire que des vœux pour votre bonheur; accordez-lui, à l'avance et de bien peu, l'oubli et la paix des tombeaux.

L'évêque parla de ses priviléges, comme évêque, d'être jugé par ses comprovinciaux.

La Chambre des pairs avait entendu beaucoup de témoins, depuis le 23 avril jusqu'au 11 mai, jour de l'audition des conseils de l'évêque et de l'évêque lui-même. Ce même jour, et le 12, les témoins en faveur de l'évêque avaient été interrogés, et les deux avocats avaient fait une récapitulation de l'affaire.

Le 13 mai, les conseils et défenseurs du bill avaient eu la parole finale. Le 14, commencèrent les délibérations dans la Chambre des lords. L'évêque de Salisbury fit un très long discours, dans lequel il s'attacha à démontrer que les évêques n'étaient justiciables de leurs corps que pour des crimes spirituels, des délits ecclésiastiques; que, dans les crimes politiques, ils étaient soumis aux tribunaux politiques ordinaires. Le crime dont était coupable l'évêque de Rochester était un délit politique, des machinations de trahison ; et il ne défendait pas son frère et son comprovincial ; il l'attaqua au contraire, avec amertume et avec sévérité, et il lecondamna.

Le duc de Wharton défendit l'évêque, attaqua le ministère, les mesures d'arbitraire et de tyrannie qu'il venait de déployer, la nécessité où il s'était mis de trouver un coupable, et l'incroyable situation dans laquelle il plaçait la Chambre des Lords, de compromettre l'autorité de la couronne en rejetant le bill, ou d'abandonner les priviléges de ses membres, en laissant, par l'approbation du bill de *Pains and Penalties*, la Chambre des communes se constituer juge d'un des lords; privilége qu'on ne pouvait pas même lui abandonner pour le bien de la paix, ou en vue d'autres avantages. Elle ne céderait pas volontiers de ses droits; on l'avait vu dans le procès de l'évêque de Worcester, en 1702 (p. 363, 2e vol.). Il faisait remarquer ensuite que, dans le procès actuel, l'évêque de Rochester avait été jugé par une partie de ses juges, la Chambre des communes, sans avoir été entendu, puisque, comme pair, il avait dû ne pas y aller défendre. Il releva enfin avec beaucoup de force toutes les irrégularités de cette procédure.

Le 15 mai, la Chambre des pairs procéda à la dernière lecture du bill. La Chambre était composée du prince de Galles, de quinze ducs, cinquante comtes, neuf vicomtes, quinze évêques, trente-cinq barons, et lord comte de Maclesfield, Chancelier-Président, cent vingt-six juges. Elle adopta, à une majorité de soixante-quinze voix contre cinquante-une, le bill de *Pains and Penalties*, bannit de l'Angleterre François, lord évêque de Rochester, et le priva de son titre et de son évêché. Rentrer en Angleterre était, pour lui, une félonie du premier degré, et sans bénéfice du statut ou de la pairie en sa faveur.

Il y eut deux protestations, l'une de trente-neuf lords, parmi lesquels était l'évêque de Chester.

« *Dissentient:* parceque 1° la Chambre des communes, par cette forme de bill, se trouve juge d'un pair du Parlement.

2° C'est d'autant plus rigide et illibéral de la part de la Chambre des communes, qu'elle ne nous abandonnerait pas le moins important de ses priviléges.

3° L'évêque de Rochester n'ayant pas dû se défendre devant la Chambre des communes, et le bill ayant commencé par elle, il a été jugé sans avoir été entendu; ce qui est une violation des droits et des libertés du citoyen anglais et de la grande Charte.

4° Un bill semblable ne doit être porté que dans des circonstances extraordinaires, et même très rarement dans ces circonstances : que ce n'était point le cas de l'évêque de Rochester ; la conspiration ayant d'abord été différée, entravée, puis découverte, empêchée et punie.

5° Dans un bill semblable, toutes les lois faites pour la sécurité de la vie, de la liberté, de l'honneur, de la propriété du citoyen anglais sont violées, mises de côté, et foulées aux pieds ; ce que nous n'admettons que dans les cas d'urgente nécessité, et lorsqu'il n'y a pas d'autre moyen de convaincre un coupable, déjà manifestement convaincu par des preuves extra-judiciaires, capables d'opérer une forte persuasion dans un homme de bonne foi.

6° Si on admet que des correspondances en chiffres, ou bien que celles où les noms sont déguisés, peuvent devenir la matière d'une évidence judiciaire, par et après leur déchiffrement, on met dans la main, et à la disposition des déchiffreurs, la vie, l'honneur et la liberté des sujets.

7° Nous ne trouvons pas que l'évêque de Rochester soit convaincu des charges de l'accusation contre lui, contenues dans le rapport du comité secret. Les preuves se réduisent à de pures conjectures, ou à des combinaisons plus ou moins ingénieuses, plus ou moins justes, et spécialement sur ce que l'évêque a dicté à G. Kelly les lettres des 20 et 22 avril ; et il n'est pas prouvé qu'il fût capable de les écrire dans le sens qu'on leur a donné.

Nous pensons donc que l'évidence et la probabilité de l'innocence de l'évêque de Rochester sont plus fortes que celles de sa culpabilité. »

Suivent trente-neuf noms de pairs.

« J'adhère aux cinquième et sixième motifs de la protestation ci-dessus, parceque :

1° Cette méthode de juger ceux qui demandent un jugement régulier, et ne refusent pas de se soumettre à l'examen et à toutes les sévérités de la justice et d'un procès légal, est injuste, vexatoire et tortionnaire.

2° Il a été suffisamment prouvé, à mes yeux, que les dépositions de Neynoé étaient fausses et malicieuses, et faites dans le but de se tirer des mains de la justice, et pour perdre l'évêque de Rochester.

3° Il ne m'est pas prouvé que l'écriture des lettres qu'on prétend avoir été dictées par l'évêque de Rochester à George Kelly, les 20 et 22 avril, soient de la main de Kelly. Le témoignage des officiers de la poste, reconnaissant une écriture à plusieurs mois de distance, est ridicule et faux ; et on peut se convaincre de la non similitude de l'écriture de ces lettres, en les comparant avec l'écriture de Kelly, dans ses lettres à M. de la Faye et à lord Townshend.

4° Il ne m'est pas prouvé que ces lettres aient pu être dictées, les 20 et 22 avril ou environ, par l'évêque de Rochester. »

Signé le duc DE WHARTON.

Le malheureux évêque de Rochester fut embarqué le 18 juin, au pied de la Tour, sur l'*Aldbo-*

roug, bâtiment de l'État, et débarqué le 21 à Calais (1).

IX. Les réflexions que peut faire naître le procès d'Atterbury doivent être profondes, et elles sont utiles à la science constitutionnelle anglaise. Les débats, les motifs des protestations des quarante Pairs qui se refusaient à le condamner en ont développé l'objet.

On se demandera, après un siècle, si l'évêque de Rochester était coupable; si son caractère inquiet, sa haine des Whigs, qu'il ressentait doublement et comme Tory, et comme membre de la haute église, imbu des principes de l'obéissance passive et ennemi de la tolérance; si l'indignation que lui faisaient éprouver l'administration de Robert Walpole, sa tyrannie, sa prépotence, son avidité; si le mépris enfin que lui inspiraient la personne et la famille de George Ier, en avaient fait le chef des Jacobites, et donné plus de force aux engagements qu'il avait pris avec Jacques III et avec les amis des Stuarts? Nul doute ne reste à cet égard (2). Mais était-il coupable aux yeux de la

(1) Le procès d'Atterbury méritait, par son importance, et dans ses rapports avec la question religieuse, les pages un peu nombreuses que nous lui avons consacrées. La procédure seule en occupe 140 dans le *State's Trials*, vol. VI, sans compter les 101 du procès de Layer; et il remplit beaucoup de colonnes dans le *Journal*, si peu détaillé, *de la Chambre des lords*, vol. 22, *ad annum* 1723.

(2) Nous renvoyons au dernier volume de l'*Histoire constitutionnelle de l'Angleterre*, par Hallam, pour ce point de critique. Nous prisons moins que lui le témoignage de l'élogiste sir William Coxe, que nous avons trouvé peu exact dans ses premières

loi? et a-t-il été condamné justement et légalement? Non. Les protestations des Pairs de l'article précédent disent tout ce que nous pourrions dire nous-mêmes.

Le procès d'Atterbury n'aura jamais d'autres causes que l'observation puisse saisir ou demander à la critique historique s'exerçant sur des faits anciens et complètement connus, que les rivalités, les haines, les vengeances des partis et d'obscures animosités théologiques. Aussi termine-t-il la série des cinq procès politiques, entrepris, depuis la révolution, par le despotisme des factions, despotisme aussi violent, aussi âcre, et presque aussi capricieux que celui de Henri VIII.

On dira peut-être que Walpole, après avoir employé avec luxe tout l'arbitraire de la tyrannie dictatoriale que lui avaient donnée, permise ou pardonnée une Chambre des communes vendue, et la majorité des Pairs whigs ou attachés à la cour, avait à en sortir, et qu'il lui fallait trouver des coupables pour légitimer toutes les atteintes portées aux droits et aux libertés anglaises. Il s'en inquiétait peu; et rien ne prouve mieux l'insolente impudeur de ce ministre que ces quatre-vingt-seize ou cent séries de lettres interceptées, de pièces illégalement obtenues ou saisies, imprimées à la suite du rapport du comité secret des Communes, et montrant à la nation quel respect on avait pour les lois.

Après la condamnation de Layer, la jurispru-

productions; peut-être l'est-il davantage dans ses dernières; mais il écrivait sur les mémoires fournis par la famille.

dence politique anglaise indiquait un moyen simple de prouver l'existence de conspirations en faveur du Prétendant : une information *ex officio* du procureur général de la couronne, et sa présentation à la Cour du Banc du roi, accusant Plunkett, Kelly et Atterbury de *Misdemeanor*, de *Contempt of Treason* (de non-révélation de trahison), de machinations et de manœuvres de sédition, et de violation de la paix publique, et demandant leur punition.

La Cour aurait été obligée d'instruire. Il y avait, dans cette masse énorme de pièces, des preuves bien suffisantes pour condamner au bannissement ou à la prison, et à des amendes et des cautions d'observer la paix publique, très fortes et qui ne pourraient pas être fournies avec facilité, ce qui entraînait encore la prison.

La prépotence des Whigs, et surtout du ministère, voulut une loi *ex post facto*, un bill d'*Attainder*, sans condamnation à mort. Le bill de *Pains and Penalties* n'était pas autre chose. Plus ce bill subirait de difficultés, plus l'orgueil de la faction était gratifié; plus la domination des Whigs leur paraissait assurée. Elle le fut encore long-temps; elle reposait sur des Chambres des communes entièrement vendues à Walpole (c'est un fait qui n'a jamais été controversé). Vingt années ont été employées à combattre cette corruption; jusqu'en 1734, il y avait, chaque année, des motions dans les Communes pour exclure de la nomination à la Chambre les pensionnaires et les agents du gouvernement; elles n'étaient repoussées que par de faibles majorités. Une de ces propositions passa en 1735; Walpole la fit rejeter par la Chambre des pairs; les Communes persévérèrent. En 1742, les Pairs adoptèrent enfin le bill, et on eut le statut 15, George II, ch. 22.

L'article 1er exclut de l'éligibilité « les commissaires du revenu en Irlande, ceux des vivres de l'armée et de la marine, ou leurs lieutenants et commis, et ceux des bureaux du Grand-Trésorier ou lords-commissaires de la trésorerie, de l'auditeur, du garde et du Chancelier de l'Échiquier, des commissaires de la marine, des payeurs de l'armée et de la marine et leurs employés; ceux des départements des secrétaires d'État; les commissaires des sels, du timbre, des appels, de l'excise, des voitures de place, des colporteurs, et toutes personnes tenant des emplois civils ou militaires, excepté les officiers des troupes, dans l'île de Minorque et à Gilbraltar. »

L'article 4 de cet acte lève cette incapacité pour « le trésorier et le contrôleur de la marine, les secrétaires de la trésorerie, celui du Chancelier de l'Échiquier, ceux de l'amirauté, les sous-secrétaires d'État et le payeur général de l'armée et son député. »

En même temps on réduisait toujours les fonds des dépenses secrètes.

Dès cet instant, sir Robert Walpole tomba; il se retira peu après du ministère.

Sir Robert Walpole, et on le lui a reproché amèrement, avait en même temps le but d'éloigner le roi George Ier de ses adversaires, les Torys; il le lia ainsi plus étroitement avec les Whigs. Il entretint les préjugés de ce prince et de George II contre les rivaux de lui, du ministère et des Whigs, et ne cessa de montrer les Torys comme des Jacobites. Le Roi ne fut qu'un chef de faction, au lieu d'être le souverain d'un grand peuple, le conciliateur de tous les intérêts, l'ange de la paix universelle. Ce noble rôle était réservé au vertueux George III, réellement Anglais et l'objet de la vénération de l'Angleterre et de ses plus touchants regrets.

NOTE, EN APPENDICE,

DE LA PAGE 116 DU PROCÈS D'ATTERBURY.

Nous croyons devoir commencer cette note par quelques aperçus de statistique sur le clergé de l'église épiscopale d'Angleterre et d'Irlande.

L'Angleterre et la principauté de Galles, d'après le recensement de 1821, sont habitées par 12,218,000 individus. On compte dans ce nombre environ 3,500,000 individus qui sont de la communion de l'église anglicane, 800,000 catholiques, et environ 8,000,000 de protestants non-conformistes.

Le clergé de cette église est composé:

De vingt-sept Archevêques ou Évêques:

L'Archevêque de Cantorbéry, Primat.
Les Évêques de Bath et Wels.
— Bristol.
— Chichester.
— Ely.
— Exeter.
— Gloucester.
— Hereford.
— Lichtfield et Coventry.
Les Évêques de Lincoln.
— Londres.
— Norwich.
— Oxford.
— Peterborough.
— Rochester.
— Salisbury.
— Winchester.
— Worcester.

Dans le pays de Galles,
Les évêques de Bangor.
— Landaff.
— Saint-Azaph.
— Saint-David.
Formant la province de Cantorbéry.

L'Archevêque de York.
Les Évêques de Durham.
— Carlisle,
— Chester.
— L'île de Man.
Formant la province d'York.
L'Évêque de Man n'est point du Parlement.

De leurs cathédrales desservies par autant de doyens, cinquante-neuf archidiacres et deux cents chanoines ou prébendés, et par des clergés assez nombreux;

De six collégiales, Brecon, Manchester, Ripon, South-Wells, Westminster et Windsor, avec cinquante-neuf chanoines et des bénéficiers du bas-chœur;

Et de onze mille cinq cent quatre-vingt-treize rectoreries ou vicariats perpétuels.

Le revenu du clergé de l'Angleterre et de la principauté de Galles a été souvent exagéré, quelquefois ridiculement réduit. En le portant à une somme annuelle de 12,000,000 liv. ster., provenant de rentes foncières, produit des baux des terres, prix de vente des bois et loyers des maisons, et de la moitié des dîmes du royaume, nous croyons être au-dessous de l'estimation de sa valeur.

L'Irlande, d'après les données fournies par M. César Moreau, est habitée par environ 7,000,000 d'individus. On compte dans ce nombre, 400,000 individus qui professent la religion de l'église anglicane, 5,500,000 catholiques, et environ 1,200,000 protestants non-conformistes.

Le clergé de l'église anglicane, établie par les lois en Irlande, se compose de quatre Archevêques et de dix-huit Évêques, dont plusieurs ont deux diocèses.

L'Archevêque d'Armagh, Primat de l'Irlande.
Les Évêques de Clogher.
— de Meath.
— de Down et Connor.
— de Derry.
— de Rapphoe.

Les Évêques de Kilmore.
— de Dromore.
L'Archevêque de Dublin.
Les Évêques de Kildare.
— d'Ossory.
— de Ferns et Leighlin.
L'Archevêque de Cashel.

Les Évêques de Limerick, Aldfort et Aghadoc.	L'Archevêque de Tuam et Ardagh.
— de Waterford et Lismore.	Les Évêques d'Elphin.
— de Corck et Ross.	— de Confert.
— de Cloyne.	— de Killala et Achonry.
— de Killaloe.	

De leurs cathédrales, contenant cent soixante dix-huit dignitaires ou chanoines, et de deux mille trois cent quarante-quatre rectoreries ou vicariats perpétuels.

Le revenu du clergé de l'Irlande est porté, d'après un état demandé par le Parlement à tous les bénéficiers de cette église, à 1,232,000 liv. ster. On croit généralement que cet état est incomplet, a été inexact, dans ceux des recensements qui ont été fournis, et doit être porté au double, 2,464,000 liv. sterl.

La nature de ce revenu est la même qu'en Angleterre, avec cette différence que très peu de dîmes ont été enlevées au clergé d'Irlande, et que beaucoup de rectoreries de ce royaume n'ont pas de paroissiens, d'église et souvent de presbytère. En général on reproche au clergé de l'église anglicane d'Irlande et d'Angleterre de ne pas s'occuper assez de l'instruction religieuse des enfants des deux sexes.

On a souvent dit : Pourquoi ces grands biens ne seraient-ils pas employés à amortir la dette anglaise ?

N'est-ce pas aux alarmes qu'ont éprouvées à ce sujet les membres de la Haute-Église anglicane qu'est due leur opposition à l'émancipation des catholiques, en Irlande comme en Angleterre?

Il faut ne pas connaître le respect inviolable qu'on a pour la propriété en Angleterre, pour douter un instant de la solution de cette difficulté.

Nous allons y ajouter quelques moyens aisés à déduire des données statistiques et des réflexions qui les suivront.

L'Angleterre contient, d'après les derniers recensements dressés sur les ordres du parlement, 10,693 villes, bourgs et villages, et il n'y a que 9,119 de ces localités qui aient des églises paroissiales de la communion anglicane. Il y a donc 1,574 localités dans lesquelles on professe un autre culte. Mais dans les 9,119 localités desservies par le clergé anglican, il en est qui renferment plusieurs paroisses. On compte donc 11,593 recteurs ou vicaires anglicans : de ces bénéfices curiaux le clergé en nomme :

Par les Archevêques et Évêques diocésains.	1,200		
Par les doyens, archidiacres et chapitres.	1,005		
Par les six collégiales	103		
Par les universités, établissements ecclésiastiques, d'Oxfort et ses 16 colléges 248 / de Cambridge et ses 17 colléges. 281	529		2,837
Et le roi, prince de Galles et duc de Lancastre			1,015
Des laïcs, à titre de fondations laïques ou d'advoueries.			7,741
			11,593

Lorsque Henri VIII et ses enfants ont fait largesse des revenus des couvents, ils donnaient, avec les biens fonds des moines, les droits qui y étaient attachés et les rentes qui en dépendaient. Les dîmes des couvents et le droit de collation des vicariats des lieux dans lesquels ils étaient gros décimateurs, devenaient la propriété de l'heureux concessionnaire. Souvent les dons n'étaient faits qu'à la charge de créer un majorat auquel ces princes avaient quelquefois attaché une pairie ; alors les dîmes et la collation des vicariats sont devenus inhérents au manoir et chef-lieu de la baronie. On appelle ce droit de collation *Advouerie en fief* ou *appendante*, et ces dîmes, *dîmes appropriées*. Lorsque les concessions étaient peu fortes, aucune charge n'y était attachée, et on a vendu les dîmes ou consenti à leur rachat. L'advouerie a été et est restée à la personne du concessionnaire et à ses ayans cause : et on l'a appelé *advouerie en gros*. Elle a été, et elle est vendue, permutée, cédée par contrat de mariage, et peut servir à établir des fils cadets ou à doter des filles. Il est en Angleterre plus d'une famille qui n'a que cette propriété ; avec six ou sept advoueries elle place tous ses enfants. La loi n'a eu d'autre action sur les concessionnaires des dîmes que de les obliger de constituer un revenu au vicariat en biens fonds ou en rentes foncières, et de lui abandonner les petites dîmes et celles des novales, ce qui, depuis les défrichements du commencement de ce siècle, a enrichi beaucoup cette partie du clergé. Du reste, le droit canonique règle toute l'espèce, collation, présentation à l'ordinaire, délais pour la faire, dévolution à l'évêque diocésain, au métropolitain et au roi, en raison de sa suprématie ; permutation, résignation, desserte de l'église vacante par des desservants, *Curate*, etc. ; le clergé anglican est régi, à cet égard, comme tous les clergés de la catholicité.

La moitié des dîmes de l'Angleterre est devenu dîme laïque: elle est inattaquable.

Attaquerait-on les dîmes des recteurs et des chapitres et leurs biens-fonds; mais plusieurs sont de fondation laïque, elles retourneraient à la famille du fondateur. Plusieurs de ces bénéficiers sont à nomination laïque, ce serait porter atteinte à une propriété.

Les prélatures sont conférées par le roi et sur les avis du cabinet; les détruire serait affaiblir la prérogative royale et diminuer l'influence du ministère. Tous, dans les chambres, ont l'ambition d'y parvenir; ils ne lui ôteront donc point ses moyens d'action.

Les deux Archevêchés et les meilleurs évêchés de l'Angleterre sont donnés aux fils cadets ou frères des Pairs; il suffit, pour en avoir la certitude, d'ouvrir un almanach anglais.

Il en est de même en Irlande, où les évêchés ont de gros revenus et nomment aux deux tiers des cures. Ils sont possédés par les cadets des grandes maisons. Trop d'intérêts se réunissent donc aux principes et aux lois sacrés de la propriété pour permettre de croire que la crainte de l'application des revenus et des biens du clergé à l'amortissement de la dette ait pu être la cause des oppositions qu'a si long-temps rencontrées l'émancipation des catholiques.

Cherchons les causes d'une si longue résistance dans de plus nobles motifs politiques, bien que ceux-ci paraissent simples et naturels.

1° Une semblable mesure ne pouvait pas être entreprise tant qu'il existerait des Stuarts prétendant des droits à la couronne d'Angleterre; et sa majesté éminentissime, le cardinal d'York, n'a cessé de vivre qu'avec le dix-huitième siècle. Sans doute, prince pieux et un peu simple, il ne réclamait plus les droits de ses aïeux; depuis la révolution de France, qui lui a enlevé les abbayes riches dont il était pourvu, il recevait une pension de George III.

2° En politique comme dans la vie ordinaire, on passe difficilement de la haine à l'indifférence, même à la simple équité. Les catholiques avaient été trop long-temps l'objet des plus amers ressentiments de la majorité de la nation anglaise, pour qu'on oubliât si tôt les persécutions mêmes, dont on les avait rendus l'objet. Ils avaient été peints de trop noires couleurs, pour qu'on les vît promptement sous des teintes moins rembrunies.

3° Nous venons d'exposer les difficultés qu'ont éprouvées les non-conformistes avant de parvenir à jouir, non de la liberté de conscience, mais d'une simple tolérance, et qui, depuis cinquante ans, est encore provisoire.

Ce n'est pas qu'on ne reconnût qu'il y avait une grande injustice à ne pas assimiler en tout les non-conformistes aux sujets anglais. La philosophie, la sensibilité, la magnanimité, en gémissaient; mais le caractère des Torys, que nous avons développé à l'occasion du procès de Harley, comte d'Oxford (p. 57 de ce volume), les faisait se prêter difficilement à tout changement politique quelconque, surtout lorsque les modifications de la loi statutaire étaient proposées, comme nécessairement elles le devaient être, par leurs antagonistes, les Whigs. Or la mesure de l'émancipation des catholiques l'était également par les Whigs.

Les Torys n'avaient pas à se repentir, et l'annonçaient peut-être avec faste et ostentation, de s'être toujours refusés à une réforme parlementaire; elle aurait mené au radicalisme des Horne Tooke, en 1794, des Hunt et des Cobbet, et des conspirateurs de *Cato's street*, depuis la dernière paix.

Ils ont redouté long-temps et beaucoup l'imprudence des catholiques; ils n'oubliaient pas, tout Torys qu'ils étaient, la conspiration catholique et son atroce réaction dans l'invention de la conspiration de *Rye house*, par Charles II et le duc d'York.

On a accusé la cour de Rome, peut-être avec quelque fondement, de n'avoir pas montré, en 1800 et aussitôt après la paix, assez de dispositions à des arrangements, à des voies de conciliation; et on lui a reproché d'avoir trop indiscrètement rétabli les jésuites, pour qu'on ne redoutât pas encore et les anciennes prétentions de celle-ci, et le goût de l'intrigue et la soif de domination de ceux-là. Un des Pairs les plus influents par ses talents et son profond savoir, avait cru devoir à son amour du bien public et à la rectification de ses opinions contre l'émancipation, d'aller explorer la cour de Rome par lui-même et dans un séjour prolongé dans les États romains, et il n'en revenait pas satisfait. Toutes ces difficultés se seront sans doute aplanies, et on le devra à l'esprit vraiment évangélique de sagesse, de tempérance, de modération du Consistoire actuel des cardinaux. Des moyens assurés, quoique encore peu connus, ont été pris sans doute pour n'avoir rien à craindre de cette grande société secrète se disant l'ordre ou la religion des jésuites, à laquelle un grand nombre d'Anglais refuse le titre un peu fastueux qu'elle s'est donné, malgré beaucoup d'oppositions, de compagnie de Jésus. Ils ne veulent voir en elle que la compagnie des anges perdus de Milton.

4° Il fallait obtenir, pour cette grande mesure, le concours du roi régnant; et jamais le vénérable George III n'a voulu l'accorder. Jamais il n'a oublié à quel titre, à quelles conditions l'*Acte d'établissement* avait porté la couronne dans sa maison. Il se trouvait lié par le serment qu'il avait prêté à son couronnement. Tant qu'il a vécu, le prince régent n'a pas pu porter la sanction du pouvoir royal, dont il n'avait l'exercice qu'en dépôt, à cette émancipation. Si le roi avait repris ses facultés mentales, la connaissance de ce qui aurait été fait pendant sa maladie aurait pu les lui faire perdre. Ce n'est donc que depuis 1820 qu'on a pu s'occuper de l'émancipation complète des catholiques.

5° Il est, parmi les hommes attachés à la patrie et à la constitution anglaises, des observateurs profonds du système de celle-ci qui croient, comme les ministres d'Élisabeth, que les rivalités des parties entrent utilement dans les combinaisons du système représentatif, non comme ceux-ci, pour les faire tourner à l'avantage de la prérogative royale qu'ils respectent et qu'ils défendent dans ses limites, mais parceque ce système vit d'oppositions actives en mutuelle observation des atteintes qui pourraient être portées au pacte constitutionnel. Or, quelle meilleure nature d'opposition que celle qui naît des questions religieuses? Elle ne peut être la plus sage : n'importe.

6° Nous arrivons enfin aux temps où, las des oppositions, des vaines promesses, des longues oppressions, les Irlandais et l'union catholique ont usé de ce droit de *Résistance à l'oppression*, si vivement débattu, si orgueilleusement et peut-être si indiscrètement triomphateur dans le procès de Sacheverel. Les Irlandais unis, en 1783-84, l'avaient exercé contre le Parlement d'Angleterre. Ils obtinrent alors le redressement de leurs griefs. Ils s'endormirent dans la victoire. On traita, quinze ans après, de l'union des deux Parlements. Quoiqu'elle fût plus favorable que celle de l'Écosse de 1707, oubliant que les résultats de celle-ci n'avaient été obtenus qu'en 1764, par la suppression des *juridictions héréditaires*, ils consentirent au pacte. Il portait que l'émancipation des catholiques d'Irlande serait complète; les promesses ne furent pas tenues. M. Pitt quitta le ministère. On ne fut point dupe de cette mesure. L'Irlande fut persécutée, appauvrie, asservie. Les catholiques irlandais, la masse de la population, se sont plaints; et leurs maux dépassent toute idée. Qu'on ouvre les procès-verbaux de l'enquête de la Chambre des pairs sur l'état de l'Irlande, en 1824 et 25. Les Irlandais, en 1826 et 1827, se sont unis pour réclamer l'exercice de tous leurs droits. Ils l'ont enfin obtenu, sous condition qu'ils désarmeraient; et l'union catholique a été supprimée par un statut du Parlement impérial, ainsi que la faculté de se présenter aux assemblées d'élection, quand on n'a que la propriété d'un *Free-hold*, de 2 liv. st. de revenu; il faut qu'il soit de 10 l. st.

L'heureux duc de Wellington s'est trouvé au milieu de tout cela, et a les honneurs d'un arrangement que M. Peel avait moyenné et M. Canning préparé. Ce qui a été fait dans l'intérêt des catholiques de l'Irlande a servi celui des catholiques de la Grande-Bretagne.

L'Irlande, sans doute, est calmée; mais gagnera-t-elle beaucoup à l'émancipation, au-delà des vexations auxquelles les incapacités légales des catholiques les soumettaient, et qui se représenteront moins souvent? Entrera-t-elle en pleine jouissance des mêmes avantages de tout ordre, assurés à l'Angleterre? On l'a ruinée pour des siècles. Pauvre et sans capitaux, elle paie les mêmes impositions que la riche Angleterre. Ce système durera-t-il encore long-temps?

Par la mesure de l'émancipation, tout obtenue qu'elle l'est par la force, l'empire britannique s'est débarrassé d'un obstacle; a-t-il acquis une plus grande force intrinsèque? nous ne le pensons pas.

PROCÈS

Sur accusation (*Impeachment*) de la Chambre des Communes,

POUR CRIMES ET MALVERSATIONS,

(*High Crimes and Misdemeanours*),

DE THOMAS PARKER,

COMTE DE MACCLESFIELD,

LORD CHANCELIER D'ANGLETERRE,

HAUTE-COUR DU PARLEMENT.

6 mai 1725. . . . . Dixième année de George Ier.

I. État des partis.—II. Exposé de l'affaire.—III. Plaintes à la Chambre des communes; elle ordonne des enquêtes. — IV. Articles d'accusation. — Réponse du comte de Macclesfield. — VI. Courte réplique des Communes. — VII. Procès devant les Pairs. — VIII. Première séance de la Cour. —IX. Plaidoiries.—X. *Verdict* des Pairs; coupable.—XI. Demande de merci par le comte de Macclesfield. — XII. Les Pairs exigent que la Chambre des communes vienne à sa barre demander jugement. — XIII. Les Communes en corps le demandent. — XIV. Jugement des Pairs qui condamne le coupable à payer une amende de 30,000 liv. sterl. —XV. Remarques sur ce procès.

I. Sir Thomas Parker avait, pendant le cours du règne de la reine Anne, témoigné beaucoup d'attachement à la maison de Brunswick-Hanovre; il était d'ailleurs l'ami de Walpole et des Stanhopes. Le roi George Ier avait récompensé son dévouement et son zèle par la dignité de Grand-Chancelier., et l'avait fait pair du royaume et comte de Macclesfield. Des rémunérations pécuniaires lui avaient été accordées sur les fonds de l'État. Il avait reçu, de S. M., aussitôt après sa nomination, 14,000 l. st. Il n'était d'usage d'allouer aux chanceliers, pour frais d'établissement, que 2,000 l. st. Le roi avait ensuite accordé à son fils, lord George Parker, une pension de 1,200 l. st.; et, au retour de ses voyages, lui avait donné l'office, *sine cure*, de chef de comptabilité de l'Échiquier (*Teller of the Exchequer*), de 4,000 liv. sterl. de revenu. Le comte de Macclesfield avait enfin reçu de la couronne une pension à vie de 4,000 l. st.; il en jouissait depuis 1718.

Lord comte de Macclesfield avait contre lui les anciens Torys qui s'étaient opposés avec énergie ou avec adresse à l'*Acte d'établissement.* Les Jacobites purs et les restes du dernier ministère de la reine Anne étaient ses ennemis déclarés; ils avaient des représailles à prendre sur lui pour le procès d'Atterbury. La faveur du comte de Macclesfield avait excité beaucoup de jalousie, et sa rapacité trop connue dès le temps même où il n'était que lord Chef-justice de la Cour des Plaids Communs, ne permettait pas au ministère dont il était membre, aux Whigs et à ses amis de le défendre avec succès. En vain la Cour, pour lui concilier quelque faveur de la part des Torys et des Jacobites, se prêtait-elle à annuler l'*Attainder* de Bolingbroke; tout était inutile; la corruption du Chancelier était trop publiquement démontrée, trop criante. Nous verrons qu'il fut condamné à l'unanimité.

II. Les consignations judiciaires, dans un grand nombre de procès devant les Cours de Westminster, étaient déposées dans les mains des maîtres en chancellerie, espèces de maîtres des requêtes de l'ancien Conseil d'État de France. Les maîtres en chancellerie faisaient valoir les fonds, qui s'accumulaient dans leurs mains jusqu'à de très fortes sommes. On n'avait point alors l'idée de réunir tous ces fonds, épars dans une douzaine de caisses, en *une seule*, et de les employer en achats de parties de la dette publique, pour en cumuler les intérêts; elle n'est venue qu'à M. Pitt, ou elle n'a pu être réalisée que quatre-vingts ans plus tard.

Il est aisé de concevoir d'abord que l'attrait de la jouissance des fonds de ces dépôts ne rendait pas les maîtres en chancellerie faciles à s'en dessaisir. Des chicanes nombreuses étaient faites aux plaideurs, et des difficultés réelles étaient portées jusqu'aux dernières exagérations pour en retarder la restitution. Ces abus de la chancellerie étaient l'objet de clameurs générales. Elles prirent une grande extension lorsqu'il devint public que le chancelier y avait intérêt et qu'il en tirait un plus grand profit que ne l'avaient fait ses prédécesseurs.

Le comte de Macclesfield a prétendu, dans sa défense, que les chanceliers avaient l'usage, avant lui, de recevoir des émoluments, une rétribution quelconque, mais variable, sous le nom de droits du grand sceau, pour la délivrance des provisions de maîtres en chancellerie.

Quoi qu'il en soit de cette prétention, ces droits du grand sceau, ou plutôt les prix de ces offices, avaient été élevés par le comte de Macclesfield à 5,230 l. st., somme bien plus forte alors qu'elle ne le serait aujourd'hui. Les maîtres qui en étaient pourvus se remboursaient du prix de leur office sur les fonds des consignations, et leurs successeurs les auraient réintégrés dans la caisse. Mais lorsqu'ils ne traitaient pas de leurs offices, lorsqu'une forfaiture, une faillite, la mort, leur en ôtaient la faculté, c'étaient encore les consignations qui étaient atteintes et les fonds des plaideurs détournés ou perdus.

Lorsque le comte de Macclesfield permettait aux maîtres des chancelleries de traiter de leur office, ce n'était pas gratuitement. Il avait fini par exiger 1,565 l. st. pour donner son agrément et les provisions.

Le lord Chancelier vendait aussi les places de gardes des idiots et des lunatiques (curateurs aux interdictions) à des prix parfois assez hauts.

III. Cette rapacité, cette corruption, ce péculat, ne pouvaient pas rester long-temps secrets; il y avait eu des faillites parmi les maîtres en chancellerie. Lord Macclesfield avait cherché à accommoder de si fâcheuses affaires. Sa dignité y avait été compromise, et son caractère avare et cupide l'avait entièrement avili. L'intérêt des plaideurs, l'honneur du gouvernement et des pouvoirs publics de l'État, exigeaient donc et la répression d'abus si honteux et la punition de ceux qui s'en étaient si scandaleusement rendus coupables.

Pendant la session de 1724, des plaintes furent

donc portées, par des pétitions et des dénonciations de quelques membres des Communes, à leur Chambre; les sceaux furent retirés à lord Macclesfield, et la chancellerie fut mise en commission.

Dans la session de 1725, la Chambre des communes ordonna des enquêtes, et entendit, dans les comités et, à sa barre, des témoins; et, dans les premiers jours de mars, elle résolut, sur la motion de sir George Oxenden, que le comte de Macclesfield serait accusé de grands crimes et malversations. Aussitôt sir George fut commandé de se présenter à la barre de la Chambre des pairs, et de déclarer qu'il venait, « au nom de la Chambre des com» munes et de toutes les communes de la Grande» Bretagne, accuser Thomas, comte de Macclesfield, » *de Grands crimes et malversations* (*High crimes and » misdemeanors*), et que la Chambre ferait bonne et » prouverait son accusation lorsque le temps et les » circonstances en seraient arrivés.

IV. Le 20 mars, les articles de l'accusation, au nombre de vingt-un, furent portés à la Chambre des pairs.

Le préambule de l'acte d'accusation expose les faveurs que le comte de Macclesfield et sa famille ont reçues de S. M.

Le premier article le charge d'avoir vendu à Robert Godfrey son agrément pour être pourvu de l'office de maître en chancellerie, dont celui-ci avait traité avec le titulaire, moyennant une somme de . . . . 840 l. st.

Le deuxième article le charge également d'avoir exigé de Jacques Lightbown, pour prix de sa nomination à un semblable office, vacant par mort, la somme de . . . . 6,000 l. st.

Le 3e le charge d'avoir vendu à Jean Bennet son agrément pour traiter d'un semblable office, moyennant une somme de. 1,565

Le 4e article contient une charge semblable pour l'office acquis par Édouard Conway, au prix de. . . . 1,500

Le 5e *ditto* de William Kinaston . 1,565

Le 6e *ditto* de Thomas Bennet. . . 1,565

Le 7e le charge d'avoir vendu un semblable office, vacant par mort, à François Elde, pour la somme de. . 5,250

Le 8e contient une semblable charge pour un office de maître en chancellerie, vendu à Marck Fulston. . 5,250

Le 9e l'accuse d'avoir vendu au même Thomas Bennet l'office de greffier de la *Commission de Tutelle des idiots et lunatiques*, au prix de 105

Par le 10e article il est accusé d'avoir également vendu, illégalement et par corruption, divers autres offices de la chancellerie à des prix plus ou moins élevés, mais proportionnés à l'importance des offices.

Le 11e le charge, en vendant ainsi les offices de maître en chancellerie, dont la nature des fonctions exige des hommes d'une grande probité, d'une naissance respectable, savants dans les lois, et de bonnes mœurs, d'avoir introduit dans un corps chargé d'emplois de confiance et de dépôts de sommes considérables appartenant au public, des gens tout-à-fait indignes d'un semblable office.

Le 12e article l'accuse des résultats scandaleux de la vente de ces mêmes offices, en ce que, 1° tous les maîtres en chancellerie ont, à son exemple, vendu les offices de caissiers, sous-caissiers et commis dépendants d'eux; en ce que, 2° ceux de ces offices qui n'étaient pas vacants par mort, ont pris une valeur proportionnelle au prix de vente que lui-même en exigeait; en ce que, 3° pour payer le prix de leur office ou de son agrément pour en traiter, les pourvus ont pris dans leurs caisses les fonds des dépôts, et ceux des frais qu'ils étaient chargés par leur office de taxer, de recevoir des plaideurs et de remettre aux procureurs, officiers ministériels et greffiers; en ce que, 4° les maîtres en chancellerie pourvus de ces offices depuis qu'il est Grand-Chancelier, incapables, par leur crédit ou leur fortune, de bonifier ce qu'ils avaient pris dans les caisses de leur office, ont refusé de restituer les dépôts et de remettre les frais consignés pour taxations, d'où il est résulté une grande perte pour les plaideurs et le public.

Et cependant le comte de Macclesfield, qui ne pouvait ignorer de telles déprédations, a négligé d'y porter remède, ainsi qu'il en avait l'obligation et le pouvoir, au grand déshonneur de la Cour de chancellerie et au grand discrédit de son autorité.

Le 13e article établit une charge plus grave: Fletwood Dormer, un de ces maîtres en chancellerie, ayant fait une faillite de 25,000 l. st. et ayant disparu, Thomas, comte de Macclesfield n'a fait, n'a ordonné aucune mesure pour le faire arrêter et séquestrer ses biens; il s'y est même opposé, sous le prétexte qu'il ne fallait pas ébruiter de si fâcheuses affaires, et dans le dessein réel de cacher la part qu'il y avait. En pleine Cour de chancellerie, il a engagé les plaideurs et officiers ministériels des Cours de Westminster à ne rien précipiter, n'y ayant aucun danger à courir pour leurs fonds; et il s'est également opposé, à l'audience de la même Cour, à la demande du maître des rôles, que la caisse de Dormer fût versée dans celle des autres maîtres en chancellerie; il savait trop bien qu'elle était vide.

Le 14e article développe les conséquences de la faillite de Dormer, et établit d'une manière bien plus grave la culpabilité du comte de Macclesfield.

Les plaideurs ayant enfin obtenu que Dormer verserait dans la caisse de son successeur, Henry Edouards, une créance de 24,046 l. 4. s. st. qu'il avait à exercer sur William Wilson, banquier, le comte de Macclesfield avait autorisé Henry Edouards à l'accepter. Mais Wilson ayant proposé à Henry Edouards de se libérer de sa dette, moyennant 1,463 l. st. en espèces et une somme de 10,000 l. st. à prendre dans une créance de 22,060 l. 12 s. st. due à Wilson par Édouard Poulter, le chancelier, sur un simple rapport de John Hiccoks, également maître en chancellerie, mais sans conclusions, sans plaidoiries, sans l'intervention des tiers-plaideurs, avait ordonné à Henry Edouards d'accepter cette proposition. Il était cependant de notoriété publique que Poulter était un débiteur insolvable et en fuite.

Le 15e article charge le chancelier d'avoir voulu forcer les maîtres en chancellerie de bonifier le déficit de la caisse de leur confrère Dormer, et à cet effet de les avoir obligés à remettre l'état de leur caisse. Ceux qui étaient en règle et avaient leur caisse à jour s'étaient conformés à l'ordre du chancelier; mais neuf de ces maîtres n'y étaient pas. Ils avaient obtenu de ne pas rendre de compte, à la charge de verser chacun 500 l. st. qui avaient été appliqués à éteindre quelques unes des créances de la faillite de Dormer.

Le 16e article des charges de l'accusation établit qu'une veuve Christy, ayant obtenu un décret en cour de chancellerie tenue par le comte de Macclesfield, pour toucher 1,000 l. st. sur les sommes de la faillite de Dormer, prétendues déposées dans les mains de son successeur Édouards, et celui-ci s'étant refusé à les payer, le chancelier les avait fournies de ses propres deniers qu'il avait fait remettre par son secrétaire, Pierre Cottingham; qu'un décret semblable avait été rendu par le chancelier, en faveur de quelques plaideurs difficiles, et pour une somme de 200 l. st. et autres de moindre force. Le comte de Macclesfield avait engagé les maîtres en chancellerie à les payer, attendu qu'ils y étaient plus intéressés que lui; s'il venait à la connaissance du Parlement qu'ils avaient acheté leurs offices, ils les perdraient par forfaiture; quant à lui, il s'en tirerait aisément; et cependant il avait annoncé aux plaideurs et à la veuve

Christy que leurs réclamations lui apprenaient seules ce qui s'était passé.

Le 17e article le chargeait d'une partialité injuste, et peut-être pécuniairement intéressée, pour quelques plaideurs qui, dans la faillite de Dormer, avaient touché, par ses ordres, beaucoup au-delà de la quotité proportionnelle de la rétribution à laquelle ils avaient droit.

Le 18e article établit que des moyens ayant été proposés au comte de Macclesfield, pour tirer des mains des maîtres en chancellerie les sommes qu'ils avaient en dépôt, et en former une caisse qui répondrait, avec toute sécurité, aux plaideurs de leurs fonds, le chancelier s'y était opposé, pour ne pas donner un discrédit à cette compagnie et affaiblir la valeur de leurs offices; d'où était résultée la perte de sommes considérables pour le public.

Le 19e article accuse le chancelier d'avoir, lorsque le roi proposa à son conseil privé de prendre quelque mode d'assurer les fonds des dépôts, soutenu qu'il n'était pas nécessaire de rien innover à cet égard, les maîtres en chancellerie étant très solides et d'une délicatesse éprouvée. Le chancelier aurait ensuite intrigué avec ces maîtres et obtenu qu'ils formeraient entr'eux des souscriptions, afin de se soutenir l'un et l'autre; ainsi il aurait contribué, non seulement par ses conseils, mais encore par ses manœuvres, à tromper le roi, en lui présentant cette frauduleuse souscription comme réelle et honorable, outrageant ainsi la majesté royale, que son devoir était de faire respecter.

Le 20e article des charges accuse le comte de

Macclesfield de s'être servi directement des fonds de ces dépôts judiciaires, existants dans les mains des maîtres en chancellerie, pour ses propres affaires.

Le 21e article est relatif à une garde et tutelle de mineur, que le chancelier avait confiée à une de ses créatures, Robert Doyley, quoique le testament du père, François Tyson, eût nommé sa veuve tutrice avec un conseil, homme très recommandable à tous égards, et que le testament et la nomination de tutrice et de conseil eussent été approuvés en cour de chancellerie. Le chancelier s'était emparé d'une somme de 2,600 l. st., balance de caisse trouvée à la mort du père. Le revenu du mineur était de 4,000 l. st.; Robert Doyley était mort insolvable et emportait à la tutelle 10,000 l. st. Le comte de Macclesfield était donc responsable de tous les torts faits au mineur, et les Communes l'accusaient sur ce chef, « d'un exercice dangereux » de pouvoirs illégaux et arbitraires, destructif » des lois et de la constitution de ce royaume, en » manifeste violation de son serment comme chan» celier du royaume, et par un abus de son autorité.

» Et lesdits chevaliers, citoyens et bourgeois des » Communes de ce royaume, déclarent et protestent » qu'ils se réservent la faculté d'ajouter, s'il y a lieu, » auxdits articles de l'accusation contre ledit Thomas, » comte de Macclesfield, comme aussi celle de répli» quer aux réponses qu'il pourrait faire auxdits ar» ticles, et enfin celle de présenter les preuves des» dits articles de l'accusation et de tous autres que » les Communes voudraient y ajouter, dès que,

» suivant les usages du Parlement, le cas pourrait le
» requérir. Demandent et prient en outre les cheva-
» liers, citoyens, etc., que ledit Thomas, comte de
» Macclesfield, soit mis en demeure de répondre
» auxdits articles de l'accusation et à tous autres
» qui y seraient ajoutés, et que tels procédures,
» examens, interrogatoires, débats et jugements
» soient faits et donnés, qui sont convenables à la
» loi et à justice. »

V. Le comte de Macclesfield demanda qu'il lui fût délivré une copie des charges de l'accusation, ce qui lui fut accordé.

Le jour suivant, il demanda la permission d'avoir des conseils, ce qui lui fut également accordé.

Le 1er avril, la Chambre des lords nomma un comité qui eut ordre de rechercher les précédents dans de semblables procès. Quelques jours après, le rapport en fut fait et mis sur le bureau de la Chambre.

Le 20 avril, le comte de Macclesfield présenta sa réponse aux 21 chefs de l'accusation; le comte de Macclesfield se réserve le droit de recourir à la clémence du roi : il avait oublié que, par l'*Acte d'établissement*, le roi a renoncé, ou n'a pas le droit de faire grâce dans de semblables procès. Cette réponse fut aussitôt communiquée à la Chambre des communes et remise à sa barre, par un maître en chancellerie.

VI. Les Communes répliquèrent le 26 avril. Sir George Oxenden présenta cette pièce à la Chambre des pairs.

La réplique des Communes ne fut pas longue. « Il a paru aux Communes que la réponse du comte

» de Macclesfield n'était pas faite dans le but de les » satisfaire; elle est évasive sur des points où lord » Macclesfield ne peut méconnaître la vérité; elle » est contradictoire sur beaucoup d'autres, et in- » conséquente sur tous. Les Communes demandent » un jugement sur tous les chefs de l'accusation; » les Communes étant prêtes à maintenir la vérité » et la justice de leur accusation, et à faire bonnes » les charges de crimes et de malversations contre » Thomas, comte de Macclesfield, dès que le temps » et le lieu leur seront assignés à cet effet. »

VII. Le 27 avril, la Chambre des pairs se constitua en Haute-Cour du Parlement. Comme le prévenu était accusé par les Communes, et non par le procureur-général, ainsi qu'il était d'usage dans les poursuites criminelles, par *indictment*, et que la condamnation ne pouvait pas être capitale, ce n'était pas le cas de demander au roi de nommer un Grand-Sénéchal (*High Stewart*), la Chambre fut présidée par son orateur, sir Peter Kings, lord Chef-justice de la Cour des Plaids-communs, qui avait remplacé, depuis le commencement de la session, le comte de Macclesfield, alors chancelier, sur le sac de laine.

Le 28 avril, il fut résolu que les Pairs seraient sommés de se rendre à toutes les séances de la Cour, et d'y paraître dans leurs robes de cérémonie et couverts. Que, le premier jour de sa séance, un appel nominal serait fait de tous les pairs, en commençant par le premier duc et finissant au dernier baron; que les onze juges seraient invités à se rendre aux séances; que des sacs de laine seraient disposés pour eux derrière celui du douzième juge, M. l'orateur, et que la Cour leur donnerait la permission de se couvrir.

Le 29 avril, la Chambre des pairs délibéra sur le lieu et sur le temps de ses séances. Elle résolut que le procès serait jugé dans sa Chambre, et elle s'ajourna, pour la première séance, à huitaine, le 6 mai. Les directeurs de l'accusation pour la Chambre des communes auraient une tribune séparée à sa barre; le comte de Macclesfield une petite tribune pour lui, en dedans et auprès de la barre, et ses quatre conseils derrière lui, mais à la barre.

Il y eut une protestation de huit pairs, parceque, 1° la cause était trop solennelle pour que l'avantage du public et les égards qui lui étaient dus n'exigeassent pas qu'elle fût plaidée dans la grande salle de Westminster. 2° Pour l'avantage du prévenu et pour donner plus de publicité à la défense. 3° Pour l'honneur de la magistrature dont il était le chef. 4° Pour la satisfaction des plaideurs dont les dépôts ont été violés. 5° Parceque, depuis Charles Ier et le procès du comte de Strafford, toutes les causes jugées sur une accusation des Communes l'ont été dans la salle de Westminster. 6° Parceque la considération des délais qu'entraînerait la construction d'une salle dans celle de Westminster est d'une faible importance.

Le 3 mai, il fut résolu par la Chambre, qu'après la première séance, les pairs, en raison de la chaleur, seraient dispensés de se revêtir de leur robe écarlate, doublée de fourures.

Le 4, diverses dispositions d'ordre, pour l'intérieur et à l'extérieur, furent résolues par les Lords. Défenses furent faites à aucun imprimeur de publier rien sur les séances de la Cour, et le soin fut laissé à la Chambre des communes de rédiger et de rendre public le procès-verbal des séances.

VIII. Le 6 mai, la Cour de Parlement prit séance, les directeurs de l'accusation pour les Communes étant à la barre, ainsi que les conseils de l'accusé, le comte de Macclesfield à sa place ordinaire, l'appel nominal constata la présence du prince de Galles, des deux archevêques, de quinze ducs, d'un marquis, de trente-sept comtes, non compris le comte de Macclesfield, neuf vicomtes, onze évêques, trente-trois barons, l'orateur n'étant pas pair, cent-huit juges.

Les Pairs, assis et couverts, les onze juges en ayant reçu la permission de la Cour, le comte de Macclesfield vint se placer dans la loge qui lui avait été préparée.

Le sergent d'armes des Pairs fit deux proclamations commençant par ces mots : *O'yes, o'yes;* l'une défendant, de la part du roi, sous peine d'emprisonnement, de rompre le silence; l'autre, citant à comparaître tous ceux qui pourraient avoir droit et intérêt à l'accusation de la Chambre des communes, pour grands crimes et malversations du comte de Macclesfield.

Un des secrétaires de la Chambre des pairs donna lecture de l'acte d'accusation, de la réponse du comte de Macclesfield et de la réplique des Communes.

IX. Après cette lecture, l'orateur de la Chambre des pairs dit : « Messieurs de la Chambre des com» munes, vous pouvez commencer le procès, si cela » vous est agréable. »

Sir George Oxenden, le procureur-général, sir Clément Wearg, mais par ordre des Communes, sir William Strickland, et M. Doddington, développèrent les articles de l'accusation, et principalement les 5, 6, 7, 8 et 9e articles. Les débats s'ouvrirent sur le 9e article. Le clerc de la Chambre lut le statut de la douzième année de Richard II, chap. 2. Cette lecture eut lieu sur la demande des conseils de l'accusé ; le procureur-général avait appuyé la culpabilité du noble prévenu, sur ce qu'il l'avait manifestement violé.

« Il est accordé par le roi, et consenti, etc., que » le Chancelier, le Trésorier, le Garde du sceau privé, » le Sénéchal de la maison du roi, le chambellan du » roi, le maître ou secrétaire des rôles, les juges de » l'une et de l'autre Cour, les barons de l'Échiquier, » et tous autres qui seront appelés à ordonner, » nommer et pourvoir des juges de paix, shérifs, » officiers des domaines, des douanes et des » comptes, et des comptables, ou tous autres offi» ciers et ministres du roi, prêteront religieusement » le serment de n'ordonner, de ne nommer, de ne » pourvoir aucuns juges de paix, shérifs, officiers » des domaines, des douanes, des comptes, comp» tables, ou tous autres officiers et ministres du » roi, en raison de ce qu'ils auraient reçu d'eux ou » d'autres, aucun présent, don et cadeau, ou sti» pulé des conventions, échanges de bons offices,

» brocantage de provisions, ou enfin à titre de fa-
» veur ou par affection ; et que ceux qui auraient
» été ainsi nommés, par eux ou par d'autres, en
» secret ou ouvertement, ne pourront exercer les-
» dits offices ; mais que lesdits chancelier, tréso-
» rier, etc., ne pourvoient desdites places que les
» hommes les plus propres à les remplir et les plus
» loyaux, et qu'ils croiront, en conscience et à leur
» escient, être les plus suffisants (1). »

Ce statut était assez clair : le comte de Macclesfield et ses conseils assurèrent que jamais le chancelier, ni les autres conseillers privés de S. M. n'avaient prêté ce serment.

Le procureur - général demanda donc qu'un M. Eyre, qui, depuis quarante ans, était employé dans les bureaux du conseil privé, et était chargé de recevoir le serment des chanceliers et autres grands officiers de la couronne et des conseillers privés, fût appelé et interrogé. Les conseils de l'accusé l'interrogèrent à leur tour. Les débats sur ce point furent très longs : il résulta des dépositions de M. Eyre :

Que lorsqu'un conseiller privé ou ministre prenait séance pour la première fois au conseil, il leur lisait le statut, dont il avait la garde, et qui était en minute sur parchemin ; et qu'après qu'ils avaient eu un temps suffisant pour le lire, il leur présentait la Bible, et qu'ils la baisaient respectueusement. Malgré ses dénégations, le comte de Mac-

(1) Ce statut est en vieux français ; nous lui avons donné l'orthographe actuelle.

clesfield avait tenu, dans ses mains, la minute du statut de Richard II, avait pu la lire, et avait ensuite baisé la Bible.

Lord Macclesfield prétendait que cet acte de baiser la Bible, lorsqu'elle lui était présentée pour prêter un serment, n'était point l'acte de la prestation du serment, exigé par le statut de Richard II.

On peut dès lors prendre une idée de la défense du comte de Macclesfield. Ce serait perdre un temps précieux que de la mettre en entier sous les yeux de nos lecteurs; nous nous bornerons à exposer la marche de ce scandaleux procès.

Dans la séance du 6 mai, après les lectures des pièces, les directeurs de l'accusation développèrent spécialement les articles 5, 6, 7, 8 et 9; il y eut interrogatoire, contre-examen des témoins, et débats sur l'art. 9.

Le 7 mai, les débats s'ouvrirent sur les articles 5, 6, 7 et 8. Un témoin demanda de ne pas répondre. La Chambre des pairs allait ordonner aux juges de donner leur opinion sur la légalité de ce refus; les Pairs cependant préférèrent d'ajourner leur séance au lendemain 8.

Le 8 mai, le témoin annonça que, d'après les interprétations qui lui avaient été données, il était prêt à répondre, et l'examen du huitième chef fut terminé; il en fut de même des 5, 6 et 7e articles.

Le 10 mai, le 18e article fut soumis aux débats. Les preuves en ayant été établies, les directeurs de l'accusation annoncèrent à la Cour qu'ils consentaient à remettre à un autre moment le développement des autres articles, se réservant de les représenter aux débats, si le comte de Macclesfield et ses conseils l'exigeaient. Ils terminèrent les faits et les preuves, et donnèrent leurs conclusions.

Le 12, le comte de Macclesfield entra dans sa défense. Les plaidoyers de ses quatre conseils occupèrent cette séance et celles du 13 et du 14. Ils produisirent, le 12 et le 13, des témoins nombreux à la décharge du comte de Macclesfield. Les directeurs de l'accusation, le 17 mai, analysèrent leurs dépositions, et les écartèrent.

Le 19, le comte de Macclesfield commença son plaidoyer, qu'il interrompit pour prendre un peu de repos, et il occupa toute la séance. La Cour s'ajourna au lundi 21 mai.

Le 21, un des avocats de l'accusation répliqua à lord Macclesfield, sur les articles 5, 6, 7, 8, 9, 11 et 12. M. Latwiche, un des directeurs de l'accusation, prit la parole pour la soutenir, fit entendre de nouveaux témoins, et rappela ceux qui avaient été entendus précédemment.

Les Pairs s'ajournèrent. Les 23 et 24 mai furent consacrés à aller aux opinions et au délibéré à huis clos. La première proposition qui y fut débattue fut celle-ci : *Les Communes ont-elles prouvé l'accusation ?* Les Lords la résolurent, sans division et presqu'à l'unanimité, par l'affirmative ; la seconde le fut également, sans division. Sur cent trois juges présents à la séance du 24, douze ou treize parlèrent en faveur du comte de Macclesfield.

X. Le 25 mai, les directeurs de l'accusation ayant été appelés, et étant présents, ainsi que leurs conseils et ceux du comte de Macclesfield, l'orateur de la Chambre des lords dit :

« Milords, vos Seigneuries ayant entendu les par» ties dans leurs moyens respectifs, et toute l'in» struction du procès porté devant elles, ont agréé » qu'une question serait présentée séparément à vos » Seigneuries suivant les formes usitées ; cette ques» tion sera : Thomas, comte de Macclesfield, *est-il » coupable* des grands crimes et malversations dont il » est chargé par l'accusation de la Chambre des » communes ? ou *non coupable, sur votre honneur ?*

« Robert lord Walpole... que dit votre seigneurie ? Thomas comte de Macclesfield est-il *coupable* de grands crimes et malversations, ou *non-coupable ?* »

Lord Walpole répondit :... *Coupable, sur mon honneur*. Quatre-vingt-douze pairs, présents à cette séance, répondirent également : Coupable, sur mon honneur, et ainsi, depuis le plus jeune baron, jusqu'à l'archevêque le plus ancien de consécration.

Le Chef-justice, sir Peter Kings, orateur de la Chambre des lords, dit : « Milords, vos Seigneuries » ont unanimement trouvé Thomas, comte de Mac» clesfield, coupable des grands crimes et malver» sations dont il est chargé par l'accusation de la » Chambre des communes. »

Les directeurs de l'accusation et les conseils se retirèrent ; et la Cour s'ajourna au lendemain 26.

Le comte de Macclesfield n'était point présent à la séance. Il était malade de la pierre et avait la fièvre. Il s'était fait excuser, auprès de la Chambre, par le duc de Devonshire. Ces excuses furent difficilement admises. L'huissier de la baguette noire et le sergent d'armes de la Chambre eurent ordre de forcer, s'il était nécessaire, l'assistance du comte de Macclesfield à la séance de la Cour du lendemain.

Le 26 mai, les Pairs étant assis, les directeurs de l'accusation étant dans leur tribune et les conseils présents à la barre, après les proclamations ordinaires, l'orateur donna ordre à l'huissier de la baguette noire d'amener à la barre le comte de Macclesfield; et, lorsqu'il y fut arrivé, il lui dit : « Thomas, » comte de Macclesfield, les Lords ont pris une con» naissance pleine et complète de votre procès, et » vous ont trouvé unanimement coupable des grands » crimes et malversations dont vous êtes chargé par » l'accusation de la Chambre des communes. »

XI. Le comte de Macclesfield prit la parole, pour renouveler ses excuses, fondées sur l'état de sa santé, et pour demander à la Cour quelques mitigations en sa faveur, dans le jugement qu'elle allait rendre. Il ajouta qu'il était gravement malade, que son procès lui avait beaucoup coûté; qu'il avait payé 10,800 livres à la décharge de la faillite de Dormer; qu'il avait perdu son office, encouru la censure des Pairs, et qu'il n'était pas riche.

M. Onslow, un des directeurs de l'accusation, interrompit le comte de Macclesfield, et dit : que les considérations qu'il présentait auraient dû être soumises à la Cour, avant le *Verdict* des Pairs; que s'il voulait faire opposition à ce qu'un jugement fût rendu contre lui (*Arrest of Judgment*), les Communes étaient prêtes à répondre.

Le comte de Macclesfield répliqua qu'il s'en remettait à la justice et à la merci des Lords.

Le comte de Macclesfield et les directeurs de l'accusation étant retirés, la Cour ordonna que Thomas, comte de Macclesfield, serait remis à la garde de l'huissier à la baguette noire; et elle s'ajourna au lendemain 27, pour prendre en considération le jugement qu'elle devait rendre.

XII. Les discussions de la Chambre furent assez vives. On se réunissait à l'opinion de condamner le comte de Macclesfield à une amende de 30,000 livres sterlings. Les amis du comte demandèrent qu'on consultât les journaux de la Chambre sur le procès du chancelier Bacon vicomte de Saint-Albans et de lord comte de Middlesex. On le fit; il n'en résultait rien de favorable au noble criminel. Il fut ensuite proposé de consulter les juges, et de leur demander : « Si la vente d'un office, qui avait re- » lation à l'administration de la justice, était un » crime d'après *la Loi Commune*; cette proposition fut rejetée, parce que le statut de la cinquième et sixième année d'Édouard, VI, chap. II, était conçu en termes précis et déclaratifs de là *Loi Commune*; elle constituait donc, *crime*, cette malversation.

Il fut donc résolu que le comte de Macclesfield serait condamné à une amende. On alla plus loin : une partie assez considérable des pairs demanda que le jugement le déclarât incapable de siéger désormais à la Chambre, et lui défendît de mettre dorénavant les pieds dans l'enceinte de la Chambre.

Cette motion fut rejetée; mais elle donna ouverture à une protestation signée par vingt-six pairs. Il fut ensuite ordonné que l'amende serait de 30,000 livres sterlings; que le comte de Macclesfield serait, aussitôt après le jugement, conduit à la Tour, et qu'il y resterait prisonnier jusqu'à ce qu'il eût payé l'amende à laquelle il était condamné.

Le 27 mai, soixante-quatorze pairs seulement étaient présents à la séance de la Cour.

Il fut ordonné qu'un messager serait envoyé à la Chambre des communes pour lui notifier que les Pairs avaient résolu de passer jugement, si les Communes le désiraient et si la Chambre des communes, avec son orateur, venait le requérir de la Cour.

Il y eut à la Chambre des communes des discussions très animées, et qui se prolongèrent jusqu'à cinq heures du soir. On trouvait la proposition de la Cour insolite et même contre les formes; dès l'instant d'ailleurs que la Chambre accusait de grands crimes et malversations, c'était pour obtenir, non la vaine satisfaction de trouver un coupable, mais pour avoir un jugement et une condamnation afflictive qui vengeât l'honneur du pays gravement atteint. Si des forfaits aussi ignominieux n'étaient pas punis, qui garantirait dorénavant d'une manière efficace, les droits des plaideurs en chancellerie foulés si scandaleusement aux pieds, et qui consolerait la justice en deuil et laverait les souillures de son sanctuaire? Des grands coupables comme le comte de Macclesfield ne devaient-ils pas être punis de leur audace et de leur cupidité?

et cependant l'acquiescement des Communes à la demande des Pairs ne fut obtenu qu'à l'aide de la question préalable, passée à la majorité de cent trente-six voix contre soixante-cinq.

Des remerciements furent votés, sans contradicteurs, aux membres des Communes qui avaient conduit et soutenu l'accusation. L'orateur leur adressa un fort beau discours à ce sujet.

XIII. Un message fut porté à la Chambre des pairs, au nom de celle des Communes, par sir William Gage et autres membres, pour informer les Lords que la Chambre, avec son orateur à la tête, allait venir demander à la Haute Cour qu'un jugement soit rendu contre le comte de Macclesfield, et qu'elle réclamait que la chambre peinte et les passages de la chapelle de Saint-Étienne à la Cour fussent désobstrués et libres : ce qui fut fait à l'instant.

Les Communes, avec leur orateur, étant à la barre, le lord Chef-Justice, sir Peter King, orateur de la Chambre des lords, et, à ce titre, présidant la Haute Cour du Parlement, donna ordre à l'huissier de la baguette noire d'amener Thomas, comte de Macclesfield, à la barre; le comte, après plusieurs révérences, se tint à genoux, jusqu'à ce que l'orateur lui dît de se relever.

Alors l'orateur de la Chambre des communes dit : « Milords, les chevaliers, citoyens et bourgeois » députés des communes, assemblés en Parlement, » en leur nom et à celui de toutes les communes » de la Grande-Bretagne, ont accusé, à cette barre, » Thomas, comte de Macclesfield, de grands crimes

» et malversations, ont exhibé contre lui des articles d'accusation, et ont fait bonnes leurs charges;

« Je demande donc, au nom des chevaliers, » bourgeois et citoyens assemblés en Parlement et » de toutes les communes de la Grande-Bretagne, » jugement de vos Seigneuries, contre Thomas, » comte de Macclesfield, pour lesdits grands crimes » et malversations. »

Alors le Chef-Justice King, orateur de la Chambre des lords, dit : « Monsieur l'orateur, les Lords » sont prêts maintenant à procéder au jugement, » dans le procès mentionné par vous.

XIV. « Thomas, comte de Macclesfield, les » Lords vous ont unanimement trouvé coupable » *des grands crimes et malversations* dont vous êtes » chargé par *l'accusation* de la Chambre des com» munes, et ont, suivant les lois, procédé à un ju» gement contre vous, que je suis commandé de » prononcer.

« Le jugement de leurs Seigneuries est que vous » paierez une amende de 30,000 livres sterlings à » notre souverain seigneur le Roi; et que vous » serez emprisonné à la Tour de Londres, et y serez » tenu en étroite garde jusqu'à ce que vous ayez » acquitté ladite amende. »

Les Communes se retirèrent alors, et le comte de Macclesfield fut extrait de la barre.

« La Chambre des lords ordonna que l'orateur » donnerait ses directions à l'imprimeur de la Cham» bre, pour la publication de ce procès, et que » personne, sans sa permission, n'eût l'audace de » l'imprimer. »

Elle ordonna également que le comte de Macclesfield serait conduit à la Tour, et l'huissier de la baguette noire déchargé de sa garde par la remise qu'il en ferait au connétable et député ou vice-député de la Tour, qui s'en chargeront, jusqu'à ce qu'il ait payé l'amende à laquelle il a été condamné.

La Chambre des lords s'ajourna au 31 mai 1725, après avoir siégé, comme Haute Cour du Parlement, pendant treize jours.

Le comte de Macclesfield fut conduit à la Tour, où il resta pendant quelques semaines que dura le paiement intégral de son amende.

XV. Les turpitudes du comte de Macclesfield rendaient sa condamnation aisée et naturelle; il importait à l'honneur des Pairs, à celui du pays, à la considération du gouvernement de George Ier, et à la justice, de le déclarer coupable; les Lords furent donc unanimes. Ce ne fut point aux efforts de ses amis pour lui éviter une condamnation pécuniaire et l'amende de 30,000 liv. st., que doit être attribué l'incident, qui faillit être heureux pour ce scandaleux coupable, de la décision des Pairs, exigeant que les Communes en corps, M. l'orateur à leur tête, vinssent réclamer, à la barre de la Cour de Parlement, un jugement contre le comte de Macclesfield; des motifs réels d'un plus grand intérêt constitutionnel, la nécessité de bien constater la juridiction de cette Cour suprême, obligèrent les Lords à faire reconnaître, par l'aveu solennel des Communes, la plénitude de leur pouvoir judiciaire et leur droit de déterminer, souverainement et sans appel, la marche des procès portés devant eux, et les actions judiciaires qui en dérivent.

Pour apprécier la conduite des Pairs en 1725, il faut se reporter au procès du comte d'Oxford, en 1717. Nous avons vu que les Pairs avaient passé une résolution ou ordonnance judiciaire qui obligeait les Communes, portant une accusation de haute trahison, en même temps que de grands crimes et malversations, de commencer l'instruction par les preuves, interrogatoires et débats sur la haute trahison. Nous avons vu également que les Communes s'étaient refusées à obtempérer à cette ordonnance, et avaient préféré d'abandonner la poursuite de leur accusation. La Chambre des lords instruisit la cause sans la concurrence des Communes, comme si elle lui avait été déférée par un simple *Indictment*, ou en vertu d'une information *ex officio* du procureur général; et lorsque la Cour se trouva suffisamment instruite, elle fit des proclamations pour appeler ceux qui avaient généralement droit et intérêt à la poursuite; proclamations qui, sans nul doute, devaient atteindre et frapper les accusateurs légaux, les Communes. Nul ne se présenta. La cour rendit son jugement, qui fit sortir le comte d'Oxford de la Tour, où il était prisonnier depuis deux ans.

Dans le procès du comte de Macclesfield, exiger que les Communes vinssent en corps demander que la Cour de Parlement procédât au jugement, c'était faire reconnaître la plénitude des droits suprêmes de cette Cour, de manière à les placer au-dessus de toute contestation, et les Pairs l'ont obtenu du patriotisme de la Chambre des communes, de son excellent esprit, et de l'abandon qu'elle avait déjà sagement fait de ses prétentions à une juridiction suprême comme celle des Pairs, et non limitée, comme la sienne l'est aujourd'hui aux questions d'éligibilité et d'élection, de capacité de ses membres, de liberté de parole et d'action, de priviléges parlementaires, et de police de ses séances.

Le procès de lord Macclesfield n'offrait qu'une simple action de poursuite du crime de concussion; mais le coupable était grand-officier de la couronne, Chancelier et Pair du royaume. Le procès était donc privilégié, en raison de la personne. Si le comte de Macclesfield n'eût été que sir Thomas Parker, Chef-Justice de la Cour des Plaids communs, la Chambre des communes, sur la simple motion faite à l'appui des pétitions et des plaintes que, dès cette époque, on élevait contre lui, aurait ordonné qu'il serait poursuivi, à la diligence du procureur général de la couronne, soit par les voies d'enquête (*Information*), soit par celles d'accusation (*Indictment*) du Grand Jury du comté de Middlesex, et sur le *Verdict* de celui-ci, par-devant la Cour du Banc du Roi; l'appel aurait été porté devant la Chambre de l'Échiquier, et ensuite devant la Chambre des lords exerçant ses facultés judiciaires ordinaires, s'il y avait eu l'appel récursif; ou bien sir Thomas Parker, comme lord Chef-Justice, aurait été jugé par une commission formée des grands-officiers de l'État et de la maison royale, du maître des rôles et des douze juges du royaume, comme l'avait été sir Thomas Morus, déposé de l'office de chancelier d'Angleterre sous Henri VIII.

Les Communes, en raison de la dignité de Pair, accusèrent le comte de Macclesfield devant la Haute Cour du Parlement.

La résolution des Lords, en Cour de Parlement, qui exige la requête formelle des Communes, pour que cette Cour procède au jugement, est l'incident, le fait, le précédent le plus important pour établir quelle est l'étendue du pouvoir de la Haute Cour du Parlement, dans la détermination des actions judiciaires. De ce moment, elle a réglé sans contradicteurs, sans appel, sans recours aucuns, toute l'instruction, toutes les actions judiciaires qui s'y rapportent : et c'est là que nous puisons la connaissance sûre de l'autorité illimitée qui est dévolue à la Cour de Parlement en Angleterre (1).

(1) Le procès du comte de Macclesfield a déjà beaucoup d'étendue dans le *Journal de la Chambre des pairs*, année 1725, dans le *State's Trials*; il remplit plus de trois cents colonnes, grand in-folio, petite justification.

RÈGNE DE GEORGE II (1).

11 juin 1727 . . . . 25 octobre 1760.

Trente-huit ans quatre mois et quatorze jours.

PROCÈS

POUR CRIME DE HAUTE TRAHISON.

De GUILLAUME, comte DE KILMARNOCK . . . . . . Condamné, exécuté.
De GEORGE, comte DE CROMARTY. . . . . *Idem*. . . . pardonné.
De ARTHUR, lord BALMERINO. . . . . *Idem*. . . . exécuté.

COUR DU GRAND SÉNÉCHAL.

Juillet et août 1746 . . . . Vingtième année de George II.

I. Règlement de la procédure. — II. Nouvelle rébellion en Écosse.—III. Procès des trois Lords.—IV. Ils sont condamnés. —V. Le comte de Cromarty reçoit un pardon.—VI. Exécution des deux autres ; leur intrépidité.

I. Le 24 juin 1746, le duc de Newcastle, principal secrétaire d'État, annonça à la Chambre des lords que des bills d'*Indictment* de haute trahison contre les comtes de Kilmarnock et de Cromarty, et

---

(1) Nous ne donnerons aucun précis du règne de George II, non plus que de celui de George III, son petit-fils; ils seraient nécessairement très longs. Le gouvernement politique des

contre lord Balmerino, Pairs d'Écosse, impliqués dans la dernière rébellion, avaient été déclarés *fondés* par le Grand Jury du comté de Surrey.

La Chambre ordonna aussitôt qu'il serait délivré des Writs de *Certiorari*, pour l'apport des pièces et le renvoi des prévenus à la Tour. Elle nomma un comité de neuf Lords, qui pourraient délibérer et conclure au nombre de cinq, et auquel assisteraient les lords Chefs-Justice de la Cour du Banc du roi et de celles des Plaids communs, et des barons de l'Échiquier. Il était chargé de rechercher les précédents de ces sortes de procès, et d'en faire le rapport à la Chambre.

Le 26, lord Monson fit un rapport au nom du comité. La Chambre le prit en considération le lendemain, et passa diverses résolutions, par lesquelles les Lords ordonnaient :

« 1° Que, dans les procès d'un Pair ou d'une Pairesse, pour crime capital, tous les Pairs qui ont droit de siéger et voter en Parlement doivent être sommés d'y assister, vingt jours avant l'ouverture du procès.

« 2° Que ces sommations seront faites en vertu d'un ordre de la Chambre, affiché à la porte du lieu de ses séances, et inséré dans la Gazette de Londres, par des lettres du Lord chancelier ou de l'orateur de la Chambre, au moins vingt jours avant la première séance.

---

princes de la maison d'Hanovre a eu trop d'influence sur les changements qu'a éprouvés la constitution anglaise, pour qu'il ne soit pas encore beaucoup question d'eux, et suffisamment pour le but de ce traité.

» 3° Que les Lords qui ne seront point en ville recevront, suivant l'ancien usage, leurs lettres de sommation par la poste.

» 4° Que la Chambre déclare que, par ces résolutions, elle satisfait au vœu de la loi et du statut 7 et 8, Guill. III, ayant pour titre : *Acte pour régler la forme des procédures dans les cas de haute trahison et de non révélation de trahison.*

» 5° Que chaque Lord, avant de siéger, prêtera les serments usités du *Test* et d'*Abhorrence.*

» 6° Que les Pairs doivent y assister, et au moins comparaître, *sous peine d'encourir le très grand déplaisir de la Chambre :* s'ils sont malades, ils enverront à la Chambre deux témoins qui l'attesteront sous serment.

» 7° Que le comte de Kilmarnock comparaîtra à la barre de la Haute Cour, à neuf heures du matin, le comte de Cromarty, à dix heures, et lord Balmerino, à onze heures, le même jour 28 juillet.

Le roi était supplié de nommer un Lord Grand-Sénéchal ; ce fut le Chancelier lord Hardwicke ; et de donner des ordres de disposer la grande salle de Westminster pour les séances de la Haute Cour.

Les 6, 7 et 8 juillet, les Pairs accusés obtinrent, sur leurs pétitions, la nomination des solliciteurs qu'ils indiquaient. Ils ne demandaient pas de conseils ; ils plaidaient donc *Coupables.*

Il est à remarquer que les procès de ces trois nobles accusés étaient les premiers portés devant une Cour du Grand-Sénéchal, depuis le statut de Guillaume III.

II. Le sang de la guerre civile avait coulé en

Écosse. Les familles divisées s'armaient les unes contre les autres; les montagnards contre la plaine, les campagnes contre les villes. Les pères maudissaient leurs fils pour la lâcheté de leur attachement à un gouvernement détesté, oppresseur de leur pays; les fils plaignaient l'obstination des pères et l'égarement de leur fidélité pour une famille proscrite. Les grandes maisons n'offraient, entre leurs chefs et leurs membres, qu'une discorde apparente; elles étaient unies pour avoir un pied dans toutes les intrigues.

Chez les rudes et fidèles montagnards du nord du royaume, on ne connaissait ni ces nuances d'opinions, ni ces divergences d'intérêts, ni ces discordes, ces divisions combinées.

L'amour de leurs anciens souverains, de la maison des Stuarts, de la race de Cerdic, avait encore sa vitale énergie, sa pureté native; et plus, chez les riches des villes, chez les grands de la capitale et des comtés, il avait perdu de sa force, et s'était fondu dans une opposition raisonnée à un ministère cupide et tortionnaire et à la maison d'Hanovre, plus il recevait des mœurs simples de l'habitant des clans de la haute Écosse toute la force du sentiment profond de l'honneur national, et de l'orgueil et de l'amour de l'indépendance blessés par le choix d'une maison étrangère qui leur donnait des rois.

Il n'en était pas de même en Angleterre. Depuis le procès d'Atterbury, les Jacobites étaient comprimés par la crainte des vengeances du parti hanovrien, et non des Whigs, car ils commençaient à disparaître; quelques souvenirs de table du Prétendant, une haine bien prononcée contre le roi George II; de dédaigneux mépris de la *vulgarité*(1) de son esprit, de son caractère, de ses manières même, étaient tout ce qui restait de leur jacobitisme; et l'égoïsme, la prudence, ne leur auraient pas permis le plus léger sacrifice en faveur du Prétendant et de sa cause.

Jacques III avait donc reporté toutes ses espérances sur ses fidèles Écossais. Ses agents avaient continué d'explorer l'Écosse, d'y entretenir les souvenirs de sa maison. Une correspondance assez étroite existait entre Rome, Paris, Édimbourg et les montagnes de la haute Écosse; des Murray, des Stewart de Traquair, des Argyll, des Drummond, honoraient leurs noms déjà antiques et célèbres, par cette fidélité qui jusque là se bornait à des vœux et à nourrir l'espoir d'un meilleur avenir.

L'étonnante publicité qu'on avait donnée au rapport du comité secret de 1723 servait les intérêts des Stuarts. Ce rapport avait prouvé que l'Espagne n'abandonnait la protection des Jacobites que parcequ'elle y était forcée par l'union de la France et de l'Angleterre. Lorsque cette puissance se trouva en guerre avec George II, des intrigues se nouèrent à Madrid et avec les chefs des clans de la haute Écosse. En 1736, l'Espagne, alors unie avec la France et la Savoie contre l'Autriche, fit

(1) Qu'on nous passe ce terme, très usité dans la langue anglaise, et qui rend bien l'idée qu'on avait en Angleterre de la nature des facultés intellectuelles et morales du roi George II.

paraître des frégates portant des troupes, sur les côtes septentrionales de l'Écosse; on n'était sans doute pas prêt, et il n'y eut aucun débarquement; d'ailleurs la guerre n'était pas déclarée entre l'Espagne et l'Angleterre. Dans l'hiver suivant, il se forma une association entre sept chefs ou lairds des clans de la haute Écosse. Lord Frazer de Lovat, le comte de Traquair et sir John Stewart, son frère, sir James Campbell d'Auchinbroke, le jeune Caméron de Lochiel, lord Perth, lord John Drummond, signèrent une confédération, par laquelle ils dévouèrent leurs vies, leurs fortunes, et celles de leurs vassaux à la restauration de Jacques III sur le trône d'Écosse. Un des Drummonds la porta à Rome, et la rapporta approuvée par le Prétendant, à Paris, avec des lettres, des recommandations et des mémoires pour le cardinal de Fleury. Ils offraient vingt mille montagnards, prêts, comme eux, à verser leur sang pour la maison des Stuarts. Ils demandaient des armes, quelques secours d'argent, deux à trois mille hommes de troupes françaises, le lord Maréchal d'Écosse, (lord Keith), et le jeune prince Charles-Édouard.

On était encore en paix avec l'Angleterre; des traités même venaient de mettre fin à la guerre qui donnait à don Carlos (III) Naples et la Sicile; le dernier est du 31 décembre 1738. Le cardinal de Fleury voulait la paix, mais il prévoyait la guerre. L'exécution du traité de l'*Assiento* allait la renouveler; l'Angleterre en effet déclarait la guerre à l'Espagne, vers la fin de 1739. Le zèle de la religion catholique, car, pour faire passer les projets des Lords confédérés auprès de la vieille Éminence, il était question de la rétablir; les malheurs des Stuarts, protégés et chéris de Louis XIV; l'intérêt qu'on prêtait à la France, un peu gratuitement, de voir le trône d'Angleterre occupé par un Stuart plutôt que par un prince de la maison de Brunswick; enfin le laisser-aller de la vieillesse, obtinrent du cardinal de Fleury quelques secours d'argent et des promesses de secours d'armes et de troupes; si on pouvait être assuré du concours des Jacobites d'Angleterre.

Le comte de Traquair, qui avait négocié avec le Cardinal, reporta à Edimbourg les promesses de la France, et allait à Londres demander la coopération des chefs des Jacobites. Il passa l'hiver dans le centre de l'Angleterre, et se crut assuré du dévouement des catholiques et des Jacobites anglais. Il communiqua ses espérances aux Lords de l'association. Lord John Drummond vint en rendre compte au cardinal de Fleury. Déjà le Cardinal était sous le charme ou sous le joug des projets brillants du maréchal de Belle-Isle, pour écraser la maison d'Autriche, veuve de son chef, l'empereur Charles VI (20 octobre 1740). On allait méconnaître cette *Pragmatique sanction*, à laquelle avaient adhéré toutes les puissances de l'Europe; et le sceptre impérial serait porté dans la maison de Bavière. Mais on était encore incertain du rôle que prendrait l'Angleterre dans cette guerre continentale; il ne fallait donc pas la provoquer à une guerre maritime.

Sir Robert Walpole avait quitté la direction des

affaires, le 24 janvier 1742. Que deviendrait le gouvernement dans les mains de lord Carteret, son successeur? Résisterait-il à la faveur et à l'ascendant des Pelham?... Du temps est donc encore perdu à attendre, des évènements politiques de l'Europe, et des intrigues de la cour et du cabinet de George II, la détermination de la grande mesure d'une insurrection de la haute Écosse.

Le cardinal de Fleury meurt, le 29 janvier 1743. Le cardinal de Tencin et M. Amelot sont chargés, à Paris, de la suite des affaires d'Écosse; mais le maréchal de Belle-Isle en confie les détails d'exécution au comte de Maillebois; dans ses mains, elle marchera à une conclusion. Les agents des Écossais, John Murray de Broughton, lord John Drummond, y mettent du feu et de la persévérance. A Édimbourg, à Perth, à Inverness, les Frazers, les Camerons, les Murray, les Kilmarnock, les Balmerino, se préparent. La France, qui en Allemagne n'est qu'auxiliaire, prendra une part active et principale dans la guerre, par une expédition maritime contre l'Angleterre. 12,000 hommes se réunissent à Brest, et on croit, en Angleterre, que le comte de Saxe les commandera. La flotte est armée. Des frégates prendront à Dunkerque le lord maréchal Keith, avec trois mille hommes, et, en deux expéditions, le porteront dans le nord de l'Écosse. Cependant le roi de Prusse fait sa paix avec Marie-Thérèse; il faut renforcer l'armée que nous avons dans l'empire. L'indiscipline de nos troupes nous a fait perdre la bataille de Dettingue contre le roi d'Angleterre et le duc de Cumberland, son fils. Nous sommes rejetés au Rhin. La flotte a été contrariée par les vents; l'expédition l'est par les évènements politiques. Louis XV portera la guerre en Flandre; enfin les armements de Dunkerque sont suspendus.

Pendant ces vicissitudes des temps, des évènements militaires, des faits de la politique, car le roi de Prusse est rentré dans la lutte contre l'Autriche, l'espoir, la confiance, le dévouement, la persévérance des montagnards écossais ne se sont pas ralentis. Déjà ils ont huit années de durée.

Louis XV ouvre de bonne heure, avec son fils, la campagne de Flandre. Il gagne, le 11 mai 1745, la bataille de Fontenoi sur le duc de Cumberland.

Le prince Charles-Édouard ne contient plus son impatience; il annonce à John Murray qu'il court se joindre à eux et commencer la guerre dans la haute Écosse; que les secours qu'on lui promet arriveront ensuite; que ce n'est qu'ainsi qu'on peut les décider et les obtenir; qu'on se prépare donc dans les *Highlands*.

Le rauque son du cornet retentit dans les montagnes; de longs hurlements nocturnes, comme ceux de la *Banshee* de la superstition irlandaise, se font entendre dans les villages, et annoncent la guerre et ses horreurs, les combats et le sang. Les torches et les épées de la Croix de Feu (*Firy Cross*) sont portées dans les clans, et y lèveront une armée; l'épée punit de mort le vassal infidèle, et les torches incendient la chaumière du montagnard qui manquerait à l'appel. Déjà étaient préparés, chez les lairds des montagnes, le bonnet à plumes, la veste, les bogues, le manteau, la cocarde blanche et les enseignes à leurs couleurs. Leurs vassaux ont leur longue épée. Le prince Charles-Édouard leur apportera des fusils, de l'argent et les bras d'un petit nombre d'amis. Il débarque enfin sur la côte d'Inverness, au Loch-Aber, le 25 juillet 1745 ; il a devancé tous les préparatifs.

Le mois d'août cependant avait suffi à organiser une armée de cinq mille montagnards ; les clans des Frazers, des Camérons, des Mac-Donalds, des Mac-Leods, en font la principale force. Elle marche sur Edimbourg, et entre, le 17 septembre, dans le château. Le 21, le prince Édouard gagne la bataille de Preston-Pans et de Barrisdale sur le lieutenant général sir John Cope, qui cède sans gloire et se retire honteusement sur Berwick, et la frontière orientale de l'Angleterre, après avoir tenu Glascow quelques jours encore. L'armée du prince Édouard est devant Carlisle le 1er octobre ; elle y entre à la fin du mois.

La victoire de Preston-Pans avait levé toutes les indécisions. Ces lairds des clans qui avaient envoyé leurs fils, leurs frères, leurs parents, des vassaux à Edimbourg, à Stirlings, à Glascow, à la disposition du gouvernement royal, n'hésitent plus à joindre le prince Édouard. Si des montagnards ont été rappelés chez eux, d'autres viennent les remplacer. Cromarty amène, sous Glascow, le clan des Cromarty ; des troupes régulières se forment. Le comte de Kilmarnock, qui a envoyé quelques hommes à Inverness, au Président de la Cour des sessions, arrive sous Carlisle avec des amis, avec de vieux soldats et des montagnards jeunes et robustes de son clan. Le premier régiment des gardes à pied s'organise, on lui en confie le commandement. Le lord Fraser de Lovat envoie son fils aîné, de dix-huit à dix-neuf ans, avec deux cents hommes des Frasers de son clan. Lord Balmerino amène au prince une nombreuse troupe à cheval de ses amis, des jeunes gens riches de ses terres ou des environs. Ils forment la deuxième compagnie des gardes-du-corps; il en est le capitaine. Le prince Édouard est invité par les seigneurs anglais de son parti à entrer en Angleterre. Il traverse le Cumberland, le Lancashire, et arrive à Derby, et personne ne s'est déclaré pour lui.

Les ministres de George II avaient enfin aperçu les dangers qui environnaient le trône. Des seigneurs attachés à la cour lèvent des troupes, forment à leur tour des associations; les Whigs se joignent à eux. On réveille les vieilles haines nationales contre les Écossais. L'indiscipline, le désordre, les pillages des montagnards, tous les maux d'une guerre sans magasins et qui se nourrit sur le pays, accroissent les ressentiments et appellent de toutes parts la vengeance. Les milices accourent, et leur service devient utile. On fait revenir de la Flandre quelques unes de ces vieilles bandes, honorables débris de la colonne serrée de Fontenoi. Vingt-un bataillons et deux régiments de troupes à cheval arrivent à Yarmouth, à Hull et dans les ports du comté d'York. L'armée écossaise peut être coupée d'Édimbourg et de la haute Écosse. Le prince Édouard commence sa retraite; son mouvement en avant a été inutile; et sa marche rétrograde n'est inquiétée que par des milices. Le premier combat qu'il livre aux régiments de l'armée de Flandre est à Falkirke; ils veulent lui faire lever le siége de Stirling; l'engagement est vif, court et meurtrier; mais il se rend maître du château. Il s'empare des forts George, Auguste et Guillaume, construits pour brider les montagnards. Les Écossais veulent détruire ce dernier fort. Ils sont obligés d'avoir encore une affaire assez chaude avec les troupes anglaises, et ils y sont battus.

La guerre avait changé d'aspect et de formes; l'impétuosité et la valeur trouvaient en opposition la tactique, la discipline, et des troupes aguerries. Les officiers les plus expérimentés, les vieux chefs des montagnards conseillaient de laisser reposer l'armée, de traîner la guerre en longueur, de se fortifier dans la haute Écosse, d'en défendre les défilés, et d'attendre, des mers, du printemps, et de l'été, les secours de la France. S'ils n'arrivaient pas, les régiments de l'armée de Flandre y retourneraient, et, à la fin de l'été, on recommencerait une campagne qui rendrait bientôt maître de toute l'Écosse, que l'on ne ferait plus la faute de quitter pour entrer en Angleterre. Les jeunes gens invoquaient les hasards des batailles, et le prince Édouard les demandait aussi vivement.

Deux jeunes princes, l'un l'objet des préférences de George II, et qui deviendra l'orgueil de sa maison et des Whighs; l'autre la consolation de Jacques III, peut-être le restaurateur de sa fortune, vont se rencontrer sur le champ de bataille de Culloden; tous deux ont tiré l'épée pour conserver un des plus beaux sceptres de l'Europe ou pour le reprendre. Si l'un a une part dans le gain de la bataille de Dettingue et l'honneur de la défaite de Fontenoi, l'autre a montré de l'intrépidité, et la victoire de Preston-Pans n'est pas sans gloire. Tous deux ont l'amour de leur armée. Les Écossais sont moins nombreux, mais ils se battent sur leur terre natale et foulent encore les ossements de leurs pères; derrière eux sont leurs femmes, leurs enfants; derrière leurs chefs est l'échafaud des traîtres. Les troupes anglaises ont l'avantage du nombre et de la discipline. Il y a, chez elles, de la haine pour leurs anciens rivaux, et s'ils ne triomphent pas de paysans mal armés et indisciplinés, il y aura de la honte, bien plus qu'il n'y a eu d'honneur à les avoir vaincus.

Le signal est donné; l'artillerie anglaise fait beaucoup de ravages dans l'infanterie écossaise. Les dragons du prince Édouard marchent sur les pièces, ils sont écharpés. L'artillerie reprend ses meurtrières exécutions; les montagnards jettent leurs fusils et fuient dans toutes les directions, entraînant leurs chefs avec eux.

Les troupes anglaises occupent aussitôt les défilés des montagnes; et traquent les lords et les chefs des montagnards dans toute la haute Écosse; des primes leur sont accordées, elles reçoivent le prix du sang des vaincus. Des échafauds sont dressés à Stirling, à Inverness, à Édimbourg. Ils attendent à Londres les lords Kilmarnock, Cromarty, Balmerino et Lovat; son procès suivra celui des trois premiers. A travers mille dangers, le prince Édouard parvient sur le bord de la mer; un esquif l'enlève aux troupes du roi, et une frégate française le conduit à Dunkerque. Ainsi est comprimée la dernière et la plus dangereuse rébellion de l'Écosse (1).

Aussitôt que les Écossais furent entrés en Angleterre, il y eut, comme on doit le penser, de grandes alarmes, une vive exaspération des esprits et des sentiments nationaux contre les Écossais et en faveur de la constitution, mais tout à la fois, et spontanément, un rare concours de volontés pour se porter à la défense de l'État et du royaume. Torys et Whigs sentaient qu'il en était fait de l'Angleterre, si, au milieu d'une guerre extérieure, une rébellion comme celle dont le prince Édouard était le chef n'était pas réprimée avec promptitude. La cité de Londres vota des souscriptions volon-

---

(1) Les procès des trois lords écossais n'ont été instruits que sur l'*Indictment* peu détaillé du Grand jury du comté de Surrey; les lords ont plaidé *Coupable*. Le procureur général n'a donc pas eu l'occasion de développer les faits de la rébellion d'Écosse de 1745; nous les avons tirés de l'accusation et des débats du procès de lord Lovat, qui suivra celui-ci. Un semblable extrait conduit au plus près de la vérité historique; et quant aux faits généraux de cette rébellion, nos fonctions de juge et de critique ont été remplies avec une grande exactitude, nous avons également cherché la vérité dans les histoires générales de cette époque, dans l'histoire du Parlement d'Angleterre (*Parliamentary history*), à la fin du t. 13, et dans l'ouvrage du docteur King, *Anecdotes of his own times*. Les procès des lords Kilmarnock, Cromarty, Balmerino et Lovat, se trouvent dans le *State's Trials*, t. 9, de la p. 587 à 752; t. 10, Appendice, de la p. 173 à 196, n.os 19, 20, 21 et 22.

taires considérables pour venir au secours de la couronne. Des banquiers, des négociants riches, les grandes compagnies de finance, la banque, la compagnie des Indes, ouvrirent leurs caisses. Toutes les maisons de commerce et les détaillants prirent la résolution de recevoir les banks-notes comme espèces; et la circulation et les affaires ne furent point arrêtées.

Le Parlement fut assemblé de très bonne heure. Il donna au gouvernement tous les moyens et les pouvoirs les plus étendus de la dictature dont il avait besoin, suspension de l'*Habeas corpus*, etc.

Le 17 octobre 1745, une loi d'*Attainder* passa dans les deux Chambres, et reçut aussitôt la sanction royale, contre les chefs principaux de la rébellion.

Alexandre, comte de Keller, le vicomte de Strathallan, lord Pilfligo, lord Elko, fils du comte de Wemyss; Jacques Drummond, Simon Lovat, fils de lord Lovat; lord Louis Gordon, lord George Murray, James Drummond, John Murray de Broughton, lord Perth, lord Jacques Graham, lord Nairn, lord Ogilvy, lord John Drummond, et une trentaine de personnes, chevaliers ou propriétaires du nord de l'Écosse, des noms les plus distingués de ce royaume ou des lairds des clans, les Murray, les Mac-Donald, les Fraser, les Camérons, les Mac-Leods, les Mac-Intosh, les Ross, les Gilivrae, seront déclarés atteints de haute trahison, si, avant le 12 juillet prochain, ils ne viennent pas se constituer prisonniers dans les mains d'un juge de paix de Sa Majesté, pour y subir un procès légal et passer en jugement. Cette loi valait infiniment mieux que l'ordonnance du gouvernement d'Écosse de 1714, qui prenait des otages.

Après la bataille de Culloden, et pendant que les dragons du duc de Cumberland et les compagnies légères de son infanterie étaient en quête des rebelles, une flottille de sloops, de cutters, de frégates, et d'un vaisseau de ligne avait été dirigée sur la côte nord-ouest de l'Écosse, et en explorait les îles; elle captura beaucoup de fugitifs de Culloden; ils furent envoyés, par mer, à Londres, où leur procès leur fut fait aux assises de Southwarck. Douze ou treize officiers de l'armée écossaise, pris les armes à la main, furent condamnés à mort; quatre obtinrent un pardon du roi.

III. Le 28 juillet 1746, les Pairs, dans leurs robes de cérémonie, se rendirent de leur chambre dans la grande salle de Westminster. Après avoir pris séance, le lord Chancelier reçut à sa place ordinaire les lettres-patentes du roi qui le nommaient Grand-Sénéchal, et en ordonna la lecture, qui fut écoutée par les lords debouts et découverts; lorsqu'elle fut finie, il vint prendre sa place sur la deuxième marche du trône, un officier de la Chambre des Pairs lui remit la baguette blanche, insigne de ses fonctions. Après les proclamations d'usage, il ordonna que le clerc de la Chambre lût les writs de *Certiorari*. Le clerc de la couronne donna ensuite lecture des trois *Indictments* du Grand jury du comté de Surrey.

Le lord Grand-Sénéchal demanda ensuite, pour les juges, la permission de se couvrir. Les comtes de Kilmarnock et de Cromarty et lord Balmerino furent amenés à la barre par le général Williamson, lieutenant gouverneur de la Tour. Ils firent trois révérences à la Cour, et ils se mirent ensuite à genoux; le lord Grand-Sénéchal leur dit presque aussitôt de se relever.

Diverses formalités eurent lieu pour la production de leur écrou à la Tour. Après les proclamations d'usage, le lord Grand-Sénéchal, dans une allocution grave, mais humaine, les prévint que la loi qui leur était appliquée était celle du statut de la vingt-cinquième année d'Édouard III et du statut explicatif de la septième et huitième année de Guillaume III; que la Cour qui allait les juger était la plus auguste du monde, la plus juste et la plus douce, et inclinée à la clémence, celle de leurs pairs; que, si elle avait à laver la flétrissure que leur trahison avait imprimée à un corps aussi respectable, aucun sentiment indigne d'une si haute vocation n'aurait d'influence sur les lords; qu'ils seraient justes et humains. Il leur fit remarquer plusieurs fois que, s'il leur était fait un procès loyal, ils le devaient à cette *heureuse* révolution contre laquelle ils s'étaient armés, et à ce grand roi, *le libérateur* de l'Angleterre et du joug des Stuarts, Guillaume III, dont ils outrageaient la mémoire.

Le clerc de la couronne prit la parole: « Que » dites-vous, Guillaume comte de Kilmarnock? » Êtes-vous coupable de la haute trahison dont vous » êtes accusé, ou non-coupable? — Coupable. »

La même question fut faite à George, comte de Cromarty, et la même réponse donnée.

Lord Balmerino, à la même question, dit: « Qu'il plaise à vos seigneuries de m'entendre » un moment; je n'ai que deux ou trois mots à dire, » je n'abuserai pas du temps de la Cour et de son » indulgence. » Le lord Grand-Sénéchal lui répondit: « Vous êtes au moment où vous devez faire » connaître votre choix de défense, ce n'est pas le » moment de commencer votre plaidoirie. — Alors, » Milords, vous m'obligez à faire perdre plus de » temps à vos seigneuries que je ne le voudrais, » car je me déterminerais à me déclarer non-cou» pable. Je désire d'être entendu. Je n'ai qu'une » question à faire; de sa solution dépendra mon » choix de procédure. — Si vous avez peu de chose » à dire, vous pouvez prendre la parole. »

Lord Balmerino dit qu'on l'accusait sous le nom de lord Balmerino de Carlisle; que ce n'était pas son titre, et qu'il n'était pas né dans cette ville; que, suivant l'accusation, il était entré dans la ville de Carlisle le 10 de novembre, et qu'il pouvait prouver qu'il en était à plus de douze milles. Le Grand-Sénéchal lui répondit que son objection ne pouvait lui être d'aucune utilité; que la mention de sa présence à Carlisle le 10 novembre précis était une chose de pure forme. Lord Balmerino insista. Le clerc de la couronne répéta la même question, il répondit non-coupable, et qu'il voulait être jugé par Dieu et par ses pairs.

A ce moment le lord Grand-Sénéchal fit reconduire à la Tour les comtes de Kilmarnock et de Cromarty. Le procès de lord Balmerino commença. Le conseil, pour la couronne, fit un réquisitoire, et soutint et motiva l'accusation. Le procureur général la développa ensuite avec plus de détails, et accusa lord Balmerino d'avoir porté la guerre dans le royaume, de l'avoir faite au roi pour le détrôner; d'avoir suivi en armes le fils du Prétendant, d'être entré avec lui dans la ville de Carlisle l'épée au poing, à la tête de sa deuxième compagnie de gardes-du-corps, et portant leur uniforme bleu, rouge et or; de l'avoir accompagné jusqu'à Manchester; d'avoir combattu plusieurs fois les troupes du roi pendant la retraite; enfin, d'avoir chargé à la tête de sa compagnie les dragons du roi à la bataille de Culloden. . . . .

Lord Balmerino n'avait pas voulu de conseil; et, persuadé que les termes d'un *Indictment* étaient sacramentels, il répéta qu'au jour indiqué dans l'acte d'accusation il n'était pas à Carlisle. Le procureur général demanda que ses témoins fussent entendus. Il y eut donc un interrogatoire de six témoins, qui furent examinés par lord Balmerino. Cet accusé fit remarquer que pas un d'eux ne disait l'avoir vu à Carlisle le 10 du mois de novembre. . . . .

Il n'en resta pas moins constant qu'il avait été dans cette ville à l'époque de sa prise. Toute la question se réduisait donc à ces points de droit: Est-on obligé, dans une accusation de haute trahison soumise au Parlement, d'indiquer un jour précis où l'acte patent du crime a été commis? N'est-ce qu'une formalité? et n'est-il nécessaire que de prouver qu'il a été commis la veille ou le lendemain du jour assigné?

Il fut proposé par un des Lords que les Pairs s'ajournassent à leur Chambre. Ils y passèrent, et délibérèrent, très peu de temps. Ils rentrèrent dans la salle; et lorsque le lord Grand-Sénéchal eut déclaré que la séance de la Haute Cour était reprise, et ordonné les proclamations d'usage, il dit: « Les » Lords ont résolu que les juges seraient consultés » sur cette question de droit: Est-il nécessaire que » l'acte patent formant le corps du délit de haute » trahison (*Overt act*) ait été commis le jour même » spécifié dans l'acte d'accusation (*Indictment*)? »

Les juges consultèrent un moment entre eux, et le Lord Chef-justice de la Cour du Banc du roi, après avoir répété la question proposée par le lord Grand-Sénéchal, dit: « Une preuve, que l'acte patent » a été commis aussi bien avant le jour désigné dans » l'accusation, qu'après ce même jour, peut être suf» fisante; car le jour indiqué est purement circon» stanciel et de forme, et n'est pas indispensable et » matériel en fait de preuve. Nous sommes tous » du même avis. »

Le Lord Grand-Sénéchal dit: « Lieutenant de » la Tour, emmenez votre prisonnier de la barre. » Lord Balmerino demanda la permission de dire quelques mots, ce fut pour s'excuser auprès des Lords d'avoir abusé de leur temps et de leur attention. Son procureur, le sieur Ross, avait soumis cette question à des conseils éclairés qui l'avaient résolue ainsi que les juges; mais il ne connaissait leur réponse que dans le moment même. Pour lui, il avait cru jusque là le contraire.

Lorsqu'il fut retiré, le lord Grand-Sénéchal

annonça qu'il allait mettre aux voix le vote de jugement, de coupable ou non-coupable, en commençant l'appel par le plus jeune baron.

Il y avait dix-neuf ducs, trois marquis, soixante-un comtes, douze vicomtes, trente-neuf barons et le Lord chancelier, pair, baron Hardwike : cent trente-cinq juges.

« Henri Arthur lord Herbert de Chirbury, que dit » votre seigneurie ? Arthur lord Balmerino est-il » coupable de la haute trahison dont il est accusé, » ou non-coupable ? » — Et lord Herbert, debout, la tête nue et la main sur la poitrine, répondit : « Coupable, sur mon honneur, » et ainsi des cent trente-trois autres pairs. Après l'appel et la réponse du dernier, le duc de Dorset, président du Conseil privé, le lord Grand-Sénéchal, la main sur la poitrine, dit : « Milords, je suis d'opinion qu'Arthur » lord Balmerino est coupable de la haute trahison » dont il est accusé ; vos seigneuries veulent-elles » qu'Arthur lord Balmerino soit appelé et informé » de votre jugement ? » — « *Ay*, *ay* (oui, oui). »

« Arthur lord Balmerino, les Lords ont examiné » attentivement les charges de haute trahison qui » ont été portées contre vous. Ils ont instruit votre » procès, et vous ont entendu dans toutes les cho- » ses que votre seigneurie a alléguées pour sa dé- » fense, et sur le tout, leurs seigneuries ont trouvé » unanimement que vous êtes coupable de la haute » trahison dont vous êtes ici accusé. »

Les Lords se retirèrent dans leur Chambre; et après délibération, ils ordonnèrent que les comtes de Kilmarnock et de Cromarty et lord Balmerino seraient reconduits à la Tour, pour être ramenés à la barre de la Haute Cour, le mercredi suivant 30 juillet.

IV. Le mercredi, la Haute Cour ayant pris séance après les proclamations d'usage, les Lords accusés étant à la barre, le procureur-général requit l'application de la peine. Le Grand-Sénéchal demanda à Guillaume comte de Kilmarnock : « Ce qu'il pouvait opposer pour empêcher la Haute Cour de » procéder à un jugement de mort sur lui, d'après la loi. »

« Le comte de Kilmarnock avoua son crime, dit qu'il en concevait toute l'horreur, et en éprouvait le repentir le plus douloureux et le plus profond. Il fit remarquer que sa famille et lui avaient toujours été fidèles à l'esprit de la révolution et aux lois, et avaient rendu des services à George Ier et au roi actuel; qu'il n'avait passé au prince Édouard que plusieurs semaines après la bataille de Preston-Pans; qu'il était difficile qu'on se fît une idée de sa position, au milieu de ses proches, de ses amis, de la noblesse de la haute Écosse, de tout ce qu'il avait de plus cher, entre son devoir, les menaces, les craintes et les séductions; et qu'on connût bien tous les combats intérieurs qu'il avait eus à soutenir. Engagé dans la cause et dans la guerre civiles, il les avait annoblies et adoucies par sa conduite sur le champ de bataille, avec les prisonniers de guerre, et dans son respect pour l'ordre et la propriété. Il n'avait point été compris nominativement dans l'acte du 17 octobre de l'année précédente; aussitôt après la bataille de Culloden il s'était rendu volontairement. Il ne voulait rien opposer au jugement, et réclamait le pardon du roi, par la seule intercession qu'il dût solliciter, celle des Lords. »

La même question fut faite à George comte de Cromarty, qui témoigna également de l'horreur de sa trahison, et un grand repentir de son crime. Il dit: « Qu'on l'avait engagé dans la cause du prince Charles-Édouard, dans un moment d'égarement (il avait signé dans l'ivresse après un grand dîner); qu'il n'avait pas cessé d'en montrer de vifs regrets; qu'il n'avait point porté les armes, avait été chargé de parcourir les comtés du nord pour y lever des impôts; qu'il n'avait pas reçu la plus légère somme, et s'était rendu de lui-même, aussitôt après la bataille de Culloden. Père de neuf enfants, et ayant sa femme enceinte du dixième, il sollicitait la compassion des Pairs pour elle, pour eux, plutôt que pour lui; la vie lui serait à charge. »

Lorsque le Grand-Sénéchal fit une demande semblable à lord Balmerino, ce lord répondit: « Qu'il pouvait objecter à toute la procédure contre lui que l'*Indictment* avait été présenté au Grand jury du comté de Surrey, lequel ne devait pas connaître de son crime, puisqu'il avait été commis sur les frontières d'Écosse. »

Un des Pairs demanda si lord Balmerino avait été informé qu'il pouvait avoir un conseil; un autre Pair, s'il en voulait un. Le lord Grand-Sénéchal lui en fit la question; il répondit affirmativement. Le duc de Newcastle, principal secrétaire d'État, s'y opposa. Une discussion s'élevait parmi les membres de la Haute Cour, lorsque le comte Granville dit : « Qu'il n'était pas d'usage qu'il y eût des débats au sein de la Haute Cour, » et demanda l'ajournement des Lords à leur chambre. Dans ce premier délibéré, on accéda à la proposition de lui accorder des conseils. Lord Balmerino l'accepta, en remercia et demanda MM. Wilbraham et Forester ; ils lui furent nommés dans le deuxième délibéré ; et la Haute Cour fut ajournée au vendredi 1er août, et les trois Lords, renvoyés à la Tour.

Le 1er août, la Haute Cour reprit sa séance. Les proclamations d'usage pour le silence furent faites ; la permission pour les juges de se couvrir fut octroyée ; les prisonniers furent amenés à la barre.

Le lord Grand-Sénéchal demanda à lord Balmerino s'il désirait que ses conseils fussent entendus. Le Lord répondit que : « Égaré par un faux avis, sur la nullité de son accusation, il avait consulté les conseils que les Lords lui avaient accordés ; qu'il était convaincu que le moyen qu'il s'était proposé d'offrir à leurs seigneuries n'avait aucun fondement ; qu'il y renonçait, et ne s'opposait plus à ce qu'il fût passé un jugement de mort contre lui ; qu'il ne lui restait plus qu'à faire agréer à la Cour ses sincères excuses d'avoir abusé aussi long-temps de l'indulgente attention de leurs seigneuries. » « Milords, je reconnais mon crime, et » je demande que vos seigneuries veulent bien intercéder pour moi auprès de Sa Majesté. »

Le Grand-Sénéchal s'adressa aux trois Lords trouvés ou s'avouant coupables, fit un discours dans lequel il s'étendit longuement sur les malheurs d'une guerre civile, sur la haine et l'horreur que doit inspirer une rébellion qui va solliciter l'appui de l'étranger, sur la justice du jugement qu'il avait la douloureuse obligation de prononcer contre eux. Il les condamna au supplice des traîtres, brisa sa baguette, et déclara que la Haute Cour était terminée.

V. Le comte de Cromarty était d'une famille attachée aux principes de la révolution de 1688, et protestante presbytérienne ; elle avait beaucoup de crédit et d'influence dans le nord de l'Écosse. Les Jacobites avaient intérêt à gagner lord Cromarty, et on y mit tous les soins, toutes les instances possibles. A la suite d'un grand repas, on obtint, dans un moment d'ivresse, sa signature. Avant cette réunion, et à l'origine de la rébellion, comme après la bataille de Preston-Pans, il fit offre de ses services et de son intérêt dans la haute Écosse au gouvernement; il en fut mal reçu. Il fut chargé, comme il l'a dit lui-même, de lever ou plutôt de s'emparer de 13,000 liv. st. qui étaient dans les caisses royales. Il en prévint les trésoriers. Les fonds furent mis en sûreté. Il fut utile aux prisonniers de guerre et aux Hanovriens poursuivis. Tous leurs effets furent déposés dans ses châteaux et maisons, et sauvés. Sa famille nombreuse et ses dix enfants lui obtinrent une généreuse et noble compassion : il eut son pardon du roi.

VI. Tout ce qui émanait de la Chambre des lords avait eu de la noblesse, de la générosité. Ils remplissaient un devoir triste, pénible, mais indispensable. Ils y portaient de la solennité et de la grandeur d'âme.

Le ministère avait ranimé les vieilles haines nationales contre les Écossais; et les désordres d'une invasion au centre du royaume, l'indiscipline et les pillages des montagnards, auquels le nom de *voleurs* est long-temps resté, et surtout la part que la France avait prise dans la rébellion, l'argent qu'elle avait donné, les officiers et quelques hommes des brigades irlandaises à son service qu'elle avait envoyés servaient admirablement ce dessein. Le cabinet voulut y joindre la terreur de l'échafaud et tout l'appareil du supplice des traîtres, que, cependant pour les Lords, il était forcé de borner à la décapitation. Cette ostentation, ce faste de deuil et de mort furent répondus ou plutôt opposés par l'intrépidité froide et religieuse du comte de Kilmarnock, et par l'intrépidité brillante et toujours soutenue du lord Balmerino.

Pour accroître la haine publique contre les Écossais et le prince Édouard, on avait répandu qu'ils ne faisaient pas de quartier; on cherchait ainsi à couvrir la honte de la défaite de Preston-Pans. Les troupes ne s'étaient pas battues, parce-qu'elles étaient sûres qu'on massacrerait les prison niers. Ce bruit calomnieux avait fini par tomber, on le réchauffa après la bataille de Culloden. On assura enfin avoir trouvé dans les papiers du prince Édouard un ordre de ne pas faire de quartier.

Le 7 août, le ministère résolut qu'il ne serait

pas accordé de pardon au comte de Kilmarnock et à lord Balmerino.

Le comte de Kilmarnock avait été élevé dans la religion protestante et dans les principes de la révolution. En 1715, son père s'était montré d'une manière décidée en faveur de George Ier et de la maison de Hanovre, que les lois, l'*Acte d'établissement*, appelaient à la couronne, à la mort de la reine Anne. Son père avait armé ses vassaux, et les avait mis à la disposition du gouvernement d'Écosse. Lord Kilmarnock, âgé de douze ans, avait suivi son père. On ne pouvait concevoir l'adhésion du comte à cette nouvelle rébellion, et son arrivée à l'armée du prince Charles-Édouard; on en cherchait les causes, on ne les trouvait que dans des mécontentements de la cour. Mais lorsqu'on réfléchissait que la malheureuse défaite de Preston-Pans et les succès de l'armée des montagnards engageaient l'affaire de la rébellion et faisaient aux chefs des grandes familles de l'Écosse une obligation de se décider, obligation que les menaces des amis des Stuarts rendaient indispensable et précipitée, alors seulement on put saisir les motifs de la conduite de lord Kilmarnock.

Ramené à la Tour, le comte de Kilmarnock adressa au roi, par les conseils du général Williamson, lieutenant de la Tour, une pétition en grâce; elle était d'ailleurs dans les principes religieux d'humilité, de repentance et d'horreur de sa trahison qu'il n'a jamais cessé de montrer. Il chercha, dans les secours de la religion, la force dont il avait besoin pour supporter la mort de l'échafaud;

le général Williamson ne lui cachait pas qu'on lui en ferait éprouver toutes les terreurs. Un M. Foster, ministre de l'église anglicane, vint l'assister. Cet ecclésiastique avoue, dans la relation qu'il a donnée des derniers moments du comte de Kilmarnock, qu'en le préparant à bien mourir et à un religieux repentir de ses fautes et de son crime, il désirait de lui des aveux sincères de quelques faits de la rébellion. Nous ne citons de ces conversations que les dialogues suivants :

M. Forter : « Étiez-vous, Milord, au conseil de » guerre du fils du Prétendant, tenu à Inverness, » avant la bataille de Culloden, où il fut question de » massacrer les prisonniers ? — *Le comte de Kilmar-* » *nock* : Non. — Avez vous été à tout autre conseil » semblable, tenu pour le même objet ? — Non. — » Avez-vous porté un pareil ordre au général fran- » çais Stapleton ? — Non. L'avez-vous approuvé ? » — Non. — L'avez-vous exécuté en tout ou en » partie ? — Non. — L'auriez-vous exécuté, s'il » vous eût été donné ? — Non, sans doute. » Une autre fois il reprenait la même question. « Milord, » jusqu'à votre prison à Inverness, avez-vous eu » connaissance d'un ordre de ne pas donner quar- » tier aux troupes du roi ? — Non. — Vous recon- » naissez-vous coupable de quelques cruautés com- » mises par les troupes sous vos ordres, envers celles » du roi et envers ses sujets, après qu'ils se sont ren- » dus prisonniers ? — Non ; je n'ai aucun reproche à » me faire, ni à personne. »

M. Foster, dans une autre conférence, lui parlait ainsi : « Milord, avez-vous su que les rebelles

» avaient fait sauter l'église de Saint-Ninian? Dans » quel but? quel part y avez-vous eue? quelles no» tions avez-vous sur ce fait? — *Le comte*: Je n'ai, » sur ce fait, aucune connaissance positive. J'étais » malade de la fièvre et gardant le lit auprès de » Stirling; je connus seulement par le bruit de l'ex» plosion, qu'un grand édifice avait sauté en l'air. » Je crois que cette explosion est due à une im» prudence. — Est-il vrai que, dans sa retraite, le » fils du Prétendant donna ordre de dépouiller les » prisonniers de guerre?—Lors de la retraite le ****. » (le prince Édouard) m'ordonna de dépouiller » de leurs habits les prisonniers de guerre enfermés » dans une église, pour les donner aux montagnards » qui étaient sans vêtements. Je confiai l'exécution » de cet ordre à un subalterne. Plusieurs des pri» sonniers refusèrent; on les déshabilla de force. » Les habits étaient mis en tas dans la rue, avec des » sentinelles pour en empêcher la soustraction. » J'allai engager l'envoyé de France auprès du prince » Edouard à faire des représentations sur cet or» dre rigoureux, et qui violait les lois de la guerre » et les usages des nations policées. L'ordre fut » rapporté, et les habits rendus aux prisonniers » dans l'église, etc. »

Lord Balmerino temoigna de la piété, envisagea la mort avec un grand courage; mais ne fut point infidèle à ses principes d'opposition à la révolution de 1688, ni à son attachement au Prétendant, ni à la conduite de toute sa vie. Dans son testament de mort remis au shérif, il se plaint du général Williamson. Il est tout simple que le lieutenant de la

Tour eût moins d'égards et d'attentions pour lui qui professait d'être Jacobite, que pour le comte de Kilmarnock, pénitent et se repentant avec ferveur. Il paraît que le général avait engagé lord Balmerino à recourir à la clémence et à un pardon du roi, et que ce lord refusa de se prêter à une semblable démarche, laquelle, à ses yeux, n'avait pour but et n'aurait d'autre succès que de flétrir sa mémoire d'un lâche abandon de ses principes par la crainte de la mort.

Le 18 août, les deux prisonniers furent livrés aux shérifs, qui les conduisirent au bureau des transports, où des appartements tendus de noir leur avaient été préparés. Ils y reçurent leurs amis et en prirent congé avec beaucoup de sérénité; celle du lord Balmerino était plus brillante. Il fit proposer une entrevue à lord Kilmarnock, et lui demanda s'il avait connaissance d'un ordre du prince Édouard donné, le jour de la bataille, de ne pas faire de quartier aux troupes du roi? — « Non. — » Pour moi je n'en ai pas également connaissance: » vous colonel des gardes à pied, moi commandant » les gardes à cheval, nous aurions dû en être instruits, surtout n'ayant quitté le quartier général qu'au moment de l'action.... On a voulu légitimer notre exécution. — Non, milord; étant » prisonnier à Inverness, j'ai ouï-dire à des officiers » du duc de Cumberland qu'on avait trouvé cet ordre, signé George Murray, dans les bagages du » fils du Prétendant. — Adieu, milord. Je suis bien » fâché de vous avoir pour camarade dans cette dernière affaire. J'aurais voulu vous en éviter le dés-

»agrément et en porter seul tout le poids ; on s'est »refusé à me faire l'unique répondant de tous. »Adieu, milord, une dernière fois et pour ja»mais. »

A midi, le comte de Kilmarnock monta sur l'échafaud, en fit le tour, salua le peuple, lut l'inscription mise sur son cercueil et sur celui de lord Balmerino. Il se comporta avec beaucoup de décence, et satisfit pleinement à toutes les lois du *decorum* exigées par la sévérité anglaise des spectateurs. Il fit, pour ses amis et les personnes qui étaient sur l'échafaud, une déclaration de ses principes religieux et politiques, de son attachement au roi George II et à sa famille, et des vœux pour le bonheur de son pays et de la maison de Hanovre. Il laissait la même déclaration par écrit à M. Foster. Sa tête fut tranchée d'un seul coup. Elle fut reçue dans un linceul de gros drap rouge, que quatre de ses amis tenaient au-dessous du billot, et aussitôt réunie au corps dans le cercueil. Le comte de Kilmarnock avait demandé qu'une fois qu'il aurait obéi à la loi et subi sa peine sa tête ne pût pas rouler sur l'échafaud, et qu'elle ne fût pas montrée au peuple par l'exécuteur, ni exposée, ce qui fut accordé. Le seul but de cette montre hideuse était de constater que la punition de la loi avait été infligée. Les shérifs firent mettre à genoux toutes les personnes qui étaient sur l'échafaud, afin que la foule vît que l'exécution était faite : la loi n'exigeait que la publicité du supplice.

Lord Balmerino monta quelques instants après sur l'échafaud ; il portait l'habit d'uniforme de gardes-du-corps du prince Édouard qu'il avait à la bataille de Culloden. Il avait le visage calme et riant; il salua le peuple avec beaucoup de grâce et de noblesse, examina son cercueil, le billot sur lequel il devait poser sa tête, qu'il appelait *l'oreiller du repos*, la hache, dont il voulut reconnaître le tranchant; pardonna avec cordialité à l'exécuteur, et lui donna trois guinées en lui disant: «Je ne te fais pas bien riche, je n'ai jamais eu » beaucoup d'argent. Tu auras mon habit et ma » veste; fais bien ton devoir, c'est la seule grâce » que j'aie demandée.»

Lord Balmerino déclara ensuite qu'il mourait fidèle à la religion catholique, dans les principes de laquelle il avait été élevé, et à S. M. Jacques III. Il remit au shérif une déclaration fort détaillée de ses sentiments, et l'exposé de la conduite de toute sa vie, dit adieu à ses amis, les embrassa, et mit sa tête sur le billot. Elle fut abattue du premier coup, et ne fut séparée entièrement du corps qu'au troisième; l'exécuteur avait été intimidé de tant de courage et de sérénité.

Le sang de ces deux Lords écossais n'était pas le dernier qui dût couler sur l'échafaud. Cet appareil de deuil, de mort et de vengeance de la loi sera encore dressé pour lord Lovat.

PROCÈS

Sur *Impeachment* de la Chambre des Communes,

POUR CRIME DE HAUTE TRAHISON,

DE SIMON, LORD FRASER DE LOVAT.

HAUTE-COUR DU PARLEMENT.

Mars et avril 1747. . . . . . . Vingtième année de George II.

I. Circonstances de ce procès. —II. Accusation des Communes. —III. Jugement, condamnation et exécution.—IV. Réflexions sur ce procès et la nature de l'*Impeachment* des Communes. —V. Fin de la rébellion, et état des partis jusqu'à la mort de George II.

I. Le statut de la dix-neuvième année de George II (17 octobre 1745) avait frappé de terreur tous les jeunes chefs de la rébellion. Il prononçait un *Attainder* contre eux, si, avant le 12 juillet, ils ne se présentaient pas devant un juge de paix, et ne faisaient point leur soumission; quelques uns, avant la bataille de Culloden, se soumirent, d'autres après. Un plus grand nombre se dispersa, se cacha, et put se retirer sur le continent. Les chefs de famille, qui avaient tenu une conduite plus mesurée et s'étaient faiblement déclarés pour le Prétendant et le Prince Édouard, conservèrent l'espoir d'échapper aux persécutions. Plusieurs y réussirent: il fallait, pour le parti du Roi, user de la victoire avec modération, mais en même temps il fallait un exemple. John Murray de Broughton, secrétaire du Prétendant, fut enlevé par des dragons, à trois heures du matin, le 29 juin, et conduit au château d'Édimbourg. Il était sous le coup de l'*Attainder* du 17 octobre précédent. Il sauva sa vie en faisant des révélations. Maître de sa personne, de ses papiers et de ceux du prince Édouard, le Gouvernement pouvait choisir ses victimes.

Lord Fraser de Lovat, chef de la tribu des Frasers, un des plus chauds partisans des Stuarts, était l'âme de la rébellion des montagnards, mais il avait évité de paraître. Son parti pouvait trouver l'excuse de ses apparentes hésitations dans les premières incertitudes du succès de l'expédition, et dans l'irrésolution naturelle à un vieillard de quatre-vingts ans : on n'oubliait pas cependant qu'il avait été le premier signataire de l'acte d'association de 1739. Huit cents hommes des Frasers avaient été rassemblés, s'étaient avancés au-delà d'Inverness, dans le sud; s'étaient arrêtés, puis avancés une autre fois, puis rétrogradé ; ils avaient pour commandant son fils, âgé de dix-neuf ans, trop tôt enlevé à ses études et à l'université de Saint-André; et ce corps tenait cependant en échec une force égale du parti du Roi. Il servait donc encore la cause du Prétendant, aux yeux même de ses amis.

Lord Lovat s'imaginait n'être pas en évidence aux yeux du Gouvernement, et s'être ménagé avec les deux partis. Une lettre du président de la Cour des Sessions d'Écosse (Forbes) vint le tirer d'erreur. Elle lui annonçait que sa conduite était moins couverte qu'il ne le croyait ; que le Gouvernement l'observait depuis long-temps ; et que, s'il ne rappelait pas son fils et les Frasers, il le ferait arrêter. Les deux bataillons de ces montagnards revinrent donc en arrière ; il rappela son fils. Ce jeune homme marcha ensuite sur Glascow avec deux cents hommes. Le père parut brouillé avec lui, l'accusa de désobéissance ; le fils, à son tour, reprochait à son père de le perdre d'honneur auprès de ses camarades et du Prince. Le Gouvernement d'Écosse ne fut pas dupe de cette brouillerie ; il donna ordre d'arrêter lord Lovat, à un de ses voisins, le comte de Loudon, qui tenait pour le parti du Roi. Loudon était un ennemi invétéré de Lovat ; il l'enleva dans une nuit. Au bout de trois semaines, lord Lovat lui échappa, réunit ses vassaux, et lui fit la guerre. Il servait sans doute la rébellion et le Prince Édouard ; ce n'était cependant qu'une querelle particulière de deux grands seigneurs de fiefs, et on ne pouvait encore en faire un acte patent de haute trahison.

Après la défaite de Culloden, les chefs des clans de l'insurrection se retirèrent dans l'île de Mull. Il y fut résolu qu'ils feraient de nouveau prendre les armes à leurs tribus, non pour recommencer la guerre, mais pour faire respecter la paix publique, et pour composer plus avantageusement avec le Gouvernement et en obtenir une amnistie étendue. La flottille du capitaine Campbell les arrêta presque tous ; et lord Lovat fut mené prisonnier au château d'Édimbourg. On avait saisi ses papiers ; quelques uns le compromettaient. Ses papiers cependant ne pouvaient former preuve contre lui qu'autant qu'ils seraient reconnus par lui, ou que deux témoins attesteraient sous serment qu'ils les lui avaient vu écrire ou signer. Le secrétaire de lord Lovat, ses domestiques avaient été pris. On les intimida; on les tint au secret; on les persécuta de toutes les manières; on les interrogea ensuite; ils s'embarrassèrent. On finit par leur promettre la vie s'ils voulaient déposer contre leur maître; ils y consentirent.

John Murray de Broughton venait de développer tous les faits de la rébellion, et spécialement la part qu'y avait eue lord Lovat, le rôle double qu'il y jouait, son adresse, l'habileté avec laquelle il évitait de se compromettre, son attachement aux Stuarts; il avait déroulé, en un mot, toute sa vie politique. Les ministres en avaient assez pour le perdre; ils se décidèrent donc à lui faire son procès.

Lord Lovat, comme pair d'Écosse, ne pouvait être jugé que par les Pairs et la Cour du Grand-Sénéchal, ou par la Haute Cour du Parlement. Devant la Cour du Grand-Sénéchal, le procès commencerait, comme ceux des trois lords écossais, par une accusation du Grand Jury du comté de Surrey. Mais le corps du délit était-il suffisamment apparent pour que les Grands Jurés trouvassent *fondé* le bill d'*Indictment*? Lord Lovat n'avait pas porté les armes ni paru dans l'invasion du prince Édouard en Angleterre. Prouver une conspiration contre la vie du Roi était difficile, du moins aussi sommairement que l'exige la nature d'un *Indictment*. Assez de sang avait coulé sur l'échafaud. L'intrépidité des lords Kilmarnock et Balmerino, leur déclaration de mort, qu'ils ne connaissaient pas d'ordres de refuser quartier aux prisonniers, tournaient l'opinion publique en faveur des Écossais. Enfin, si le procureur général énonçait, dans son réquisitoire, les dépositions des domestiques de lord Lovat et celles de John Murray, lord Lovat, prévenu, aurait le temps d'y préparer toute sa défense.

La couronne avait donc intérêt d'ouvrir le procès par une accusation de la Chambre des communes, qui est toujours secrète dans son origine et brusque. On l'adopta. Ce fut seulement vers la fin de janvier que les conseils de la couronne et les jurisconsultes de la Chambre s'aperçurent que John Murray ne pouvait pas être admis comme témoin, parcequ'il était sous le coup de l'*Attainder* du 17 octobre 1745, *in reatu*. La manière légale de s'en tirer était de lui accorder un pardon de la couronne; mais, par une semblable mesure, on aurait montré une trop grande partialité, et qui aurait indisposé plus d'un pair. La défense aurait relevé la date du pardon, prouvé que l'on avait fait usage, dans les articles 1 et 2 de l'accusation des Communes, des dépositions de John Murray, et qu'alors il était *in reatu*, et n'était plus un témoin compétent et irréprochable, il était aisé à la défense d'embarrasser, sur ce point, l'accusation et les Juges. On prit donc un mode de procédure plus certain dans ses effets. Murray était à la Tour; la Cour du Banc du roi l'en fit extraire pour constater son identité avec le *John Murray de Broughton*, contre lequel avait été décerné l'*Attainder* du 17 octobre 1745, et ensuite le condamner au supplice des traîtres.

Murray reconnut bien qu'il était le *John Murray de Broughton* de l'acte de 1745; mais il déclara qu'il avait fait sa soumission, le 29 juin. Il n'en rapportait pas la preuve; le procureur général confessa (c'est le terme du registre de l'audience) qu'il avait fait sa soumission en temps utile. Murray fut renvoyé en prison, déchargé de la condamnation dont il était menacé, et tout propre à déposer contre lord Lovat.

II. Le 11 décembre 1746, la Chambre des communes envoya aux Pairs sir Willam Yonge accuser Simon lord Lovat de haute trahison, dans les formes ordinaires. Le duc de Newcastle, principal secrétaire d'État, apprit à la Chambre que lord Lovat avait été transporté du château d'Édimbourg à la Tour de Londres.

Le 17, sir William Yonge, accompagné de plusieurs membres des Communes, porta les articles de l'accusation à la barre de la Chambre des lords, et promit, au nom des Communes, de les prouver et de faire l'accusation bonne, lorsque le temps et le lieu leur en seraient assignés.

« Le préambule s'étendait sur l'iniquité des actes de haute trahison qui venaient d'être commis en Écosse, au moment d'une guerre inévitable et juste, et en s'appuyant des secours de l'ennemi contre qui elle était faite; qu'il fallait faire un exemple de la sévérité des lois, sur celui de tous les rebelles qui avait été le plus opiniâtre et le plus dangereux, lord Simon Lovat; que, malgré son grand âge, qui lui ordonnait de vivre tranquille et en paix avec le monde, il n'avait rempli sa vie que d'actes de haute trahison et de haine contre S. M. et sa famille; qu'il avait été l'âme de la rébellion de

1715, de celle de 1719, des intrigues de 1723 et de 1738; et que les Chevaliers, Citoyens et Bourgeois représentant les Communes de la Grande-Bretagne, tant en leur nom que, etc., accusaient ledit Simon lord Fraser de Lovat. »

« Art. 1. D'avoir, le 31 décembre 1743, et le 28 octobre 1745, conspiré contre la vie de S. M. glorieusement régnante. »

« Art. 2. D'avoir, dans ce dessein, reçu du Prétendant à la couronne de S. M. une patente de lieutenant général, commandant dans les comtés du nord de l'Écosse, et des lettres de duc. »

« Art. 3. D'avoir, toujours dans le même dessein, levé la guerre contre S. M., en s'assemblant et se réunissant de volonté avec des traîtres, agents dudit Prétendant, ou armés dans le même dessein; de s'être équipé lui-même et de leur avoir promis des armes, des munitions de guerre et de bouche, et des soldats. »

« Art. 4. Pour avoir, en 1745, écrit au fils aîné du Prétendant qu'il serait charmé de mourir à ses côtés; mais que son âge ne lui permettant pas de le suivre, il lui envoyait son fils, qui consacrerait sa vie à son service, et lui amenait son clan. »

« Art. 5. Pour avoir été en correspondance suivie de lettres, d'avis et de bons offices avec les rebelles de 1745, contre la teneur du statut du Parlement, du 17 octobre dernier. »

« Art. 6. Pour avoir fourni ces rebelles d'armes et de munitions de guerre et de bouche. »

« Art. 7. Pour avoir entretenu une correspondance avec le fils aîné du Prétendant, ses officiers, secrétaires, agents et domestiques; tous lesquels faits sont qualifiés actes de haute trahison par le statut 17, George II, ch. 39. »

« S'engageant lesdits Chevaliers, etc., et se réser» vant, ainsi qu'ils en ont le droit, d'ajouter et » retrancher auxdits articles d'accusation, etc.; » promettant de faire bonnes lesdites charges, etc.; » et demandant qu'elles soient communiquées audit » Simon lord Lovat, et qu'il soit tenu d'y répondre » dans un bref délai. »

Le 18, lord Lovat fut amené à la barre de la Chambre des pairs, entendit la lecture des articles, promit d'y répondre sous un bref délai, demanda qu'il lui fût accordé des conseils, un solliciteur, une libre communication avec ses gens d'affaires, et un ordre de la Chambre pour que 700 guinées qui lui avaient été prises lui fussent rendues.

Lord Lovat présenta plusieurs pétitions aux Pairs pour les mêmes objets de restitution, de libre communication avec ses agents, et de protection pour les témoins en sa faveur qu'il avait indiqués, enfin, pour de nouveaux délais. L'ouverture des débats fut ajournée au 9 mars 1747.

Le 18 janvier, lord Lovat remit sa réponse aux articles de l'accusation des Communes. Elle est une dénégation complète de tous les faits portés dans l'accusation.

La protection que lord Lovat demandait pour ces témoins était indispensable, et ne lui était pas refusée par la Chambre des pairs; mais les ordres des Lords n'étaient pas exécutés. Une commission illégale était établie à Inverness; elle examinait ses témoins. S'ils lui étaient favorables, elle les empêchait d'arriver ; ceux qui, par adresse, et connaissant le but de cette commission, auraient montré des dispositions favorables à l'accusation, étaient épiés, constamment suivis, jamais laissés à eux-mêmes et aux agents de lord Lovat, et, sous prétexte de les héberger, tenus constamment en charte privée. L'argent que réclamait lord Lovat ne lui fut jamais rendu ; et on doit reconnaître que les serviteurs de la couronne ont ôté au prévenu tous les moyens de se défendre.

C'était bien contre le vœu de la Loi Commune, de la Grande Charte, et du statut 7 et 8, Guill. III, ch. 4 : c'était donc une iniquité ; mais les agents de la couronne et les directeurs de l'accusation se couvraient du manteau du salut public. Réussir était tout ; et dès qu'ils auraient fait déclarer un coupable, leurs iniquités n'étaient plus qu'habileté.

III. Le 9 mars, le procès commença. La Haute Cour, dans laquelle le chancelier, lord Hardwike, remplit les fonctions de Grand-Sénéchal, tint sept séances ; la dernière, celle de la condamnation, eut lieu le 19 mars. Le premier acte de la procédure, après la lecture des lettres de nomination et les formalités d'usage, fut le développement de l'*Impeachment*, les directeurs de l'accusation s'en étaient partagés les détails. Sir William Yonge et lord Coke établirent la nécessité de faire un exemple et la convenance de l'accusation ; sir Dudley Ryder, procureur général, les faits de la cause et les moyens de droit ; et sir John Strange dirigea et ouvrit les débats, dans lesquels l'accusation fit entendre quinze témoins, deux desquels furent rappelés. Elle fit lire dix pièces, lettres de lord Lovat, ou dictées par lui, au Prétendant, au prince Édouard, au laird de Lochiel, à Simon Lovat, fils aîné du lord, au marquis de Tullybardine, ou leurs réponses; enfin, une lettre au prince Frédéric de Galles, fils du roi.

Les témoins étaient choisis parmi les domestiques, les agents, les ouvriers et les voisins de lord Lovat; et on fit déposer contre lui son secrétaire et John Murray, secrétaire du prince Édouard, remplissant auprès de ce jeune prince les fonctions de secrétaire d'État.

Lord Lovat récusa plusieurs de ses voisins, parcequ'ils tenaient des terres de lui, et que, s'il était condamné pour haute trahison, ils jouiraient du prix de leurs rentes ou fermes pendant deux ans. Plusieurs des motifs de ces récusations étaient fondés; les Lords les discutèrent et les apprécièrent. Lord Lovat ne récusa aucun de ses domestiques, ni son secrétaire, soit qu'il fût atterré de leur présence, soit par tout autre motif. Les plus dangereux de ces témoins étaient son secrétaire et John Murray.

Lord Lovat récusa John Murray, parcequ'il était encore *in reatu;* qu'il l'établirait par ses témoins quand ils seraient arrivés; et il lui demanda de prouver authentiquement qu'il avait fait sa soumission, avant l'époque fatale du 12 juillet, et librement. Le procureur général dit qu'ils avaient l'arrêt de la Cour du Banc du roi, et que John Murray le produisait comme pièce judiciaire au-dessus de toutes les objections imaginables. Il en demanda la lecture.

Lord Lovat et ses conseils s'y opposèrent. Ceux-ci furent entendus.

Les jurisconsultes distingués qui avaient été chargés de sa défense, plaidèrent avec succès qu'on ne pouvait pas se servir, contre un tiers, d'un acte qui n'était pas public et revêtu de toutes les formes légales ; qu'à la vérité l'arrêt de la Cour du Banc du Roi avait bien force de chose jugée entre le Roi et John Murray, mais non entre John Murray et des tiers ; que la preuve en était tellement forte que, si John Murray avait quelque fief relevant d'une baronnie, il appartiendrait au suzerain féodal, en raison de l'*Attainder* du statut du 17 octobre 1745, et qu'on ne serait pas admis à exciper, contre cette forfaiture du fief de Murray, de ce que le Roi et son procureur-général reconnaissaient qu'il avait fait sa soumission en temps utile ; qu'il faudrait qu'elle fût établie par la production de l'acte authentique qu'exigeait ou indiquait le statut ; en un mot, qu'elle eût légalement existé. Les conseils de l'accusation répondirent ; ceux de la défense répliquèrent, produisirent des faits, des cas semblables, des autorités, que ne détruisit pas le procureur-général dans sa réplique.

Mais remarquons le bien ici ; l'accusation avait fait commencer les débats par l'audition des domestiques de lord Lovat ; leurs dépositions ne portaient que sur des faits isolés, qui ne recevraient la vie et l'évidence que de la déposition de John Murray.

Les Lords s'ajournèrent à leur Chambre, délibérèrent pendant près de deux heures, et rentrèrent en séance. Le lord Grand-Sénéchal dit, au nom de la Cour, qu'elle entendrait la lecture de l'arrêt de la Cour du Banc du Roi, et qu'on passerait outre aux débats.

Murray alors détailla toute la conduite de lord Lovat depuis 1714; ses liaisons avec le Prétendant, ses préparatifs pour le recevoir en 1719, ses correspondances avec lui et avec le duc d'Ormond, ses demandes, à cette époque et en 1723, du titre de Duc Fraser de Lovat; sa correspondance qui n'avait pas été discontinuée; la part qu'il avait eue à la signature de l'acte d'association des sept chefs des montagnards d'Écosse, dans l'hiver de 1737 à 1738; le renouvellement de sa demande du titre de Duc et d'une patente de lieutenant-général dans le nord de l'Écosse, qui lui avaient été accordés en 1743, et qui étaient restés déposés à Boulogne dans les mains d'un ami; enfin tous les soins qu'il s'était donnés pour la rébellion d'après l'avis que lui, John Murray, avait envoyé aux chefs des clans des comtés d'Inverness et de Cromarty, de la résolution du prince Édouard de venir se mettre à leur tête.

Murray dévoilait aux Lords ce qu'ils devaient penser de la prétendue brouillerie de lord Lovat avec son fils, au sujet de l'envoi de ce jeune homme à l'armée du prince Édouard. Le fils obéissait en gémissant à son père, parcequ'il aurait voulu que son père eût une conduite franche, fût tout un ou tout autre. Le déposant plaignait les malheurs de la situation de ce jeune homme. Le secrétaire du prince Édouard avait, il n'y a pas de doute, les secrets de la politique de ce Prince et de sa famille, et des intrigues de leurs partisans et de lord Lovat qui en était le chef; il déroulait donc sa vie entière. Murray confirmait ainsi tout ce qu'avait dit le secrétaire de lord Lovat; et les domestiques étaient déjà venu donner séparément les détails de chaque acte, de chaque fait de sa vie privée.

La lecture des dix pièces produites par l'accusation corrobora cette masse de témoignages et les rendit concluants. Le secrétaire de lord Lovat, Hugues Frazer, et John Murray, furent rappelés pour reconnaître et authentiquer les pièces et les signatures.

D'un autre côté, les témoins de lord Lovat, interceptés par les agents de la couronne, n'arrivaient pas. Les Lords avaient renvoyé des débats, des témoins de l'accusation qui s'étaient coupés et tombaient dans des contradictions; ils pouvaient juger par là qu'il y avait de faux témoins. Mais le nombre des vrais suffisait pour la condamnation.

Plusieurs Pairs, par esprit de justice, par pitié, peut-être par indignation de l'illégalité des moyens mis en œuvre par l'accusation et les agents de la couronne, suppléèrent à la faiblesse de l'ouïe, de la vue, des facultés physiques et morales de lord Lovat. Ce fut en vain. La loi était précise, la Haute-Cour avait accordé à l'accusé toute la latitude de défense que la loi permettait. Là finissaient les obligations des Lords. Peut-être auraient-ils dû faire rougir les conseils de l'accusation et de la couronne de leur acharnement sur un malheureux vieillard. Il allait être déclaré un traître; ils se croyaient donc tout permis, et ne rougissaient plus.

III. A la sixième séance de la Haute-Cour, les directeurs de l'accusation firent le résumé des débats et des preuves des charges de l'accusation. Lord Lovat parla assez longuement et mal. Ses conseils le défendirent de leur mieux, mais ils étaient découragés par la tournure qu'avait prise l'accusation dans les débats.

Sir John Strange et le procureur général eurent au nom des Communes la réplique finale. Les Lords passèrent dans leur Chambre, et on y fut aux opinions sur la censure et le *Verdict* de coupable. Il y eut des oppositions à la condamnation, mais aucune protestation ne fut faite par les Pairs; rentrés en séance, le lord Grand-Sénéchal fit conduire lord Lovat hors de la barre.

La Haute-Cour se trouvait encore composée de dix-sept ducs, trois marquis, cinquante-deux comtes, dix vicomtes, trente-quatre barons et le chancelier, cent dix-sept juges; lord Lovat fut déclaré, à l'unanimité, coupable de haute trahison. Il reparut à la barre, et il lui fut donné connaissance du *Verdict* des Pairs. La Cour s'ajourna ensuite au surlendemain.

Le 19 mars, lord Lovat fut ramené à la barre. Le Grand-Sénéchal lui demanda ce qu'il avait à dire pour s'opposer à ce qu'une condamnation à mort fût prononcée contre lui. Le malheureux Lord fit un discours dont le but devait être de disculper son caractère et de rétablir son honneur, et il n'y montrait aucune dignité; il avait perdu la tête. Dans son abattement physique et moral, il oublia tout ce que pouvait présenter d'excusable, de noble, de généreux, sa longue fidélité aux Stuarts. Il n'avait soulevé son pays et causé la mort de tant d'hommes que pour se venger du ministère : sur la connaissance de ses sentiments, obtenue de ses paroles et de ses actions, les Gouverneurs de l'Écosse lui avaient ôté, quelques années avant, le commandement d'une compagnie de vétérans, confinés à la garde des forts du haut pays.

Le lord Grand-Sénéchal lui demanda, à deux fois différentes et après quelque intervalle, s'il avait encore quelque chose à dire pour sa défense. Il se taisait. Son silence était-il de la honte? On ne pourrait même l'en excuser. N'avait-il en effet rien à présenter contre sa condamnation?... Le Grand-Sénéchal fit une allocution, trop sévère pour un vieillard dégradé par l'âge plus que par le crime politique, et prononça la condamnation à la peine des traîtres. Lord Lovat fut ramené à la Tour; le Grand-Sénéchal cassait devant lui sa baguette blanche. Avec elle, tous les liens sociaux étaient rompus, toute la protection des lois, due à l'innocence et aux fonctions élevées de la pairie, était retirée à l'infortuné Simon Fraser lord Lovat.

Dans sa prison, de meilleurs traitements physiques donnèrent du ressort à l'énergie de ce vieillard, et il la retrouva pour soutenir le supplice qui lui était destiné. Il n'eût point la faiblesse de demander un pardon. Il se disposa avec courage à la mort, montra du calme, de l'hilarité même; il ne ressentit vivement que l'ingratitude de ses domestiques et la perfidie de son secrétaire. John Murray de Broughton avait sauvé sa vie aux dépens de la sienne. Rien ne liait à lui ce secrétaire du prince Édouard. Mais son propre secrétaire, ses domestiques... On ne croit pas qu'il les comprit dans le pardon qu'il accordait à ses ennemis.

Le 9 avril, il fut livré aux shérifs et conduit en voiture au bureau des transports. Un appartement tendu de noir lui avait été préparé. Il y reçut quelques amis, des Frasers, et passa quelque temps en prières en tenant à la main un crucifix d'argent. Il monta sur l'échafaud préparé comme celui des lords Kilmarnock et Balmerino, considéra avec calme son cercueil, la hache, le billot, tous ces terribles appareils de son supplice; remit ensuite une déclaration de mort au shérif, prit congé de ses amis et fit quelques prières. Il posa sa tête sur le fatal billot; elle fut séparée de son corps d'un seul coup.

Sa déclaration portait, qu'il mourait dans la foi de l'Église catholique, et fidèle à S. M. Jacques III, et qu'il invoquait les bénédictions du ciel sur ce prince et sur sa famille. Il pardonnait à ses ennemis.

IV. Le procès de lord Lovat nous a paru important par les notions précises qu'il fournit sur la nature de l'*Impeachment* de la Chambre des communes d'Angleterre, et sur les points qui la font différer des bills d'*Indictment* des grands jurés d'accusation des comtés (nous laissons les noms anglais déjà bien suffisamment connus de nos lecteurs).

L'*Impeachment*, dans les cas de haute trahison, tient plutôt de l'*Appeal of treason* ou *of murder*, cette accusation directe ou personnelle permise à un fils, à une veuve (p. 224, T. I.), que de l'*Indictment*.

Que la douleur légitime de la perte qu'ils ont faite entraîne trop loin les fils, la veuve d'un citoyen qu'on vient d'assassiner; que l'intérêt de l'État, le salut de la chose publique, exaltent les passions des membres d'une Chambre des communes, et déterminent ce corps politique à des mesures violentes, les uns et les autres sont excusables alors qu'ils n'assigneront pas avec précision la nature et les circonstances du crime dont ils accusent; ce sont les plus naturels, les plus purs sentiments d'une grande douleur; ce sont les alarmes les plus vives de la perte de l'État, qui les ont animés. Les uns et les autres ont éveillé la sollicitude de la loi, ils en invoquent la sévérité et les vengeances, ils ne sortent pas de leur droit.

Si lord Lovat n'eût été qu'un simple citoyen de la tribu des Frasers, les Grands-Jurys d'accusation des comtés de l'Angleterre eussent exigé que, dans le bill d'*Indictment*, on présentât un corps de délit, un acte patent de trahison, tel que d'avoir été pris les armes à la main contre les troupes du Roi, ou une preuve que lord Lovat avait machiné, comploté, combiné la mort du Roi. En vain les agents de la couronne auraient dit qu'il avait été en correspondance avec les rebelles. Le Grand-Jury leur aurait répondu : Où est la preuve? et ceux-ci n'auraient pas voulu, ou n'étaient pas encore en mesure de la donner. Le bill aurait donc été rejeté.

Mais des allégations de correspondances non interceptées, non présentées, mais qui son probables, sont suffisantes pour décider les Communes, déterminées par le plus grand des intérêts, celui de la chose publique. Elles accusent d'abord d'une manière générale, elles saisissent ainsi du procès la Chambre des lords. Elles donnent ensuite les articles de l'accusation; avec la faculté qu'elles ont d'y ajouter et d'en retrancher, ce ne sont pas proprement encore des charges; mais comme elles s'engagent de prouver ces mêmes articles, elles sont en droit de demander que lord Lovat y réponde. Dans le procès actuel, il ne le fait que par des dénégations, et il a bien fait.

Les révélations du secrétaire de lord Lovat peuvent fournir des preuves des articles de l'accusation, mais sur les faits de l'*Overt act*, il n'y aura qu'un témoin unique : la loi en exige deux; et, depuis la révolution et les statuts 7 et 8 de Guillaume III, elle est exécutée rigoureusement. Le second témoin... il faudrait le chercher; et on l'a tout prêt. Ce serait John Murray de Brougthon, mais il n'est pas un témoin légal et compétent, car il est *in reatu*. On le sortirait de cet état en lui accordant un pardon; on s'en garde bien; il pourrait ne plus déposer au gré des agents de la couronne. Le procureur-général a trouvé le biais de le rendre témoin compétent, en le gardant toujours sous la main de l'accusation. Lord Lovat a élevé régulièrement, sur cette question, l'incident dont nous avons rendu compte (1).

---

(1) Dans le cours des débats, un des Lords demanda à John Murray : « Êtes-vous témoin volontaire ou forcé ? — Très cer-

Les Cours de loi auraient admiré peut-être l'habileté du procureur-général, mais, à coup sûr, elles auraient ordonné qu'on n'entendît pas le témoignage de John Murray. La Cour des pairs ne s'est pas dirigée sur les mêmes principes. Elle n'est plus, dans un procès sur *Impeachment* des Communes, Cour de privilége; elle est une Cour suprême de l'État. Elle admettra l'arrêt de la Cour du Banc du Roi et le témoin reproché et incompétent, John Murray; et les débats sont continués. Son jugement n'est point illégal, en raison de son pouvoir; il est injuste et déraisonnable.

Il est injuste, parceque les Pairs n'ont pas, suivant les stat. 7 et 8 de Guillaume III, accordé à lord Lovat, pour ses témoins, la protection qu'avaient ceux de l'accusation. Si Lovat avait prouvé que son secrétaire et ses domestiques avaient été forcés par des mauvais traitements et par la terreur de déposer contre lui, ils devenaient des témoins illégaux et incompétents. Il ne restait plus que John Murray, bien réellement encore *in reatu*.

Il est déraisonnable et sans aucune convenance. Un vieillard de 82 ans n'était pas dangereux. Les Lords pouvaient s'ajourner à six mois, à la production des témoins de lord Lovat, et le renvoyer à la Tour. Ils ont servi la vengeance d'un parti. Il

---

» tainement, Milord, je suis ici contre ma volonté. — Si vous » aviez eu votre pardon, seriez-vous ici? — Non, Milord. » Un autre Lord l'interrompit: « Ce que vous déposez n'est » donc pas la vérité? — Si, Milord, mais j'aimerais beaucoup » mieux ne pas être forcé de la dire. » Qui fixera les limites entre la vérité d'une déposition forcée et sa fausseté?

en est presque toujours ainsi dans les procès politiques.

Nous prions nos lecteurs de saisir ces différences, 1° entre l'accusation de la Chambre des communes et celle d'un Grand-Jury; entre l'*Impeachment* et l'*Indictment*; et 2° entre les pouvoirs de la Chambre des lords, constituée en Haute-Cour de Parlement, et ceux de cette même Chambre des lords, en Cour du Grand-Sénéchal et Cour de privilége de la Pairie; et encore, entre les pouvoirs de cette même Haute-Cour du Parlement et ceux des Cours de lois supérieures. L'axiome de toutes les constitutions du monde, *Salus populi suprema lex esto*, lors des *Impeachments* et dans la Haute-Cour de Parlement, a tout amplifié, a tout ennobli, a exalté tous les pouvoirs comme tous les droits, et la raison en est simple. Dans ces procès, portés par la Chambre des communes à la Haute-Cour du Parlement, ce sont des corps, des magistratures, des pouvoirs politiques qui se meuvent librement dans leurs orbites, qui agissent uniquement dans l'intérêt de ceux qu'ils représentent.

Vous voyez d'un côté la Chambre des communes qui est plaignante; elle demande le redressement d'un grand grief politique; et ce redressement se trouvera dans la punition de celui qui a commis le tort, le grief politique. Il est le plus grand crime politique connu : appeler l'étranger pour renverser la constitution!... Elle accuse, non seule, non simplement en son nom, mais en celui de toutes les Communes de la Grande-Bretagne. Si, dans le cours des temps on a reconnu la nécessité de quelques règles, si elle a institué un ordre d'instruction et de procédure et des formes qui donnent plus de maturité à son accusation, c'est spécialement dans l'intérêt de l'accusation; celui de l'accusé la touche moins, c'est celui du pays qui la dirige. Elle entendra parfois l'accusé, parcequ'elle ne veut pas se tromper, qu'elle veut que son accusation soit juste et fondée; mais elle est entièrement libre de le faire ou de ne le faire pas. Et il y a d'elle aux Grands-Jurys d'accusation cette différence essentielle, que ceux-ci ont été institués pour la défense du citoyen anglais, et pour empêcher qu'il ne soit vexé, comme long-temps il l'a été, par les agents judiciaires de la couronne, et comme il pourrait l'être de nouveau par des accusations arbitraires.

Les Lords, autre pouvoir politique de la constitution, et qui représentent héréditairement deux des états du royaume, la noblesse et le clergé (1), jugent, seuls et souverainement, ces procès sur *Impeachment*. Rien ne limite leur autorité. Ils jugent suivant *la loi et la coutume parlementaires*, loi qu'ils se sont faite, coutumes que le cours des temps et leurs jugements *précédents* leur ont données, et qui toutes deux sont puisées dans la *loi de la*

---

(1) Les Évêques, comme Lords spirituels, siégent au parlement. Dans les procès pour trahison et félonie, ils se retirent au moment où ils commencent, après une protestation. Autrefois ils siégeaient jusqu'à ce qu'on allât aux opinions pour former le *Verdict*. Comme ecclésiastiques, ils ne peuvent condamner à mort; et leurs premières protestations ont été basées sur les mêmes principes que nous venons d'exposer.

terre ou en dérivent : et cette loi de la terre, c'est l'intérêt du pays qui, depuis quatorze siècles, la règle et la détermine, en sorte que cette loi de la terre n'est autre chose que le grand intérêt social qui unit des hommes en corps de nation.

Le troisième pouvoir public de la constitution, le Roi, n'intervient en rien dans ces jugements. S'il nomme un Grand-Sénéchal (1), c'est comme chef du pouvoir judiciaire, lorsque l'accusation est celle d'un crime qui emporte la peine de mort, parcequ'il n'y a que le pouvoir judiciaire qui ait le droit de vie et de mort sur un citoyen anglais. Aussi nous avons vu que les Pairs, dans un jugement de mort, ne votent que le *Verdict* de culpabilité ou d'innocence.

Le roi ne peut ni gêner ni arrêter l'instruction et le jugement. L'art. 8 de l'acte d'établissement (p. 236, t. II) dispose : « Qu'aucun pardon » du Roi ne peut être opposé à une accusation des » Communes. »

Concluons donc de tout ceci que, dans les procès portés devant la Haute-Cour du Parlement, tout est politique, accusateurs, accusations, formes, procédures et juges.

Nous avons cru devoir terminer les procès des Lords écossais de la rébellion de 1745 par ces ré-

(1) Tous les jurisconsultes et les Pairs les plus versés dans les lois parlementaires ont toujours dit et pensé que si, dans un procès capital sur *Impeachment*, le Roi refusait de nommer un Grand-Sénéchal, on s'en passerait, ou une commission de cinq Lords, nommés par bulletins secrets, choisirait un d'eux pour en exercer les fonctions.

flexions qui naissaient des débats du procès de lord Lovat. Nous prions nos lecteurs d'en conserver la mémoire. Ces réflexions recevront plus tard une application étendue.

V. La vindicte des lois fut exercée avec une grande sévérité sur les Écossais. Elle porta sur douze ou treize personnes, y compris les trois Lords, qui perdirent la vie par le supplice des traîtres (1); mais un plus grand nombre, dix-neuf personnes, de celles qui étaient comprises dans l'acte d'*Attainder* du 17 octobre 1745, eurent leurs biens confisqués. On n'avait pas arrêté ceux auxquels il avait été impossible de faire leurs soumissions à temps. Ceux qui les avaient faites, et passaient en jugement, étaient menacés de la peine capitale, obtenaient des facilités pour s'échapper, et en profitèrent. On voulait bien plutôt leurs biens que leur vie. Devenus contumaces, la confiscation les frappait de droit.

Depuis l'*Acte d'établissement*, la Couronne ne pouvait pas disposer des confiscations et autres forfaitures *réelles* des condamnés, sans une loi du Parlement. Ces sanglantes épaves judiciaires avaient reçu de la révolution l'inaliénabilité des anciens domaines royaux; un statut de la vingtième année de George II (1747), ch. 41, établit donc des gar-

(1) On l'avait cependant modifié: ils furent traînés sous le gibet; après leur strangulation, la tête fut coupée. Il y eut les mêmes boucheries de l'échafaud; mais leurs restes ensanglantés furent accordés à la pitié de leurs amis. Quelques années plus tard, les arrêts des cours de justice ordonnèrent que, du gibet, le corps des traîtres serait livré aux amphithéâtres de dissection. Nous écartelions alors le régicide Pierre François Damiens...

diens et dépositaires de ces biens. Par un autre statut de la vingt-cinquième année de ce prince, ces dépositaires étaient tenus de payer les dettes des anciens propriétaires. Il paraît que les ducs d'Argyle et d'Athol avaient bien voulu se charger de ce dépôt, et qu'ils le conservèrent en bon état.

En 1784, sur le rapport de Henri Dundas (depuis vicomte Melville), le statut 24, George III, ch. 57, rendit les terres confisquées aux héritiers des propriétaires, à la charge de fournir une somme de 80,000 liv. st., qui fut même liquidée par la loi. 50,000 liv. st. en furent affectées au canal Calédonien, qui unit les golfes du Forth et de la Clyde, et le reste aux routes de la haute Écosse.

Les lairds des montagnes avaient répandu, parmi les vassaux de leurs clans, la fausse opinion, source de véritables alarmes, que le gouvernement de George II voulait les exterminer. Le Président de la Cour des Sessions, Forbes, en accusait lord Lovat. La rébellion terminée, le ministère du duc de New-castle mit tous ses soins à calmer, à adoucir, à civiliser les montagnards d'Écosse; on leur ouvrit largement les voies du commerce et de l'industrie propre à leur pays; plus limitées, celles de l'instruction, toutefois d'une manière suffisante. Dans leur vassalité des lairds de leurs clans, on distingua les droits seigneuriaux-réels des droits purement personnels; les baux à rentes et à cens plus ou moins longs, et les droits de champart, de la juridiction et de la police rurale. On établit des modes et des termes de remboursement pour ceux de ces droits qui tenaient du réel et du personnel, et en 1766 on supprima la juridiction héréditaire. Le droit de rendre la justice fut attribué à des juges de paix, dont les premiers furent choisis dans les anciens seigneurs. L'influence de la noblesse de la haute Écosse s'affaiblit insensiblement; elle ne fut plus que paternelle, utile au maintien de l'ordre et de la paix, et dès lors sans danger pour le gouvernement.

Le ministère de lord Pelham, duc de Newcastle, après avoir long-temps combattu pour renverser Robert Walpole, venait, par ses succès contre la rébellion, d'assurer son crédit et d'affermir l'ascendant des Whigs; et ce parti en jouit sans contradiction jusqu'au ministère de lord Bute. A cette époque, sans que cette influence fût contestée, elle s'affaiblissait chaque jour; et la direction suprême des affaires était dans les mains d'une junte de cinq personnes, formant un gouvernement occulte, qu'on appelait le *Pandemonium* de Carlton-House. Ce gouvernement occulte a fait beaucoup de mal à l'Angleterre. Il est et sera toujours dangereux dans les États soumis au régime représentatif; et il faut de grands talents et peu de passions dans ceux qui les composent pour les rendre tolérables à l'opinion et à la chose publique, et sans danger pour les maisons souveraines. Après le procès de la reine Caroline, nous montrerons quelle influence a exercée ce gouvernement occulte sur la constitution de l'Angleterre, et combien elle a été funeste sous M. Pitt.

La rébellion d'Écosse, qui n'avait pas fait lever en Angleterre un seul Jacobite marquant, et qui démontra bien le patriotisme et la loyauté des véritables Torys, apprit au gouvernement de George II quelle était sa force et quelle devait être sa modération, que l'intérêt du pays devait seul l'animer ; et que c'était seulement ainsi qu'il servirait celui de la maison de Hanovre. Le duc de Newcastle, bien supérieur à Robert Walpole à cet égard, sentit qu'il était également de cet intérêt de concilier et de réunir les partis, et de cesser de présenter au roi les Torys comme des Jacobites. Il avait été cinquante ans dans les hauts emplois de l'État, conserva le ministère pendant vingt-cinq, et ne le quitta qu'avec le marquis de Rockingham, et honorablement pour son caractère, le 30 juillet 1766.

Le traité d'Aix-la-Chapelle, sous le ministère du duc de Newcastle, fut avantageux à l'Angleterre par la modération de Louis XV, qui renonçait à la Belgique. Pour favoriser les branches cadettes de sa maison, ce prince abandonnait à l'Angleterre tout ce qu'elle pouvait désirer de plus heureux pour son système de politique extérieure. L'honneur non stérile de ses victoires navales, et la conquête de colonies, sources de commerce et de navigation, étaient déjà de grands résultats de cette guerre.

La guerre de 1755 (de sept ans) fut, pour le ministère de George II, une guerre commerciale, et une guerre de nécessité de la politique hanovrienne. Elle fut aussi une suite non interrompue de victoires et de conquêtes maritimes, qui honorèrent l'ascendant des Whigs. M. Pitt le père, le grand comte de Chatham, entrait dans le cabinet, y prenait la direction des affaires étrangères, et méritait sa haute réputation. Nous la verrons faiblir, par son acceptation, en août 1766, de la pairie et des sceaux du conseil privé, qu'il ne garda que vingt-sept mois. Il l'avait entièrement recouvrée au moment de sa mort (11 mai 1778), et quelques semaines avant, le 7 avril, son dernier discours à la Chambre des pairs pour décider la paix avec les Américains fut le couronnement de tout ce qu'il avait fait de grand et de patriotique pendant sa vie politique.

Nous réduisons, en raison de l'espace que nous ont pris les deux procès écossais, les procès de lord Byron et de la duchesse de Kingston, à de simples extraits que nous joignons ici dans une double note. Ils ne nous présentent d'ailleurs d'*autre motif* pour figurer dans ce Recueil que celui d'être des procès pour félonies commises par des pairs et pairesses, et d'être des procès de privilége du Parlement, de la Pairie.

On voit, par les dates de ces deux procès, qu'ils ont eu lieu pendant les longues discussions dont le procès de John Wilkes, qui va suivre, a été l'occasion; nous avons cru devoir les mettre ici, pour que la partie politique de John Wilkes se lie davantage à celle de Warren Hastings.

NOTES EN APPENDICE

SUR LE PROCÈS DE LORD BYRON (avril 1765).

Lord Guillaume Byron de Rochdale était accusé du *meurtre* d'un M. Chadworth, riche propriétaire, ainsi que lui, du comté de Notthingham.

Dans un dîner à la taverne de l'*Étoile et de la Jarretière* des chasseurs de ce comté et du voisinage, donné à l'expiration de la saison des chasses, M. Chadworth, à la suite d'une longue conversation sur la chasse, s'était plaint que les lois n'étaient pas assez sévères contre le paysan qui braconne. Lord Byron n'avait pas été de la même opinion. Ces deux interlocuteurs avaient échangé quelques paroles assez dures, qui n'avaient cependant été entendues que des plus proches voisins, lesquels, au reste, s'accordaient à donner le tort à M Chadworth. Assez long-temps après, et le dîner fini, on se sépara. M. Chadworth attendait lord Byron sur l'escalier, et lui demanda une explication. Un garçon de l'auberge leur ouvrit une chambre et y laissa la lumière qu'il portait, et alla en chercher une autre. M. Chadworth ferme la porte avec les verroux, met l'épée à la main, et se rue sur lord Byron, qui à peine peut tirer la sienne pour se défendre. Bientôt lord Byron est blessé grièvement à la poitrine, mais il porte, à son tour, un coup d'épée dans le ventre à son adversaire. Ils sont tous les deux emportés chez eux. Au bout de vingt-neuf jours, M. Chadworth meurt. Il a déclaré, en mourant, que lord Byron l'a tué en traître. L'ami qui a reçu cette déclaration fait une plainte. Le Grand-jury du comté de Middlesex délivre un bill d'*Indictment* contre lord Byron, qui se rend à la Tour. Une Cour du Grand-Sénéchal est constituée. Le procès s'ouvre, le 16 avril 1765, et il y a une audition de témoins, les membres de la réunion bachique; elle n'apprend rien que le fait. Le 17, l'ami de M. Chadworth répète la déclaration qu'il affirme, sous serment, avoir reçue du mourant. Lord Byron a blessé, dit-il, M. Chadworth, lorsque celui-ci, désarmé, allait à lui, pour lui porter du secours, et lui demandait s'il était blessé. Lord Byron fait à son tour, avec candeur, le récit de cette malheureuse rencontre. Il n'a pas vu son adversaire se désarmer, il n'a pas même entendu sa question ni sa voix. Il lui a porté un coup d'épée, au-devant duquel il venait peut-être. Il ne sait même comment lui-même a été blessé. Il aurait droit de regarder ce duel comme un guet-apens, tant était grande l'obscurité de la chambre, lieu de l'explication, embarrassée d'ailleurs de chaises et d'une table.

Les Pairs, au nombre de cent vingt-trois, le déclarèrent coupable d'homicide sans préméditation. C'était une félonie du second degré. Il réclama, comme pair, le bénéfice du statut : il l'obtint de la Cour. La baguette blanche du Grand-Sénéchal fut rompue et le procès terminé.

Lord Byron, mort, dans ces derniers temps, en Morée, était l'arrière-petit-neveu de lord Guillaume Byron de Rochdale.

SUR LE PROCÈS DE LA DUCHESSE DE KINGSTON (avril 1776).

Élisabeth Chudleigh, depuis duchesse de Kingston, était une personne fort belle ; elle avait été choisie pour être une des filles d'honneur de la princesse de Galles, mère de George III. Un jeune officier de marine, Auguste Hervey, en devint amoureux, et la demanda en mariage à son oncle et tuteur, chez lequel elle passait la belle saison. Des circonstances particulières exigeaient que le mariage fût secret pendant quelque temps. La famille de miss Chudleigh y consentit. Le mariage fut célébré, à onze heures du soir, dans une chapelle solitaire du parc, sans publication de bans et sans aucune dispense. Le ministre était vieux, discret et bien payé ; les témoins étaient sûrs et amis des deux époux. L'acte de célébration fut remis à l'oncle. Plus tard il se trouva, sans qu'on sache comment, dans les mains de M. Hervey. La frégate que montait M. Hervey croisait sur les côtes voisines. Le jeune Auguste y était tenu tout le jour sous une discipline très sévère, et que les ordres de ses parents rendaient encore plus rigide. A la nuit, un modeste esquif le débarquait, et il venait en bonne fortune, à un mille de la côte, chercher, au château de Chudleigh, les douceurs et la licence des nuits conjugales. Au point du jour, il rentrait à bord.

Les ordres de sa famille le portèrent sur un autre bâtiment, qui fut constamment employé, pendant douze ans, dans le golfe du Mexique ou aux Grandes-Indes. Il avait oublié son mariage et sa femme, qui, de son côté, y pensait très peu. Devenu capitaine de vaisseau, M. Hervey désirait un divorce, sa femme y consentait avec plaisir. Prétexter une cause d'adultère paraissait déshonorant pour tous les deux. On aima mieux prendre une sentence de Cour d'Église, qui, sur une plainte d'Élisabeth Chudleigh, que le capitaine Hervey se donnait le titre de son mari, titre auquel il n'avait pas de droit, ordonna une information sur l'existence de ce prétendu mariage. Elle se fait; à tous ses actes, le capitaine Hervey est sommé de comparaître, et ne paraît jamais. Le juge déclare donc qu'il n'y a point eu de mariage entre les parties, et défend au capitaine Hervey de prendre le titre de mari d'Élisabeth Chudleigh. M. Hervey s'embarque de nouveau, et fait plusieurs campagnes. Miss Chudleigh est recherchée par le vieux duc de Kingston, déjà deux fois veuf, et elle devient duchesse de Kingston. Le duc meurt; elle porte son veuvage en Italie.

Le capitaine Hervey est rappelé en Angleterre par le titre d'une pairie à laquelle il succède. Il veut se marier. Il fait poursuivre Élisabeth, pour cause de bigamie, sous le nom de *Lady Hervey*. Elle arrive en hâte d'Italie; et, le 15 avril 1776, elle plaide non coupable devant une Cour du Grand-Sénéchal (lord Bathurst). L'acte de célébration, le vieux ministre, deux témoins, des valets congédiés se retrouvent. Une audition de témoins nombreux, des détails d'intérieur de famille et du lit conjugal et le récit des intrigues pour la dissolution du mariage par le juge d'Église soutiennent l'attention des juges et du public pendant cinq séances de la Haute-Cour. Élisabeth Chudleigh, lady Hervey, est déclarée bigame à l'unanimité des votes de cent dix-sept pairs. Elle réclame le bénéfice du statut pour cette félonie de deuxième classe. La Cour le lui accorda; et elle resta, dans le monde, et jusqu'à sa mort, sous le nom encore brillant de duchesse de Kingston.

RÈGNE DE GEORGE III.

25 octobre 1760. . . . . mort le 29 janvier 1820.
Cinquante-neuf ans, trois mois et quatre jours.

PROCÈS

DE JOHN WILKES, MEMBRE DU PARLEMENT,

POUR LE BOURG D'AYLESBURY,

Crime de libelle,

CHAMBRE DES COMMUNES.

Novembre 1763 à janvier 1764. Quatrième année de George III.

I. État des partis.—II. Ministères de lord Bute et de George Grenville. — III. Procès de Wilkes, et condamnation de son pamphlet. — IV. Il est expulsé de la Chambre des communes. — V. Résultats des fautes du gouvernement. Motion de sir John Meredith sur les *Général Warrants*, et autres faits parlementaires. — VI. M. Wilkes est renommé, en 1768, membre de la Chambre par le comté de Middlesex, et non admis par elle. Réélu, il est déclaré incapable d'être membre de ce parlement. Encore réélu, son compétiteur lui est préféré. — VII. Radiation sur les registres de la Chambre de tous les actes relatifs aux élections du comté de Middlesex.

I. George III était âgé de vingt-deux ans lorsque la mort de George II, son grand-père, l'appela au trône de la Grande-Bretagne et de l'Irlande. Né en Angleterre, il y avait été élevé comme son oncle le duc de Cumberland, idole des Whigs, et dernier fils de George II. Il avait perdu son père, le prince Frédéric de Galles, en 1751, et était passé sous la tutelle de sa mère et de Lord Bute son gouverneur.

Né citoyen anglais, George III en avait sucé les principes; et, dans le discours d'ouverture du premier Parlement de son règne, il s'était montré très vif adhérent au whighisme et à ses opinions (1).

A la chute de Robert Walpole, les Whigs avaient repris l'ascendant qu'ils avaient eu pendant le règne de George Ier. Pour gouverner avec plus d'autorité, Walpole avait cherché à affaiblir cet ascendant, ou à le rendre variable et incertain ; il leur était rendu, en 1743, et depuis la rébellion d'Écosse, dans toute sa plénitude. Les grandes dignités de la couronne et de l'État étaient remplies par les chefs des grandes maisons qui avaient fait la révolution, les Bedfort, les Devonshire, les Rutland, les Portland, les Gower, les Temple. Ils avaient en opposition contre eux le parti des Torys, dit *de la Révolution*, qui y avaient également coopéré, et qui avaient lutté avec tant d'acharnement pour

(1) A l'âge de douze ans, ce prince avait paru dans le prologue d'une tragédie de la *Mort de Caton*, jouée à Carlton-House. On lui avait fait réciter quelques vers, ou plutôt quelques maximes sur l'amour de la liberté, et le dévouement de Caton, et les derniers renfermaient l'annonce que ces principes étaient au-dessus de son âge, mais que c'était la grande leçon qu'on lui avait apprise et avec plus de soin.

obtenir le premier ministère de Guillaume III. Ces Torys se distinguaient, ou plutôt se séparaient, prétendaient-ils, des Whigs, par leur attachement à *l'église établie par les lois* (la haute église) et par leur éloignement pour le système de tolérance ouvert par les statuts de Guillaume III. Ils autorisaient leur opposition aux lois qui favorisaient les non-conformistes, du fait que tout citoyen qui se refuse à embrasser les dogmes et les doctrines religieuses de son pays ne peut être qu'un citoyen désaffectionné, qu'un mauvais citoyen. Ils accusaient encore les Whigs, comme ils le faisaient du temps du roi Guillaume, et peut-être avec plus de raison, d'avoir sacrifié à leur système vain, et si rarement atteint de la balance politique de l'Europe, la prospérité de l'Angleterre. Par ces alliances continentales, par cette politique, hanovrienne au fond, et alternativement autrichienne et prussienne, les Whigs avaient entraîné le pays dans des guerres ruineuses, desquelles étaient sortis tous les maux de l'Angleterre; une armée permanente considérable, une dette énorme (1), des impôts quadruplés, insuffisants encore aux exigeances et de l'armée et de la dette; et par l'armée, la dette et les impôts, une multitude d'emplois à la nomination de la couronne, et d'officiers et d'agents de tout ordre, à sa dévotion. Il en était résulté :

1° Que l'influence de la couronne s'était immo-

(1) La dette, au 5 janvier 1763, s'élevait à 131,501,603 liv. st.; les impôts étaient de 16,000,000 liv. st., et la guerre de sept ans avait coûté 112,000,000 liv. st.

dérément accrue ; et 2° qu'à l'aide de cette influence, et des moyens qu'elle avait par elle-même de s'accroître encore, une corruption générale ternissait le caractère anglais et infligeait ses honteux stigmates sur deux des pouvoirs publics de la constitution, le Parlement.

C'était parmi les ambitieux et les nécessiteux de ces deux partis que la junte du Gouvernement occulte, le *Pandemonium* de Carlton-House, allait choisir ses adeptes et ses Séïdes, opérer la séparation et l'indépendance des États-Unis, doubler la dette publique, et commettre les nombreuses bévues, fautes et sottises politiques, qui, jusqu'à la paix générale de 1783, ont flétri le premier tiers du règne de George III (1).

II. Six jours après la mort de George II, Lord Bute était nommé conseiller privé; en mars 1761, secrétaire d'État des affaires étrangères, et en mai 1762, premier Lord de la trésorerie, premier ministre, à la place du Duc de Newcastle. Tous les grands offices de la couronne étaient successivement enlevés aux grandes maisons whighs, et la junte du Gouvernement occulte en disposait pour ses affidés. Les Écossais étaient en faveur; ils étaient les parents, les amis, ou les compatriotes de Lord Bute.

(1) Le règne de George III est le plus long de tous ceux de l'Angleterre. Un extrait de ce règne aurait tenu beaucoup de place. Nous avons préféré d'en rappeler quelques faits aux trois procès de Wilkes, d'Hastings et de lord Melville ; ils y sont d'ailleurs mieux encadrés.

La guerre avec la France continuait toujours. En février 1761, une manifestation desdésirs pacifiques du cabinet de Versailles arrivait par celui de Stokholm. Des propositions plus directes du duc de Choiseul à M. Guillaume Pitt amenaient à des négociations pour des articles préliminaires, que M. de Bussy traitait à Londres. Le duc de Choiseul, sûr du dévouement raisonné de Charles III aux intérêts de sa maison, commettait avec une grande adresse l'orgueil anglais avec la fierté espagnole, et engageait l'Espagne dans la guerre maritime entre la France et l'Angleterre. Guillaume Pitt, informé secrètement et sûrement de l'accession de Charles III à une alliance avec le chef de sa maison (*le Pacte de famille*, 15 août 1761), voulait qu'à l'instant même la guerre fût déclarée à l'Espagne. La junte et Lord Bute s'y refusaient. Le 5 octobre 1761, M. Pitt donna donc sa démission. La guerre fut enfin déclarée, le 4 janvier 1762. La France s'était dégagée de ses liens avec l'Autriche; l'Angleterre retirait ses subsides à la Prusse; toutes les puissances en guerre, par ces divers revirements d'alliance, d'intervention, d'abandon de la guerre d'Allemagne, songeaient enfin à la paix; elle fut signée, à Londres, entre la France, l'Espagne et l'Angleterre, par le duc de Nivernois, le 3 novembre 1762; et à Hubertsbourg, entre la Prusse, l'Autriche et la Saxe, en février 1763.

L'Angleterre avait abandonné le roi de Prusse et une grande partie des avantages que les Whigs se promettaient de la guerre de sept ans; Lord Bute devait donc perdre de sa popularité, ou plutôt son impopularité, et la haine publique devaient s'en accroître; on lui attribuait avec raison toutes les fautes de la junte, toutes les mesures arbitraires que déjà elle se permettait; tous ces changements de grands offices et de dignités, qui fatiguaient, ou blessaient dans leurs intérêts, les grandes maisons whighs. Il proposa, à la présentation du budget de paix, un impôt sur les cidres et les poirés, qui frappait d'une manière asez forte tous les consommateurs et propriétaires des campagnes. Telles dévouées que fussent les communes, elles n'osèrent pas y consentir; lord Bute tomba lui-même avec son projet d'impôt, et donna sa démission, en avril 1763.

La junte fut embarrassée pour lui trouver un successeur ; elle crut, en nommant George Grenville, premier Lord de la trésorerie, qu'elle s'acquerrait le parti des Whigs, mais elle ne fit que les diviser. La junte sentit presque aussitôt, et ses fautes propres, et la faiblesse de ce ministère; elle négocia avec Lord Temple, frère de George Grenville, et avec M. Pitt son beau-frère. Le comte Temple fut net et cassant dans ses refus ; M. Pitt eut une conférence avec le duc de Cumberland et avec le roi, et demanda que les grands offices de la couronne servissent aux combinaisons ministérielles, et que les dignités de Grand-Chambellan, de Grand-Stewart, de Grand-Écuyer, de gentilshommes de la chambre, fussent rendus aux Whigs. On s'obstina à rejeter cette proposition ; le ministère de George Grenville fut donc sans considération, en dehors des Chambres, et sans grand appui au-dedans. George Grenville connaissait bien les affaires, leur marche officielle, toute la tactique parlementaire, et celle des bureaux ; mais il était trop fougueux pour ne pas faire des fautes par lui-même, et trop faible, par ses coopérateurs dans le cabinet, pour ne pas rester fidèle à la junte, et en devenir le Séide, jusqu'à ce qu'elle le sacrifiât à son tour. C'est dans ces circonstances que va s'ouvrir le procès de M. Wilkes, homme de talents, mais perdu de dettes et de réputation, qui s'était offert au ministère, et qui avait été repoussé par lui.

III. M. Wilkes avait attaqué, dans divers numéros du journal du *North Briton*, l'administration de Lord Bute, et celle de son substitut, George Grenville. Il avait aussi relevé parfois le peu de talents, l'immoralité de plusieurs des membres de ce nouveau cabinet, de Lord Halifax surtout. Non content de ces hostilités contre les agents de la junte, il avait, dans le numéro 45e de ce journal, censuré directement, scandaleusement et avec amertume, un discours du trône, chargeant le monarque d'avoir dit une fausseté pleine et manifeste, ce qui était vrai. Les discours du trône étaient censés, comme ils le sont aujourd'hui, des actes purement ministériels. M. Wilkes n'était pas un des rédacteurs du journal ; mais on lui attribuait généralement le numéro 45e ; et il l'avouait, sans cependant donner à cette reconnaissance assez de publicité pour être poursuivi en libelle. La junte et lord Bute prirent feu, et commirent le soin de leur vengeance à M. George Grenville et à lord Halifax. Celui-ci délivra donc un ordre, ou *General Warrant*, à des messagers d'État, contre M. Wilkes. Le 26 avril 1793, à huit heures du soir, il est arrêté dans sa maison; il résiste à une arrestation qui jusque là n'avait pas l'apparence de légalité. Vers *une heure après minuit*, le *Warrant est délivré* (1); il est arrêté de nouveau. Il se rend dans la maison du messager d'État. On pille la sienne; on saisit ses papiers; et on y trouve les preuves de sa participation à la rédaction du journal, une presse particulière, des ouvrages de sa composition. On est donc en mesure de le perdre, et surtout de le poursuivre légalement en libelle. Les amis de M. Wilkes ne purent avoir aucune communication avec lui; ils présentèrent à la Cour des Plaids communs une pétition pour qu'elle accordat un Writ d'*Habeas corpus;* il fut délivré contre les messagers d'État: M. Wilkes n'était plus en leur possession; ils produisirent le *General Warrant* en

(1) Il était conçu en ces termes : « G. Dunck, comte d'Hali-» fax.... principal secrétaire d'État de S. M., vous autorise et » vous requiert (en vous faisant assister d'un constable) de » faire de diligentes et strictes recherches des auteurs, impri-» meurs et distributeurs d'un journal.... le *North Briton*, nu-» méro 45.... Et après les avoir trouvés, ou un d'eux, de les ar-» rêter et saisir, avec leurs papiers, et de les conduire sûrement » par-devant moi pour y être interrogés, sur ce que dessus et » sur tout autre objet, conformément à la loi. Et pour l'exécu-» tion de ces ordres, tout maire, shérif, juge de paix, constable » et tous autres officiers civils, etc., sont requis et tenus de » vous assister, suivant l'occasion; et en ce faisant, vous êtes » garanti par notre présent ordre.

DUNK HALIFAX.

Londres, 26 avril 1763.

A MM. ...., messagers d'État.

vertu duquel il avait été arrêté, sans dire à quelle autorité, personne publique ou prison, ils avaient remis sa personne. Il y avait illégalité et mépris de la Cour dans cette réticence. Le Lord Chef-Justice, sir Charles Pratt (depuis lord Camden), négligea par prudence cet incident.

Les amis de M. Wilkes étaient informés qu'il avait été conduit à la Tour. Il y était au secret. Le lord Chef-Justice ordonna par son writ que le lieutenant de la Tour présenterait le corps de M. Wilkes à la barre de la Cour, et y porterait le registre de son écrou. Plusieurs jours avaient été perdus dans ces diverses mesures. L'arrestation de M. John Wilkes avait saisi l'opinion publique. Le ressentiment de l'oppression d'un citoyen, l'attentat sur sa liberté ne l'avaient pas seuls animée; c'était encore de haines contre le ministère et contre le gouvernement occulte, dans toute leur amertume, qu'elle s'abreuvait à chaque moment.

Le 3 mai, M. Wilkes parut à la Cour des Plaids communs. La salle était remplie de spectateurs jusqu'aux combles. Il demanda par lui-même ainsi que par ses conseils sa mise en liberté *pure et simple*, 1° parcequ'un secrétaire d'État n'avait pas plus le droit de retenir un citoyen en prison qu'un juge de paix, quand il n'y avait pas un ordre judiciaire, une disposition précise de la loi, ou bien une dénonciation de félonie ou de haute trahison, signée de deux témoins, et reçue sous serment; et qu'un *General Warrant* était illégal, hors les cas de haute trahison ou de sédition; 2° parceque c'était en poursuite d'un délit de libelle, et que, dans ce cas, il n'y avait pas lieu à arrestation: 3° parceque M. Wilkes avait le privilége du Parlement. Le conseil de la couronne requit, au nom des ministres, que la liberté ne lui fût donnée que sous caution; il ne l'obtint pas. M. Wilkes retourna chez lui, escorté par une foule considérable de personnes de tout âge, de tout sexe et de toute condition.

On avait trouvé, dans les papiers saisis au domicile de M. Wilkes, des moyens de commencer contre lui une information *ex officio* du procureur général et une plainte en libelle. C'était tuer la liberté de la présence au Parlement et la franchise de la parole et des écrits, dans les membres des Communes. John Wilkes n'y répondit pas, et fit valoir son privilége.

Le discours du trône, le 15 novembre 1763, engageait le Parlement à réprimer la licence des écrits, aussi opposée aux véritables principes de la liberté qu'à ceux de la constitution.

Dès la première séance des Communes, George Grenville, ne doutant pas que John Wilkes n'adressât à la Chambre une plainte en violation de privilége du Parlement, ouvrit les délibérations en annonçant à la Chambre qu'il avait à lui remettre un message de S. M. Il en demanda la lecture: il portait que,

« S. M. ayant été informée que M. John Wilkes, » membre de la Chambre, était auteur d'un libelle » très séditieux et très dangereux, elle avait ordonné » qu'il fût arrêté et conduit en lieu sûr, afin de » lui faire son procès dans une Cour de loi, et que » M. Wilkes ayant été libéré par la Cour des Plaids

»communs, en raison de son privilége comme »membre de la Chambre, il avait refusé de ré»pondre à une information dirigée contre lui »par le procureur général de S. M.; que S. M., »dans ses désirs de montrer tous les égards pos»sibles aux priviléges de la Chambre des com»munes, et dans sa sollicitude en même temps »de ne pas souffrir que la justice publique soit »éludée, avait cru devoir faire mettre sous les »yeux de la Chambre ledit libelle, et des copies »de l'interrogatoire à la suite duquel M. Wilkes »avait été arrêté. »

Il y eut, dans la Chambre, des débats très vifs et très longs, malgré la précipitation qu'y portaient George Grenville et le banc de la Trésorerie. Il fut dit, et démontré par l'usage, que les discours du trône n'étaient pas d'autre condition que ceux des ministres; qu'ils ont toujours été traités avec la même liberté. Mais la Chambre, se faisant bien vite partie principale dans la querelle du ministère avec John Wilkes, déclara, dans une résolution, que

« Le numéro quarante-cinquième du *North »Briton* était un libelle faux, scandaleux et sédi»tieux, tendant manifestement à aliéner de la per»sonne de S. M. les affections du peuple, et à l'ex»citer à de traîtreuses insurrections; qu'elle a or»donné qu'un exemplaire dudit libelle serait brûlé »par la main de l'exécuteur de la haute justice, »devant la Bourse, à l'heure de midi, etc. »

IV. Il n'y avait pas eu de conviction légale du crime de M. Wilkes. Il fit donc sa plainte à la

Chambre, de violation de privilége par son emprisonnement, le pillage de sa maison, la saisie de ses papiers et sa traduction à la Cour du Banc du roi, sur une information de libelle. La plainte était juste; on sentait déjà qu'on avait été bien vite dans la censure du *North Briton*. Le banc de la Trésorerie fit ajourner la délibération au 17 novembre. Le lendemain, M. Wilkes ayant été blessé dans un duel avec un membre de la Chambre, pour un article du *North-Briton*, dont il venait d'être déclaré et de s'avouer rédacteur, la délibération fut remise au 23 novembre.

Le 23 novembre, la discussion dans la chambre s'établit principalement sur le message du Roi, de la séance du 15 : elle fut longue et contestée. Elle tendait à abandonner le privilége du Parlement, en matière de libelle. M. Pitt parla avec feu et avec une grande éloquence contre le message du Roi; et en rappelant avec éloge la décision de la Cour des Plaids communs, et du Lord Chef-justice Pratt:

« Punissez, disait-il, vous-mêmes le libelliste, » et avec une prompte sévérité; mais n'abandonnez » pas la prérogative la plus essentielle du Parlement, » celle qui affranchit le vote de ses membres de toute » contrainte, hors de la Chambre comme dans son » sein. »

La Chambre, à une majorité de cent vingt-cinq voix, prit une résolution absolument contradictoire de celle de la Cour des Plaids communs et des nombreux *précédents* qu'elle avait en faveur du privilége du Parlement en matière de libelle. Elle déclara que le privilége du Parlement ne s'étend pas au cas de libelle. Elle vota : 1° qu'une adresse serait faite à S. M. pour lui faire connaître cette déclaration ; et 2° que sa résolution serait communiquée à la Chambre des lords.

Les Pairs en prirent une semblable, quoique avec beaucoup plus de difficultés et après de plus longs débats qui furent terminés par une protestation de dix-sept pairs du parti des Whigs, mais des plus instruits des lois du royaume et du parlement. ils avaient refusé leur assentiment à cette résolution de leur Chambre ;

« Parcequ'il était incompatible avec la dignité, » la gravité et l'esprit de justice de la Chambre des » lords, de traiter et d'abandonner, d'une manière » légère et précipitée, une question de privilége » parlementaire d'une haute importance constitu- » tionnelle, fondé dans la sagesse des anciens temps, » déclaré avec précision dans tous les actes parle- » mentaires existants, confirmé et reconnu à diverses » reprises et dans toutes les circonstances analogues, » conservé enfin jusqu'à nos jours par la prévoyante » énergie de nos ancêtres, ... sur l'appel ou provo- » cation qui nous en est faite par l'autre Chambre, » dans une occasion particulière,... pour servir des » desseins particuliers, *ex post facto*, *ex parte*, et » sur une litispendance devant des Cours inférieu- » res (les Cours de loi de Westminster). »

C'est la première fois que nous trouvons dans l'histoire parlementaire anglaise que le Parlement ait concouru directement, bien plus que passivement, à la diminution de ses propres pouvoirs et priviléges. Il fallait que la corruption des chambres et leur dévouement à la junte et à l'arbitraire de lord Bute fussent portés bien loin.

Le peuple avait plus d'énergie dans ses sentiments. Il attaqua les shérifs à coups de pierre et de bâton, mit leur vie en danger ainsi que celle de leur escorte, sur la place de la Bourse, et arracha le numéro du *North-Briton* des mains de l'exécuteur de la haute justice. La résolution de la Chambre des communes, dans sa partie judiciaire, ne fut pas exécutée.

Le Parlement commençait à sentir l'indiscrétion de sa conduite. Les Cours de loi se moquaient de ce qu'il avait fait, et regardaient ses résolutions et bills déclaratifs comme des chiffons.

Wilkes avait attaqué lord Halifax à la Cour des Plaids communs, en raison de la saisie de ses papiers et du pillage de sa maison; et, après une séance de quinze heures, il obtenait un *Verdict* des jurés au civil, et un arrêt de cette Cour, qui condamnaient lord Halifax à lui payer 1,000. liv. st. de dommages-intérêts. Lord Chef-justice Pratt, dans son discours aux jurés, alla plus loin qu'il ne l'avait fait lors de la mise en liberté de John Wilkes. Il leur dit que « le » *general Warrant* de lord Halifax était illégal... Telle » est ma conviction, en me soumettant cependant » aux opinions de mes frères les juges du royaume, » et à celle de l'autorité judiciaire, la plus haute » que je connaisse dans ce royaume, la Chambre » des pairs. Si ces Cours supérieures déclarent mon » opinion mal fondée et erronée, je me soumettrai, » comme je le dois, et baiserai avec respect la verge » qui m'aura frappé; mais je ne cesserai de le dire;

» elle est une verge de fer qui châtie le peuple en- » tier de la Grande-Bretagne. »

M. Wilkes était retenu sur le continent, d'où il adressa à M. l'orateur des certificats de médecins qui attestaient que l'état de sa santé ne lui permettait pas de se présenter. Le 16 janvier 1764, après la lecture de ces certificats, la Chambre déclara John Wilkes coupable de mépris de l'autorité de la Chambre, et ajourna sa condamnation au 29 janvier.

Le 29, après de longs débats, il fut résolu « que » John Wilkes, membre de la Chambre, etc., était cou- » pable d'avoir écrit et publié le numéro quarante- » cinquième du *North-Briton*, et que, pour ce crime, » il était exclu de la Chambre. »

Cette résolution était légale; et la Chambre usait de ses droits et dans les formes parlementaires.

La vengeance de la Cour et de lord Halifax n'était pas assouvie. Le même jour, dans la Chambre des lords, ce secrétaire d'État faisait une motion terrible contre M. Wilkes.

Lord Halifax alléguait que « M. Wilkes avait violé » les lois les plus saintes de la religion et celles » de la décence, en faisant imprimer dans sa » propre maison un livre ou pamphlet (trouvé » dans ses papiers saisis) intitulé : *Essai sur les* » *Femmes*, avec des notes et des remarques aux- » quelles le nom d'un révérendissime prélat, le » docteur Warburton, évêque de Glocester, avait » été indécemment apposé. » Et il demandait que la Chambre fît une adresse à S. M., pour que « des » poursuites légales fussent dirigées contre l'auteur,

» John Wilkes, en violation du privilége de la Cham-
» bre des pairs. »

Il est certain que cet ouvrage avait été imprimé chez lui dans le plus grand secret; qu'il n'avait pas été publié; qu'il avait fallu que le ministère usât de toutes sortes d'artifices, même les plus vils et les plus indignes d'un secrétaire d'État, pour parvenir à en mettre en distribution un exemplaire; que par plaisanterie M. Wilkes avait apposé à quelques remarques, et de sa propre main, le nom de l'évêque, prélat savant, mais de mœurs peu châtiées; qu'il n'y avait pas de violation de privilége du Parlement; que c'était une action en diffamation de son caractère à intenter par l'évêque; qu'en sa qualité de Lord spirituel du Parlement, il n'avait pas l'action *in scandala magnatum*, en diffamation scandaleuse des grands du royaume (1), attribuée aux Lords temporels : que le livre était obscène, impie; mais que le Comte d'Halifax était de tous les Lords, de tous les membres du ministère, celui auquel son libertinage d'esprit et de mœurs, et beaucoup de turpitudes journalières devaient interdire une semblable dénonciation.

L'opinion publique ne vit qu'un homme persécuté, et par le ministère le plus impopulaire de tous ceux des princes de la maison de Hanovre. Il lui fallait dès lors soutenir et protéger John Wilkes. Elle le fit, et nous allons en assigner et développer les résultats ainsi que ceux de l'indiscrétion

(1) Nous renvoyons à notre *Traité de la législation anglaise sur le libelle, la presse et les journaux*. Paris, 1817, Alexis Eymery, pour avoir plus de détails sur cette action judiciaire.

de la conduite des deux Chambres du Parlement, et de la haine publique qu'élevaient le ministère de George Grenville et le gouvernement occulte de lord Bute.

V. Le 14 février 1764, sir William Meredith, un des membres les plus distingués de l'opposition, fit la motion qu'il fût déclaré par la Chambre, « qu'un » ordre général et indéterminé (*general Warrant*) » d'un sécrétaire d'État, pour rechercher, saisir, » arrêter et emprisonner les auteurs, imprimeurs » et distributeurs d'un libelle séditieux, ainsi que » leurs papiers, est illégal. »

Il appuya sa motion du non-usage de ces *Warrants*, de leur opposition aux droits les plus sacrés de la liberté et de la propriété du citoyen anglais, de leurs dangers pour la constitution, et de la violation de la franchise du vote et des actes des membres de la Chambre, à laquelle ils ouvrent la porte, surtout depuis l'abandon que la Chambre avait fait de son privilége dans le cas de libelle.

Cette motion était aussi populaire que constitutionnelle; le ministère en fut alarmé; et il était très embarrassé de la repousser par de solides arguments.

Les ministres objectèrent que ce n'était pas le cas de faire une loi; qu'une semblable résolution ne serait que déclarative; que la Chambre n'avait aucune capacité judiciaire; que les Cours de loi ne tiendraient aucun compte de ses résolutions; qu'il pourrait arriver que la Chambre des lords, en sa qualité de Cour suprême de justice, prît une résolution contraire, etc., etc. Ces raisons ne pouvaient pas être goûtées. Dans le cours de la délibération, le parti du ministère en vint à reconnaître que des abus pouvaient naître sans doute de la reconnaissance de la légalité des *general Warrants ;* mais qu'il fallait une loi ; qu'elle devait être faite avec maturité. Ils ne demandaient donc plus le rejet de la motion, mais son ajournement à quatre mois.

M. Pitt prit la parole ; et, quoiqu'il reconnût, en commençant, que son administration avait été forcée de délivrer deux ordres semblables, sous sa responsabilité, il développa l'opinion la plus forte, la mieux raisonnée et la plus éloquente qu'il ait jamais présentée. C'est alors qu'il fit cette belle péroraison :

« C'est une maxime sainte de nos lois, que la » maison d'un citoyen anglais est sa forteresse. » Elle n'a pas besoin de murs épais, de hautes » courtines, d'ouvrages avancés. Elle sera bâtie de » terre et de boue, couverte de paille ; les vents » du ciel se déchaîneront contre elle, ils la renver- » seront ; tous les éléments de la nature pourront » y entrer ; et *le Roi*,... jamais ;... Jamais le Roi n'o- » sera en violer le sanctuaire.... Si la Chambre » rejetait la motion, elle encourrait la haine de » l'âge présent, le mépris des âges futurs, et les » justes reproches de notre postérité. »

Le ministère obtint l'ajournement à quatre mois. Il passa à une majorité de deux cent trente-quatre voix. Jamais la Chambre n'avait été aussi nombreuse, quatre cent cinquante-quatre ; jamais majorité n'a- vait été si faible, quatorze voix.

Cette décision montra, plus que la junte de

Carlton-House (1) ne le pensait, la faiblesse du ministère de George Grenville.

Deux autres actes du Parlement allaient lui porter le coup mortel.

Le 13 mars suivant, avec son inconsidération ordinaire, George Grenville proposa que le Parlement soumît les colonies de l'Amérique Septentrionale à ses lois financières ; et que la taxe du timbre lui fût imposée. Les débats furent très longs et très animés ; et M. Pitt y déploya sa puissante logique et toute son éloquence ; elle prit un caractère solennel et prophétique. Il annonça, dès ce moment, la séparation des colonies de la métropole. Le droit de taxation fut reconnu malheureusement en principe.

Dès que l'on fut instruit dans la Nouvelle-Angleterre des projets du ministère, les mémoires, les représentations, les remontrances des législatures, des corporations et du dernier village arrivèrent en foule. Des députés furent envoyés à Londres. On proposa de les entendre à la barre; ils s'y refusèrent, disant que si la loi passait ils n'avaient que des protestations à faire, et ensuite à partir. Le bill fut adopté dans le commencement de la session du Parlement de 1765. Quelques législatures provinciales de l'Amérique du Nord prirent, pour le bien de la paix, le sage parti de l'approuver. Elles furent l'objet des reproches et des accusations de leurs compatriotes. Ce ministère de George Grenville était si imprévoyant, que le 1er novembre,

(1) Résidence alors de la princesse de Galles, mère du roi George III.

jour où la loi, très sévère dans ses amendes contre les contraventions, devait être mise en exécution, pas un seul carré de papier timbré n'était arrivé en Amérique. Toutes les affaires furent arrêtées; la circulation, la vente des biens-fonds, les transferts des biens meubles, les successions, les hérédités, les procès même furent suspendus. Une anarchie complète envahit toutes les transactions de la vie civile et domestique. De là à la séparation des colonies anglaises de leur métropole il n'y avait qu'un pas.

Le 22 avril 1765, le Roi, à la suite d'une indisposition grave qui avait alarmé pour ses jours, vint au Parlement demander qu'il fût pourvu par une loi au cas d'une régence. Les ministres présentèrent un bill à la Chambre des lords. Il se ressentait de leur imprévoyance et de leur étourderie ordinaires. Il n'y eut pas de débats; mais, dans la délibération, plusieurs Lords demandèrent *quels étaient les princes qui formaient la famille royale.* Les juges consultés répondirent qu'elle était composée de tous les enfants et petits-enfants de George II existants et demeurants en Angleterre. Par la nouvelle loi, ils formeraient le conseil de régence avec les grands officiers de l'État et les ministres qui le seraient à l'époque de la régence. Le Roi désignerait pour Régente, dans un acte fait et déposé triple, *la reine ou toute autre personne de la famille royale* résidante en Angleterre; et cependant, au milieu d'une Chambre si instruite des théories constitutionnelles, si ordinairement sage, juste et prévoyante, nul ne réclama qu'une désignation fût faite de la princesse de Galles, mère du Roi. Lord

Bute en devint furieux. Lorsque le bill arriva à la Chambre des communes, M. Morton, un de ses amis, éleva la motion d'un amendement de convenance et de *gratitude* en faveur de la princesse de Galles; il fut adopté; et les Lords l'insérèrent dans leur bill.

Lord Bute, ulcéré contre un ministère qui avait aussi scandaleusement manqué aux égards qu'il devait à la princesse, et à la confiance qu'il avait placée dans ses membres, s'occupa de former un autre cabinet. Il s'adressa aux chefs des Whigs; d'abord au comte Temple et à M. Pitt. Sur le refus de M. Pitt et de son beau-frère lord Temple, et sur l'impossibilité où il était d'accéder à leurs conditions, qui, au fait, avaient pour but de mettre de côté lord Bute lui-même, et de détruire le gouvernement occulte, et Carlton-House, lord Bute ouvrit des négociations avec le duc de Newcastle; elles réussirent. Ce duc fut garde du sceau privé avec la nomination aux prélatures royales, et le marquis de Rockingham premier Lord de la trésorerie; le comte de Winchelsea devint président du conseil privé; M. Dowdeswell, chancelier de l'Échiquier; le général Seymour-Conway, et le duc de Grafton, secrétaires d'État. (12 juillet 1765.)

Les Whigs étaient donc scindés en diverses factions ou coteries; et au Parlement de 1766 on vit avec quelque étonnement M. Pitt, dans la Chambre des communes, et lord Camden, dans celle des Pairs, s'opposer à ce que l'impôt du timbre fût rapporté, pour l'Amérique. Le duc de Grafton cherchait cependant à réunir tous les Whigs.

Instruit de cette négociation, le marquis de Rockingham, homme d'État distingué par ses principes et son instruction, de grands talents, de la consistance d'opinion et une rare probité politiques, donna sa démission, refusant d'être membre d'un ministère dans lequel le violent, l'ingouvernable M. Pitt serait admis. Le duc de Newcastle pensait de même, et suivait son exemple. Le 16 avril 1766, le duc de Grafton fut donc nommé premier Lord de la trésorerie; et M. Pitt, créé Pair avec le titre de comte de Chatham, devint garde du sceau privé.

Lord Temple, qui n'avait pas voulu entrer dans cette nouvelle administration, ne cessait de prophétiser au duc de Grafton qu'il ne resterait pas long-temps premier ministre, et de reprocher à son beau-frère, le comte de Chatham, qu'il ternissait sa réputation à entrer en servage sous le gouvernement occulte de lord Bute.

M. Pitt appréciait bien, sans doute, ce qu'il avait perdu de sa popularité sous la férule de l'incapacité et de l'arbitraire; il voulut donc se fortifier des Russels; et, après une première conférence avec le vénérable duc de Bedfort, il rompit directement avec le duc de Newcastle et le parti du marquis de Rockingham : c'était une grande indiscrétion de conduite. Il ne tarda pas à s'en ressentir. Une opposition redoutable, formée du précédent ministère, de George Grenville, du parti des Newcastle, et même de celui de son ancien ami lord Temple, se réunit contre lui. Le gouvernement occulte lui intima l'avis, ou plutôt l'ordre de se fortifier de quelques chefs de partis; et il ne put en trouver que dans des amis de lord Bute et dans la coterie du vieux Charles Jenkinson (père du dernier comte de Liverpool), son secrétaire et son confident. Le ministère du duc de Grafton (1) perdit donc sa popularité; et lord Chatham tomba de cette haute réputation d'intégrité de caractère politique, qui avait été sa gloire et celle de sa famille, et formait sa puissance parlementaire. Devenu l'ombre d'un grand nom, son moral s'en affecta; sa santé fut altérée. Les attaques de la goutte ne lui permettaient pas de paraître à la cour; et las de voir rejaillir sur lui les souillures de tant d'intrigues et de corruptions, il renvoya les sceaux du conseil privé à la fin d'octobre 1768, et il reprit sa place à la tête de l'opposition, dans la Chambre des pairs.

En mai 1768 un nouveau Parlement s'assemblait. Le duc de Grafton, déjà dénué d'amis et de soutiens depuis qu'il avait perdu le comte de Chatham et les Pitt, vit encore sa force ministérielle amoindrie par la retraite du Chancelier, lord Camden. A la fin de 1769, M. Yorcke, malgré qu'il eût donné sa parole à son frère de ne point entrer dans le *Pandemonium* de Carlton-House, était fait lord Morden et Chancelier. Nommé le 17 janvier 1770, il est tellement sensi-

(1) Auguste-Henri Fitzroy, duc de Grafton, descendant de Henry Fitzroy, fils naturel de Charles II et de la duchesse de Cleveland. C'est lui que les *Lettres de Junius* ont si souvent flagellé de sarcasmes amers et même d'outrages qu'il ne méritait que pour avoir endossé les livrées de lord Bute. Il est mort le 11 mars 1811.

ble aux reproches de ses amis, qu'après une dernière visite à son frère, lord Hardwike, il met fin à son existence, le 20 janvier. Enfin quelques jours après, le 28, le marquis de Rockingham annonce aux Pairs qu'il leur présentera une motion pour une enquête sur l'état de la nation ; le duc de Grafton donne sa démission, et lord North est nommé premier Lord de la trésorerie.

Alors commence cette ère fatale pour l'Angleterre, pour l'Irlande (1) et même pour l'Europe, alarmée du partage de la Pologne ; il était consenti par le cabinet de Saint-James, et en cet état celui de Versailles ne croyait pas pouvoir le contester ouvertement. Alors notre âge vit naître cette période malheureuse de douze années, dans laquelle l'incapacité du gouvernement occulte de lord Bute,

(1) L'Irlande demandait l'égalité de droits et de priviléges commerciaux avec l'Angleterre, dès 1762. La couronne lui refusait, en 1768, de limiter la durée de ses parlements à huit années ; et, en 1769, de laisser commencer, par sa Chambre des communes, les octrois d'impôts et bills de finances. Plus tard, en 1779, après une demande plus formelle de l'égalité avec l'Angleterre, en fait de commerce et de navigation, présentée en 1778, sa Chambre des communes faisait une déclaration des droits du peuple Irlandais, qui était un premier acte d'indépendance nationale. Les deux Chambres du Parlement de la Grande-Bretagne forcèrent enfin le ministère à lui accorder l'égalité de commerce et de navigation. Mais la nation irlandaise avait senti sa force ; et, levée tout entière en corps de volontaires, elle demandait son indépendance légale du Parlement, des Cours de justice et du gouvernement de l'Angleterre ; et elle l'obtenait en 1784, mais pour un bien court terme, jusqu'à la fin du siècle. Et cependant, jusqu'à cette époque et même depuis, que de maux n'a-t elle pas soufferts, dont l'administration de lord Bute a été la cause ou le principe !

par une longue corruption des principes et des hommes, causa plus de maux à l'Angleterre et au monde civilisé que les violences du despotisme n'auraient pu le faire.

VI. M. Wilkes, du continent où il était réfugié, demanda au duc de Grafton de rentrer en grâce auprès du gouvernement. La vengeance de lord Bute n'était pas satisfaite; on le repoussa. En 1768, aux nouvelles élections, il fut assuré de la nomination du comté de Middlesex, il vint donc purger sa contumace devant la Cour du Banc du Roi. Il y avait des nullités dans les actes de cette procédure; il demanda un *Writ of errors* à cette Cour. Le procureur-général s'y opposa, et il était forcé de subir les condamnations doubles des procès de libelle contre le Roi et contre l'évêque de Glocester. Il était donc conduit à la prison de la Cour du Banc du Roi, lorsqu'il fut enlevé aux officiers de justice par la populace, et porté en triomphe dans sa maison; il connaissait le respect qu'il devait aux lois de son pays; et à minuit il se rendait de nouveau à la prison. La populace le ramena encore chez lui; il venait d'être nommé membre du Parlement pour le comté de Middlesex. Le 10 mai, l'ouverture de ce Parlement eut lieu.

Le peuple s'attendait à voir sortir M. Wilkes pour aller à la Chambre des communes; des soldats gardaient la porte de la prison. Les officiers de paix lurent l'acte contre la rébellion; il leur fut répondu par des insultes et des décharges de pierres; les soldats firent feu; la foule se dissipa, et il y avait eu vingt personnes de tuées.

Le Parlement n'avait été assemblé que pour la forme, et avait eu deux séances ; en novembre il fut réuni. M. Wilkes, dans son indignation de la manière dont il était traité dans une circulaire de lord Weymouth, secrétaire d'État, la fit imprimer avec une virulente préface de sa composition. Il fut attaqué de nouveau en libelle devant la Chambre des communes, qui le déclara coupable, et l'exclut de son siége. Les électeurs de Middlesex avaient donc à faire une nouvelle élection, ils le nommèrent une seconde fois. La Chambre des communes le déclara incapable de siéger dans un parlement dont il avait été chassé pour cause de libelle, et parce qu'il était d'ailleurs sous le coup de plusieurs condamnations judiciaires. A la nouvelle réélection du comté de Middlesex il est encore nommé à la majorité de 1243 voix, contre 296, données au colonel Lutrell. Après un débat très vif dans la Chambre sur cette élection, « M. Lutrell fut reconnu pour membre de la Chambre *duement élu, John Wilkes » ayant été déclaré incapable de servir dans le pré- » sent Parlement.* »

C'était violer les droits des électeurs de tout le royaume, et le pays fut dans une grande fermentation. Des motions furent faites, à diverses reprises, dans la Chambre des communes, pour revenir sur cette résolution ; dans la Chambre des pairs, pour soutenir les droits des électeurs. Ce fut en vain. La domination de lord Bute et de lord North était trop bien assurée dans l'une et dans l'autre Chambre ; déjà même les membres les plus distingués des Whigs commençaient à s'en retirer.

Des pétitions furent présentées au roi pour dissoudre ce Parlement. La cité de Londres en fit deux; ce fut inutilement; la seconde même ne fut pas reçue. Avec des vertus, de la piété, des professions d'attachement à la constitution, pleines de loyauté et vides d'effets, George III perdait l'affection de son peuple. Il fallait que l'influence de lord Bute cessât, car depuis la mort de la princesse de Galles, le 8 février 1772, on ne pouvait accuser que lord Bute ou la faiblesse du roi, et malheureusement c'était l'une et l'autre, et elles duraient toujours.

Enfin la force des choses et l'impossibilité d'aller davantage terminèrent cette lutte de toutes les perversités et de toutes les faiblesses contre la constitution anglaise. La guerre de l'Indépendance des colonies, contre le congrès, la France, l'Espagne et la Hollande, avait coûté 175,000,000 liv. sterl. (4,375,000,000 fr.). La dette s'élevait à 268,000,000 liv. sterl.; et lord North ne trouvait plus un shelling à emprunter.

VII. Au printemps de 1782 il fallut s'occuper d'un changement de ministère et de direction des affaires. On ne pouvait s'adresser qu'aux Whigs et au marquis de Rockingham. Il était le lien de toutes leurs factions et de tous les intérêts divers qui les avaient créées ou séparées. Il forma un cabinet dont nous nommerons ici tous les membres; plusieurs ont joué un rôle dans les affaires de notre temps (1). Le marquis de Rockingham était premier

(1) Nous renvoyons, à cet égard, avec quelque confiance, à notre *Histoire critique et raisonnée de la situation de l'Angleterre, etc., au 1er janvier* 1816.

Lord de la trésorerie, premier ministre; lord depuis comte Cambden, président du conseil privé; le duc de Grafton, garde du sceau privé; l'amiral Kepel, premier lord de l'amirauté; le comte de Shelburne, depuis marquis de Lansdown et Charle Jame Fox, secrétaires d'État, et lord John Cavendish, chancelier de l'Échiquier. Lord Thurlow, Tory de la haute église, restait encore grand-chancelier; le général Seymour Conway était commandant général des forces; le duc de Richmond, grand-maître de l'artillerie; le duc de Portland, vice-roi d'Irlande; M. Burke, payeur général de la guerre; et enfin le colonel Barre, trésorier de la marine.

Le marquis de Rockingham mourut quelques mois après, le 1er juillet. Le ministère se désunit. Le comte de Shelburne s'empara, presqu'à l'insu de la majorité de ses collègues, de la place de premier ministre. M. Fox et lord John Cavendish se retirèrent; lord Grantham, M. Thomas Townshend devinrent secrétaires d'État; et M. Guillaume Pitt, deuxième fils du comte de Chatham, à peine âgé de vingt-trois ans, fut chancelier de l'Échiquier.

Un des premiers actes de ce ministère fut de faire révoquer les décisions de la Chambre des communes relatives à John Wilkes. Le 3 mai, après une délibération assez longue, il fut résolu « que toutes » les déclarations, ordres et résolutions de cette » Chambre, relativement à l'élection de John Wilkes, » écuyer, seraient radiés du journal de cette Cham» bre, comme subversifs des droits du corps entier » des électeurs du royaume. »

M. Wilkes écrivit une lettre de congratulation

aux électeurs du comté de Middlesex. M. Wilkes avait été nommé, en 1770, Alderman, puis lord-maire de Londres ; il avait représenté deux ou trois fois la cité auprès du roi. Sa lettre congratulatoire et sa personne furent ensevelies dans le plus profond oubli ; et ce procès de treize ans, qui mit l'Angleterre en feu, et qui fournit aux Lettres de Junius et à la multitude des pamphlétaires de cette époque leurs plus belles pages, n'a pas aujourd'hui plus d'intérêt que toute autre élection contestée. Mais il nous était utile de le présenter, sous le rapport de l'état des partis et de leurs mesures, et surtout pour faire connaître les premières années d'un règne célèbre et voisin de nous. Pendant tout ce règne, un prince excellent, digne, par ses vertus domestiques et ses malheurs, d'être l'objet de la vénération de l'Angleterre jusqu'à la postérité la plus reculée, a, par une déplorable facilité, soumis sa personne et sa couronne à l'influence de tous ceux qui l'approchaient. Cette dépendance n'avait rien de honteux pour l'individu royal, mais elle était bien funeste dans le souverain d'un grand État. Ells est devenue plus forte, depuis la maladie mentale de George III, en 1788. Alors le secret de ses capacités royales n'en était plus un; et ceux qui l'ont connu les premiers ont pris sur les évènements de ce règne une domination qui a été fatale à l'Angleterre et à sa constitution.

On peut consulter, sur le procès de Wilkes, *State's Trials*, vol. XIe, pp. 302 et 324; journaux des deux Chambres, et les *Parliamentary-Debates* d'Almonds et de de Brett.

PROCÈS

Sur accusation (*Impeachment*) de la Chambre des communes,

POUR GRANDS CRIMES ET MALVERSATIONS

(*High Crimes and Misdemeanours*),

DE WARREN-HASTINGS,

GOUVERNEUR GÉNÉRAL DU BENGALE,

HAUTE-COUR DU PARLEMENT.

Du 25 avril 1787 au 23 avril 1795. . . . . Vingt-septième et trente-sixième année de George III.

Aspect général du procès. — II. État des partis en Angleterre; état de l'Inde. — III. Débats dans la Chambre sur l'accusation de Warren-Hastings. — IV. La Chambre accuse M. Hastings à la barre de la Chambre des lords. — V. Articles de l'*Impeachment*. — VI. La Haute Cour ouvre ses séances. VII. Seconde session de la Haute Cour, 1789. — VIII. Incident et plaintes de M. Hastings à la Chambre des communes contre M. Burke. — IX. Reprise du procès, en 1790. — X. Les Communes limitent leur accusation. — XI. Séances de la Haute Cour sous le nouveau Parlement. — XII. Fin de l'accusation. — XIII. Discours de M. Hastings. — XIV. Système de défense de M. Hastings et plaidoiries de ses conseils. — XV. Rédaction des articles de l'*Impeachment*, par les Lords. — XVI. Jugement qui le déclare non coupable. — XVII. Réflexions sur ce procès et sur l'état de l'Angleterre à cette époque.

I. Tout ce qui remue les plus nobles sentiments des hommes a été mis en fermentation, par tout ce les passions les plus viles ont d'ignominieux et de coupable. Vingt-cinq années, chargées de grands évènements, de transactions politiques utiles à la cause anglaise dans l'Inde, mais, avec elles, quatorze années de forfaits de toute nature ont été déroulées aux yeux de l'Angleterre. Elles infligent à son caractère national une honte presque ineffaçable. L'opinion publique en a gémi; l'indignation succédait à la douleur; bientôt on se livre à l'exploration de ces grands crimes qu'il n'est plus possible de méconnaître, et dont on ne pourra même pas repousser la solidarité. On se dit, on se flatte que la loi de 1784 et l'établissement du *Bureau de contrôle de l'Inde* les ont réprimés pour toujours. Mais il faut une expiation pour le passé. Qui la fournira? la Compagnie des Indes? Mais si elle n'a pas connivé à tant de forfaits; si le gouverneur et les conseils des présidences de l'Inde, ses bureaux et ses directeurs en Europe, ont été trompés; si, dans l'Inde, ses agents même étaient liés par les lois d'une subordination sévère, dont les intérêts des grands prévaricateurs forçaient l'exécution, comment faire porter à la Compagnie le poids de l'indignation publique? Elle ne peut encore être détruite; on a organisé son administration dans l'Inde avec plus de sagesse et de prévoyance; et il faut lui conserver son crédit : elle est d'ailleurs liée, à Londres, à tant d'intérêts, qu'il serait difficile de l'attaquer.

L'homme le plus distingué par ses talents, par ses services, mais le chef le plus renommé de ces grands brigands, Warren-Hastings, gouverneur-général du Bengale; le juge inique qui a couvert tant de crimes du bandeau et des voiles de la justice, sir Elijah Impey, Grand-Juge de la Cour suprême du Bengale, s'offrent seuls à la vindicte de l'opinion publique. L'un a amassé une fortune de 3,000,000 liv. st.; l'autre, de 800,000 liv. st.; et la Chambre des communes se taisait encore.

II. Pour faire concevoir ce silence de la Chambre des communes, jusqu'en janvier 1786, nous sommes obligés d'exposer l'état des partis dans le Parlement, depuis le ministère de lord Shelburne (marquis de Lansdown, et père du marquis actuel), au 10 juillet 1782.

Le comte de Shelburne avait introduit la division et la discorde dans le parti des Whigs; et le cabinet perdait sa supériorité dans les Chambres. Dans celle des Pairs, ses bills ne passaient que de quelques voix, et ils étaient rejetés dans les Communes. M. Fox, les Townshends et quelques autres chefs des Whigs s'étaient réunis avec l'ancien ministère de lord North; et le comte de Shelburne, après avoir signé le traité de Versailles, qui ramenait la paix générale, le 30 novembre 1782, ne pouvait plus se défendre au Parlement; il donnait enfin sa démission le 3 avril 1783.

Le duc de Portland fut premier Lord de la trésorerie; deux membres de l'administration de lord North entrèrent avec lui dans le cabinet, qui d'ailleurs se trouvait formé des restes de celui dont le marquis de Rockingham avait été le chef. M. Fox, secrétaire d'état pour les affaires étrangères, en était l'âme; Guillaume Pitt en avait été exclus. Il était déjà difficile qu'il ne fût pas le rival de Charles-James

Fox, ainsi que le comte de Chatham l'avait été de lord Holland.

Dans la session de 1783, deux questions principales furent agitées dans le parlement: l'une, la réforme parlementaire, qui fut présentée par M. Pitt (1); elle rencontra dans M. Fox les plus favorables dispositions; il était prêt à y concourir de tous ses moyens, et cordialement; il relevait seulement sans aigreur, et avec une certaine grâce, l'espèce d'affectation avec laquelle M. Pitt avait montré la couronne de S. M. comme une propriété acquise et non comme un dépôt confié.

L'autre question était celle de l'Inde. Dès 1782 elle avait été soumise à la Chambre des communes; au 28 mai, M. Dundas avait présenté, dans le rapport fait au nom du comité, une masse de faits

(1) Dans le premier projet de réforme de M. Pitt, le droit d'envoyer des députés à la Chambre des communes était ôté à trente-six bourgs ruinés (les bourgs pourris). Il était transféré aux comtés. On pourrait traiter, avec les électeurs de quelques autres bourgs pourris, de l'abandon de leur droit ou franchises électorales, pour les donner à des villes qui n'existaient pas avant la révolution de 1688, ou qui avaient reçu depuis cette époque un accroissement et des droits à une représentation plus nombreuse.

Les *Free holds* ne donneraient pas seuls le droit d'élire, des *Copi-holds* l'auraient acquis, dès qu'ils étaient considérables et d'une longue durée. Un million de livres sterlings était mis à la disposition des ministres pour qu'ils pussent traiter avec les bourgs pourris. Cette proposition de M. Pitt trouva des contradicteurs. Un des plus vifs et des mieux raisonnants était son cousin, M. Thomas Pitt. Le bill fut rejeté; mais la réforme parlementaire de M. Pitt devint l'occasion et le type d'une multitude de projets de réforme et de constitutions parlementaires qui l'embarrassèrent beaucoup, en 1793 et depuis.

criminels, d'abus de pouvoirs, de vols ou d'exactions financières, de vexations arbitraires, et de prévarications de tout genre, qui nécessitait des voies énergiques de répression de la part du Parlement. Tels étaient les résultats du travail du comité sur l'Inde et sur la Compagnie; et son rapport concluait, 1° à une enquête parlementaire et au rappel de M. Hastings, gouverneur-général du Bengale (1); et 2° qu'on accordât à la Compagnie des Indes des délais pour solder la somme de 1,024,000 liv. sterl. qu'elle devait au gouvernement, et des facilités pour le paiement des droits de douane à l'entrée de ses marchandises, qu'elle acquittait en masse et à sa commodité, ainsi que pour celui de l'abonnement de 400,000 liv. sterl. annuels, qu'elle avait fait avec l'État, pour les droits de souveraineté de l'Inde que la couronne lui avait cédés.

M. Burke était, avec M. Dundas, celui des membres des Communes qui s'était le plus appliqué à la connaissance des affaires de la Compagnie. M. Dundas était nommé, en mai 1782, lord avocat d'Écosse; il entrait à la fin de juillet 1782 dans le ministère de lord Shelburne, dont était congédié M. Burke; mais, en avril 1783, il en sortait pour faire place à M. Burke.

Le ministère du duc de Portland, connu sous le nom de *Ministère de coalition*, avait beaucoup d'ennemis. L'opinion publique voyait avec peine

(1) L'assemblée des actionnaires de la Compagnie (la Cour des propriétaires) mit un orgueil très intempestif à repousser ces conclusions; elle se refusa au rappel de M. Hastings, qui, plus sage, donna sa démission, et revint en Angleterre, en 1784.

un des chefs les plus renommés des Whigs, un homme supérieur, comme Charles-James Fox, siéger à la même table du conseil que lord North, qui avait causé tant de maux à l'Angleterre, et qu'il avait stigmatisé des traits les plus brûlants de son éloquence. L'opposition le poursuivait de sarcasmes amers et de vives tracasseries; elle voulait le renverser. Le bill de l'Inde, que M. Fox proposa, aussitôt après la rentrée du parlement, en fournit l'occasion. Le 18 novembre, il passa à la Chambre des communes à une assez forte majorité (1). Il fut rejeté de quelques voix à la Chambre des pairs, et il précipita la chute du cabinet (2). Le 18 dé-

---

(1) M. Fox, dans son bill, établissait pour quatre ans, une dictature nommée par le bill et composée du comte de Fitz William, président, d'un fils aîné de Pair, de deux membres des Communes et de trois autres personnes. Cette commission s'adjoignait neuf directeurs de la Compagnie, qu'elle présentait au choix du Parlement. Pendant les quatre années de sa dictature, la commission prendrait connaissance de l'état de la Compagnie dans l'Inde et en Angleterre, sous les rapports de la souveraineté, des finances, du commerce, et de la situation de la Compagnie avec ses créanciers, la couronne et ses actionnaires. Elle en ferait rapport au Parlement, et proposerait les moyens de réforme de la Compagnie. Cette dictature effarouchait beaucoup, mais c'était le seul mode d'en finir.

(2) Les Grenville avaient employé tous les moyens possibles pour empêcher le bill de passer aux Pairs. Le comte Temple, fils du fameux George Grenville, et neveu du plus fameux comte Temple, l'ami de lord Chatham, colporta, le 11 décembre, parmi les Pairs, un billet de la main du roi et signé par lui, dans lequel ce prince l'autorisait à déclarer qu'il regarderait comme ennemi de sa couronne tout Pair qui donnerait son assentiment au bill de l'Inde de M. Fox.

Cette mesure était violente et inconstitutionnelle. M. Baker,

cembre, à minuit, le roi avait fait demander les sceaux de leur office à tous les bureaux du ministère, par le comte Temple; et le lendemain matin, des lettres de démission, ou plutôt de destitution, étaient brutalement envoyées à tous les membres du cabinet.

Un nouveau ministère était formé. M. Pitt, à vingt-quatre ans, était premier Lord de la trésorerie et

---

membre de la Chambre des communes, fit, le 11 décembre, la motion que la Chambre accusât le comte Temple de violation du privilége du Parlement. Il n'y avait plus de liberté des votes, si, pendant qu'un bill était en délibération, la couronne employait une influence indue et illégale pour l'empêcher et gêner les votants. Elle avait, comme chacune des Chambres, le droit de refuser sa sanction lorsqu'une résolution lui était présentée. L'accusation ne fut pas admise; mais la Chambre passa une résolution déclarative, que c'était un *Misdemeanor* et une prévarication, d'introduire le nom du roi au milieu d'une délibération, pour l'influencer. Le comte de Nugent, beau-père du comte Temple, pair irlandais et membre des Communes, soutint M. Baker, plus dans l'intérêt des Pairs que dans celui de la Chambre basse, en raison de ce qu'ils sont conseillers naturels de la couronne. Le bill déclaratif avait passé à une très grande majorité. Que penser de l'infatuation de certains serviteurs de la couronne, qui, ailleurs, mettent en avant, à tout propos, le nom du roi?

Les Grenville, les Townshends, le duc de Richmond, ce fameux Whig qui écrivait à la convention irlandaise, qu'il fallait introduire dans la réforme électorale *le suffrage universel*; lord Camdem; et parmi les Torys, lord Thurlow, se réunirent pour obtenir de la cour le renvoi du ministère de coalition. Ils avaient fait craindre au roi, dans le président de la commission de l'Inde, un rival de son pouvoir. On appelait en présence du roi lord Fitz William le *roi du Bengale*, et déjà on insinuait à ce bon prince l'opinion que M. Fox était républicain. Que d'intrigues, que de faiblesses, que de vilenies, enfin que de divisions parmi les Whigs!

Chancelier de l'Échiquier; le comte de Camden était président du conseil; le duc de Rutland, Garde du sceau privé; lord Thurlow, Chancelier; M. Dundas, Trésorier de la marine. M. W.W. Grenville était nommé payeur-général de la guerre.

L'enquête parlementaire avait été terminée; il fallait bien proposer au nouveau Parlement (1) un bill pour régler la condition et de l'Inde et de la Compagnie. M. Pitt mit assez de précipitation à soumettre son projet à la Chambre des communes; il l'accostait avec un bill de subsides et la demande d'un prêt du gouvernement, de 300,000 liv. sterl., à la Compagnie: on annonçait qu'il lui était absolument nécessaire; qu'elle était déjà dans une espèce d'état de banqueroute; que si cette modique avance était refusée, la Compagnie serait forcée d'arrêter le paiement de son dividende, etc. A l'aide de ces craintes pour le Parlement, de cette *douceur* pour la Compagnie, le bill passa (2).

(1) La Chambre des communes qui avait renversé Lord North n'était plus gouvernable pour le nouveau cabinet; elle n'avait laissé passer aucune des résolutions du ministère, le Parlement fut donc dissous; ce fut dans le nouveau que M. Pitt présenta pour la seconde fois son bill de réforme parlementaire; il voulait supprimer le droit électoral de cent bourgs pourris. Il ne convenait pas à la couronne et à la junte de gouvernemen occulte que la Chambre des communes fût moins accessible à la corruption. Le bill de M. Pitt fut donc rejeté à une grande majorité; c'était chose convenue. Il avait rempli l'obligation que lui imposait sa première motion, il s'en tint là.

(2) Le bill de l'Inde ne reçut pas tout de suite l'extension qui lui a été donnée, et qui a fini par mettre la souveraineté de l'Inde et la suprême et universelle direction de la Compagnie dans les mains du gouvernement, et a considérablement aug-

Le bureau du contrôle de l'Inde fut organisé, et M. Henry Dundas (depuis vicomte Melville) en fut nommé président. En janvier suivant, 1785, il soumet aux Communes le budget de la Compagnie pour l'année qui commencera au 1er juillet.

On devait tout attendre sans doute des nouveaux pouvoirs accordés au bureau de l'Inde: et voilà que, dans le rapport fait, en 1786, par M. Henry Dundas, du budget de l'Inde, on trouve les finances de la Compagnie grevées de nouveau d'un paiement des dettes du Nabab d'Arcate, de 750,000 liv. st., à des Européens membres des présidences de l'Inde; dettes accrues et portées par l'usure, le péculat et les concussions de toute nature, jusqu'à la somme de 4,000,000 liv. st.

---

menté l'influence de la couronne; ce bill a reçu en 1789 et en 1793 des additions considérables de pouvoirs et de facultés.

Un bureau du *contrôle des affaires de l'Inde* a été formé. Il est composé de six membres dont la couronne a la nomination, et parmi lesquels doivent toujours être appelés un des secrétaires d'état et le chancelier de l'échiquier. Le président a une voix prépondérante. Les directeurs de la Compagnie doivent soumettre à ce bureau et à son approbation tous les ordres qu'ils donnent, toutes les lettres qu'ils écrivent ou reçoivent, et les délibérations de leurs assemblées et de celles de leurs actionnaires. Les directeurs de la Compagnie nomment à tous les emplois de la Compagnie dans l'Inde et en Angleterre, depuis le gouverneur-général jusqu'au moindre facteur ou commis. Le bureau du *contrôle de l'Inde* a le pouvoir de les révoquer tous. Le président du bureau est donc le ministre de l'Inde; et il est depuis quarante-cinq ans *le roi* négatif du *Bengale;* lord Fitz William en aurait été le roi *positif* pendant quatre ans. Quelle prévarication ministérielle!

Nous renvoyons pour de plus grands détails à cet égard à notre *Histoire critique et raisonnée de l'Angleterre*, T. VIII, livre IXe.

On n'a donc rien fait pour l'avenir. Le passé est là, avec l'effroi qu'il inspire et le désespoir qu'il a fait naître de parvenir jamais à cicatriser les plaies de l'Inde : il faut donc enfin exiger de cet effroyable passé une expiation des forfaits dont il charge le présent.

Les documents produits en 1783 ont rendu matériels et évidents les crimes de Warren-Hastings. M. Burke et l'opposition mettent tous leurs soins à en réunir les preuves. Ils provoquent de grands comités de la Chambre des communes : elle est remuée par leur éloquence ; et aussitôt que la Chambre se reforme en séance ordinaire, ils en obtiennent des communications de pièces, des enquêtes, des *comités du secret* pour les faire, des *citations judiciaires à sa barre*. Ces *comités du secret* (au scrutin) n'ont, pour appeler dans leur sein, qu'un pouvoir limité, une autorité volontaire, à laquelle on défère, par la certitude qu'en cas de refus on serait cité judiciairement à la barre de la Chambre; et, dans cette grande lutte de l'honneur national et de la corruption indienne, les comités du secret se trouvent cependant obligés de référer à la Chambre de refus ou insidieux ou sans décence, et de désobéissances à leurs injonctions par des personnes élevées en dignité. Souvent la Chambre appuie le comité d'une de ses résolutions ; et quelquefois, lorsque l'opposition n'est pas en force, elle le refuse.

M. Burke continua ses demandes de formation de la Chambre en grand comité; et les étrangers n'en ont pas toujours été exclus. Souvent il a désigné les deux grands coupables, M. Hastings et le Grand-juge Impey. Il veut cumuler les preuves pour les accuser.

Enfin, le 3 avril 1786, lorsqu'il a fatigué la Chambre de ses demandes en grand comité, et lassé la patience de ses collègues par sa verbeuse éloquence, les jurisconsultes membres des Communes lui annoncent que la Chambre en grand comité n'a point de barre judiciairement, ainsi qu'en matière de privilége; mais que M. Burcke a suffisamment de motifs, de preuves et de faits pour accuser (*to Impeach*) M. Hastings; que, l'accusation une fois commencée, il est libre de requérir, et la Chambre l'est également d'ordonner l'audition, la comparution de témoins à sa barre, leur interrogation, mais non sous serment. La Chambre pourra, ainsi que lui, ajouter aux articles de l'accusation, ou en retrancher.

M. Burke annonce donc, le 5, qu'il procèdera le lendemain à la motion d'accuser Warren-Hastings. Plusieurs séances lui sont accordées. Le 12 avril enfin, la Chambre adopte la prise en considération de la motion de mettre Warren-Hastings en accusation.

Le 26 avril, deux nouvelles charges furent ajoutées; cependant la Chambre n'était point engagée. Warren-Hastings demanda d'être entendu, et qu'il lui fût donné copie des charges.

La Chambre crut devoir à M. Hastings et aux emplois élevés qu'il avait remplis, de lui fournir les moyens de défendre son caractère et son honneur, attaqués si fortement par M. Burcke. Il fut entendu, le 30 avril; il se défendit peu, et se nuisit beaucoup par son arrogance. M. Burke continua à réunir ses preuves, et étendit ses informations.

Bien que des précédents eussent établi que la prorogation et la dissolution du Parlement n'interrompaient pas les procédures d'un *Impeachment*, M. Pitt proposa de former un bill nouveau pour constater ce droit du Parlement. Le bill passa aux Pairs, et reçut la sanction royale avant la prorogation, qui fut faite le 30 mai.

III. Le parlement rentra le 23 décembre 1786. Dans cette session de 1787, M. Pitt ne se montra plus si favorable à M. Hastings; il aurait perdu de sa popularité. Les faits de l'accusation paraissaient décisifs : la défense de M. Hastings avait été faible; l'exaltation de l'opinion publique contre lui était au plus haut point; il fallait l'abandonner à son sort et au bénéfice du temps.

Le discours d'ouverture n'eut lieu que le 23 janvier. Le même jour, M. Burcke annonça que le 1er février il soumettrait à la Chambre l'affaire de Warren-Hastings. Le 1er février il établit les deux premières charges de l'accusation, et fit entendre plusieurs témoins. Le 7, M. Shéridan ouvrit la troisième charge, devenue la quatrième de l'*Impeachment*, sur la confiscation des fiefs (*Jaghires*) appartenants aux *Begums* (princesses), mère et grand'mère du Nabab d'Oude, et sur l'enlèvement de leurs richesses. Ce discours est un des plus éloquents de Sheridan. Il dura cinq heures. Le 8, ces charges contre M. Hastings furent discutées à fond. M. Pitt parla le dernier; l'enlèvement des trésors des deux princesses lui paraissait injustifiable. L'article passa à la majorité de cent soixante-quinze voix contre soixante-huit.

Le 19 février, M. Burke demandait l'arrestation de M. Hastings, la saisie de ses papiers et le séquestre de ses propriétés : on différait encore.

On devait entendre à la barre sir Elijah Impey, Grand-Juge, chef de la Cour suprême de la Compagnie des Indes à Calcutta. On fit l'observation délicate que lui-même pourrait être aussi l'objet d'une accusation; et l'orateur de la Chambre dut, avant de recevoir sa déposition, l'en avertir. Sir Elijah répondit avec dignité : « Que, fort de son » innocence, et n'ayant aucune partie de sa con» duite qui exigeât du mystère ou du secret, il » n'aurait aucune opposition à donner à la Cham» bre toutes les informations qu'elle désirerait. » Il remercia la Chambre de la libéralité de son procédé.

Le 2 mars, la quatrième charge, relative à la conduite oppressive de M. Hastings avec le Nabab (gouverneur de province) de Ferruck-Abad, fut développée par M. Pelham, et passa à la majorité de cent douze contre cinquante.

Lord Hood (pair d'Irlande) dit que si on était trop sévère envers les gouverneurs, les généraux, les amiraux ; si on examinait trop scrupuleusement leurs actions, aucun d'eux ne voudrait rien prendre sur lui, et que le service de l'État en souffrirait; qu'il fallait laisser une certaine mesure d'arbitraire à leur discrétion ; que M. Hastings, véritable sauveur de l'Inde, en avait sans doute usé, et qu'on ne pouvait pas, quand on appliquait à l'État le résultat de ses forfaitures, l'en accuser avec sévérité, et le poursuivre avec acharnement.

M. Pitt adopta d'abord la motion de lord Hood, et s'en appropria les conséquences; mais il finit par soutenir qu'on ne pouvait pas en faire l'application à la 4e charge, attendu qu'il n'y avait eu aucune utilité pour l'État, dans l'oppression du Nabab ; qu'elle était propre à M. Hastings, et le fait de ses passions ; et qu'elle avait été accompagnée de la plus honteuse corruption, etc. Elle passa donc à la majorité de cent douze contre cinquante.

Les 5e et 6e charges furent présentées par M. Sheridan, et adoptées à une semblable majorité. Le 2 avril, sur la demande de MM. Burke, Fox et Shéridan, qu'on procédât de suite à l'*Impeachment*, sans attendre que les autres charges résultantes des résolutions du comité d'enquête des affaires de l'Inde eussent été discutées et approuvées par la Chambre, M. Pitt objecta qu'il était plus sage de différer la mise en accusation jusqu'à ce quelles eussent toutes été discutées, pour voir si, dans la réalité, elles étaient convaincantes; si elles étaient faibles, de les peser avec les mérites de M. Hastings et les services qu'il avait rendus; enfin, si la balance était en sa faveur, d'abandonner l'accusation. Les chefs de l'opposition reconnurent la portée du discours de M. Pitt; et la majorité fit ajourner la discussion au lendemain.

Le 7 mars, M. Burke se plaignit à la Chambre de refus de papiers et pièces qui lui étaient faits dans les bureaux de la Compagnie des Indes; il demanda des pouvoirs très étendus à cet égard ; ils lui furent tous accordés.

Le 15, les charges relatives aux contrats et aux salaires onéreux passés ou alloués par M. Hastings furent présentées par sir James Erskine, éprouvèrent des difficultés, et furent adoptées à des majorités plus ou moins fortes

Le 20 mars, d'autres charges de l'accusation furent développées par M. William Windham et par d'autres membres de l'opposition. Après avoir été longuement débattues dans le grand comité de la chambre, elles furent adoptées à la majorité de cent soixante-trois contre cinquante-quatre.

Le 2 avril, les fonctions de la Chambre, comme Chambre d'accusation, avaient été remplies ; la délibération sur les charges était complétée. La Chambre rompit son grand comité et reprit sa séance législative. M. Saint-John, qui avait toujours présidé le grand comité, après avoir fait le rapport de l'accusation et de la résolution prise par la Chambre en grand comité, demanda qu'on procédât à la première lecture de l'*Impeachment*. M. Pitt s'opposa à la première lecture ; M. Burke et M. Fox la défendirent et l'emportèrent.

Le lendemain, 3 avril, à la seconde lecture, une motion fut faite pour mettre en balance les services rendus par M. Hastings, et les crimes, délits et *Misdemeanors* dont il était accusé. Il aurait pu résulter des débats et surtout des délais utiles au prévenu, ou bien que la Chambre, pesant les mérites et les démérites de M. Hastings, jugeât par elle-même toute l'affaire, sans envoyer M. Hastings devant les

Pairs, et pondérant un crime avec un service, abandonnât successivement les charges de l'accusation les unes après les autres : ce n'était pas prouver l'innocence de M. Hastings.

Tel fut aussi le point de vue sous lequel M. Hastings considéra cette proposition. Le major Scott fut donc chargé, par lui, de demander à la Chambre qu'elle voulût bien procéder à son accusation devant la Chambre des pairs ; et il lut une lettre que M. Hastings lui avait écrite à cet effet.

Les résolutions furent donc soumises à leur troisième lecture, sans débats ni discussion. M. Burke demanda qu'elles fussent renvoyées, pour la rédaction, nécessairement plus épineuse que celle d'une résolution ordinaire, à un comité de vingt membres qu'il indiqua. On raya de la liste M. Francis, à la majorité de 96 contre 44; M. Francis avait déjà attaqué M. Hastings dans l'Inde, et auprès des directeurs de la Compagnie, à Londres.

Le 25 avril, M. Burke présenta les articles de l'*Impeachment* rédigés (*Ingrossed*). Ils furent lus pour la première fois, et il y eut ordre de les faire imprimer.

Après l'impression et la distribution, il y eut des débats fort longs et fort vifs. Enfin une majorité de 175 contre 89 enleva la seconde lecture, après laquelle la première charge passa sans division (sans être mise aux voix). Le lendemain, les autres articles passèrent également. Quand la délibération fut consommée, M. Burke fit la motion : « Que » Warren-Hastings, écuyer, fût accusé (*Impeached*) » de hauts crimes et de malversations (*High crimes*

» *and Misdemeanors*), suivant et d'après les mêmes » articles. »

Il y eut quelques légers débats, mais aucune division, ainsi que sur la motion, que lui-même fût chargé de porter l'accusation à la Chambre des pairs, laquelle fut également agréée sans division. M. Burke, M. Fox, M. Sheridan et leurs amis avaient donc triomphé des résistances occultes ou patentes de M. Pitt et de M. Dundas. Honneur en soit rendu aux Communes, qui avaient été enlevées à leur engouement pour M. Pitt et le ministère, ou du moins à celui de leur majorité, par un grand sentiment national : elles expiaient ainsi leur long et honteux silence.

IV. M. Burke, accompagné de la majorité de la Chambre, se porta à la barre de la Chambre des pairs, et accusa M. Hastings en ces mots :

« Les chevaliers, citoyens et bourgeois représen- » tant les Communes de la Grande-Bretagne, assem- » blés en Parlement, tant en leur nom qu'en celui » de toutes les communes de la Grande-Bretagne, » accusent Warren-Hastings, écuyer, gouverneur » général du Bengale, de hauts crimes et malversa- » tions ; ils feront bonne ladite accusation, lorsque » le temps et le lieu leur en seront assignés. »

M. Burke, le 11 mai, fit la motion que M. Hastings fût mis en la garde du sergent d'armes de la Chambre. Elle fut agréée, et l'ordre donné en conséquence. Il proposa, d'accord avec M. Pitt, que le sergent d'armes fût autorisé à se décharger du prévenu, en le remettant à l'huissier à la baguette noire des Lords ; ce que la Chambre agréa. M. Burke passa donc à la barre de la Chambre des lords, pour leur annoncer que Warren-Hastings était en la main du sergent d'armes de la Chambre des communes, qu'il leur serait délivré aussitôt que les Lords le désireraient. Sur ce message, les Pairs consentirent à recevoir le prévenu. Il fut conduit à la barre de la Chambre des lords. On lui donna lecture de l'accusation des Communes; il en demanda copie et un mois pour préparer sa défense, ainsi que la faculté de choisir des conseils pour l'assister, ce qui lui fut accordé. Il requit d'être libre sous caution. On exigea de lui une caution de 20,000 liv. st., et de deux amis, une caution de 10,000 liv. st., chacun.

Le 28 mai, tous les articles de l'*Impeachment* (l'accusation par les Communes) furent mis en due forme, et approuvés par la Chambre : ils furent portés à la barre de la Chambre des pairs, et lus à M. Hastings, et des copies lui en furent délivrées.

V. *Articles de l'accusation.*

« Les chevaliers, citoyens et bourgeois représen-» tant les Communes de la Grande-Bretagne, assem-» blés en Parlement, tant en leur nom qu'en celui » de toutes les communes de la Grande-Bretagne, » accusent Warren-Hastings, écuyer, gouverneur » général du Bengale, de grands crimes et de mal-» versations, dont suivent les articles de charges, » requérant qu'ils lui soient communiqués, et se ré-» servant d'y ajouter ou d'en retrancher, ainsi qu'ils » en ont droit; et ils s'engagent à faire bonnes les-

» dites charges, aussitôt que le temps et le lieu leur » en seront assignés.

» Art. Ier. Pour avoir contrevenu aux ordres et aux principes de conduite tracés par la Cour des directeurs, qui avait annoncé au Conseil de Calcutta et à ses agents dans l'Inde, « que son invariable maxime, qu'ils ne doivent jamais oublier, » est d'éviter de prendre part dans les intérêts et les » projets politiques d'aucun prince de l'Inde, et » surtout, et en particulier, de ne prendre au» cun engagement avec Shujahûl-Dowlah, Nabab » d'Oude et Visir de l'empire, au-delà des limites » que ses ordres lui fixaient.

» 1° En faisant la guerre aux Rohillas, qui étaient une nation de l'Inde contre laquelle la Compagnie n'avait aucune inimitié ni intérêt à débattre.

» 2° Qu'il avait excité Shujahûl-Dowlah à cette guerre, et y avait concouru, à l'aide d'une partie considérable des troupes de la Compagnie, à son grand détriment et au péril de compromettre la sûreté de ses possessions.

» 3° Que les 4,000,000 de roupies (10,000,000 de fr.) que le Nabab d'Oude devait remettre à la Compagnie, pour en obtenir le secours, et que la solde des troupes de la Compagnie n'étaient pas payés et qu'il en avait été la cause et en devenait responsable.

» 4° Que le Nabab d'Oude avait commis dans cette guerre des actes d'inhumanité et de cruauté, des violences, des pillages, des extorsions dont il devait encourir la responsabilité.

» 5° Enfin, qu'il avait commis des désobéissances

et de grandes irrégularités dans sa conduite, soit vis-à-vis de la Cour des directeurs et et de celle des propriétaires en Angleterre, soit à l'égard du Conseil de l'Inde.

» Art. II. Pour avoir privé Shah Allum, Empereur des Mogols, du tribut de 2,400,000 roupies que la Compagnie s'était engagée de lui payer, et d'avoir cédé par un traité, à Shujahûl-Dowlah, Nabab d'Oude, les territoires de Corah et d'Illahabad qui lui appartenaient.

» L'armée de Shah Allum ayant été défaite par Hector Monro, en 1764, et ce prince étant devenu prisonnier du vainqueur, le traité qu'on fit avec lui rendit à ce prince le palais d'Illahabad et son territoire, et celui de Corah, et lui assignait, sur toutes ses possessions qu'avait acquises la Compagnie, un traitement de 24 lacks de roupies 6,000,000 de fr.), payables sur les revenus du Bengale.

» Shah Allum, après avoir éprouvé toute sorte d'injustices et de mauvais traitements, par les ordres dudit Warren-Hastings, donnés au nom de la Compagnie, s'était retiré chez les Mahrattes, et voulait leur abandonner le district de Corah. Ledit Warren-Hastings, au nom de la Compagnie, donna ordre de lui retirer sa pension, et de mettre son Visir, Shujahûl-Dowlah, en possession des deux territoires.

» Art. III. Pour avoir commis de grandes injustices et de dures et criantes extorsions et excès d'autorité à l'égard du Rajah Cheit-Sing, Zémindhar (gouverneur féodal) de Bénarès, duquel il a exigé

200,000 roupies en présent, sous le titre d'amende.

» Qu'en 1774, la Compagnie des Indes étant devenue propriétaire de la nababie d'Oude, à la mort de Shujahûl-Dowlah, ledit Warren-Hastings avait laissé au rajah Cheit-Sing la ferme ou collection des revenus de Bénarès, au prix annuel de 300,000 roupies, au même taux où elle était sous le Nababûl-Dowlah, quoique le fils de celui-ci eût exigé de Cheit-Sing 600,000 roupies de ferme, et un cadeau ou entrée de 300,000 roupies.

» Qu'il avait causé préjudice à la Compagnie, dans son revenu,

» Pour avoir déplacé de la résidence de Bénarès l'agent que la Compagnie y entretenait, parcequ'il n'était pas favorable à ses desseins.

» Enfin pour avoir détruit et ruiné la considération et le crédit de la Compagnie dans la Nababie d'Oude, en dépouillant tous les Zémindhars de cette province de leurs fiefs, pour les leur rendre ensuite, moyennant des cadeaux et droits d'entrée illicites et dont il ne rendait pas compte à la Compagnie, ou pour les vendre à d'autres.

» Art. IV. Pour avoir dépouillé les Princesses, (les *Begums*), mère, femme et filles du feu Nabab d'Oude, de leurs *Jaghires* (propriétés nobles); les avoir chassées de leur palais, qui renfermait plus de deux mille femmes et enfants de la maison du feu Nabab, de la subsistance desquels ces Princesses étaient chargées, et d'y avoir fait vendre leurs meubles à l'encan.

» Art. V. Pour avoir injustement, contre les intérêts de la Compagnie, en contravention du traité de Lall-Dong, du 7 octobre 1774, dépouillé Fyzoola-Khan de son *Jaghire.*

» ART. VI. Pour avoir extorqué diverses sommes de divers particuliers, en présent et pour son usage personnel, et pour avoir toléré à prix d'argent les brigandages du Rajah de Sahlone.

» ART. VII. Pour avoir reçu de Cheit-Sing, par son banquier, Sadanund à Calcutta, une somme de 200,000 roupies, à condition qu'une remise de 500,000 roupies lui serait faite sur ce qu'il devait à la Compagnie.

» ART. VIII. Pour avoir extorqué et reçu de Killeram, banquier à Calcutta, tant en son nom qu'en celui de Cullian-Sing, 400,000 roupies, pour lui affermer à perpétuité certaines terres de la province de Bahar.

» ART. IX. Pour avoir extorqué en présent, de Nund-Calol, la somme de 5,800 roupies.

» ART. X. Pour avoir extorqué et reçu du visir Nabab d'Oude, en cadeau, afin de consentir au traité de Chunar, 1,000,000 roupies (2,500,000 fr.).

» ART. XI. Pour avoir extorqué, à titre d'emprunt, mais sans remboursement et pour son usage personnel, du Rajah Nob Kissen, la somme de 340,000 roupies.

» ART. XII. Pour avoir extorqué de Nund-Comar la somme de 300,000 roupies, afin de conférer la tutelle de Moharreckûl-Dowlah à sa tante, au lieu de sa mère, la *Begum* Munny, laquelle somme il avait partagée avec M. Middleton.

» ART. XIII. Pour avoir donné à ferme la perception des droits de navigation dans l'Hougly à Jeswan

Khan, au prix de 40,000 roupies, laquelle en rapportait 180,000, en se réservant, par son agent Canton Babou, 100,000 roupies. Le fait ayant été dénoncé au conseil de la présidence, avait été reconnu vrai, et Jeswan Khan renvoyé et emprisonné; mais le colonel Monson étant revenu en Europe, et M. Hastings ayant eu la majorité dans le conseil, il avait rétabli Jeswan Khan dans sa perception, et au même prix de ferme.

» Art. XIV. Pour avoir commis un abus d'autorité et avoir donné ouverture à de grandes malversations, en créant M. James Peter Auriol agent de la Compagnie chargé de l'achat des provisions de vivres destinés à secourir la présidence de Madras et autres établissements de la Compagnie des Indes, sous une provision de 15 pour 0/0.

» Art. XV. Pour avoir nommé John Belly, écuyer, agent de la Compagnie chargé de l'achat des munitions de guerre du fort William, sous une provision de 30 pour 0/0, ce qui a été cause de grandes pertes pour les finances de la Compagnie.

» Art. XVI. Pour avoir illégalement, contre les intérêts de la Compagnie et au détriment de son pouvoir, à la ruine des Indous, et contre le bon ordre et la tranquillité du pays, déclaré que les Zémindharats étaient des collections et des fermes des impositions du pays, et non des fiefs concédés à perpétuité, de mâle en mâle, par l'empereur des Mogols, et de les avoir mis à l'encan.

» Art. XVII. Et pour avoir commis dans cette multitude d'encans des Zémindharats, dont le nombre s'élevait à cinquante-huit mille, de grandes extorsions, des crimes variés de péculat, tant par lui-même que par Canton Babou, son agent, et par d'autres Banians.

» Art. XVIII. Pour avoir accordé à Étienne Sullivan, pour le terme de quatre années, le contrat de la récolte et de la perception de l'opium, sans les mettre préliminairement aux enchères, ainsi que l'exigeaient les règlements de la Compagnie, et à des conditions hautement extravagantes et ruineuses pour ladite Compagnie et dans le dessein de créer une grande fortune audit Étienne Sullivan.

» Art. XIX. Pour avoir engagé honteusement l'honorable Compagnie des Indes dans l'entreprise de faire la contrebande de l'opium en Chine; et, à ce titre et sous ce prétexte, de lui avoir fait emprunter de grosses sommes et à des intérêts ruineux, dans le but de les prêter audit Étienne Sullivan, et de lui faciliter l'exécution de son contrat de ferme avec la Compagnie.

» Art. XX. Pour avoir accordé à Charles Croft le contrat de la fourniture des bœufs de trait de l'armée, à des prix ruineux pour la Compagnie.

» Art. XXI. Pour avoir également accordé à Charles Blunt le contrat de la nourriture desdits bœufs de trait de l'armée, à des prix exorbitants et à des conditions onéreuses aux finances de la Compagnie.

» Art. XXII. Que sir Eyre Coote, général des troupes dans l'Inde, ayant demandé une somme de 24,000 liv. sterl. pour dépenses secrètes de son armée, et sans être tenu d'en rendre compte, ledit Warren-Hastings la lui avait allouée et de plus fortes encore, et les avait assignées sur le visir Nabab d'Oude, duquel ces sommes avaient été extorquées au moyen de vexations de toute nature.

» De tous lesquels articles, les chevaliers, citoyens et bourgeois représentant les Communes de la Grande-Bretagne assemblés en Parle» ment, etc., etc. »

La Chambre des lords ajourna le procès de M. Hastings au premier jeudi après la rentrée du Parlement.

VI. Le procès s'ouvrit en 1788, dans la grande salle de Westminster, préparée à cet effet. Un assez grand nombre de Lords spirituels et temporels, quatre-vingt-onze, assistèrent à la première séance; mais leur assistance devint par la suite tellement rare, qu'en 1795, à la fin du procès, ils n'étaient plus que vingt-neuf juges.

Aussitôt que la lecture des charges de l'accusation et des réponses de Warren Hastings eut été terminée, les Lords, entrant dans leur droit de régler l'ordre de la procédure, ne permirent pas, sur la demande, à la vérité, des conseils de M. Hastings, que les charges de l'accusation fussent traitées une à une et séparément. Elles seront successivement proposées et prouvées par l'accusation. Il y aura débat, sur chaque charge (*Cross-Examination*), contre-interrogatoire, par la défense, des témoins produits par l'accusation; et ce ne sera que lorsque l'accusation aura terminé ses preuves, que les conseils de l'accusé pourront commencer la défense directe du prévenu. Sa défense indirecte a eu lieu dans les débats. La Haute-Cour prononcera ensuite son jugement.

A la fin de l'année 1788, la maladie mentale de George III vint affliger toute l'Angleterre; et l'importance de la régence occupa tous les esprits, et la famille royale, le cabinet et les deux Chambres du Parlement (1).

(1) Le roi était allé prendre les eaux de Cheltenham, à la saison de 1788; soit que ce prince n'en eût pas usé avec modération, soit les grandes chaleurs, l'organe intellectuel en parut affecté un moment. La maladie mentale se prononça aussitôt après son retour à Windsor. A la fin d'octobre il fut impossible de la cacher plus long-temps; la douleur fut générale. Le Parlement avait été prorogé au 20 novembre. Le lord Chancelier notifia aux Pairs, et M. Pitt aux Communes, l'incapacité affligeante de l'auguste monarque. Le Parlement s'assembla comme *convention*. La question d'une régence ne tarda pas à être agitée. M. Fox et ses amis la traitèrent dans l'intérêt du prince de Galles, M. Pitt, dans un intérêt opposé, celui du malade; il donna l'espoir que cette indisposition serait courte; il fit entendre les médecins du roi: leur opinion était que le roi ne tarderait pas à reprendre l'exercice de ses facultés intellectuelles, bientôt ils annoncèrent la fin de la maladie. Une commission pour faire l'ouverture du Parlement fut signée par le roi, et ce prince vit quelques personnes; des dispositions législatives avaient été prises pour ouvrir la session, elles servirent en 1810.

M. Pitt avait eu une conduite bien sage; il eut l'approbation de toute l'Angleterre, et il mérita la confiance du roi et de sa famille; mais George III devenait dépendant des alarmes qu'il avait causées, et des craintes légitimes de leur renaissance et du retour de cette altération mentale. Il fut livré dès lors aux soins, à la tendresse de la reine et de sa famille, et le prince ne fut plus entièrement lui-même. Le cabinet eut plus de pouvoir; et l'ancienne junte reparut pour le diriger et en former un nouveau quand il le fallait.

VII. Le procès d'Hastings ne fut repris par la Haute Cour que le 20 avril 1789; les douze juges n'auraient pas pu terminer plus tôt leurs circuits.

Dès le 3 février M. Hastings avait présenté une pétition à la Chambre des lords, pour demander que la Haute-Cour accélérât la discussion de son procès. Déjà plusieurs de ses juges et de ses témoins étaient morts; sa santé se ressentait de ses malheurs, sa fortune des frais énormes qu'il lui avait fallu faire, et qu'il portait à 30,000 liv. sterl. Deux seules charges, sur vingt, avaient été développées; et si son procès éprouvait de pareilles lenteurs, avant qu'il fût terminé il mourrait avec une réputation flétrie, sans avoir pu démontrer son innocence.

La Haute Cour donna dix-sept séances au procès, pendant la session de 1788-89.

VIII. M. Burke, en exposant la troisième charge, relative au péculat et à la corruption pécuniaire de l'administration de Warren Hastings, avait, dans le cours de l'accusation, relevé la conduite de M. Hastings à l'égard d'un de ses accusateurs dans l'Inde, Nund Comar, et rappelé divers actes d'injustice et de cruauté de ce gouverneur général du Bengale. Il avait ajouté qu'à la fin il s'en était délivré par un *meurtre*, par les soins de sir Elijah Impey.

Quelques jours après la rentrée, le major Scott présenta aux Communes une pétition de M. Hastings, exposant que, dans le cours de la plaidoirie, M. Burke l'avait accusé de divers crimes qui n'étaient pas portés dans les charges de l'accusation, tels que d'avoir participé à des complots pour assassiner Shahzade et le fils de Jaffier-Ali-Kan, d'avoir ordonné des actes de cruauté sur Debi-Sing, et enfin d'avoir fait tuer Nund-Comar. Il suppliait la Chambre de spécifier et de poursuivre ces nouvelles charges de l'accusation, afin qu'il pût y répondre et les détruire, ou de lui accorder tel autre redressement de cette injuste persécution, que la justice et la sagesse de la Chambre trouveraient convenable.

Sur la motion de la prise en considération, M. Fox fit remarquer à la Chambre avec quelle réserve une semblable pétition devait être accueillie. « Doit-on préférer l'accusé à l'accusateur, et soutenir le premier, qui demande de changer le mode de procéder, préférablement au second, qui a suivi les ordres de la Chambre, obligée de faire bonnes les charges de l'accusation portée en son nom ? M. Burke a produit à leur appui des imputations graves, non comme de nouveaux points de criminalité et d'accusation, mais comme le développement des mœurs habituelles, du despotisme altier et féroce de Warren Hastings, comme des résultats du caractère habituel de l'accusé, et qui prouvent avec quelle facilité il a pu se livrer à la corruption et au péculat : dès qu'il avait si peu de scrupules pour verser du sang, il devait en avoir bien moins d'envahir les richesses des malheureux Indiens.

» Si la Chambre était mécontente du comité chargé de la poursuite de Warren-Hastings, elle

» pouvait en révoquer les pouvoirs ; si elle l'était » de l'accusation, elle pouvait l'abandonner. Mais, » dans tout état, elle ne pouvait pas être en même » temps l'accusateur et le défenseur d'Hastings. »

M. Fox faisait remarquer d'ailleurs, « que c'é» tait à la Haute Cour, qui avait entendu M. Burke, » et qui pouvait avoir présentes à la mémoire les » imputations dont se trouvait offensé M. Hastings, » que celui-ci devait adresser ses réclamations. » M. Hastings se plaignait de faits et de paroles » qui avaient eu lieu dans le cours de l'année pré» cédente, Est-ce bien à cette Chambre, qui, dans » des demandes de rappel à l'ordre de ses membres, » n'y fait droit qu'au moment même, ou au plus » dans les trois jours de l'offense, si elle est grave, » ou les discours censurables, à accueillir les re» proches de M. Hastings contre mon honorable » ami ? Ne savons-nous pas tous que rien n'est plus » aisé à oublier que les paroles d'une improvisa» tion parlementaire ? »

M. Burke parla dans le même sens ; il exposa comment il avait été amené, dans le développement de sa plaidoirie, à dire que M. Hastings, pour faire disparaître un témoin qui le chargeait d'une manière grave et péremptoire d'avoir commis le plus flagrant péculat, Nund-Comar, avait coopéré à son assassinat judiciaire par le Grand-Juge du Bengale, sir Elijah Impey, meurtre d'ailleurs qui était une des charges de l'accusation de la Chambre contre ce juge prévaricateur.

MM. Pulteney et Marsham, et quelques autres

membres de l'opposition, montrèrent le profond artifice de la pétition de Warren Hastings. Cependant M. Pitt et le ministère, qui venaient de triompher dans la question de la régence, et ne portaient dans le succès ni modération ni décence, furent d'avis que la pétition devait être prise en considération, parce que, pour être accusé, Warren Hastings n'avait pas perdu ses droits de citoyen anglais.

Le 30 avril une notice, suivant l'usage, fut remise à M. Burke par le sergent d'armes, que le lendemain la Chambre s'occuperait de la pétition de M. Hastings, et qu'il était invité à s'y trouver. Il n'y vint pas; et M. Montagu communiqua à la Chambre une lettre qu'il lui avait écrite pour lui être soumise.

M. Burke annonce que c'est d'accord avec le comité d'accusation qu'il persévère dans sa résolution de ne pas entrer dans une défense laborieuse, pénible, et probablement contestée de sa conduite. Il a fait ce qu'il a dû et ce qu'il était autorisé de faire. Il devait à la Chambre un développement de ce qu'il avait fait; il l'a donné, il n'ira pas plus loin; il attend avec respect, et pour s'y conformer religieusement, ce qu'elle décidera. « Elle agira, je » n'en doute pas, d'une manière convenable à un » corps aussi prudent et aussi jaloux de sa ré- » putation. »

M. Burke n'est point dupe de ce stratagème indien, de changer l'état de la cause, d'obliger les accusateurs à recevoir le rôle des accusés; et il cite plusieurs exemples, dans l'Inde et pendant le cours de l'administration de M. Hastings, des artifices semblables de lui et de ses amis.

« Il espère que dans le cours, que dans aucun » moment de cette poursuite, on n'a jamais pu perdre la conviction qu'il était au-dessus des plus légers soupçons ou des espérances les moins fondées » de collusion ou de prévarication.

« La chambre m'a confié la direction de ce » procès; ni espérances, ni craintes, ni colère, ni » fatigues; ni découragements, quels qu'ils soient, » ne m'empêcheront de répondre à sa confiance et » de remplir le mandat qu'elle a commis à mon » honneur et confié à mes talents, à moins qu'elle » ne me raie de la liste de ses commissaires, ou » qu'elle ne me retranche les moyens de poursuivre » son accusation. Je suis assuré que tous mes collègues du Comité sont animés des mêmes senti» ments.. »

Après la lecture de cette lettre il y eut une discussion très vive et qui se prolongeait, lorsque le marquis de Graham proposa : « que la Chambre déclarât, que les paroles proférées par M. Burke » n'étaient autorisées par aucun procédé de cette » Chambre. » Cette proposition, qui n'était pas très précise, hors la censure de M. Burke, fut longtemps controversée. Elle était tout ce qu'on voulait; on finit donc par l'adopter à la majorité de 135 voix contre 66.

M. Burke avait à faire connaître à la Haute Cour cette décision de sa Chambre; il le fit avec beaucoup de dignité et d'éloquence, et n'en continua pas moins de poursuivre avec énergie et avec ses talents accoutumés, l'accusation de Warren Hastings (1).

Les séances de la Haute-Cour furent peu nombreuses, en 1789; la session fut courte. En 1790 le Parlement ne fut assemblé que le 21 janvier. Le 16 février, le procès de M. Hastings recommença; et le 9 juin, la Haute-Cour, à sa soixante-sixième séance, s'ajourna à la session suivante.

Pendant les treize séances de la Cour, les commissaires de l'accusation développèrent les charges relatives aux extorsions de présents et aux nombreux faits de péculat dont était prévenu Warren Hastings. M. Fox récapitula dans un discours, qui mérita, par sa clarté et son éloquence, toute l'attention de la Haute-Cour, pendant deux séances de quatre à cinq heures chaque, l'état de l'accusation et les preuves qui, jusque là, avaient été présentées à son appui.

X. La longueur de ce procès détermina, le 11 mai, M. Burke à en exposer les causes réelles à la Chambre. Après quelques observations sur une pétition présentée aux Lords par M. Hastings, il arriva à la déduction de ces causes; elles étaient, suivant lui, au nombre de trois.

1° La décision prise par la Haute-Cour, qu'il serait procédé d'abord par les commissaires de

---

(1) Il y eut encore un libelle contre la Chambre et contre M. Burke, inséré par des amis et aux frais de M. Hastings, dans un journal. Le rédacteur fut mandé à la barre, et condamné à une amende qui parut extraordinaire, inconstitutionnelle même, ou sans *précédents* du côté des Communes.

l'accusation au développement et aux preuves de toutes les charges, et que l'accusé ne serait entendu dans sa défense qu'après que tous les articles de l'accusation auraient été prouvés.

2° La nécessité où se trouvaient les commissaires de cumuler les éléments de conviction, puisqu'ils ignoraient quels seraient ceux qui opèreraient sur l'esprit des juges : ce qui ne serait pas arrivé si chaque article de l'accusation avait été jugé séparément.

3° Les conseils de M. Hastings exigeaient la lecture des pièces entières, au lieu de simples extraits.

M. Burke proposa donc les deux résolutions suivantes :

« 1° La Chambre..., sans entendre méconnaître la » vérité et la grande importance des charges, et les dé» laisser, autorise ses commissaires à insister seule» ment sur celles de ces charges qui leur paraîtront » conduire plus efficacement à obtenir une prompte » justice contre ledit Warren Hastings.

» 2° Les Communes de la Grande-Bretagne, as» semblées en Parlement, toujours fidèles... au » soin de leur propre honneur et à l'accomplis» sement des devoirs qui leur sont imposés... » dans l'accusation publique portée par elle de» vant la Chambre des lords, sont liées par les » plus sacrés engagements à persévérer dans leur » accusation contre Warren Hastings, jusqu'à ce » qu'un jugement puisse être obtenu contre lui, » au moins sur les charges les plus graves de cette » accusation. »

Par ces deux résolutions, la Chambre des communes, accusatrice, n'en restait pas moins, en tout état de cause, maîtresse de l'accusation ; elle donnait à ses commissaires la faculté de la resserrer, mais avait toujours celle de l'étendre.

On conçoit également tout l'avantage qu'ont obtenu, pour la défense, les conseils de M. Hastings, en réclamant que l'ensemble des charges fût déduit avant de procéder aux plaidoiries de la défense.

1° Ils éternisaient l'affaire, on l'a vu. 2° Ils entravaient les commissaires dans la production des preuves : ceux-ci ignoraient quelles étaient les preuves qui opèreraient la conviction dans l'esprit des juges. 3° Si chaque charge avait été discutée et jugée séparément, et l'une après l'autre, il était possible qu'il résultât des preuves d'une charge et des faits jugés, de nouvelles charges que les commissaires de l'accusation pouvaient reprendre en tout état de la cause.

L'accusé avait un droit général à connaître la totalité des inculpations qui lui étaient faites, avant d'y défendre; mais dans les procès sur *Impeachment*, le droit qu'ont les Communes d'étendre leur accusation est extrêmement rigoureux ; et dans les divers procès politiques que nous avons eus sous les yeux, nous avons rencontré des preuves répétées de l'extrême prudence des conseils des accusés. Elle est aussi indispensable que la modération dans les termes et le respect, que leur imposent leurs adversaires, les Communes du royaume de la Grande-Bretagne, un des trois pouvoirs publics de l'État, et souvent le plus susceptible.

D'un autre côté, l'accusation a paru mal ménagée, mal dirigée. M. Burke (1) et M. Sheridan avaient toujours été peu dociles aux conseils des jurisconsultes et avocats de l'accusation. L'envie de montrer leur éloquence, et l'habitude de ces verbeux discours qui gâtent en général les opinions parlementaires de cette époque et de ces orateurs surtout, ont retenu un grand empire sur eux; et l'accusation la plus importante des annales de la Grande-Bretagne, et la mieux fondée, n'est plus devenue, dans les discours des orateurs des Communes, qu'une suite de longues et belles harangues, et dans le jugement, que la victoire d'un parti.

XI. Le Parlement avait été dissous le 25 novembre 1790; ce ne fut qu'après l'ajournement de Noel

---

(1) Il est certain qu'à cette époque l'opposition faisait quelque reproche à M. Burke de l'avoir embarquée trop légèrement dans l'accusation de M. Hastings. Tout finissait par retomber, non sur le cabinet, qu'ils avaient voulu attaquer, mais sur les directeurs de la Compagnie des Indes, et sur cette Compagnie elle-même, qui avait avec elle tout le commerce de Londres, toute la haute banque; celle-ci n'avait pas encore l'importance que, depuis cette époque, lui ont donnée les emprunts de M. Pitt, mais elle avait une grande influence dans les Communes. L'accusation d'Hastings avait considérablement affaibli l'opposition; la désertion de ses bancs était journalière.

M. Burke ne tarda pas à se retirer lui-même de l'opposition; une pension de 2,000 liv. sterl. sur la trésorerie d'Irlande avait été le prix ou le gage de cette défection. Ce fut dans la discussion du bill sur la législature du Bas-Canada qu'il rompit ouvertement avec M. Fox, qui n'avait ni motivé ni même prévu cette séparation. La confiance de ce grand orateur en M. Burke avait toujours été pleine et honorable, et il s'exprima sur cette rupture d'une amitié de vingt ans, avec beaucoup de dignité et d'une manière touchante.

qu'on put reprendre les discussions sur le procès d'Hastings. La Chambre eut d'abord à repousser les prétentions de quelques jurisconsultes qui voulaient que le procès eût fini avec le Parlement. On a vu plus haut, au n° II, qu'il avait été pourvu aux cas d'ajournements et de dissolutions. Il y eut lieu cependant à ce que M. Burke provoquât les deux résolutions suivantes :

« 1° Résolu qu'il appert à la Chambre qu'une » accusation de cette Chambre, au nom des Communes de la Grande-Bretagne, assemblées en Parlement, et en celui de toutes les communes, etc., » contre Warren Hastings, écuyer, pour hauts crimes » et malversations, est maintenant pendante.

» 2° Résolu qu'en considération de la longueur » du temps qui s'est écoulé depuis que l'accusation » contre Warren Hastings a été portée, il paraît à » cette Chambre qu'il est convenable, dans le dessein d'obtenir une justice substantielle dans le » plus bref délai possible, de ne procéder que sur » les charges de l'accusation dont les commissaires » de cette Chambre ont terminé les preuves et clos » l'évidence, excepté seulement celles des charges » qui sont relatives aux contrats, pensions et allocations pécuniaires dont M. Hastings est accusé. »

XII. En conséquence, le 30 mai, les commissaires de l'accusation ayant terminé le développement de la troisième charge, à laquelle ils s'arrêtèrent, d'après la seconde résolution de la nouvelle Chambre des communes, prirent leurs conclusions. M. Hastings demanda à la Haute-Cour qu'elle voulût bien, quoique la session très avancée ne permît pas que sa défense fût présentée, lui accorder un jour pour être entendu sur des points qu'il regardait comme très importants pour accélérer les progrès de la cause. Les commissaires, M. Burke lui-même, ne mirent aucune opposition à ce qu'une séance de la Haute-Cour lui fût accordée pour sa défense préliminaire : le 2 juin lui fut en conséquence assigné.

Aussitôt que la Haute-Cour fut réunie, lord Kenyon, lord Chef-justice de la Cour du Banc du Roi, qui présidait en l'absence du Chancelier, donna la parole aux avocats de M. Hastings. Celui-ci se leva, et prononça un discours dont nous croyons devoir transcrire les traits les plus saillants, pour nous dispenser de produire plus tard des extraits des diverses plaidoiries de ses conseils.

XIII. « M. Hastings remercia d'abord la Haute-Cour de ce qu'elle lui accordait la parole avant d'avoir entendu ses conseils. Son discours n'était que préparatoire à la défense que ses avocats allaient entreprendre dans la session suivante. Persuadé que les Lords étaient convaincus, comme il l'était lui-même, de la difficulté, de l'impossibilité même d'opposer à une accusation aussi longue, aussi détaillée que celle qui venait d'occuper un si grand nombre de séances, une réponse courte et suffisante, il ne leur soumettrait donc pas une défense minutieuse sur tous les chefs de l'accusation et les faits présentés à l'appui.

» Il releva d'abord, avec beaucoup de force et de vérité, le désavantage de sa position. L'accusation avait été si étendue, tellement particularisée, que sa vie ne suffirait pas à y répondre. Il déclara ensuite aux Lords qu'il consentait à limiter sa défense aux trois charges principales auxquelles avait été réduite l'accusation. Les charges de péculat, que l'accusation avait réservées sur les dix-sept autres, seraient traitées par ses conseils, dans la session suivante, et d'une manière presque sommaire, en la comparant à l'accusation; mais c'était dans l'espoir qu'il plairait à la Cour de faire procéder sans délai à son jugement. Son honneur était attaqué aussi bien par les charges retenues que par les charges délaissées par l'accusation. Il se flattait que de sa défense sommaire surgiraient les preuves de son innocence; il avait dû l'espérer des débats, de la discussion des pièces et de l'examen des témoins produits par l'accusation. De l'inanité de ces pièces et de ces dépositions, il était déjà résulté la démonstration la plus éclatante que les charges de l'*Impeachment* n'étaient pas fondées; il ne doutait pas d'y réussir par sa défense préparatoire, qu'il priait leurs seigneuries d'écouter avec bonté. »

Par de tels préliminaires, M. Hastings avait élevé l'intérêt de ses juges et de ses auditeurs. Entré dans sa défense par une récapitulation des vingt-deux charges de l'accusation, quoiqu'il eût promis de se borner aux trois principales, celles que les Communes avaient spécialement réservées, il les repoussa par des réponses et des explications courtes, claires, et portant une apparence de candeur, de vérité et de conviction non seulement de son innocence, mais encore d'avoir bien mérité de son pays.

» Il revient ensuite à l'aspect général que présentait le procès, et cherche à se rendre maître de sa justification par un exposé de la situation politique de l'Angleterre, en Europe et sur les mers, et de celle de la Compagnie dans l'Inde. « Elle avait tous les princes de cette vaste presqu'île contre elle; par le résultat des treize années de son administration, ils sont pour elle; ils sont ses amis, ses alliés, ses tributaires, ses sujets. Il a fait plus, il a fait toutes ces créations sans aucune autre ressource que celles qu'il a su trouver. En Europe, la Compagnie, le Gouvernement empruntent; dans l'Inde, on ne pouvait en trouver la facilité que par le crédit; il l'avait créé, vers la fin de son administration, parcequ'il avait mis de l'ordre dans les finances de la Compagnie, et formé des revenus assurés, ceux du sel, de l'opium, que, seul, il a su découvrir; parcequ'il avait porté les recettes des possessions de la Compagnie dans l'Inde, de 3,000,000 de liv. sterl. à 5,400,000 liv. sterl.; parceque enfin il liquidait, depuis la paix, les dettes de la guerre. Il ajoute qu'on l'a discontinuée, par des motifs qu'il déduira, si le soin de la défense l'exige. Il dit, par là, à la Compagnie, qui s'est conduit à son égard avec beaucoup d'égoïsme, au bureau du contrôle de l'Inde et au ministère qui l'abandonnent, qu'il peut et qu'il saura parler quand il en sera temps. »

« Je rappellerai souvent, dit-il, l'attention de vos » seigneuries sur ces faits, et sur les difficultés nom» breuses que j'ai eues à vaincre dans la dernière » guerre de l'Inde. Vous me le permettrez, Mi-

» lords... Toutes les mesures de mon administration » ont tendu à surmonter ces difficultés ; et personne » en Angleterre n'aurait pu trouver et adopter d'au» tres moyens que ceux que j'ai employés, parce» que, dans la réalité, il n'y avait pas de choix à » faire... Et cependant je suis poursuivi depuis » quatre ans par une accusation devant vos sei» gneuries pour tous ces divers actes administratifs » que j'ai dû irrésistiblement ordonner, sans qu'on » daigne considérer que j'y ai été forcé, en raison » du but qui, seul, était imposé à ma fidélité et à » mon honneur ; de conserver à la métropole ce » pays, que votre ministre de l'Inde proclame tous » les jours, au sein de l'autre Chambre, pour être » le plus précieux diamant de la Couronne Britan» nique. »

« Il pria ensuite la Haute-Cour de tenir compte de la longueur du procès, de l'extension extraordinaire de la procédure, qui remplit déjà sept gros volumes in-folio, et du peu de temps qui lui a été donné pour se préparer à sa défense. Il réclame, par ces motifs, son indulgence pour les omissions qu'il aurait pu faire, et qu'il réparera lorsque les débats s'engageront ; » puis il ajoute :

« Si le cours de la vie d'un homme est invaria» blement marqué par une disposition au crime, » c'est une présomption bien forte contre lui, qu'il » a été criminel dans la circonstance où il se trouve » accusé. »

« Si, au contraire, sa conduite a été telle, pendant la durée et dans tous les actes de sa vie politique, qu'elle lui ait acquis la bienveillance de tous ceux avec lesquels il avait à traiter de ces grands intérêts qui remuent les passions de l'humanité, même les plus honteuses..., cette autre présomption sera donc bien fondée, qu'il est innocent des crimes dont on l'accuse, des torts qu'on lui reproche, surtout quand ceux qu'on dit en être les victimes ne font aucune plainte.

« M. Hastings développe ensuite les évènements de sa vie politique, administrative et militaire. Il s'est trouvé dans les circonstances les plus difficiles; il n'en est aucune qu'il n'ait soumise à la Cour des directeurs et aux ministres du roi, prévoyant dans ses dépêches les résultats, et annonçant à l'avance les directions qu'ils imprimeraient à sa conduite ultérieure; aucune dans laquelle il n'ait demandé des ordres, des plans de conduite, une approbation; aucune surtout dans laquelle il n'ait manifesté sa résolution de prendre leur silence pour un consentement non tacite, mais exprès et décisif. Il n'est pas de gouverneur d'une colonie ou possession britannique, il n'est ou ne sera pas de gouverneur de l'Inde qui ait eu une correspondance aussi étendue, aussi volumineuse que la sienne. » Il ajoute ensuite :

« Pendant cette longue période de treize années » de pouvoirs (honorablement continués, et renou» velés presque tous les deux ans), j'appellerai l'at» tention de vos seigneuries sur ce fait singulier, » que, lorsque la Grande-Bretagne perdait la moi» tié de son empire et doublait sa dette publique, le » gouvernement à la tête duquel j'étais placé, s'était » non seulement maintenu dans son entière domina-

» tion et dans toutes ses possessions, mais croissait en » population, en richesses, en agriculture, en com» merce ; et quoique vos seigneuries aient entendu... » la Chambre des communes dire que j'avais dé» gradé le nom anglais dans l'Inde, j'en appelle à » l'opinion générale de tous les hommes,... elle » sera, je n'en doute pas, que le nom de la Grande» Bretagne, le caractère anglais, n'ont jamais été » élevés plus haut, jamais plus honorés dans l'Inde, » que lorsque je la quittai. »

Après une assez longue énumération de ses actes, comme administrateur, comme financier, comme général, pendant son gouvernement de l'Inde, il termine sa défense par la péroraison suivante :

« Aux Communes d'Angleterre qui m'accusent » devant vous, pour avoir dévasté et désolé leurs » provinces de l'Inde, j'oserai répondre qu'elles » et leurs représentants successifs ne cessent de » dire que les possessions britanniques de l'Inde » sont l'État le plus florissant de cette péninsule. Eh » bien ! cet état florissant, c'est moi qui l'ai créé.

« La valeur de ce que d'autres avant moi avait » acquis à la mère-patrie, je l'ai augmentée ; votre » empire dans l'Inde, je l'ai étendu ; votre admi» nistration intérieure, je lui ai donné la force et » la stabilité compactes qu'elle a aujourd'hui. Du » Bengale, j'ai fait marcher des armées au travers » de pays inconnus et hostiles, avec une énergie, » avec une activité que vous ne connaissez pas en » Europe, et avec une économie oubliée déjà ou mé» connue dans l'Inde. Avec un noble patriotisme,

» elles sont arrivées en toute hâte au secours de » vos autres provinces (Madras et Bombay). Avec ces » braves armées, j'ai relevé l'une, Madras, de la dé- » gradation et de la honte ; j'ai arraché l'autre à la » servitude ou à la destruction. J'ai soutenu vos » guerres, ou celles qui avaient été commencées par » les autres gouvernements de l'Inde anglaise, et » non les miennes. J'ai acquis à votre alliance un » membre de la grande Confédération des princes » Mahrates, par un acte de pure et de juste restitu- » tion. Avec un autre, j'ai entretenu de secrètes » communications, et suis parvenu à vous en faire » un ami. Un troisième, je l'ai tiré de la Confédé- » ration par une diversion habile et des négocia- » tions opportunes ; et d'un ennemi j'en ai fait un » instrument de paix, un médiateur.

» Lorsque vous proclamiez imprudemment la » nécessité d'une paix quelconque, je la traitais » par lui. Mais lorsque vous annonciez haute- » ment le besoin que vous en aviez, votre volonté » de la faire à tout prix, je l'ai retardée, empêchée » par lui, parceque vos ennemis savaient mieux » que vous combien la paix vous était nécessaire; » parcequ'ils vous entendaient, étaient dans le secret » de vos besoins et de vos conseils, calculaient déjà » vos mesures rétrogrades. J'ai résisté à vos avis, » j'ai méconnu vos ordres. J'ai aggravé les condi- » tions de la paix et mes demandes ; j'ai publié la » guerre, j'en ai fait les préparatifs. Alors, assouplis » par la crainte, c'est eux, et non nous, qui ont » demandé la paix que nous voulions ; et c'est nous » qui ne pouvions pas faire la guerre, et non eux

» qui en avaient tous les moyens, qui avons dicté » les conditions. J'ai assuré la tranquillité de l'Indostan, et de grands avantages à mon pays et à » la Compagnie, par une alliance honorable et permanente avec un des plus grands États de la » Confédération, à l'aide d'une révolution politique » inespérée et soudaine. J'ai acquis à la Compagnie » des ressources de guerre qu'elle n'avait pas, qu'elle » ne connaissait pas même, dans la neutralité de » deux autres de ces États et un retour sincère du » quatrième à des liens avantageux pour lui avec la » Compagnie, et que ni l'un ni l'autre n'auraient » jamais dû relâcher.

» Je vous ai tout donné; j'ai tout fait pour vous; » et vous,... vous m'en avez récompensé par des » confiscations, la disgrâce et une vie tout entière » d'accusations criminelles. » C'était le *Montons au Capitole* de Scipion.

Les Pairs retournèrent dans leur Chambre, où une motion fut faite et adoptée, qu'on procéderait au procès de Warren-Hastings le premier lundi, après l'ouverture de la session.

Lord Kenyon, avec quelques Pairs, vint reprendre la séance, et prononcer l'arrêt d'ajournement.

XIV. M. Hastings, dans sa défense introductive, ne repoussait pas directement les articles de l'accusation, ni n'en contestait l'existence; mais il soutenait qu'il était excusable, en raison du pouvoir immense dont il avait été investi, des obligations qui lui étaient imposées et de la faiblesse humaine; qu'il n'était pas blâmable, puisqu'il avait agi ou par ordre des directeurs de la Compagnie, ou en vertu de leur approbation formelle ou tacite; qu'enfin les services qu'il avait rendus au pays et à la Compagnie des Indes lui donnaient des droits à ce qu'un arrêt de la Haute-Cour les consacrât et oubliât ses torts.

Tel a été le plan que lui avaient donné ses conseils. Ils n'ont jamais attaqué la question en face; ils ont tourné toutes les positions de leurs adversaires; et l'arrêt de la Haute-Cour, qui ordonnait aux Communes de prouver toutes leurs charges, a donné la victoire à la défense.

Le 27 février 1793, la Haute-Cour reprit ses séances. M. Hastings, dans un discours peu étendu, rappela les longueurs de son procès, les immenses désavantages qu'il en avait éprouvés; et il supplia leurs seigneuries de lui imposer un terme dans le cours de la présente session.

Le 18 avril, lord Walsingham, au nom de M. Hastings, présenta la même supplique à la Chambre des lords. La défense de M. Hastings occupa encore dix-sept séances; et il la termina le 28 mai, en renouvelant les mêmes instances.

Cette année de 1793 avait été trop remplie de grands évènements politiques extérieurs, pour qu'on s'occupât beaucoup du procès de M. Hastings; on eut, en 1794, les menées démagogiques et le procès de Horne Tooke et des autres prévenus de conspirations (1). On crut devoir à

(1) Il y avait eu, en 1794, suspension de l'*Habeas corpus*. En septembre, M. Pitt fit faire la conspiration du tube (*Cun-plot*) ou fusil à vent, lançant des dards empoisonnés. Le Jury

M. Hastings d'interrompre son procès. Ces délais, que rendaient nécessaires l'obligation de la présence des juges à toutes les séances, et les nom-

---

ne trouva que du vent dans l'*Indictment* et le réquisitoire du procureur-général; et, le 27 septembre, déclara: *non coupable.*

Le 25 septembre, MM. Hardy, Thelwall, Horne-Tooke et dix autres personnes qui avaient été mises à la Tour, furent traduits devant une commission *d'oyer* et *terminer*. M. Halcroft, également accusé, vint se constituer prisonnier. Ils étaient accusés « d'avoir conspiré pour employer des moyens de coercion » et de force contre le gouvernement, afin d'accomplir sa des- » truction ou au moins d'y introduire de grandes altérations. » Ce procès eût de l'éclat, et occupa une vingtaine de séances. Le fait n'était prouvé que par deux témoins, agents du gouvernement et espions provocateurs; et le fait ne constituait pas un acte de haute trahison. Le Jury *retourna* un bill de *non coupables.*

La suspension de l'*Habeas corpus* fut continuée en 1795. — Le 3 novembre, le roi, en allant au parlement, fut insulté par la populace. De la boue et des pierres lui furent jetées; la voiture était forte et bien doublée; et une balle tirée d'un fusil à vent ou lancée à main d'homme du haut d'un arbre du parc, traversa une des glaces. Le 6, un bill est présenté à la Chambre des pairs, par lord Grenville, à l'effet de mieux définir la haute trahison. Le 10 novembre, M. Pitt porte aux Communes une loi contre les assemblées séditieuses et illégales. L'une et l'autre lois furent débattues, éprouvèrent des difficultés, mais n'en furent pas moins votées à de grandes majorités. Nous avons donné le statut contre la trahison (t. I, p. 177). Au lieu de, *par tout autre acte patent*, le bill portait: *Par paroles ou avis malicieux.* Lord Thurlow, Tory de la haute église, prouva que le bill était inutile là où il n'attaquait pas les droits et les libertés du citoyen. Il y eut donc des modifications au bill originaire. Le bill de M. Pitt était également inutile, d'après le statut de la première année de George Ier; mais ce ministre voulait rendre les assemblées plus difficiles; ce statut l'avait obtenu pour les assemblées de la populace, mais non pour celles des classes supérieures. Par le nouveau bill quarante-neuf personnes pouvaient s'assembler, mais à la réquisition du premier juge de paix, devaient se séparer; et si, breuses affaires de conspirations et de séditions qui les retenaient sur les bancs des Cours de Westminster, ne pouvaient qu'être utiles à M. Hastings.

Les évènements intérieurs, les alarmes domestiques, la réunion de toute l'aristocratie anglaise et des Torys de tout ordre de l'Église et de l'État, contre la démocratie radicaliste qui, sous le voile des principes de la Convention française, faisait invasion en Angleterre, avaient produit une grande révolution dans les esprits, et renversé l'opposition dans les Communes; elle était bien plus faible proportionnellement dans la Chambre des lords; non que, dans l'une et l'autre Chambre, elle donnât quelque appui à la démagogie et à l'esprit de républicanisme; mais elle empêchait que, pour défendre la constitution du pays, on ne se jetât dans des excès qui plus tard l'auraient perdue.

---

une heure après la réquisition, douze personnes se trouvaient encore réunies, c'était un crime capital. Toute assemblée, ou à peu près, pouvait donc être interdite par un juge de paix; ceux qui se trouvaient à des assemblées de plus de cinquante personnes étaient punis de la prison et d'une amende, et à la récidive, de la déportation pour sept ans. C'en était fait du droit de pétition et de discussion des intérêts communs ou publics. La liberté anglaise était mise à la discrétion d'un juge de paix et des ministres. L'opposition obtint cependant que la loi n'aurait que trois ans de durée.

M. Pitt s'était déjà retiré des principes et des doctrines du grand comte de Chatham, son père, et de ceux des Whigs, dès 1792, dans les discussions sur la tolérance. Il voulait de l'arbitraire et du pouvoir. Il en a eu; qu'a-t-il fait?

XV. Le 19 avril 1795, les Pairs s'assemblèrent dans leur Chambre; et, pour mettre fin à un procès aussi long que l'était celui de M. Hastings, passèrent les résolutions suivantes, qui déterminent les charges conservées, et l'ordre de la délibération et du vote des Lords restés juges du procès à la Haute-Cour.

« Il a été résolu par les Lords spirituels et temporels assemblés en Parlement que les questions suivantes seront faites aux Lords de la Haute-Cour séante dans la grande salle de Westminster.

» 1° Warren-Hastings est-il *coupable* ou *non coupable* des *High crimes and Misdemeanors* dont il est chargé à l'art. 1er de l'*Impeachment* des Communes? » Et ainsi successivement des seize articles auxquels ont été réduits les vingt-deux charges primitives (1).

Cet acte de la Haute-Cour est ainsi terminé. « Il a été résolu par les Lords spirituels et temporels, assemblés en parlement, que les susdites questions seront séparément faites, dans la grande salle de Westminster, à chacun des lords, en commençant par le plus jeune; et que la réponse donnée par chaque lord sera en ces termes : *Coupable, sur mon honneur*, ou *Non coupable, sur mon honneur*. »

(1) Le 2e de ces articles rédigés par la Haute-Cour est le 2e de l'accusation. Les 3e, 4e, 5e, 6e, 7e et 8e articles, sont relatifs aux charges du péculat, contenues dans l'article 6e de l'accusation, et les 9e, 10e, 11e, 12e, 13e, 14e et 15e, à celles de l'article 4 des Communes. Le 16e est une déclaration d'innocence ou de culpabilité sur toutes les charges quelconques de l'*Impeachment*.

La salle de Westminster était aussi remplie de spectateurs qu'à l'ouverture de la Haute Cour et à ses premières séances. M. Fox et les autres commissaires de l'accusation entrèrent à midi dans leur tribune. Environ une demi-heure après, les Lords de la Haute-Cour, revêtus de leurs robes de pairs, prirent séance au nombre de vingt-neuf, l'archevêque d'York, trois ducs, un marquis, huit comtes, deux vicomtes, les évêques de Bangor et de Rochester, dix barons, le comte de Mansfield, Président du conseil privé, et le lord Chancelier: vingt-neuf juges.

XVI. Les Pairs étant assis, la proclamation de l'ouverture de la séance faite suivant l'usage, une sommation fut lue par le sergent d'armes, pour citer Warren-Hastings à comparaître à la barre, avec ses cautions; ils y parurent. Warren-Hastings reçut l'ordre de se retirer.

Le lord Chancelier s'étant placé sur son siége, dit que la Chambre des lords avait résolu, le vendredi précédent 19 avril, « que jugement serait prononcé » cejourd'hui mardi 23, sur l'accusation de grands » crimes et malversations (*High crimes and Misdemeanors*), dont est chargé par la Chambre des » communes Warren-Hastings écuyer, ci-devant » gouverneur général du Bengale; et que les questions (suivantes) seraient soumises à chacun des » lords, dans les formes déterminées par lesdites » résolutions. » Il ordonna que la lecture en fût faite par le secrétaire de la Chambre, greffier de la Haute-Cour.

Le lord Chancelier tenait dans ses mains la

liste des lords qui étaient restés juges de la Haute-Cour, et dont un appel constatait la présence; il les prévint que ceux qui ne voudraient pas voter se retireraient derrière le trône.

Il commença l'appel par le plus jeune des lords. *George lord Douglas, Warren-Hastings est-il coupable*, ou *non coupable?* et successivement enfin jusqu'au plus jeune des ducs, le duc de Bridgewatter, puis les ducs de Leeds et de Norfolk, le comte de Mansfield et sa grâce l'archevêque d'York. Lui-même prononça: « Lord Loughborough, lord Chancelier, *coupable, sur mon honneur.* »

Sur les 1re, 2e, 13e et 14e questions, vingt-trois pairs le déclarèrent *non coupable;* sur les 4e, 5e, 6e, 7e, 8e, 11e, 12e, 15e et 16e questions, vingt-quatre pairs prononcèrent l'absolution. Sur la 9e, le duc de Norfolk se retira derrière le trône; sur les autres questions les pairs furent unanimes en sa faveur, excepté le lord Chancelier qui le déclara *coupable* sur toutes les questions.

Aussitôt que les opinions eurent été délivrées, le lord Chancelier dit: « Il appert qu'il y a une » grande majorité pour l'acquittement du prisonnier sur chacun des articles; je vais donc, conformément aux intentions de vos seigneuries, déclarer » que Warren-Hastings est acquitté de toutes les charges de l'accusation portée contre lui par la Chambre des communes, et de toutes et chacune des » matières qui y sont contenues. »

M. Hastings fut alors appelé. Il parut dans sa tribune et s'agenouilla. Le Chancelier lui ordonna de se relever, et lui dit: « Warren-Hastings, vous

» êtes acquitté de toutes les charges de l'accusation » portée contre vous par la Chambre des communes, » et de tout ce qu'elles comprennent; vous et vos cau» tions vous êtes libres. » M. Hastings salua la Cour et se retira; et le lord Chancelier proposa que leurs seigneuries s'ajournassent à la Chambre des lords.

XVII. Les frais du procès étaient énormes. Pour la part seule de M. Hastings, ils s'élevaient à 70,000 liv. st. (1,750,000 fr.). La Compagnie des Indes s'en chargea. Sa santé était affaiblie; elle lui fit une pension de 2,500 liv. st.

M. Hastings a montré, on ne peut en disconvenir, de grands talents d'administration, une forte tête et un mâle courage.

Pendant son gouvernement eurent lieu la guerre d'Amérique et la reconnaissance des États-Unis par la maison de Bourbon et par la Hollande. La guerre était portée dans l'Inde. Hyder-Aly s'empare du Carnate. L'armée de Bussy marche sur Madras; sir Thomas Rumbold est battu, et abandonne Madras. Son successeur n'est ni plus habile ni plus heureux. L'armée anglaise de terre est défaite sous le général sir Hector Monro. Le détachement du colonel Baillie est coupé et pris. La flotte anglaise est battue, en différentes affaires, par le bailli de Suffren. On croit l'Inde perdue, une terreur panique s'empare de toutes les têtes; chefs de la Compagnie comme de l'armée, agents de l'administration, simples soldats, tous sont au dernier point de découragement. M. Hastings arrive; sa présence vaut une victoire; il fait face à tout et ramène la fortune. On lui devait beaucoup. Il avait été coupable d'actes arbitraires, tortionaires, spoliateurs. Peut-on ne pas l'être quand on a fait de grandes choses ? Mais il avait sauvé la Compagnie, enrichi ses agents dans l'Inde, ses actionnaires, ses directeurs en Europe, de l'or, du sang, des larmes, de la faim et de la misère des malheureux Indous.

La longueur du procès de M. Hastings lui fut très favorable. L'opinion publique s'était amortie; depuis deux ans même elle avait singulièrement changé à son égard. Odieusement coupable en 1788, on ne parlait dans toutes les réunions de la métropole et des provinces que de son aimable innocence en 1795 : tout était changé autour de lui et dans l'empire Britannique.

Lors de la discussion des bills sur les assemblées illégales et sur la haute trahison, M. Fox, pour connaître l'opinion de la chambre et du pays, demanda un appel général de tous les membres des Communes, pour le 24 novembre (1795) ; et le bill qui, dans le cours de ses diverses lectures, avait passé à une majorité de 200 à 220, contre des minorités de 40 à 45, eut, à la dernière, une majorité de 250 environ contre 48 ou 49. Une Chambre de 538 députés n'en offrait qu'environ 300; les Communes et le peuple anglais étaient donc, ou indifférents sur leurs droits et sur leurs libertés, ou croyaient devoir les voiler et les sacrifier momentanément à la crainte de dangers qu'on s'était exagérés, qu'on s'était créés et qu'on pouvait détruire, et à la merci des conspirations de police.

Qu'était devenue, en quinze années du ministère de M. Pitt, cette différence d'opinions entre Whigs et Torys, que nous avons développée au procès du comte d'Oxford (p. 54), et à celui de Wilkes (p. 278)?

Les Whigs avaient ressaisi le pouvoir en 1782, pendant le court ministère du marquis de Rockingham, et le conservèrent, seuls, pendant celui du comte de Shelburne, en tout une année. Le ministère du duc de Portland et de M. Fox avait appelé à lui Lord North, le vicomte de Stormond et le comte de Carlisle, tous les trois Torys. M. Pitt, pour renverser son rival, recherchait l'appui de la coterie des Jenkinsons; et pendant les premières années de son ministère, il introduisait dans le cabinet quelques Torys.

Ainsi les Whigs purs n'ont eu l'administration, sous la maison de Hanovre, que pendant les quarante-cinq ans des règnes de ses deux premiers rois.

Les Whigs, en 1795, sentirent la vérité et tout le poids des reproches que leur faisaient les Torys avant 1760. Leur facilité à entrer dans les projets de la politique hanovrienne avait créé une armée permanente et une dette énorme, et, avec l'une et l'autre, un grand pouvoir à la couronne.

Les Torys, à la vérité, ont renoncé à toutes ces doctrines de l'*Obéissance absolue* et de la *Non-résistance à l'oppression* et à tous ces *tenets* de leurs ancêtres, sur la prérogative royale; mais ils sont toujours zélés pour la haute église, et opposés à la liberté d'examen en matière religieuse. Ils repousseront toutes les innovations, excepté celles qui tendent à donner au gouvernement une plus grande force. C'était, dans la vérité, un peu pour eux qu'ils travaillaient; mais c'est principalement aujourd'hui pour une aristocratie riche et puissante, qui, presque toujours a bien mérité de la patrie, et se trouve bien supérieure à ces coalitions, à ces deux coteries dont M. Pitt et M. Fox recherchaient l'appui.

Notre âge a donc pu voir ces dénominations de Whigs et de Torys s'effacer ou se fondre dans celles d'amis du pays, ou d'amis du pouvoir.

Mais déjà la Banque a suspendu ses paiements en espèces métalliques, et on aura bientôt l'insurrection des flottes de Portsmouth et de Nore. Voilà ce qu'a valu jusqu'ici l'administration de M. Pitt.

PROCÈS

Sur accusation (*Impeachment*) de la Chambre des communes,

POUR GRANDS CRIMES ET MALVERSATIONS

(*High crimes and Misdemeanors*),

DE HENRY (DUNDAS) VICOMTE MELVILLE,

PREMIER LORD DE L'AMIRAUTÉ.

HAUTE COUR DU PARLEMENT. . . . . Non coupable.

1806 et 1807. . . . . . Quarante-sixième et quarante-septième années de George III.

I. État des partis au commencement de 1805. — II. Accusation de lord Melville dans la Chambre des communes, sur le dixième rapport du comité d'enquête des abus de la marine. — III. Ordre au procureur général de le poursuivre par voie d'*Information* — IV. Procès, et articles de l'accusation, devant la Chambre des pairs. — V. Plaidoiries, avis des douze juges. — VI. Jugement qui décharge lord Melville sur tous les chefs de l'accusation.

I. Le procès de lord Melville est moins remarquable que celui d'Hastings. C'était une accusation de péculat et de détournement de fonds de l'État à des opérations d'un intérêt privé.

On avait eu à reprocher à M. Pitt, 1° la guerre de la révolution de 1793 à 1802, les prodigalités du gouvernement et l'énormité de la dette, portée, en neuf ans et six mois, du 5 janvier 1793 au 5 juillet 1802, de 269,019,175 l. 18 s. st. à 683,128,895 l. 2 s. st. (17,249,003,075 fr.).

2° D'avoir quitté le cabinet au moment où ses talents auraient été le plus utiles pour traiter de la paix, que ses fautes avaient rendue difficile. On ne pardonnait point à un homme de talents et d'un génie tellement supérieur les erreurs de son amour-propre;

3° De n'avoir point soutenu M. Addington; qu'il s'était substitué dans le ministère, malgré ou en dépit de ses promesses.

4° De l'avoir renversé et d'avoir manqué à ses engagements avec les chefs de l'opposition qui avaient concouru au renvoi de M. Addington.

5° D'avoir, sous le prétexte de la guerre et des menées démagogiques de la société des amis de la constitution et de la réforme parlementaire, menées auxquelles il n'était pas étranger, et des séditions de tout genre que ses agents avaient provoquées, obtenu de longues suspensions de l'*Habeas corpus*, mesures d'arbitraire légal; d'avoir usé la vie constitutionnelle de l'Angleterre; et d'avoir introduit, même dans le système de ses lois, des modifications, funestes et véritables atteintes à la constitution.

Son ministère nouveau (le troisième) montrait de la faiblesse; il soutenait le projet de la guerre à mort contre la France. Faible, il avait dû chercher des appuis chez tous ceux qui pouvaient lui en promettre. Henri Dundas, dont on redoutait la cupidité, et la faction écossaise, non moins âpre et un peu plus pédante, avaient été appelés au cabinet par M. Pitt; lord Melville y était entré, en qualité de premier Lord de l'amirauté; et on en était généralement mécontent. M. Pitt n'était plus que l'ombre de lui-même, il avait perdu sa popularité.

Tels étaient les antécédents du procès de lord Melville.

Le Parlement fut ouvert le 15 janvier 1805.

II. En 1803, à la demande du comte de Saint-Vincent, alors premier Lord de l'amirauté (une des plus belles réputations anglaises), *un comité du secret* avait été institué, par la Chambre des communes, pour *s'enquérir des abus* qui avaient eu lieu dans l'administration *de la marine*, avec charge d'en faire de temps à autre des rapports à la Chambre.

L'autorité du comité fut contestée par lord Melville en particulier; il refusait d'y comparaître, prétendant que la Chambre des lords le lui avait défendu. Il donna cependant par écrit des réponses et éclaircissements insidieux aux demandes du comité. Le comité ne s'occupa pas moins avec zèle de la mission qui lui avait été confiée; il termina son dixième rapport dans les premiers jours d'avril.

Le 8 avril, M. Whitbread fit la motion que la chambre prît en considération ce dixième rapport du comité. Ce rapport chargeait, d'une manière très forte, lord Melville, trésorier de la marine, du 13 décembre 1783 jusqu'en 1801, M. Trotter, son payeur, et MM. Wilson et Marck Sprott, ainsi que le gouverneur et les directeurs de la Banque. M. Pitt se trouvait également inculpé, au moins compromis.

En 1781, pour introduire plus d'ordre dans les caisses de l'État, on avait, principalement sur les instances de M. Pitt (c'était en haine de lord Holland et de la famille Fox), retiré aux payeurs, trésoriers et caissiers, tout mouvement de fonds à leur profit. Un compte leur était ouvert à la Banque; celle-ci portait à leur crédit spécial les fonds que l'échiquier versait pour eux. Ils devaient tirer chaque jour, sur la Banque, le montant des paiements qu'ils avaient à effectuer. Pour proscrire entièrement toute jouissance de fonds, leurs honoraires avaient été augmentés et ceux du Trésorier général de la marine, en particulier, portés de 2,000 liv. st. à 4,000 liv. st., deux ans après, en 1785.

En violation de cette mesure, lord Melville, pendant qu'il était trésorier de la marine pour la première fois (d'août 1782 au 2 avril 1783), avait fait valoir l'argent du trésor de la marine. Il en avait agi de même lorsqu'il était rentré dans cet emploi, en 1785. Les honoraires de cette place ayant été portés à 4,000 liv. st., il n'avait plus fait valoir lui-même les fonds de sa caisse; mais il avait connivé à ce que son caissier, le sieur Trotter, les fit valoir directement.

Au 5 janvier 1784, les sommes restant en caisse, au trésor de la marine, s'élevaient à 70,000 liv. st., et au 5 juillet 1783 à 112,000 liv. st.; depuis ce moment ces balances avaient toujours augmenté.

Avec ces accroissements successifs des balances, le déficit de la marine s'était également augmenté; et le comité d'enquête avait trouvé que, pendant les sept dernières années de la gestion de M. Henri Dundas, aujourd'hui lord vicomte Melville, le trésor de la marine avait reçu chaque année 674,000 liv. st. de plus qu'il n'avait payé ou dépensé; en sept ans plus de 4,000,000 liv. st. (101,000,000 fr.), sur environ 144 millions de fonds qui avaient été portés à son crédit.

Le *comité* a dû *s'enquêter* soigneusement des causes d'un excédant de recette en caisse aussi considérable, de plus de 4,000,000 liv. st., dont le besoin n'était pas justifié. Il a entendu plusieurs témoins; il a vérifié les comptes du trésor de la marine, de son payeur, de la banque et de l'échiquier; il a consulté les registres des crédits et des ordonnances des fonds, et même ceux de MM. Coutts, banquiers.

Il a été avéré pour lui qu'aussitôt qu'un crédit était ouvert au trésorier de la marine, M. Trotter, chargé des pouvoirs spéciaux et directs de M. Dundas, délivrait sur la Banque des mandats pour la somme totale, quelquefois au nom d'individus obscurs, mais habituellement à celui de MM. Coutts, qui les portaient au crédit de M. Trotter, avec intérêts réciproques de trois et demi pour cent l'an. Il a été prouvé qu'une fois M. Trotter avait tiré un mandat de 1,000,000 liv. st. sur la Banque, et sur un crédit de 2,500,000 liv. st. affecté à ce trésor et applicable au remboursement des *Billets de la marine*, à l'ordre d'un de ses commis, qui avait été le recevoir, et avait ensuite versé la somme chez MM. Coutts.

Comment se faisait-il que des sommes aussi

fortes fussent versées dans la caisse de MM. Coutts, et y fructifiassent si long-temps ; et sous quel prétexte ?

L'éloignement de la Banque, des bureaux du trésor de la marine, était le prétexte. Il était plus commode, disait-on, d'envoyer chercher tous les jours chez MM. Coutts quelques fonds pour payer des appointements de marins arriérés, de 2, 3, 4 et 5 liv. st., ou de délivrer, aux parties prenantes de sommes plus fortes, des mandats sur la caisse de MM. Coutts, très voisins, que sur la Banque, très éloignée, et au milieu de la Cité. Les marins et les officiers de l'armée navale étaient souvent trois, quatre, cinq ans, dix ans même, absents de Londres. Les versements chez MM. Coutts devaient donc rester long-temps dans les mains de ces banquiers. Lord Melville, dans sa lettre au président du comité, avait reconnu qu'il avait donné son approbation à cette jouissance de fonds, que Trotter faisait valoir par les mains de MM. Coutts et de son agent de change, Marck Sprott.

Quel profit M. Trotter et consorts pouvaient-ils tirer de ces *Fonds* prétendus *morts?* D'abord l'intérêt de trois et demi pour cent bonifié à ce caissier; 2° l'acquisition à vil prix des liquidations des marins auxquels toute sorte de difficultés étaient opposées ; 3° des provisions de prompt paiement extorquées, par M. Trotter, des fournisseurs de la marine. « La Banque, leur disait-on, n'a point de » fonds pour la marine ; entendez-vous avec » MM. Coutts et Marck Sprott, qui vous feront des » avances sur vos créances ou vous les achèteront ; »

4° des spéculations sur les fonds publics consolidés, les billets de l'Échiquier et les billets de la marine. On avait le secret des opérations de l'Échiquier sur la dette fondée, et des remboursements de la dette flottante qui perdait de dix-sept à vingt-deux pour cent; on pouvait les acheter avec un grand profit, et surtout avec sécurité.

Quel part avait M. Dundas dans ce scandaleux trafic? Ce fait était plus difficile à vérifier; toutes les preuves en avaient été détruites. On trouva cependant que M. Trotter était l'agent particulier de M. Dundas, et qu'il lui payait constamment des mandats de 10, 20 et même 40,000 liv. st. en avance, sans compte, et à volonté.

On savait enfin que M. Henri Dundas, petit avocat d'Édimbourg, sans fortune et sans aucune rente avant 1782, devenu lord vicomte Melville, était propriétaire de 800,000 liv. st. en toute nature de valeurs, en 1802. Sans doute sa cupidité était passée en proverbe; et il avait enrichi tous ses parents par des places très lucratives, des sinécures, des pensions du gouvernement, depuis 75 liv. st. à une pauvre cousine, jusqu'à 1,500 liv. st. à sa femme. Quelque énergique et prompte que fût sa rapacité, elle ne pouvait pas fournir les moyens de rendre compte d'une si énorme fortune (16,000,000 fr.). Trotter avait alors 200,000 liv. st. de propriété.

De grandes turpitudes étaient donc révélées par ce dixième rapport du *comité d'enquête des abus de la marine;* il versait le mépris public sur lord Melville et sur les siens. Il n'y avait pas de mensonges, de subterfuges, de moyens insidieux, de bassesses et d'audace en même temps, qu'ils n'eussent employés pour se soustraire à l'activité exploratrice du comité. Le récit seul des faits les couvrait de honte.

En demandant que la Chambre prît en considération le dixième rapport du comité, l'opposition devait espérer, et même acquérir la certitude, que lord Melville ne pourrait plus être membre du cabinet. Il fallait cependant attaquer brusquement lord Melville, et éviter les longueurs de l'accusation de Warren-Hastings.

En conséquence, M. Whitbread, après avoir développé sa motion et exposé les faits que nous venons de relater, proposa à la Chambre une série de résolutions à prendre, en grand comité comme matière de finances, dont les dix premières contenaient un extrait des résultats incontestables, authentiques et légaux du dixième rapport.

La onzième résolution portait: « Que lord vicomte Melville ayant été intéressé et ayant connivé à tirer de la banque d'Angleterre, dans la vue de son intérêt privé et d'un lucre personnel, des sommes qui étaient portées à son crédit comme trésorier de la marine, d'après le statut 25 de George III, chap. 31, était coupable d'une pleine infraction de la loi et d'une manifeste transgression des devoirs de son office. »

La douzième : « Que lord Melville, interrogé sur le détournement des fonds de son office de trésorier de la marine et sur d'autres emplois, avait répondu, dans une lettre officielle, au président du *comité d'enquête des abus de la marine*, qu'il n'avait pas les pièces nécessaires pour lui ren-

» seigner les causes et l'étendue de ce détournement » de fonds, et que s'il les avait en sa puissance, il ne » pourrait pas les remettre au comité sans dévoiler » des opérations délicates et confidentielles du gou- » vernement qu'il était de son devoir de ne pas faire » connaître. »

La treizième : « Que lord Melville, en appliquant » les sommes destinées à la marine à d'autres services » du gouvernement, d'une manière si délicate et si » confidentielle, qu'aucun compte ne peut ni ne doit » en être donné, a agi d'une manière inconciliable » avec les devoirs de sa place, et incompatible avec le » système de précautions, de garanties et d'ordre, » établi par les lois, pour le maniement des deniers » publics. »

Il y avait beaucoup d'adresse dans la présentation de ces résolutions préparatoires et même assez de modération, quoi qu'en ait dit M. Pitt. M. Whitbread avait laissé de côté les faits odieux et la vérité presque manifeste du péculat; il avait admis les excuses et les explications de lord Melville. « L'argent détourné de sa destination avait » été employé à d'autres services aussi utiles, mais » d'une nature plus délicate et purement confiden- » tielle, soit; mais vous n'en êtes pas moins coupa- » ble, et le chancelier de l'Échiquier et les Lords de » la trésorerie le sont avec vous. Leur négligence, » si ce n'est leur connivence, est palpable. »

La Chambre devait soutenir *son comité d'enquête*, qui n'avait agi qu'en vertu de ses ordres et d'après ses instructions. Elle avait un grand avantage à tenir aux rapports de ce comité et à leurs résultats, parceque le comité avait pu exiger le serment de ceux qu'elle appelait à l'enquête, tandis que la Chambre elle-même ne pourrait pas l'exiger des témoins qu'elle appellerait à sa barre.

M. Pitt défendit son ami avec réserve et avec quelque faiblesse d'argumentation. Il demandait que le 10e rapport fût envoyé à un second comité d'enquête. M. Canning, alors Trésorier de la marine, appuya M. Pitt et sa demande avec plus de talent et d'énergie, mais sans obtenir plus de succès.

M. Fox, M. Ponsomby, lord Henri Petty (le marquis de Lansdown actuel), soutinrent les résolutions proposées par M. Whitbread. M. Fox parla une seconde fois, dans le but de relever les preuves du désordre des finances sous l'administration de M. Pitt. Nous ferons remarquer que ce désordre a été tel, que le déficit des finances anglaises, pendant vingt années des deux guerres de la révolution, a été reconnu ne pas être moindre de 40,000,000 de liv. st. (1,010,000,000 de fr.), résultat des comptes du comité de 1822 (1).

---

(1) Savoir : excès du revenu sur la dépense de vingt et une années de guerre, ou plutôt, montant des dépenses, non prouvées par pièces depuis 1793. . . . . 36,641,517 l. st.

Escomptes de prompt paiement sur les emprunts, de frais de commission au paiement de dettes publiques, à la Banque, défalqués sur chaque emprunt, et encore dus à la Banque, pour la somme d'environ. 4,000,000

40,641,517 l. st.

Et si l'on portait cette exploration sur les finances de l'Irlande, on aurait une dizaine de millions de plus. De 1816 à 1823, le

M. Fox releva également le système de corruption active des ministères de M. Pitt. Le cas de lord Melville offrait une preuve de corruption personnelle du cabinet.

Il y eut division : 216 voix furent pour les résolutions ; 216, pour renvoyer le 10e rapport à un nouveau comité. L'orateur fut obligé de donner son vote, et il était en faveur des quatorze résolutions. Elles furent ensuite votées particulièrement, l'une après l'autre. La onzième résolution souffrit quelques difficultés. M. Pitt voulait qu'on ajoutât, après ces mots : *Ayant connivé à tirer de la banque d'Angleterre*, ceux-ci : *autant que l'a reconnu lord Melville;* et qu'au lieu de la clause : *dans la vue de son intérêt privé et d'un lucre personnel*, on insérât celle-ci : *dans l'intérêt du sieur Trotter*. Son amendement fut rejeté, même sans division. L'orateur fut même obligé de lui dire qu'une majorité considérable de la Chambre était contre sa motion.

Les deux autres résolutions furent ensuite votées sans difficulté. La séance finit à cinq heures du matin, et la Chambre s'ajourna au lendemain.

L'opposition avait donc établi les bases de l'*Impeachment* de lord Melville d'une manière bien plus solide que, vingt ans auparavant,

---

compte des intérêts de la dette publique a été enflé annuellement de 3,000,000 de l. st.

Et parlez-nous actuellement de probité, de délicatesse, d'exactitude des comptes, de perfection de la comptabilité *anglaise* !.... Ne sera-t-il pas permis d'en rire !

n'avait pu le faire M. Burke pour celui d'Hastings.

Lord Melville avait bien manifestement enfreint les lois du pays. Il en était coupable, ainsi que d'une haute inconduite dans l'exercice de ses fonctions (*Breach of duties*), de réelles malversations.

Le 10 avril, M. Pitt annonça à la Chambre que lord Melville avait offert sa démission de la place de premier Lord de l'Amirauté, et que le roi l'avait acceptée. M. Whitbread fit la motion, qu'une adresse au roi fût votée par la Chambre, pour prier Sa Majesté d'éloigner lord Melville de ses conseils et de tout office qu'il pourrait tenir sous le bon plaisir de la couronne (*ad nutum et non ad vitam*).

Cette proposition souffrit beaucoup de difficultés ; et M. Whitbread dut se borner à ce que l'on mît sous les yeux du roi les résolutions de la Chambre, du 8 avril. M. Pitt s'y opposa. La motion réduite de M. Whitbread fut adoptée sans division. On ajouta que la Chambre en corps porterait elle-même au roi les résolutions sur le 10e rapport. Le 11, la Chambre demanda de remettre au roi les résolutions du 8 ; le 25, l'orateur rendit compte de l'audience et de la réponse du roi : « Messieurs, je recevrai dans toutes les » occasions, avec le plus grand intérêt, les repré» sentations de mes Communes ; et je conçois bien » l'importance de la matière qui est l'objet de leurs » résolutions. »

Les journaux périodiques oublièrent leur réserve accoutumée dans toutes les matières qui ont rapport à la Chambre. Le rédacteur de l'*Oracle* fut appelé à la barre de la Chambre, sur la motion de M. Grey. Il s'excusa de sa faute; et la Chambre ne poussa pas plus loin sa sévérité.

L'article qualifié de libelle qui l'avait fait citer lui avait été communiqué et ordonné par les ministres. L'aigreur et les ressentiments pouvaient porter la Chambre plus loin qu'elle ne l'avait voulu d'abord.

M. Whitbread témoigna son étonnement que la Gazette de Londres ne contînt point encore le renvoi de lord Melville du conseil privé et des autres offices qu'il tenait de la couronne. M. Pitt exposa qu'il ne s'était pas cru obligé de conseiller cette mesure sévère, et il développa ses motifs, et se borna à assurer que lord Melville ne serait pas rappelé dans le cabinet.

M. Whitbread annonça qu'il demanderait un jour pour faire la motion que le roi fût supplié d'éloigner *à jamais* lord Melville de ses conseils et de tout office de confiance publique. Il proposa que la Chambre nommât un comité pour faire de nouvelles enquêtes sur les matières contenues dans le 10e rapport. M. Pitt, pour défendre son terrain, introduisit comme amendement et en développement de la proposition de M. Whitbread, la motion suivante: « Qu'un *comité choisi* fût nommé » pour prendre en ultérieure considération les » objets du 10e rapport, autant qu'ils peuvent être » relatifs à l'application des sommes accordées pour » la marine, à d'autres services publics, ainsi qu'aux » irrégularités commises, dans le mode de tirer de

»la Banque les sommes allouées à la marine, et à »toutes les communications qui auraient pu être »faites au chancelier de l'Échiquier et aux Lords de »la trésorerie, relativement à ces irrégularités; »pour proposer les mesures à adopter, afin de »recouvrer les fonds confiés à Jellicoe, et généra»lement enfin pour toute cette affaire.»

Cet amendement de M. Pitt souffrit beaucoup de difficultés; il fut étendu, restreint, contre-amendé. On demanda que des poursuites judiciaires fussent ordonnées au procureur-général, contre Trotter, Wilson, Marck Sprott et Jellicoe.

Tous les membres du ministère et les jurisconsultes de la couronne, les chefs de l'opposition, MM. Fox, Grey, Tierney, Sheridan, Ponsomby, Grenville, docteur Laurence, sir John Newport et même M. Wilberforce furent entendus, ainsi que M. Whitbread.

L'amendement de M. Pitt passa à la majorité de 229 contre 151; mais le comité devait être nommé au scrutin, à la majorité de 257 contre 126.

Le 29 avril, la poursuite judiciaire par le procureur-général fut adoptée à la majorité de 233 contre 128.

Le 30 avril, on s'occupa de la nomination du comité, présentée par M. Pitt, la veille. Sa liste fut renversée, à la majorité de 219 contre 86. Lord Castlereagh et M. Baker en furent rayés. M. Windham demanda d'être également rayé; et le 1er mai, il y eut une division sur cette demande. M. Windham fut maintenu, malgré lui, sur la liste, à la majorité de 207 contre 80.

Cette guerre de chicanes du ministère ne lui fut pas favorable. Elle rendait plus évidentes sa participation à ces irrégularités et sa complicité, et augmentait l'aigreur de l'opposition.

Le 6 mai, M. Whitbread revint à la charge, pour la radiation de lord Melville du nombre des conseillers privés, et remarqua que les ministres, il y avait un mois, avaient pris l'engagement de faire rayer, la première fois qu'il se tiendrait un conseil privé, lord Melville de la liste de ses membres. Des conseils privés avaient été tenus, et rien n'avait été fait. M. Pitt fut embarrassé pour répondre, et se livra à des personnalités sur la famille Fox. M. Fox y répliqua avec âme et avec éloquence.

M. Whitbread ayant demandé si lord Melville était encore en possession de quelque office temporaire dépendant du bon plaisir du roi, il lui fut répondu qu'il n'en possédait aucun; il retira sa motion d'exclusion du conseil et de destitution de tout office pour lord Melville.

Le nouveau comité d'enquêtes avait très promptement complété ses recherches et les informations qu'avait déjà présentées le dixième rapport. M. Whitbread annonça donc qu'il ferait au prochain jour la motion que la Chambre procédât à l'*Impeachment* de lord Melville.

Aussitôt, M. Robert Dundas demanda, au nom de lord Melville, que ce ministre fût entendu par la Chambre avant qu'elle procédât à l'accusation;

ce qui fut accordé. La permission de comparaître à la barre des Communes fut donnée par les Pairs à lord Melville, qui, escorté par le sergent d'armes de la Chambre, se présenta, le 11 juin, en dedans de la barre, où un fauteuil avait été préparé pour lui.

Lord Melville se plaignit d'abord que le comité *d'enquête des abus de la marine* eût refusé de l'entendre, particulièrement le 2 avril. Ce fait n'était pas vrai, à l'exception du 2 avril. Les commissaires lui avaient répondu, ce jour-là, que c'était trop tard, leur rapport étant fait, et leur réunion ayant duré plus de deux ans; que sa comparution serait demandée de nouveau lorsqu'ils s'occuperaient d'un rapport supplémentaire.

Un second comité ayant été nommé, le 25 avril, lord Melville aurait pu chercher d'y être entendu, mais les Lords lui ont refusé la permission d'y comparaître.

Sa position est très pénible; il a son innocence à établir, son honneur à venger, et les lois de la Chambre des pairs et les bienséances parlementaires à observer avec rigueur. En l'autorisant de paraître à la barre des Communes aujourd'hui, les Pairs lui ont interdit de se défendre sur les parties de sa conduite qui ont été l'objet des résolutions de la Chambre et de son accusation. Il ne peut donc entrer dans la discussion des quatorze résolutions primitives, sur le dixième rapport des commissaires, et des deux résolutions additionnelles du 29. Il se bornera donc à montrer par l'exposé de toute sa conduite, par le développement de ses relations avec Trotter, qu'il ne peut pas être coupable, et qu'il s'est toujours maintenu sur la ligne de ses devoirs, comme Trésorier de la marine comptable, et comme ministre.

La défense de lord Melville ne pouvait donc plus être qu'une apologie de ce qu'il avait fait, et une dénégation complète de tous les faits d'administration qui l'inculpaient. Elle fut assez longue, et présentée avec beaucoup d'art et une modération, un peu hautaine cependant.

M. Whitbread prit la parole aussitôt que lord Melville eut quitté la barre. Il regretta que les usages parlementaires ne permissent pas à un lord de rester dans la Chambre; il eût repoussé devant lui, et contradictoirement, les arguments généraux de sa défense; il le fit en peu de paroles et avec modération. Il finit en prouvant qu'on ne pouvait pas contester les faits énoncés dans le rapport des deux comités; ils étaient établis d'une manière évidente. Quelle était la connivence de lord Melville à ces graves irrégularités, à ces violations des statuts du Parlement? On ne pouvait pas douter qu'elle n'existât. Quelle était sa complicité, sa participation dans les bénéfices qui en étaient résultés? le *comité d'enquête des abus de la marine* n'avait pas de pouvoirs suffisants pour entrer dans cette investigation; la Chambre elle-même ne les avait pas; on ne pouvait les rencontrer et les reconnaître que dans les Cours de justice supérieures. C'était donc le cas de traduire lord Melville, par un *Impeachment* (accusation), à la Cour suprême du royaume. Il faisait donc la motion que Henri vicomte Melville fût accusé (*Impeached*) de hauts crimes politiques et de malversations dans son office.

M. Bond venait se joindre avec M. Whitbread dans l'opinion que la Chambre des communes devait à elle-même, aux intérêts du pays, aux droits du peuple, au respect et au maintien des lois, de pousser plus loin l'examen et la décision de cette affaire; mais il pensait qu'une accusation offrait un moyen peu sûr et extrêmement long de la déterminer. Il préférait et proposait par amendement, « Que le procureur-général de Sa Majesté reçût l'injonction de poursuivre au civil Henri » vicomte Melville, pour ses diverses offenses, » dont le rapport du comité des abus de la marine » paraît le rendre coupable. »

Il y eut, sur l'amendement comme sur la motion principale, un débat très vif qui dura presque toute la nuit.

Le jour suivant, la motion de M. Whitbread fut rejetée à la majorité de 272 voix contre 195; l'amendement fut adopté à la majorité de 238 contre 229.

III. Le 25 juin, M. Bond se leva pour faire sa motion, que la Chambre, abandonnant l'amendement, revînt à l'accusation qu'il avait proposée de M. Whitbread; il fit sentir à la Chambre, et beaucoup de ses amis lui prêtèrent leur appui, que la procédure par voie d'*Information* du procureur-général serait dérisoire et durerait des siècles; que bien que la résolution de la Chambre eût été remise au procureur-général, rien n'empêcherait que la Chambre ne procédât à l'accusation, ainsi que l'avait fait remarquer et décider lord Loughborrough, dans le procès d'Hastings ; que le procès en *Impeachment* suspendait toute autre instance ; un *Impeachment* était honorable pour celui qui en sortait vainqueur ; que s'il était trouvé coupable, les Pairs étaient moins sévères et plus doux que la Cour du Banc du Roi, qui ne pouvait prononcer que les peines de la loi.

Il y eut un long débat. M. Fox s'opposa à la motion de M. Bond, mais ce fut vainement. L'*Impeachment* ou accusation des Communes fut adopté à la majorité de 166 voix contre 143.

M. Whitbread fut nommé directeur de l'accusation, et eut ordre de se rendre à la barre de la Chambre des pairs, pour lui annoncer l'*Impeachment*, et dans la même forme que pour celui d'Hastings.

Le Parlement fut prorogé, le 12 juillet. Ce fut seulement dans la session suivante qu'ont été remplies les formalités préliminaires à ce procès, qui d'ailleurs ne fut pas très long.

IV. Le 22 janvier 1806, le lendemain de la réunion du Parlement, la Chambre des communes ordonna que M. Whitbread et le comité d'accusation rentrassent en fonctions, et qu'on procédât sans délais aux poursuites de lord Melville.

Les directeurs (*Managers*) de l'accusation étaient MM. Whitbread, Fox, Grey et Sheridan, lord Henri Petty, lord Marsham, M. Gilles, lord Folkstone, M. Raine, le docteur Laurence, M. Crevey, M. Holl, M. Calcraft, lord Porchester, lord Archibald Hamilton, MM. W. Wynne, Jekill, et Morris, lord Temple, le sergent Best, et lord Robert Spencer, vingt et un, auxquels on adjoignit plus tard sir Arthur Pigot, procureur-général, et sir Samuel de Romilly, avocat-général.

Le même jour, le vicomte Melville déposa sur le bureau des Pairs sa réponse dénégative à tous les points de l'accusation des Communes. Une copie de sa réponse fut envoyée aux Communes et remise par les ordres de la Chambre au comité d'accusation.

Le comité fit un rapport, le 4 mars, qui fut imprimé et distribué. Il résultait dès faits du rapport, qu'il y avait lieu à ajouter aux charges de l'accusation un nouveau chef de prévention; il fut adopté sans division le 7; il fut adressé aux Pairs, qui, après un rapport de leur comité de recherches des *précédents*, l'accueillirent et le communiquèrent à lord vicomte Melville, pour y répondre dans un temps prefixe.

Au même moment, Trotter ayant refusé de répondre au comité d'accusation, sous prétexte que ses aveux pourraient ouvrir contre lui, au civil, un procès très dangereux, il fut arrêté et confié au sergent d'armes de la Chambre. Ses arrêts furent levés le lendemain, après des excuses, et après avoir donné satisfaction aux commissaires.

M. Whitbread et les membres du comité de l'accusation portèrent à la Chambre des pairs les articles de l'accusation dont la teneur suit :

ARTICLES DE L'ACCUSATION.

« Les chevaliers, citoyens et bourgeois de la » Chambre des communes du royaume de la Grande-

» Bretagne assemblés en Parlement, tant en leur » nom qu'au nom de toutes les Communes de la » Grande-Bretagne, accusent Henri Dundas, vi- » comte Melville, pair de la Grande-Bretagne, de » hauts crimes, et de malversations dans l'exercice » de son office de Trésorier de la marine.

» 1° Que lord Melville, lorsqu'il était Trésorier de » la marine, a, antérieurement au 10 janvier 1786, » pris et tiré, des sommes à lui confiées par l'Échi- » quier de Sa Majesté, la somme de 10,000 liv. st., » et a frauduleusement et illégalement converti cette » même somme à son propre usage, ou à quelque » autre dessein de corruption et illégal; et que, » le 11 juin 1805, dans la Chambre des communes, » il a refusé de rendre compte des motifs de l'ap- » plication qu'il avait faite de ladite somme.

» 2° Que, depuis qu'a été passé l'acte du Par- » lement de la vingt-cinquième année du règne de » Sa Majesté, qui a pour titre : *Acte pour un meil- » leur règlement de l'office de trésorier de la marine » de Sa Majesté*, Lord Melville, en opposition aux » dispositions décrétées dans cet acte, a permis à » Alexandre Trotter, son payeur, de tirer illéga- » lement de la Banque d'Angleterre, à d'autres fins » que celles d'une application immédiate au ser- » vice de la marine, de fortes sommes d'argent, » qui ont été délivrées à la Banque au crédit du » compte de lord Melville, comme Trésorier de la » marine; et d'avoir placé les mêmes sommes dans » les mains de Thomas Coutts et compagnie, ses » banquiers particuliers, et soumises, en leurs mains, » à ses seuls contrôle et dispositions.

»3° Que non seulement lord Melville a permis »à Trotter de placer, comme il est dit ci-dessus, »l'argent du public dans les mains de Thomas »Coutts et compagnie, ses banquiers particuliers, »mais encore de les appliquer à des fins de profits »et d'émoluments personnels, d'où il est résulté »que lesdites sommes ont été exposées à de grands »risques de perte, et soustraites au contrôle et à »la disposition du trésorier de la marine.

»4° Qu'une partie des sommes ainsi tirées par »Trotter de la Banque, par la permission de lord »Melville, ont été placées dans les mains de Marck »Sprott et autres, et appliquées à des objets de »profits privés et d'émoluments.

»5° Que lord Melville lui-même, depuis le 10 jan- »vier 1786, a pris et tiré de l'argent du public, »versé à la Banque d'Angleterre au crédit du tré- »sorier de la marine, la somme de 10,000 liv. st., »et qu'il a frauduleusement et illégalement con- »verti la même somme à son propre usage ou à »quelque autre fin illégale et pleine de cor- »ruption.

»6° Que lord Melville a reçu de Trotter des »avances de grosses sommes d'argent provenant »de celles du public, ainsi obtenues de l'Échiquier, »et déposées dans les mains de ses banquiers par- »ticuliers; lesquelles avances sont entrées dans un »compte courant ouvert, entre Trotter et lord »Melville, et fermé seulement en février 1803, »et qui, par une convention mutuelle des 22 et »23 février de ladite année, a été détruit avec »toutes les pièces, notes et *Memorandums* à l'ap-

» pui, dans le but de frauduleusement céler et » éteindre ces transactions.

» 7° Qu'en particulier lord Melville a reçu de » Trotter la somme de 22,000 liv. st., prise sur » l'argent du public, et que les comptes relatifs » à cette somme ont été brûlés et détruits aux » mêmes fins et intentions que dessus.

» 8° Que, parmi les autres avances d'argent re» latées ci-dessus, lord Melville a reçu, de Trotter, » la somme de 22,000 liv. st., pour laquelle il lui » a payé des intérêts.

» 9° Que Trotter a agi comme agent de lord » Melville, sans aucune rétribution pécuniaire; et » qu'en cette capacité d'agent, il a été habituel» lement en avances vis-à-vis de lui, de la somme » de 10 à 20,000 liv. st., prises sur l'argent du » public, qui était dans ses mains; que lord Mel» ville était bien instruit que Trotter n'avait au» cuns moyens de lui faire de telles avances, à » moins de les prendre sur l'argent du public, » dont il s'était mis illégalement en possession; et » que Trotter avait été déterminé à agir gratuite» ment, comme agent de lord Melville, et à lui » faire ces avances, par la considération de la con» nivence de lord Melville à cet usage libre et » à cette application, sans contrôle, de l'argent du » public, à ses profits particuliers et émolu» ments.

» 10° Que lord Melville, entre le 19 août 1782 » et le 1er janvier 1800, a pris et tiré, des sommes » mises à son crédit par l'Échiquier de Sa Majesté, » comme Trésorier de la marine, diverses grosses

» sommes d'espèces montant à 27,000 liv. st. ou en-
» viron ; et qu'il a frauduleusement et illégalement
» converti cesdites sommes à son propre usage ou
» à quelque autre fin illégale, ou à des voies de
» corruption. »

Ces articles d'accusation ont une très grande force; et ceux qui les avaient rédigés dans des termes et des formes semblables, se flattaient que, s'ils étaient prouvés, la culpabilité de lord Melville se trouverait incontestable.

Quoique, ainsi qu'on l'a déjà vu énoncer dans la discussion des trois articles du rapport *du Comité d'enquête des abus de la marine*, on eût constaté que des pièces avaient été brûlées et soustraites; que les témoins appelés devant le comité secret avaient paru dénués de franchise et de zèle pour la vérité, soit qu'ils fussent intimidés par la crainte du parti qui soutenait lord Melville, soit qu'ils fussent ses partisans secrets, peut-être même ses complices immédiats; quoique enfin on reprochât à lord Melville des soustractions frauduleuses, et qu'on en fît même l'objet des 6e et 7e articles de l'accusation, les directeurs de l'accusation n'en prouvèrent pas moins la réalité des charges de l'accusation, d'une manière qui excluait le plus léger doute raisonnable.

Il est inutile d'entrer davantage dans la discussion des faits, sur lesquels l'accusation tout entière était basée. On sent très bien que des comptes de finances, auxquels l'histoire judiciaire ne peut prendre beaucoup d'intérêt, sont fastidieux à reproduire.

V. Lord Melville répondit à l'article additionnel, le 24 mars, après que la Chambre des lords eut reconnu, par l'exploration des *précédents*, que les Communes en avaient le droit.

Le même 24 mars, la Chambre des pairs fixa le 29 avril pour l'ouverture des séances de la Haute-Cour.

Le 25, M. Whitbread fit la motion que la Chambre en corps, formée en grand comité, assistât aux séances du procès : elle fut débattue avec quelque vivacité. On objectait qu'il fallait dès lors subir tous les délais de la construction d'une salle dans la grande salle de Westminster; que dès lors le procès serait interminable, comme l'avait été celui d'Hastings; que le procès du comte de Macclesfield, entendu à la barre de la Chambre des pairs, n'avait duré que vingt séances. On répondait que le procès d'Hastings avait été long parcequ'il était chargé de faits; que celui du comte de Macclesfield avait été court, parcequ'il l'était peu. On a préféré l'*Impeachment* à l'*Indictment* de lord Melville, pour donner plus d'éclat, une plus grande publicité à la répression d'un crime qui commençait à devenir commun, le péculat. Sa motion fut donc agréée sans division.

Aussitôt que cette motion fut connue des Pairs, lord Grenville demanda que le roi fût supplié de faire préparer une salle pour la Haute-Cour, et que des arrangements fussent pris pour que, si les Pairs avaient à délibérer sur des points particuliers de la cause, ils ne fussent pas obligés, à chaque fois, de se retirer dans leur Chambre : ce qui fut accordé le 14 avril.

Le 28 avril, la Chambre des lords prit une résolution, qui fut renouvelée le 17 mai : « Que »personne ne présume d'imprimer et de publier »aucuns des actes de ce procès, jusqu'à ce que la »Cour ait rendu son arrêt définitif. »

Les moyens qui furent pris pour éviter aux Lords la nécessité de se retirer dans leur Chambre à chaque incident de la plaidoirie, se rencontrèrent d'abord dans la rare habileté et la profonde érudition du Chancelier qui là présidait, lord Erskine, et dans la confiance que les Pairs avaient dans ses décisions et la manière dont il dirigerait la marche du procès. Par ce motif, il fut donc élevé peu de difficultés. Le Chancelier d'ailleurs agit presque toujours de concert avec lord Ellenborough, lord Chef-justice de la Cour du Banc du roi et membre du cabinet.

Il y eut aussi, ce qui paraîtrait un peu irrégulier, des conversations ou conférences tenues par les Pairs, soit d'une manière privée, soit qu'ils se formassent en grand comité de leur Chambre pour la position des questions, dans lesquelles les opinions sur chaque charge de l'accusation furent successivement préparées. Il y eut dès lors moins de réclamations dans le cours des débats.

Jusqu'au 17 mai, quinze séances de la Haute-Cour furent tenues. Les dix premières furent consacrées à l'accusation et à ses développements, les deux suivantes à la défense; la treizième et la quatorzième, les directeurs de l'accusation eurent la réplique, et à la quinzième, le procureur-général et l'avocat-général firent le résumé de la partie purement légale de l'accusation et des points de droit. M. Whitbread prononça, dans cette séance, la péroraison de la plaidoirie des Communes sur la partie financière des comptes et sur les faits. Le 17 mai, la Cour donna la parole aux conseils de lord Melville pour la réplique. Ils la refusèrent, persuadés que la défense n'en avait pas besoin.

La Haute-Cour s'ajourna au dixième jour, pour donner le temps d'imprimer et de distribuer les pièces et les plaidoiries.

On renvoya aux séances de la Chambre les consultations des juges sur trois questions différentes; et ils ne devaient donner leur réponse que deux jours après.

Il n'y eut point de Grand-Sénéchal nommé pour présider la Haute-Cour, le prévenu n'étant point accusé de haute trahison, ni de félonie.

Les conseils de lord Melville, dans les deux séances de la Haute-Cour qui furent consacrées à sa défense, s'attachèrent beaucoup plus aux questions de droit qu'aux pures questions de fait. Ils reconnurent que le prévenu était coupable d'une grande négligence; mais ils annoncèrent hautement, et cherchèrent à prouver, que l'acte de la 25e année de George III était postérieur aux faits contenus dans les charges; que dès lors le vicomte Melville devait être jugé d'après la loi commune et les statuts antérieurs. « Or, disaient-ils, d'après la loi commune et » les statuts existants jusqu'alors, et par la nature » de ses fonctions, le trésorier de la marine n'é» tait pas privé de la facultéd'extraire de la Ban-

» que les fonds portés à son crédit, avant qu'il fût » dans le cas de les employer à des paiements, » pourvu qu'en tout temps ces fonds restassent à » sa disposition, et fussent prêts pour acquitter les » chefs de dépense pour lesquels ils avaient été » affectés à son crédit. »

L'avocat de lord Melville, M. Plumer, convenait bien que, par les termes mêmes du statut 25 de George III, il était réellement interdit au trésorier de la marine de faire valoir ces fonds à son profit; mais qu'avoir souffert, par négligence si l'on veut, ce que l'avocat niait, qu'un autre en tirât parti, n'en rendrait le trésorier de la marine responsable qu'aux fins civiles; et ce n'était pas un crime.

Les directeurs de l'accusation repoussèrent très vivement une pareille doctrine; et le procureur-général établit d'une manière claire et précise qu'une violation de ses devoirs pouvait bien n'entraîner contre un caissier ordinaire que des poursuites aux fins civiles, mais que dans un ministre, comptable des deniers publics, elle devenait la matière d'*un Indictment* ou d'une accusation des communes. Les devoirs de chaque officier du roi sont des devoirs publics, dont la loi doit punir l'infraction.

Les avocats de lord Melville allèrent plus loin dans la discussion du point de droit; ils s'embarrassèrent même, en répondant aux objections variées et nombreuses qui étaient opposées à une semblable doctrine, et ils tombèrent dans le ridicule. Mais on verra que peu leur importait l'absurdité de leur réponse; un parti très fort dans la Haute-Cour leur donnerait toujours raison. Ce parti était composé des amis de lord Melville et de beaucoup de pairs, qui ne voulaient pas laisser établir l'usage de livrer le ministère sortant à toutes les animosités du parti opposé ou du ministère entrant.

Le 28 mai, la Chambre des lords termina son ajournement; et, formée en comité, elle reprit la discussion de l'accusation des Communes. Les étrangers n'avaient point été admis, et le journal ne fait pas mention des débats des grands comités. On ne connaît donc qu'inexactement ceux de ce long délibéré.

Le lord Chancelier Erskine proposa que l'on discutât successivement les charges de l'accusation; et pour éviter les embarras de revenir de *Westminster-Hall* à la Chambre dès qu'il y avait un débat, il y aurait, à l'ordinaire, une division, mais sans compte de voix, et ensuite des déclarations, si les Communes avaient prouvé leurs charges. Les débats sur cette proposition furent très animés; on l'adopta cependant; et on ajourna au 30 mai l'examen de la première charge. On demandait l'impression des procès-verbaux du procès comme dans celui d'Hastings. Cette motion fut rejetée; le procès de lord Melville n'aurait jamais été terminé.

La question fut ainsi posée : « Les directeurs » des l'accusation de la Chambre des communes » ont-ils fait bon et prouvé leur article d'accusa» tion. »

Le lord Chancelier et lord Ellenborough demandèrent, sur le premier chef de l'accusation, sa séparation en deux articles. Ils ne purent pas l'obtenir. Le 2 juin, la Chambre ordonna que la présence des juges serait requise pour le lendemain.

Il fut également réglé que les Pairs prononceraient leur opinion de la même manière qu'on l'avait fait dans le procès de Warren-Hastings, en commençant par le plus jeune baron, et sur chaque chef de l'accusation; et qu'on répondrait à chaque article, *Coupable, sur mon honneur,* ou *non coupable.*

Le 3 juin, lord Eldon proposa que deux questions d'abord fussent adressées aux juges, auxquelles ils seraient tenus de donner leurs réponses le 5 juin suivant (1):

PREMIÈRE QUESTION.

(1) « Les sommes remises par l'Échiquier à la Banque d'Angleterre, au compte du Trésorier-général de la marine, conformément à l'acte 25 de George III, ch. 31, peuvent-elles être légalement encaissées à la Banque, par une personne dûment autorisée par le Trésorier à les tirer de la Banque, dans les formes voulues par ledit acte? l'extraction de ces sommes par cette personne étant faite dans le but d'acquitter des ordonnances de paiements assigné sur le Trésorier, antérieurement à la sortie de ces sommes de la Banque, lesquelles ordonnances cependant ne sont pas encore effectivement présentées à l'encaissement. De telles sommes ainsi tirées, dans le but de les faire servir au paiement lorsqu'il sera demandé, peuvent-elles être légalement déposées dans les mains de la personne ainsi désignée? ou bien est-ce un crime ou délit aux yeux de la loi? »

L'unanime opinion des juges fut que ces sommes pouvaient

On voulut, dans les séances du 3 et du 4, proposer aux juges diverses autres questions. Ces motions furent rejetées.

Le 5, après la lecture de ces résolutions (véritables *Parères*) des juges, on commença la discussion sur

---

être tirées légalement de la Banque et déposées ; et que de tels actes n'étaient point déclarés crime ou délit par la loi.

DEUXIÈME QUESTION.

« Les sommes remises par l'Échiquier à la Banque d'Angle-
» terre, au compte du Trésorier de la marine, conformément
» à l'art. 25 de George III, ch. 31, peuvent-elles en être légale-
» ment tirées au nom et en faveur dudit Trésorier de la marine,
» et toujours dans la forme prescrite par le même acte, dans le
» dessein que ces sommes soient ultérieurement et définitive-
» ment appliquées au service de la marine ? Mais entre temps
» et jusqu'à ce que ces mêmes sommes soient réclamées pour
» être appliquées aux paiements au fur et mesure des demandes,
» ces mêmes sommes peuvent-elles être déposées dans les mains
» d'un banquier particulier, ou dans celles d'autres dépositaires
» privés, au nom et sous les seuls immédiats contrôle et dispo-
» sition de quelque autre personne que ledit Trésorier lui-
» même ? »

Les juges répondirent le même jour 5 juin :

« Si, par l'expression d'*être déposées* dans les mains d'un
» particulier, ou de tout autre dépositaire, on doit entendre que
» tel est l'objet ou le motif d'extraire de la caisse de la Banque
» d'Angleterre les sommes passées en cette Banque, au crédit du
» Trésorier de la marine, les juges répondent que des sommes
» d'argent ne peuvent pas être légalement extraites de la Banque
» d'Angleterre par le trésorier de la marine pour de tels desseins,
» quoique les sommes soient destinées, et dans le fait seront ulté-
» rieurement et en définitive appliquées au service de la marine.

» Mais si, par cette expression, d'*être déposées*, etc., il doit
» être entendu que de tels dépôts intermédiaires dans les mains
» d'un banquier, ou autres dépositaires privés, sont faits, *bona*
» *fide*, et comme moyen réel ou entendu d'appliquer plus

le premier article de l'accusation. Après de vifs débats, il fut ordonné que la délibération à cet égard serait renvoyée à un jour plus éloigné.

Le 6 juin cependant, une nouvelle question fut présentée aux juges (1).

» convenablement ces fonds au service de la marine, dans ce » cas les juges répondent que des sommes d'argent extraites de » la Banque comme dessus peuvent légalement être déposées » dans les mains de banquiers privés, au nom et sous les seuls » contrôle et disposition d'autre personne que le Trésorier de » la marine. »

(1) TROISIÈME QUESTION.

« Était-il légal que le Trésorier de la marine, avant que » l'acte de la vingt-cinquième année de George III, ch. 31, » fût passé, et spécialement avant que, par ordre de Sa Ma- » jesté, son salaire, comme Trésorier de la marine, ait été aug- » menté à sa satisfaction, à l'effet de lui tenir lieu de tous gages, » droits, profits et émoluments quelconques, d'appliquer les » sommes qui lui étaient remises pour le service de la marine, » à tout autre emploi que ce soit, public ou particulier, sans » demander aucune autorisation à cet effet? Et l'application » ainsi faite par ledit Trésorier, n'aurait-elle pas été un *misde-* » *meanor* (malversation), et n'aurait-elle pas été punissable » par voie d'*information* ou d'*indictment* ? »

Les juges répondirent unanimement ; « Qu'il n'était pas illé- » gal, pour le Trésorier de la marine, d'appliquer ainsi les som- » mes qui lui étaient confiées à d'autres usages que ceux pour » lesquels elles lui avaient été remises, du moins en tant que » cette opération constituerait une malversation qui devrait être » poursuivie par voie d'*enquête* ou d'accusation au criminel » (*Information* et *Indictment*). »

Les juges donnèrent cette réponse le 9, et on discuta ensuite la dixième charge de l'accusation, pour laquelle on employa le même mode de délibération que pour les autres.

La cour aurait donc délibéré, dans la chambre du conseil, sur tous les articles de l'accusation, et elle n'aurait plus qu'à aller aux voix dans la grande salle de Westminster, la Haute-Cour

VI. Le 12 juin, se tint la dix-septième séance de la Cour. Le Chancelier prit les voix du plus jeune baron, en remontant jusqu'au premier duc royal.

Il y avait cent trente-deux Pairs et le Chancelier; parmi les Pairs, siégeaient sept ducs royaux.

Lord Melville fut déclaré non-coupable à une grande majorité. Les votes qui le condamnèrent sur le 2e article s'élèvent à 54; sur le 3e à 52; sur le 7e à 50.

Les réflexions que fait naître le procès du lord vicomte Melville, quelle que soit la déclaration de son innocence, ont été présentées dans l'exposition que nous en avons faite. On se demande si ce détournement de fonds de l'État lui a profité. N'a-t-il servi que le ministère et le pouvoir qui lui était confié? On en pensera ce qu'on voudra; et l'une et l'autre question peuvent être résolues par l'affirmative. Quel pouvoir énorme a donc eu le cabinet de Saint-James, pendant les dix premières

---

instruite, et les juges, les Lords qui la formaient, prêts à aller aux opinions.

En général, les efforts des amis de lord Melville furent tous dirigés à obtenir une position favorable des questions, et ces efforts furent heureux. C'est à l'art, disons mieux, à l'artifice de lord Eldon, à ses liaisons avec les juges, et à leur ignorance, ou à leur jurisprudence erronée en matière de finances, que lord Melville dut d'être acquitté, ainsi qu'il l'a été.

Lord Eldon, le dernier chancelier, était à la tête des opposants à l'accusation. Il avouait que l'ancien Trésorier de la marine pouvait être convaincu *d'une négligence coupable dans l'exécution de ses devoirs, et d'une criminelle indulgence pour son caissier;* « et que si les accusations des communes eussent été bornées là, » il l'aurait condamné, mais on l'avait accusé de péculat, et de » ce crime il n'en avait pas vu de preuves. »

années des guerres de la révolution de France, soit pour corrompre dans l'intérieur, soit pour conduire la guerre et la diplomatie européenne à ses fins? Mais aussi quel désordre dans les finances de l'Angleterre? Si l'on cumule avec les 4,100,000 liv. st. d'excédant des crédits de la marine sur les dépenses, les 41,000,000 liv. st. d'excédant des recettes ou de dépenses mal justifiées, reconnus par le comité d'enquête des finances de 1822, et les recettes non avouées de la liste civile, que nous avons portées dans notre *Histoire critique et raisonnée de la situation de l'Angleterre*, etc., à 13 ou 14,000,000 liv. st., en 1812, on verra une masse d'environ 60,000,000 liv. st. de dilapidations de la fortune publique.

Le résultat le plus démontré de ce procès a été de porter un peu plus d'ordre dans la comptabilité générale. On appliqua aux finances anglaises quelques unes de nos lois de comptabilité. Mais elles ne furent pas exécutées avec ensemble et avec précision. On put cependant mieux tromper le public, donner aux finances anglaises un aspect plus satisfaisant, et prétendre, dans les comptes de 1827, que les revenus étaient égaux à la totalité des dépenses, tandis qu'ils sont au-dessous, de toute la somme de 1,800,000 liv. st., non compris les fonds destinés à l'amortissement, lesquels ne sont faits qu'à l'aide de nouveaux emprunts. Qu'on ouvre la dernière brochure qu'a publié lord Grenville, chef du ministère Fox en 1805, et on en sera convaincu.

PROCÈS,

Sur un Bill de *Pains and Penalties*,

DE CAROLINE-AMÉLIE-ÉLISABETH

DE BRUNSWICK-WOLFENBUTTEL,

REINE (ÉPOUSE) D'ANGLETERRE,

Tendant à la priver de ses droits de reine-épouse, et à la dissolution de son mariage pour cause d'adultère. . . . . . Retiré.

HAUTE-COUR. DE LA CHAMBRE DES LORDS DU PARLEMENT.

Juin 1821. . . . . . Deuxième année du règne de George IV.

I. Circonstances antérieures. — II. Procès. — III. Message du roi et lettre de la reine à la Chambre des pairs. — IV. Rapport du comité secret des Lords. — V. Préseutation du bill de *Pains and Penalties*. — VI. Protestation de la reine et discussion des Pairs. — VII. Débats et audition des témoins contre la reine. — VIII. Plaidoyer de M. Brougham, et débats et audition des témoins de la reine. — IX. Seconde lecture du bill, protestation de la reine et débats des Lords. — X. Débats sur la troisième lecture. — XI. Le bill est retiré par lord Liverpool, avant qu'il y soit procédé. — XII. Réflexions sur ce procès.

I. Le procès de la reine Caroline, femme de George IV, est un des procès les plus scandaleux que renferment les archives judiciaires de l'Angleterre.

Nous devons en rendre compte, parcequ'il a été le résultat d'une demande d'un *Bill of Pains and Pénalties* contre elle. Nous ne donnerons pas les débats honteux de ce procès, ils sont dans la mémoire de tout le monde ; nous ne présenterons ici que les actions judiciaires et la péroraison de la plaidoirie de M. Brougham.

Nous devons cependant quelques mots à ceux qui, n'ayant pas notre *Histoire critique et raisonnée de la situation de l'Angleterre*, ne peuvent pas recourir aux volumes VI, de la page 36 à 58, et VII, page 435 et suivantes.

La princesse Caroline-Amélie-Élisabeth de Brunswick, fille d'une sœur du roi George III, née en mai 1768, épousa, le 7 janvier 1795, son cousin, le prince de Galles, aujourd'hui George IV, né en août 1762. Le feu roi aimait beaucoup sa nièce ; il l'avait, de tout temps, destinée à son fils, mais le prince avait toujours refusé de se marier. Des dettes nouvelles à payer, et l'influence de lady Jersey, le déterminèrent à complaire aux désirs de sa famille. Peu après le mariage, des incompatibilités d'humeur séparèrent les deux époux. La naissance d'une fille (la princesse Charlotte) ne les réunit pas. Dès 1796, le prince de Galles annonça par écrit qu'il se refusait à toute intimité avec la princesse, lors même qu'il perdrait sa fille, et qu'ils vivraient dorénavant séparés. En 1805, la princesse fut accusée par les Douglas d'avoir donné le jour à un enfant adultérin. Il y eut, en 1806, sur cette accusation, une enquête de quelques conseillers privés. La calomnie fut avérée. La princesse parut à la Cour, rentra dans tous ses droits à la tendresse du roi et aux respects du public. Le roi, jusqu'à sa dernière aliénation mentale, et l'opinion publique, depuis ce malheur, la protégèrent.

Le prince de Galles, devenu régent du royaume, annonça à la reine sa mère qu'il ne se trouverait jamais dans le même lieu que la princesse. Après une correspondance épistolaire avec la reine en 1812, la princesse s'abstint de se présenter à ses cercles.

En 1813, de nouvelles persécutions eurent lieu; l'incapacité du roi n'était que trop certaine. En 1814, les refus de la princesse Charlotte, du jeune prince d'Orange qu'on lui destinait pour époux, ceux du prince régent de se rencontrer avec sa femme, aux cercles que la reine tiendrait lors de l'arrivée de l'empereur Alexandre et du roi de Prusse en Angleterre, éloignèrent pour jamais toute idée de réunion, en même temps qu'ils accrurent les dangers et les peines réelles de la position de la princesse de Galles. Elle devait des égards à la situation de sa fille. Forte de l'opinion publique, elle aurait pu lutter contre le prince-régent; mais elle avait à craindre, de l'inimitié de son époux contre elle, la perte de la tendresse du prince pour sa fille; elle devait donc des sacrifices à la paix; elle les fit. Un traitement de 50,000 liv. st. pour sa maison fut demandé à la Chambre des communes par les ministres. Elle en réduisit la somme à 35,000 liv. sterl. M. Canning avait dès lors des relations suivies avec la princesse de Galles; on le blâma d'en avoir fait usage, pour enlever son consentement à des projets de voyage sur le continent pendant plusieurs années; projets mal calculés, projets dangereux, et qui ont perdu la princesse; projets enfin qu'une confiance trop abandonnée dans l'adroit et ambitieux négociateur pouvait seule faire adopter à celle qui en fut la victime.

La princesse voyagea donc en Allemagne et en Italie, accompagnée des dames et des gentilshommes de sa maison. Sa conduite fut, dans ce voyage, ce qu'elle devait être d'une princesse de quarante-six ans, qui croyait devoir à son âge, à son goût pour l'indépendance, peut-être aux exemples qui lui étaient donnés à la Cour de Saint-James, de ne pas trop s'embarrasser des sévères étiquettes de son rang. Il y avait sans doute des inconvenances dans sa conduite. Cependant, tant qu'elle fut sous les yeux de sa maison anglaise, aucune prise sur elle ne fut donnée à la malignité, quoique sa conduite fût la même qu'en Angleterre. Vers l'automne de 1815, pendant un de ses voyages à Gênes, on tenta, une nuit, de l'enlever, ou peut-être de la poignarder. Cet évènement, qui n'est pas précisé dans les débats, et que nous appellerons une alarme nocturne bien réelle, eut cette influence sur la conduite de la princesse, qu'elle dut la déterminer à s'environner de gens sur qui elle compterait. C'est à cette occasion que Bergami, présenté par le marquis Ghislini, chambellan de l'empereur d'Autriche, et un des riches et des plus respectables propriétaires de la Lombardie, entra à son service. Bergami introduisit avec lui quelques autres Italiens.

Un baron d'Ompteda était à la tête d'un bureau de police de quatre ou cinq Italiens ou étrangers chargés d'espionner la princesse. Le baron et ses inquisiteurs la suivirent partout. Les dames anglaises et les gentilshommes de sa suite reçurent de Londres des informations certaines sur ces manœuvres; elles étaient indignes du caractère anglais ; leur position devenait pénible. La princesse, pour se soustraire à cet espionnage, déclara qu'elle voulait voyager dans les mers du Levant. Une grande partie de sa maison anglaise s'appuya de ce changement des plans de la princesse pour demander que leurs engagements, convenus avant leur départ de Londres, fussent annulés par elle; ou bien on chercha des raisons de famille pour obtenir des congés ; presque toutes les personnes de sa maison retournèrent en Angleterre.

La princesse entreprit donc, avec un ou deux marins anglais et des domestiques étrangers des deux sexes, les voyages de Sicile, Tunis, Grèce, Constantinople, Caramanie, Syrie et Jérusalem; elle revint ensuite en Italie, d'abord à Rome et dans les états de Venise, enfin sur les lacs du Milanais. Elle y fut poursuivie d'un espionnage indécent : ses domestiques furent gagnés ; le baron d'Ompteda fit faire de fausses clefs des meubles de la princesse. A l'exception de Bergami et des siens, elle n'avait plus autour d'elle aucune personne sûre. A Rome, elle apprit la mort du roi George III; elle prit alors le titre de Reine d'Angleterre, du chef de son époux. On lui en contesta les droits et les honneurs; le roi George IV fit défendre, avec l'assentiment de la Chambre des pairs et par le Primat, de comprendre la Reine dans les prières de la liturgie; on la menaça de faire prendre contre elle un bill de *Pains and Penalties*, si elle ne renonçait pas aux honneurs de son rang et même à son titre. Pleine de courage et forte de son innocence de tout crime, ou du moins de l'impossibilité de l'en convaincre, elle fut audacieusement audevant des menaces, et arriva en Angleterre.

II. C'est en cet état que commença le scandaleux procès qui doit clore cette partie de notre ouvrage.

On ne pouvait priver la Reine de ses droits, de son titre même, de son état de Reine épouse, que par un bill de *Pains and Penalties*, qui la déclarerait adultère, prononcerait la dissolution du mariage, et la punirait par la perte de tous ses droits.

La princesse Charlotte de Galles, unie au prince Léopold de Saxe-Cobourg, étant morte après avoir donné le jour à un enfant mort, aucune crainte ne pouvait plus retenir les ennemis de la Reine; elle était désormais sans protection à la cour. Dans la Chambre des pairs, le ministère s'était assuré, à leur grande honte, de quelques chefs de l'opposition. Dans les Communes, la Princesse, avec moins d'ennemis, comptait des protecteurs plus ardents, et derrière eux l'opinion publique, qui n'avait pas abandonné la cause de la Reine, quoique la faveur qu'elle lui accordait se fût affaiblie au commencement du procès.

Lord Liverpool, dont ce procès a terni la mémoire, engagea la lutte par la Chambre des pairs, ainsi qu'il a toujours été d'usage pour de semblables *Bills*.

III. Le 6 juin 1820, le comte de Liverpool présenta à la Chambre des pairs, de la part du Roi, le message suivant:

« Le Roi croit nécessaire, en conséquence de » l'arrivée de la Reine, de donner communication » à la Chambre des lords de certains papiers relatifs » à la conduite de S. M. depuis son départ de ce » royaume (l'information du comité de police de » Milan), qu'il recommande à l'immédiate et sérieuse » attention de la Chambre.

» Le Roi aurait vivement désiré d'éloigner la » nécessité de révélations de faits et de discussions » qui doivent être aussi pénibles à son peuple qu'elles » le sont à lui-même; mais les nouvelles mesures » prises par la Reine ne lui en laissent plus le pou- » voir.

» Le Roi a la plus entière confiance qu'en consé- » quence de cette communication, la Chambre des » pairs adoptera l'ordre de procédure que la justice » de sa cause et la dignité de la couronne de S. M. » doivent exiger. »

Sur ce message, la Chambre des pairs se forma en grand comité; il détermina la nomination d'un comité secret d'enquête.

Le 26 juin, la pétition suivante fut présentée à la Chambre des pairs par lord Dacres.

« CAROLINE, REINE,

» *Aux Lords spirituels et temporels.*

» La Reine ayant appris qu'on doit procéder » contre elle, à la Chambre des lords, par la voie » d'un comité secret, elle croit nécessaire pour elle, » comme sujette de ce royaume, d'en appeler aux » Lords. Elle est informée que, suivant les formes » adoptées par cette Chambre, le comité ne peut » que procéder à une enquête secrète : elle proteste » contre toute enquête secrète. Cependant si la » Chambre persistait dans cette manière de procé- » der, elle déclare hautement qu'elle n'a rien à » redouter d'un cours de procédure aussi inconsti- » tutionnel, à moins que ses témoins, dont les dé- » positions ruineront les machinations de ses enne- » mis, ne soient pas entendus.

» Si la Chambre des lords ne veut accorder qu'une » enquête secrète, la Reine demande qu'elle ne soit » pas commencée avant l'arrivée des témoins qu'elle » veut faire entendre. Elle se refusera sans doute à » tout délai dans une enquête sur sa conduite ; mais » la reine ne peut pas supposer que la Chambre des » lords veuille autoriser une enquête secrète dont » elle serait l'objet, quand ses conseils ne pourraient » pas procéder à sa défense par la production et » l'audition de ses propres témoins, qui, dans ce » moment, ne sont pas encore arrivés du continent. » Aussitôt qu'ils le seront, la Reine s'empressera de » concourir aux mesures de la Chambre des lords, » de tout son pouvoir et à l'aide de tous les moyens

» qui peuvent conduire à ce qu'il soit fait une écla-
» tante justice. Jusque là, S. M. demande qu'on sus-
» pende toute procédure, et qu'elle soit entendue ce
» jourd'hui, à la barre, par son conseil. »

Sur la motion de lord Dacres, le conseil de S. M. fut appelé; et MM. Brougham, Denman et Williams parurent à la barre, et développèrent les motifs et les droits de la Reine, à ce qu'il ne fût pas procédé à l'enquête secrète avant que ses témoins fussent arrivés. Ils n'obtinrent aucun succès.

IV. Le 4 de juillet, le comité fit son rapport ainsi qu'il suit :

« Le grand comité de la Chambre des lords a » nommé un comité secret, pour examiner les pa» piers mis, par exprès commandement du Roi, sous » les yeux de la Chambre, le 6 juin dernier, et » contenus en deux malles scellées, et en faire un » rapport lorsque le comité le trouverait conve» nable. Il lui a été renvoyé depuis, également par » les ordres de S. M., plusieurs pièces addition» nelles, renfermées dans deux malles scellées, » toutes lesquelles pièces sont relatives au sujet qui » a été la matière du très gracieux message de S. M., » du 6 juin dernier.

» Il a été ordonné par ce comité, que rapport » serait fait à la Chambre ;

» Que le comité a examiné, avec toute l'attention » due à un sujet si important, les documents qui » ont été mis sous ses yeux ; et qu'il trouve que ces » documents contiennent des allégations appuyées » des témoignages respectifs d'un grand nombre de

»personnes dans différentes situations sociales, et »résidentes en diverses parties de l'Europe, lesquelles allégations affectent profondément l'hon»neur de la Reine, accusant Sa Majesté d'une liai»son adultère avec un étranger, d'abord à son »service comme domestique, et attribuant à Sa »Majesté une conduite et une série d'actes haute»ment inconvenants au rang de Sa Majesté et à sa »condition élevée, et du plus licencieux carac»tère.

« Ces accusations paraissent au comité si pro»fondément affecter, non seulement l'honneur de »la Reine, mais encore la dignité de la couronne »et le sentiment moral et l'honneur du pays, que, »dans son opinion, il est nécessaire qu'elles de»viennent le sujet d'une enquête solennelle, la»quelle paraît au comité ne pouvoir mieux être »faite que dans le cours d'une procédure législa»tive, dont ils ne peuvent que déplorer profondé»ment la nécessité. »

On voit que la Reine avait obtenu, par sa pétition du 26 juin, des démarches plus ouvertes de la part de ses ennemis. Ses conseils la déterminèrent de s'adresser de nouveau à la Chambre.

Lord Dacres, le 5 juillet, présenta donc aux Pairs la pétition suivante :

« CAROLINE, REINE.

»La Reine, prenant en considération le rapport »très extraordinaire fait par le comité secret de la »Chambre des lords, actuellement sur le bureau, »représente à la Chambre qu'elle est préparée en

» ce moment même à y fournir ses défenses autant » qu'elle doit préjuger des conséquences qui peu» vent en être tirées. Mais S. M. a également à établir » encore d'autres objets très importants, relatifs au » même rapport, et qu'il est absolument nécessaire » à sa défense future de développer dans le présent » état du procès.

» La Reine requiert donc de la Chambre d'être » entendue aujourd'hui, par son conseil, sur ces » mêmes objets. »

Cette pétition ne fut pas accueillie.

V. Le comte de Liverpool proposa au même moment le bill suivant de *Pains and Penalties*.

« Acte pour priver S. M. la reine Caroline-Amélie-» Élisabeth des titres, prérogatives, droits, privilé» ges et exemptions de Reine-Épouse de ce royaume, » et pour dissoudre le mariage entre S. M. et ladite » Caroline-Amélie-Élisabeth.

» Comme, en l'année 1814, S. M. Caroline-Amé» lie-Élisabeth, alors princesse de Galles, et au» jourd'hui Reine-Épouse de ce royaume, étant à » Milan, en Italie, engagea à son service, comme » domestique, un certain Barthélemy Pergami, au» trement Barth. Bergami, qui avait servi ailleurs » dans une semblable capacité.

» Et comme, après que ledit Barth. Pergami fut » ainsi entré au service de S. A. R., ladite princesse » de Galles, une inconvenante et dégoûtante inti» mité a commencé entre S. A. R. et ledit Barth. » Pergami, autrement Barth. Bergami.

» Et comme S. A. R., non seulement a avancé » ledit Barth. Pergami, *aliàs* Barth. Bergami, à un

» emploi plus élevé dans la maison de S. A. R., et » l'a reçu, dans son service privé et dans de hautes et » confidentielles situations auprès de sa personne, » mais encore a répandu sur lui d'autres grandes » et extraordinaires marques de faveur et de dis- » tinction, a obtenu pour lui des ordres de chevale- » rie et d'autres titres d'honneur, et lui a même con- » féré un prétendu ordre de chevalerie, que S. A. R. » prit sur elle-même d'instituer, sans aucune juste et » légale autorité.

» Et comme aussi, depuis que ledit Barth. Per- » gami, *aliàs* B. Bergami, a été à sondit service, sa- » dite A. R. a montré, dans sa conduite vis-à-vis dudit » Barth. Pergami, *aliàs*, etc., un profond oubli de » son rang élevé, de sa situation sociale et de son » devoir envers V. M., ainsi que des égards qu'elle » devait à son propre honneur et à son caractère; » et comme aussi, sous les autres rapports, soit en » public, soit chez elle, dans les diverses places et » contrées que S. A. R. a visitées, elle a, avec une » indécente et criminelle familiarité et une grande » indépendance de mœurs et de manières, affiché » un commerce licencieux, ignominieux et adul- » tère avec ledit Barth. Pergami, *aliàs* B. Bergami; » ce qu'elle a continué de faire pendant une longue » période de temps, durant la résidence de Son Al- » tesse Royale hors de l'Angleterre; par la conduite » de S. A. R., de grands scandales et déshonneur » ont été infligés à la famille de V. M. et sur ce » royaume.

» C'est pourquoi, et afin de manifester notre » profond sentiment d'une telle scandaleuse, hon-

» teuse et vicieuse conduite de la part de Sadite M., » conduite par laquelle elle a violé les devoirs qu'elle » avait contractés envers V. M., et s'est rendue elle-» même indigne du rang élevé et de la condition » de Reine-épouse de ce royaume; et afin de té-» moigner hautement de notre juste et respectueux » intérêt pour la dignité de la couronne et l'hon-» neur de la nation,

» Nous, de V. M. les obéissants et loyaux sujets, » les Lords spirituels et temporels, et les Com-» munes assemblées en parlement, supplions hum-» blement ici V. M. qu'il soit décrété ce qui suit :

» Soit ici décrété, par la très excellente Majesté » du Roi, par et avec l'avis et le consentement des » Lords spirituels et temporels et des Communes » assemblées en ce présent Parlement, et par l'autorité » dudit Parlement, que Sadite M. Caroline-Amélie-» Élisabeth sera, et est maintenant privée du titre de » Reine et de toutes les prérogatives, droits, pri-» viléges et exemptions à elle appartenants comme » Reine-Épouse de ce royaume; et que Sadite M. » est, en ce moment où cet acte sera passé, et de-» puis et à tout jamais, privée et rendue incapable » d'user, d'exercer et de jouir des mêmes droits, etc., » et d'aucun d'eux; et de plus encore, que la ma-» riage entre S. M. et ladite Caroline-Amélie-Élisa-» beth soit, et est, de présent et pour jamais, en-» tièrement dissous, annulé et rendu caduc, à » toutes fins, desseins et intentions que ce soit (1). »

(1) Nous avons transcrit, dans toute sa longueur, le bill de *Pains and Penalties* de la reine Caroline, afin de donner une

VI. Le 6 juillet 1820, lord Dacres présenta, au nom de la Reine, la pétition suivante :

« CAROLINE, REINE.

» La Reine a appris avec un étonnement inexprimable qu'un bill portant des accusations et annonçant l'intention de la dégrader et de dissoudre son mariage avec le Roi, a été présenté par le premier ministre du Roi à la Chambre des lords, dans laquelle S. M. la Reine n'a aucun avocat ni aucun autre officier pour défendre ses droits. Le seul fondement allégué pour ce bill, est le rapport d'un comité secret, procédant seulement sur des pièces qui lui ont été soumises, et sans qu'un seul témoin ait été interrogé.

» D'autre part, la Reine a été informée qu'il a été refusé à son conseil d'être entendu à la barre de la Chambre, dans la dernière séance des Lords, à cette époque précise de la procédure où il lui était plus nécessaire d'être ouïe dans sa défense ; et qu'une liste des témoins, dont les noms sont connus de ses accusateurs, lui est refusée. Dans de telles circonstances, la Reine voit avec quelque perplexité qu'il ne lui serait laissé d'autre action judiciaire que celle de protester, de la manière la plus solennelle, contre la procédure tout entière. Elle hésiterait de faire un effort de plus pour obtenir justice ; cependant elle demande

---

idée exacte de la forme la plus moderne de semblables actes législatifs judiciaires.

« que son conseil soit admis à établir ses réclamations à la barre de la Chambre. »

Aucune résolution ne fut prise sur cette pétition; l'effet en fut obtenu plus tard, sans qu'il parût officiellement qu'il en eût été tenu compte.

Le 19 août, lord King fit la motion qu'il fût résolu par la Chambre, « qu'il n'importait pas au salut du pays et à la sécurité du Gouvernement qu'un bill intitulé : *Acte pour priver S. M. la Reine Caroline*, etc., fût passé en loi. »

Cette motion fut longuement débattue. Le comte de Liverpool, lorsque la discussion fut plus avancée, proposa comme amendement, « que le conseil de la Reine fût appelé à la barre. » Cette motion passa à la majorité de 181 votes contre 65. Majorité, 116.

Le comte Grey proposa comme un second amendement, « qu'il paraît à la Chambre que le bill soumis actuellement aux Pairs ne présente pas le moyen le plus convenable de procéder sur les accusations portées contre S. M.; et que conséquemment, et dans les circonstances présentes, il n'est pas expédient de procéder plus avant. » Ce sous-amendement fut rejeté à la majorité de 178 voix contre 64.

On voit que, dans les actes préliminaires de ce honteux procès, il y avait une majorité des deux tiers en faveur du ministère, de 144, le nombre total des pairs étant de 246 ou de 242.

VII. Les conseils de la Reine parurent à la barre. Le procureur-général soutint aussitôt l'accusation, la développa, et produisit les informations du comité de police et d'inquisition du baron d'Ompteda, et les résultats des dépositions des témoins qu'il allait faire entendre.

Cinq témoins furent entendus dans leurs dépositions, interrogés ensuite par quelques uns des Lords, et examinés par les avocats de la Reine. De ces cinq témoins, un seul était Anglais, capitaine de la marine royale et du *Leviathan*, vaisseau de 74, qui avait pris la Reine à son bord à Gênes; les autres étaient des étrangers, et avaient été domestiques de la Reine.

Les dépositions des domestiques furent précises en faveur de l'accusation; mais dans leurs réponses aux interrogatoires des Pairs, et surtout aux débats avec les conseils de la Reine, ou ils affaiblirent leurs premiers aveux, ou ils tombèrent dans des contradictions de faits, de paroles et d'écrits précédents incontestés. Les conseils de la Reine le relevèrent avec modération, mais avec succès.

S'il fut constant que la Reine avait montré trop de bontés, trop de familiarités, trop d'indépendance de mœurs, trop d'oubli de son rang, de l'étiquette, ainsi que des usages de l'Angleterre, dans ses rapports avec Bergami et sa famille, et ce que les Anglais appellent des *impropriétés de conduite*, dans une princesse de la famille royale;

Il fut également constant que le baron d'Ompteda avait été chargé de faire espionner et d'espionner lui-même la conduite de la Reine;

Qu'un comité de quatre à cinq personnes, Italiens ou étrangers, avait été formé, sous sa présidence, à Milan, pour s'enquêter de la conduite de la princesse, et en dresser ensuite des procès-verbaux, même sous la foi du serment;

Et que ce comité payait publiquement 40 fr., 50 fr., 60 fr. et 80 fr. aux témoins qu'il entraînait à déposer, et qu'il paraissait même qu'on avait été plus loin, lorsque les dépositions chargeaient beaucoup la Reine;

Il fut de même constant que le plus important de ces témoins domestiques, la femme de chambre, Louise Démont, du Colombier, dans le canton de Neuchâtel en Suisse, avait été renvoyée du service de la princesse pour cause de mensonges, cause reconnue et avouée par elle-même aux débats;

Que, sans avoir reçu des gages bien forts de la princesse, elle était riche dans son pays, et ne pouvait pas expliquer les causes de son aisance actuelle; qu'enfin, dans toutes les explications de faits, de lettres ou de paroles qu'elle était forcée de donner, elle ne se sauvait qu'à l'aide d'improbabilités et d'invraisemblances. De tous les témoins domestiques en faveur de l'accusation, elle était le plus fourbe, et en même temps le plus gauche si elle n'était pas un faux témoin.

L'alarme nocturne donnée à Gênes, dans la maison de la princesse, ne fut pas l'objet d'une discussion. Les conseils de la Reine, n'ayant probablement pas réuni encore de preuves convaincantes à cet égard, paraissaient s'être proposé de n'élever cette question judiciaire que dans les débats qui auraient lieu à la Chambre des communes.

VIII. Dans cet état de la procédure, le 3 octobre, M. Brougham commença la défense de la Reine;

son plaidoyer remplit deux séances. Il expliqua les relations de la princesse avec Bergami : il n'y avait pas eu de crimes, il n'y avait pas eu de légèreté, il n'y avait pas eu d'indignité dans sa conduite. Si peut-être la Reine avait traité avec trop de bonté des personnes au-dessous de son rang, il fallait l'attribuer à la différence de sa situation dans l'étranger et en Angleterre. En 1804, sa vie, en Angleterre, reposait tout entière sous la protection du feu Roi. Il cite en témoignage une lettre de ce souverain bien-aimé (1), qu'il n'a pu lire « sans »éprouver la conviction la plus profonde de son »importance, et la plus vive douleur de ce que la »personne auguste et vénérable qui l'avait écrite »ait été sitôt enlevée à la princesse de Galles.

---

(1) Nous croyons devoir transcrire cette lettre en entier :

Windsor, 13 novembre 1804.

« Ma chère belle-fille et nièce, hier, moi, et le reste de ma »famille, nous avons eu une entrevue, à Kiew, avec le prince »de Galles. Des soins avaient été pris des deux côtés pour »éviter tout sujet de dispute ou d'explication; conséquemment »la conversation n'était ni instructive ni divertissante. Elle laisse »cependant le prince de Galles en mesure de prouver si son désir »de retourner à sa famille est seulement verbal, ou est bien »réel; le temps seul le prouvera. Je ne suis pas inactif dans »mes efforts pour trouver des moyens qui me permettent de »communiquer un plan pour l'avantage de cette chère fille »que vous et moi nous avons tant d'intérêt de chérir. L'espoir »qu'un tel projet me procurera le bonheur de vivre davantage »avec vous, n'excite pas peu mon zèle à cet égard; mais vous »pouvez être assurée que rien ne sera réglé sans votre concours »motivé et cordial, car mon objet le plus constant est de sou»tenir votre autorité comme mère. Croyez-moi dans tous les

» Que devez-vous penser de l'accusation portée » devant vous, Milords, d'après la connaissance de » l'opinion que cet excellent homme, non ignorant » des affaires de ce monde, non mauvais juge du » caractère des hommes, avait formée de sa nièce » chérie, et d'après laquelle, dans une circonstance » délicate, l'éducation de sa petite-fille et de l'héri- » tière de sa couronne, il avait toujours agi loya- » lement, réellement, et non en paroles.

» Maintenant il me reste à présenter à Vos Sei- » gneuries une lettre de son illustre successeur, » écrite, non sans doute dans les mêmes termes » d'affection, non indicative des mêmes égards, » mais cependant n'annonçant aucun manque de » confiance, ou au moins aucun désir de contrô- » ler avec dureté la conduite de sa royale épouse. » Il en donne lecture (1).

» temps, ma très chère belle-fille et nièce, votre très cher affec- » tionné beau-père et oncle. »

GEORGE, ROI.

(1) « MADAME,

» Lord Cholmondeley m'ayant fait connaître vos désirs pour » que je détermine, par écrit, sous quelles formes nous devons » être ensemble, je vais m'efforcer de m'expliquer à cet égard, » avec autant de clarté et de précision que la nature du sujet » peut le permettre. Nos inclinations ne sont pas en notre pou- » voir, et nous ne devons ni l'un ni l'autre en être respectivement » responsables envers nous, la nature ne nous ayant pas fait » l'un pour l'autre : une société tranquille et douce entre nous » est cependant en notre pouvoir. Que notre commerce soit » donc borné à ce seul point, et je souscrirai positivement à la » condition que vous m'avez fait proposer par lady Cholmonde- » ley ; que même dans le cas où je perdrais ma fille, *ce que ma*

« Milords, je n'appellerai pas cette pièce une » lettre de *licence*; cette désignation lui a cependant » été donnée, lors des premières persécutions éprouvées par la Reine, en 1805 et 1806, par ceux » de ses augustes parents qui, malheureusement » pour elle, ne sont plus. Mais je pense qu'après » avoir reçu une telle lettre, la personne à qui elle » était adressée, la Reine, doit être étonnée que sa » conduite ait pu devenir, par la suite, et plus rigoureusement à mesure qu'elle et celui qui avait » écrit cette lettre d'abandon croissaient en âge, » le sujet des plus constantes et des moins scrupuleuses inquisitions et des plus insidieuses embûches.

» Telle est cependant, Milords, toute l'espèce » de la cause portée devant vous; tels se développent les résultats des dépositions et des preuves » apportées pour appuyer le bill qu'on vous demande, preuves incomplètes pour obtenir le remboursement d'une dette; preuves impuissantes à

» *confiance dans les bontés de la Providence* me permet de » ne pas craindre, je n'enfreindrai pas les conditions de cette » restriction, en proposant, à aucune période, des relations d'une » nature plus intime. Je terminerai ici cette lettre pénible pour » vous et pour moi, espérant avec confiance que, comme nous » nous sommes pleinement expliqués l'un avec l'autre, le reste de » nos jours se passera dans une tranquillité non interrompue. Je » suis, Madame, avec une grande confiance, très sincèrement » votre.

» George, prince. »

Cette lettre a été écrite de Windsor-Castle, le 4 avril 1796, quatre mois après la naissance de la princesse Charlotte, treize mois après le mariage de la princesse de Galles.

» priver du moindre droit civil ; preuves ridicules, » s'il s'agissait de convaincre du plus léger délit ; » preuves scandaleuses, si on les discute, pour sup- » porter une accusation de la nature la plus grave » que reconnaissent nos lois ; preuves monstrueuses » pour attaquer l'honneur d'une reine d'Angleterre : » et cependant ces preuves vous sont présentées » pour servir de motifs à un acte de législature » judiciaire, à une loi *ex post facto* qui vous est de- » mandée contre une femme sans défense. Milords, » je vous supplie de vous arrêter, il en est temps » encore ; vous êtes sur le bord d'un précipice ; il » s'ouvre devant votre jugement, si vous condamnez » la Reine... Sauvez le pays de cette catastrophe ; » sauvez-vous vous-mêmes de cette dangereuse si- » tuation. Sauvez ce pays dont vous êtes l'ornement ; » mais, tels que la fleur coupée de sa tige, tels que la » branche arrachée du tronc, vous cesseriez de l'être, » si vous vous séparez du peuple. Sauvez la cou- » ronne de ce pays précipitée dans de nombreux » hasards, l'aristocratie qui est ébranlée, l'église » même qui ne pourra plus résister aux coups qui » lui sont portés.

« Vous avez prononcé, Milords, vous avez voulu ; » l'église et le Roi ont voulu que la Reine fût privée » des prières publiques dues à son rang ; elle a, au » lieu de ces solennités, les prières de cœur du » peuple anglais. Elle n'a pas besoin sans doute de » mes prières ; mais c'est au trône de merci, de jus- » tice et de pardon que j'adresserai mes supplica- » tions, pour que la merci en descende sur ce peuple, » dans une plus large mesure que les mérites de

» ceux qui le gouvernent n'ont droit à l'obtenir, et » que la justice éclaire vos cœurs. »

M. Williams parla également pour la Reine, pendant une séance.

Les conseils de la Reine firent entendre les témoins en sa faveur, depuis le 3 octobre jusqu'au 6 novembre. Ils étaient au nombre de dix-huit; parmi eux étaient trois pairs du royaume, les dames d'honneur de la princesse, ses gentilshommes ou chambellans, son médecin, son maître-d'hôtel, des officiers de la marine royale, des gentilshommes et des négocians italiens, quelques domestiques de la princesse et des personnes de sa suite.

Ces témoins furent interrogés par les Lords, et contre-examinés par le procureur-général.

Un Milanais, nommé Rastelli, avait été l'intermédiaire du baron d'Ompteda auprès de ceux de ses compatriotes et des domestiques de la Reine dont on voulait faire des accusateurs de cette princesse. Sa déposition fut réclamée par quelques lords; et M. Brougham demanda sa comparution, au nom de la Reine et dans l'intérêt de sa défense. Le procureur-général annonça qu'il avait été envoyé en courrier à Milan par l'accusation.

Tout était dans cet aveu. M. Brougham n'insista pas. Les dépositions des témoins de la Reine concoururent à établir les mêmes résultats que les dépositions, débattues et justement appréciées, des témoins à charge; on détruisit même les idées exaltées qu'on avait répandues sur l'*impropriété* de la conduite de la Reine.

IX. Le 6 novembre, les Lords furent sommés

de se trouver à la Chambre; et on mit aux voix, en commençant par le plus jeune baron, si on procèderait à la secondelecture du *Bill de punitions et d'amendes*. Le lord Chancelier prononça qu'il y avait 123 votes pour la seconde lecture, et 95 contre. Majorité 28; total des Pairs 218.

On voit que le nombre des Pairs à la seconde lecture du bill s'était affaibli de 28 ou de 24.

Ce vote, pour la seconde lecture, était une condamnation judiciaire pour la Reine. Cependant la grande diminution de la majorité, depuis la première lecture, était un triomphe pour son parti, parcequ'on pouvait espérer qu'à la troisième lecture, il y aurait contre le ministère une supériorité plus marquée qui renverserait le bill; s'il passait même à la Chambre des pairs, ce serait à une si faible majorité, qu'il ne serait plus porté aux Communes qu'avec des préjugés défavorables.

Les conseils de la Reine, pour raffermir les partisans de cette princesse, l'engagèrent à faire présenter à la Chambre des pairs l'acte suivant, dont lord Dacres demanda la lecture, à la séance du 7 novembre.

« CAROLINE, REINE,

» *Aux Lords spirituels et temporels assemblés en* » *Parlement.*

» La Reine a appris la décision des Lords sur le » bill qui est actuellement devant eux. A la face du » Parlement, de sa famille et de son pays, elle pro» teste solennellement contre ce bill. Ceux qui se

» sont hautement reconnus ses persécuteurs (tout » le ministère) ont eu la présomption de siéger » comme juges, dans un procès entre la Reine et » eux-mêmes. Des Pairs ont donné leur voix contre » elle, qui, ayant ouï en entier les dépositions à » charge, se sont absentés pendant sa défense. » D'autres sont arrivés à la discussion du bill, » après avoir été membres du comité secret, et » en être sortis avec l'esprit préoccupé d'attentats » tellement scandaleux, tellement calomnieux, tel- » lement faux, que ses persécuteurs ne se sont » plus senti l'audace de les faire figurer dans les » charges.

» La Reine n'a pas dû user de son droit de ré- » clamer sa comparution devant le comité secret; » car, pour elle, les débats de ce comité et les me- » sures qui y étaient prises lui étaient indifférentes, » jusqu'à ce que celles-ci fussent adoptées, soit » pour elle, soit contre elle: et jusqu'à ce que le » cours d'une procédure sans exemple, comme » celle-ci, porte le bill devant l'autre branche de la » législature, elle s'abstiendra de relever tout ce » ce qui est relatif aux traitements odieux qu'elle a » éprouvés depuis vingt-cinq ans.

» Maintenant, d'une manière solennelle et de- » vant Dieu, elle se borne à affirmer qu'elle est » entièrement innocente du crime dont elle est ac- » cusée, et elle attend avec une ferme confiance » le résultat final de cette enquête, sans parallèle » jusqu'ici. »

Après la lecture de cette pièce, le Chancelier dit que, suivant le mode de procédures qui avait été en usage, dans les procès, pour passer des *Bills of Pains and Penalties*, notamment dans celui d'Atterbury, l'accusé avait droit d'être entendu en personne, après la seconde lecture, mais non de protester; qu'il fallait donc recevoir l'acte présenté au nom de la Reine comme une adresse à la Chambre, et non comme une protestation; ce qui fut fait.

La Chambre s'étant formée en comité sur le bill, le Chancelier proposa de retirer la clause relative à l'adultère et à la dissolution du mariage; il espérait par là acquérir à son bill l'assentiment de plusieurs évêques et de quelques autres Lords qui ne trouvaient pas que ce crime eût été prouvé, et il obtenait également le concours d'une assez forte partie des membres des deux côtés de la Chambre qui se refusaient à accorder au Roi la faculté de passer à un second mariage, résultat nécessaire, bien senti et bien redouté de la clause du divorce. Peu importait au ministère que Caroline-Amélie-Élisabeth de Brunswick fût épouse du Roi ou ne le fût pas, pourvu qu'elle ne fût plus Reine. La motion du Chancelier fut rejetée.

Le bill fut mis en forme et sa rédaction fut lue. Mais l'archevêque d'York et les évêques de Chester et de Worcester s'opposèrent résolument à la clause du divorce; ils trouvaient que, malgré les efforts des amis du Roi, l'adultère n'avait pas été prouvé. L'archevêque de Cantorbéry et les évêques de Londres et de Landaff soutinrent la clause. Les débats sur cette question occupèrent toute cette séance et celle du lendemain. Il y eut enfin division, et

129 votants pour soutenir la clause du divorce, et 62 pour la retrancher du bill.

On doit remarquer que, sur cette question, les votes furent différents de ce qu'ils avaient été sur les autres; tout le ministère se trouvait dans la minorité.

Le bill fut renvoyé au comité; et, le 9 novembre, sa rédaction fut admise, malgré quelques efforts de lord Kenyon pour obtenir la radiation de la clause du divorce.

X. Le 10 novembre, la question soumise à la Chambre fut celle-ci : Procédera-t-on à la troisième lecture du bill? Les lords Morley et Fortescue parlèrent contre; ils furent soutenus par les ducs de Bedford et de Grafton. Lord Ellenborough, qui paraissait jusque là avoir été gagné par les ministres, exprima sa détermination de voter contre le bill.

La question fut résumée; il y eut division de la Chambre, et 108 voix pour procéder à la troisième lecture, et 99 contre. Majorité, 9 voix.

La majorité étant constatée, lord Dacres annonça qu'il était chargé par la Reine de demander que son conseil fût entendu avant de procéder à la troisième lecture.

XI. Le comte de Liverpool dit alors qu'il croyait, d'après ce qu'il allait soumettre à la Chambre, que la pétition de là Reine serait sans motifs.

Sa Seigneurie annonça qu'on ne devait pas se dissimuler que l'opinion publique était en opposition directe et manifeste contre le bill; et comme la majorité pour la troisième lecture n'était que de neuf, il croyait bien fermement que si le bill, à la troisième lecture, avait pu obtenir en sa faveur l'assentiment d'un grand nombre de pairs, il eût été de son devoir et de celui de ses collègues de le soumettre aux autres branches de la législature; mais que dans l'état présent de l'opinion, avec la division des sentiments des Lords à peu près en balance, les serviteurs de la couronne en étaient venus à la détermination de retirer le bill; il demandait donc que la dernière considération du bill fût renvoyée à six mois, ce qui fut adopté. La Chambre s'ajourna au 23 novembre.

XII. La présentation de ce bill scandaleux n'eût pas été faite, si le Roi n'avait pas mis un si grand intérêt à la dégradation de sa royale épouse. Cependant, en dépit de l'influence royale, de la condescendance criminelle, ou tout au moins peu réfléchie du ministère, malgré les intrigues et les engagements que celles-ci avaient obtenus, en faveur du bill, des membres les plus habiles et les plus influents de l'opposition, les ministres furent obligés de céder à la clameur publique, et d'abandonner le bill et leurs persécutions.

Il ne resta de tout ceci qu'un énorme scandale. Le roi perdit toute popularité; il se croyait au-dessus d'elle. La Reine reçut un grand nombre de félicitations; beaucoup de maisons de Londres furent illuminées, et des réunions eurent lieu, condamnant hautement les ministres et demandant leur éloignement.

Peu de mois après, la Reine mourut de coliques imprévues et en très peu de temps. On assura qu'elle avait été empoisonnée. Ses ennemis prétendirent que c'était par elle-même, les amis de la Reine, par ses ennemis. La Reine eut la générosité d'ordonner que son corps ne fût point ouvert. Ses funérailles furent insultées et ses dernières volontés inexécutées. Sa mort même ne pouvait pas éteindre les amers et peut-être les injustes ressentiments de son royal époux.

CONCLUSION GÉNÉRALE

DES

PROCÈS POLITIQUES.

I. Conclusion particulière des procès politiques de la seconde période de 1688 à 1821. — II. Procès politiques purement ministériels. — III. Procès ministériels pour crime de Haute trahison. — IV. Quel est le crime de Haute trahison, dans un ministre? — V. Procès ministériels, pour malversations (*High crimes and Misdemeanors*). — VI. Pourquoi, depuis George Ier, il n'y a pas eu d'accusation de ministres par la Chambre des communes, pour crime de Haute trahison, et très peu pour malversations.

I. De 1688 à 1821, un assez grand nombre de procès politiques occupent quelque place dans les fastes judiciaires de la Grande-Bretagne. Les rébellions diverses de l'Écosse ont donné ouverture à des procès de Haute trahison; la misère toujours croissante de la classe inférieure de la société est venue grossir la liste affligeante des pauvres et le nombre des procès pour sédition; enfin l'acharnement des partis multipliait les pamphlets et les procès pour libelles.

Nous avons fait choix, sur leur mélancolique ensemble, de vingt-un procès que nous avons plus ou moins développés, d'après le but que nous nous étions proposé et suivant leur utilité.

Ces vingt-un procès comprennent trente-cinq

prévenus ; vingt-quatre ont été déclarés coupables, sept seulement ont perdu la vie : douze de ces procès ont été jugés par la Haute-Cour du Parlement, soit sur *Impeachments* des Communes, soit sur bills d'*Attainders*, ou de *Pains and Penalties*; trois l'ont été par la Cour du Grand Sénéchal; deux, en matière de priviléges, par la Cour de la Chambre des pairs; deux, également en matière de privilége, par la Chambre des communes. La Cour du Banc du Roi a jugé deux procès capitaux : l'un pour Haute trahison, *Layer*; l'autre pour fait d'émigration, *Boucher*.

Si, de cet état général et totalisé, nous descendons à des aperçus et aux traits purement caractéristiques de chacun de ces procès, nous aurons, en suivant l'ordre chronologique, les données suivantes.

Le procès de sir John Fenwick est une vengeance ministérielle, demandée à l'acharnement de l'esprit de parti. Toute la honte de l'*Attainder* du colonel Fenwick est restée aux Whigs, aux Godolphin, à l'amiral Russel.

Ce n'étaient point les Whigs qui poursuivaient les *cinq lords* (Sommers, Orford, Halifax, Portland et le duc de Leeds) *du conseil privé* de Guillaume III; c'étaient les Torys qui voulaient surprendre cette condamnation à la mauvaise humeur des Whigs qui n'étaient pas dans le ministère ni courtisés par lui, et à l'orgueil de la Chambre des communes.

Le procès de Sacheverell, en 1709, est légal, régulier; et la punition infligée à cet audacieux prédicateur est modérée et douce. Ce procès est important pour la question religieuse et pour l'honneur des principes qui ont fait la révolution, que le clergé épiscopal tentait de renverser.

Les procès de Skinner, de sir Samuel Barnadiston et de l'évêque de Worcester, sont des procès de privilége : ils forment, plus ou moins, des *Précédents* dans la jurisprudence parlementaire.

Les deux rébellions d'Écosse ont fourni le sujet de quatre procès ; dans tous, la haute trahison était manifeste et plus ou moins bien prouvée. Celui de lord Lovat, où elle est moins démontrée, développe un ordre de mesures que nous avons cru dignes d'observations. Elles établissent bien la nature de la jurisprudence parlementaire dans les procès politiques : l'intérêt social est le seul fondement des lois et coutumes qui la dominent, sous le nom de Loi de la terre.

Les lois du règne de Guillaume III, contre l'émigration, ont fait le procès de Jacques Boucher.

Le procès de Harley, comte d'Oxford et de Mortimer, est un des plus longs procès qu'aient élevés et poursuivis la haine des Whigs et leur acharnement contre le dernier ministère de la reine Anne. Il a été entrepris à la chaude, à la clameur des passions; et quand la réponse du comte d'Oxford a été connue, l'opinion publique a prononcé contre eux.

Layer était un misérable, un conspirateur de tavernes; ses dénonciateurs, Linch et Matthieu Plunkett, et ses complices, Jean Plunkett et Kelly, ne valaient pas mieux. C'est la question religieuse qui joue, seule, un rôle dans le procès d'Atterbury, comme dans celui de Sacheverell. L'évêque de Rochester a été sacrifié aux vengeances des partis politiques et religieux. Peuimporte que, déposé, ruiné, affaibli par l'âge et par les maladies, il ait été trouver Jacques III, et qu'il ait vécu de ses bienfaits : l'injustice du bill qui le punissait faisait au prince une loi de gratitude de les offrir, et à l'évêque, une loi de conservation de les accepter.

Le procès du comte de Macclesfield a été régulier et a puni, dans un Chancelier d'Angleterre, de grandes énormités, plus odieuses dans un chef de la justice que dans tout autre. Sa défense, qui partait de la sordidité de son caractère, lui a imprimé une plus grande souillure. Bacon, dont il était l'émule et le successeur, n'avait pas voulu se défendre, avait tout confessé, et avait reconnu qu'en lui étaient à punir les *vices du temps* plus que *ceux de l'homme*. Il mourait dans la misère, l'iniquité ne l'engraissait pas ; il donnait tout, ses domestiques le dépouillaient, et il n'avait jamais rien amassé : tant il est vrai que le génie a toujours quelque chose de généreux et d'excusable, même dans ses crimes. On nous passera cette réflexion en faveur de l'auteur de l'*Organum mundi*.

Le procès de John Wilkes ne démontre que la servilité du Parlement, sous les ministères de George Grenville et du duc de Grafton. Il a mis le désordre dans l'État, et a amassé sur lord Bute et sur le gouvernement occulte tout ce que la haine publique a de plus fort.

Les Whigs, encore opposition et parti national, cherchaient à rétablir l'honneur du pays, si honteusement souillé, dans l'Inde, par les brigandages de Warren-Hastings, et ils luttaient avec courage, contre les amis d'Hastings, M. Pitt, la Compagnie des Indes, la triste certitude qu'on profitait du crime, et la conscience qu'on ne devait pas en rechercher le coupable. Soit insouciance de la justice et de l'honneur du pays, soit toute autre cause; le temps qui affaiblit l'horreur du crime et la haine du criminel, les maladies et la mort des juges, la crainte, dans ceux qui restent, de se commettre avec les factions dominantes; ce procès qui a commencé avec quatre-vingt-dix juges n'en a plus que vingt-neuf en finissant. Ils absolvent Hastings, qu'ils croient assez puni par sept années de procédures et d'inquiétudes, et par d'énormes frais.

Dans le procès du vicomte de Melville, on a pu reconnaître que, si il y avait eu mollesse dans la poursuite, il devait y en avoir dans la condamnation, grâce surtout aux bénignes décisions des douze juges. Du reste, le ministère dont il était, et qu'on poursuivait en lui, n'était plus : lord Melville ne rentrerait plus au pouvoir; ce qui était un des résultats le plus desiré de ce procès, et le plus malheureux peut-être pour la chose publique. L'Angleterre, après les morts si voisines de Guillaume Pitt et de Charles-James Fox, s'appauvrissait d'hommes d'État. Le duc de Portland mourait, lord Grenville vieillissait, M. Canning était exilé dans la mission de Lisbonne, M. Spencer-Perceval était assassiné, lord Grey se livrait aux soins de sa famille: et on allait aborder une régence, avec le marquis de Wellesley, lord Castlereagh et lord Liverpool.

En 1821, lord Liverpool entreprend le procès de la reine Caroline : il est affligeant, il est scandaleux, il est honteux pour celui qui l'a ouvert aux Pairs, pour celui qui en veut le prix dans un divorce, pour celle qui en est la victime. Il est abandonné avant la troisième lecture. Nous l'avons donné avec l'exactitude de la douleur et de la vérité.

II. Les fastes judiciaires de l'Angleterre comptent douze procès ministériels, portés au Parlement, avec quelque solennité, depuis 1388 : savoir, celui de Suffolk et des favoris, et ceux de lord Cromwell, secrétaire d'État, et du duc de Norfolk, Grand Trésorier, sous Henri VIII. Ces deux ministres furent poursuivis par le despotisme farouche de ce Phalaris de l'Angleterre et abattus par des *Attainders*. Nous ne les avons pas présentés ; ils sont sans intérêt judiciaire, ainsi que les quarante-sept autres attainders de Henri VIII... Du sang et toujours du sang (1) !

Le Chancelier Bacon, en 1620 ; le Grand Trésorier, comte de Middlesex, en 1624 ; le comte de

---

(1) Nous n'avons pas voulu donner le procès de Charles Ier, qui aurait été fort long, quoique Charles Ier se fût borné à contester la légalité de la Haute-Cour de Bradshaw. Il aurait donc fallu revenir sur la guerre du roi et du long Parlement, relever les fautes, les crimes et les erreurs des deux partis ; et nous avons éprouvé une grande répugnance à cet égard. D'une excessive longueur, ce procès n'aurait donné aucune instruction judiciaire. Charles Ier, refusant de répondre, n'a point été condamné comme contumace, mais comme *muet volontaire*.

L'espace nous a également manqué pour le procès de Marie Stuart, qui est fort long, et aurait exigé l'exposition du procès de Babington. L'un et l'autre auraient employé près de cent pages de notre recueil ; et ils ne présentaient aucun but d'utilité pour la jurisprudence criminelle politique.

Strafford, en 1641; le Chancelier, comte de Clarendon, en 1667; le comte de Danby, en 1678 et 1679, qui ne fut pas jugé (1), forment cinq procès avant 1688.

---

(1) Le 21 décembre 1678, la Chambre des communes accusa le comte de Danby (depuis duc de Leeds), Grand Trésorier, de Haute trahison et de malversations, à l'occasion suivante. Au moment où on traitait de la paix de Nimègue, Charles II avait rappelé et destitué Montaigu, son ambassadeur à Paris, sous prétexte qu'il intriguait à la cour de France; et il avait fait saisir ses papiers. Montaigu, membre de la Chambre, se disculpa devant elle, en disant que c'était pour n'avoir pas voulu obéir à ses instructions de vendre à Louis XIV l'honneur de l'État et la signature du traité, ou du moins ses négociations, au prix de 18,000,000 de livres tournois, malgré qu'il en eût reçu les ordres du Grand Trésorier; il en remit deux dépêches, pleinement démonstratives du fait. Le Grand Trésorier fut aussitôt accusé à la barre des Lords. Le comte de Danby, dans sa réponse aux Pairs, dit qu'il avait pris les ordres du roi pour ces négociations, et c'était vrai. Les Communes poursuivirent leur accusation pour forcer Danby à produire ces ordres. Charles II fit tous ses efforts pour empêcher leur production; à cet effet, il ordonna, pour éviter un jugement, une dissolution du Parlement et diverses prorogations. Danby, entre le Roi et les Chambres, fut mis à la Tour par les Pairs, après avoir été destitué, par le roi, de l'office de Grand Trésorier. Le 28 avril 1679, il plaida aux Pairs un pardon du roi qui ne fut pas admis. Au bout de trois ans de prison, aucun Parlement n'étant assemblé, lord Danby demanda, le 27 mai 1682, un writ d'*Habeas corpus*, à la Cour du Banc du roi, et d'être libre sous caution. La Cour, après plaidoiries, le lui refusa *pour le moment.* Mais en février 1683, le dernier jour du terme, elle lui accorda d'être libre, sous caution de 20,000 liv. st. de lui, et de pareille somme des ducs de Sommerset et d'Albemarle, et des comtes d'Oxford et de Chesterfield. Le procès ne fut pas repris; toute la question reposait sur les ordres du roi. S'il les avait, il n'était pas coupable, non seulement de Haute trahison, mais de *Misdemeanors*, et il les avait.

Depuis la révolution, les cinq lords du Cabinet de Guillaume III (Sommers, Orford, Halifax, Portland et le duc de Leeds), en 1701; le Grand Trésorier Harley, comte d'Oxford et de Mortimer, en 1715 et 1717; le Chancelier, comte de Macclesfield, en 1725; et lord vicomte Melville, en 1807, complètent les procès que nous analysons.

III. Cinq de ces ministres, accusés devant le Parlement, l'ont été pour crime de Haute trahison, avec ou sans autres crimes et *Misdemeanors*; Suffolk, Strafford, Clarendon, Danby, et Oxford; les autres ministres le sont pour de simples *Misdemeanors*.

Suffolk, en 1387, avait été accusé par les Communes seules; en 1388, elles interviennent bien, mais le procès est poursuivi par les lords *Appellants* de la désignation de leur action judiciaire (*Appeal of treason*). Ils accusent Suffolk, seul ministre, et les autres favoris, de Haute trahison, en vertu du droit et du devoir des grandes charges de l'État dont ils sont revêtus.

Mais dans les procès de Strafford, comme dans ceux de Clarendon, de Danby et du comte d'Oxford, ce sont les Communes. C'est dans ces cinq procès que nous verrons se développer la Haute trahison ministérielle; ce qu'elle est, dans les deux premiers procès de Suffolk et de Straffort, trouvés coupables et punis; et ce qu'elle n'est pas, dans ceux de Clarendon, de Danby et de Harley, comte d'Oxford, déclarés non coupables ou qui n'ont pas été jugés.

Nous avons, pendant les guerres des deux Roses,

des Grands Trésoriers, des Chanceliers, punis de mort par des *Attainders*, pour crime de Haute trahison ordinaire, générale. Ils avaient fait la guerre contre le prince occupant alors le trône. Dans l'article qui va suivre nous n'avons à développer que les caractères de la Haute trahison spéciale à un ministre, en raison de la violation des devoirs de sa place et de son serment, et non de sa fidélité comme sujet. Pour ce crime de Haute trahison, il n'aurait pas cessé d'être justiciable des Chambres, accusé par l'une et jugé par l'autre. C'est de la Haute trahison ministérielle que nous allons nous occuper.

IV. En 1388, la trahison des favoris et de Suffolk est déterminée par le statut de la vingt-cinquième année d'Édouard III, qui a quarante ans d'existence seulement. Ils ont tenu le roi Richard II en chartre privée, lui ont fait prêter le serment de les soutenir. Ils ont ensuite cherché à lier à sa personne et à leur faction les seigneurs du pays de Galles et des comtés voisins, par un serment qui n'est plus celui de fidélité ordinaire, dû au roi, comme chef de l'État; il est remplacé par des imprécations exécratoires contre le Parlement et ceux qui se rallient à son autorité, et il ne fait du roi qu'un chef de factieux. Le crime de Haute trahison, dans Suffolk et dans les favoris, est double; et contre le roi qu'ils tiennent en prison, et dont ils rompent les communications royales avec son peuple et son Parlement; et contre l'État et ses lois, qu'ils tentent de renverser, en donnant à Richard II un pouvoir que ces lois ne reconnaissent pas, et qui, de chef d'une monarchie limitée, en ferait un roi absolu.

Strafford, avant 1640, avait bien le même dessein; c'est celui de tous les ambitieux du pouvoir comme de tous les favoris; mais il est trop homme d'État pour y arriver brusquement, comme Suffolk et ses complices. Il est d'ailleurs au milieu d'un peuple plus éclairé, et dont le pédantisme de Jacques Ier sur la prérogative a élevé les défiances. Ce sont les lois de l'État qu'il veut renverser, pour arriver, lui et son maître, au pouvoir absolu sans contrôle; il en est accusé par la première charge de l'*Impeachment*; et les art. 2 et 3, jusqu'à 7, n'en sont que les développements généraux. Des vingt-huit articles additionnels, les 15e, 22e et 27e en offrent le développement spécial; les autres démontrent la continuité des tentatives de Strafford, et qu'il est coupable de diverses malversations. Parmi eux, les articles 20, 21 et 28 l'accusent d'avoir favorisé et procuré la rébellion des Écossais; et il est coupable de Haute trahison directe envers le roi et sa couronne, pour avoir voulu le faire ou le laisser détrôner par les Écossais; et là, le statut de la vingt-cinquième d'Édouard III lui est pleinement applicable.

Pour la Haute trahison commise envers le pays, en s'efforçant de renverser ses lois fondamentales, elle ne serait que *constructive*. C'est en combinant les résultats des crimes commis par Strafford avec le but de cette loi statutaire d'Édouard III, et la portée de ses termes, que ce statut serait applicable à son crime. Cependant cette trahison constructive est rejetée par la jurisprudence, qui veut qu'une loi de punition et de déclaration de crime soit précise, et interprétée dans toute la rigueur des termes et le sens naturel qu'ils présentent. Le statut de la vingt-cinquième année n'a pas dit que tenter de renverser les lois du pays fût un crime (1); il ne lui est donc pas applicable. Mais parmi les actes qu'il a faits pour arriver au renversement des lois, il a levé des impôts par le ministère des soldats, qu'il a envoyés en Irlande et sur les frontières d'Écosse, pour contraindre l'habitant à les payer; il est coupable. Cet acte est déclaré et reconnu, perpétration du crime de Haute trahison par la Loi Commune, par le stat. 21 d'Édouard III, par le stat. 7 de Henri VI, et par le stat. 1er d'Édouard VI. Les Communes en demandent l'application à son crime et à sa personne, et il est condamné à perdre la tête; la punition est sévère, on la mitige dans ses effets. Nous avons donné les motifs de la sévérité et expliqué les circonstances qui la rendaient nécessaire (2).

---

(1) C'est ce qu'a fait le statut 36, George III, chap. 27 (T. I, pag. 177, et T. III, pag. 361, N.), « *forcer, intimider*, ou détruire les deux chambres, ou une d'elles, est Haute trahison. » Le comte de Strafford ayant conseillé au roi Charles Ier de ne pas assembler de Parlement, et, à cet effet, levant des impôts par le ministère de ses soldats, enlevant les dépôts d'argent de la Tour, contraignant les maire et aldermans de Londres, par la menace de leur couper les oreilles, à donner au roi 100,000 liv. st., serait bien manifestement coupable de détruire le Parlement.

(2) Les cris du peuple, autour de Westminster, de *justice*,

Il résulte donc de ces deux procès, que le crime de Haute trahison, dans un ministre, dans un agent supérieur de la couronne, consiste spécialement, pour lui, en ce que,

1° Dépositaire de la confiance publique, de celle du roi et de celle de l'État, il viole ce dépôt; et lorsqu'il se rend coupable d'un acte par lequel il attente à la liberté du roi, le tient en charte privée, le sépare de son peuple et de son Parlement, et lui enlève l'exercice des fonctions sacrées de son auguste magistrature, il commet un crime d'autant plus odieux, que le dépôt est plus grand, plus solennel, de plus de destinées sociales, fondées et confondues dans celles du trône.

2° Un ministre est également coupable d'une Haute trahison, lorsqu'il fait des tentatives pour détruire les lois fondamentales du pays et sa constitution. Dans le crime de Haute trahison, il n'y a et il ne peut pas y avoir de question intentionnelle. Dans le cas de Suffolk, le serment exigé

---

justice, même l'affiche du nom des *Straffordiens*, ne prouvent que les résistances opposées, par la cour, au jugement légal de Strafford, et sont nés de la demande de l'entrée de nouveaux soldats à la Tour, et de la conspiration de l'armée. Le changement de l'*Impeachment* en un bill d'*Attainder*, n'est qu'une modification de l'action judiciaire. La première procédure a été utile, pour saisir la personne du prévenu et les pièces du procès. La seconde l'est pour obtenir le jugement. Les Pairs n'étaient-ils pas aussi libres de donner ou de refuser leur approbation au bill, que de reconnaître Strafford coupable ou innocent? Les juges leur déclaraient que Strafford, dans les actes qui leur avaient été prouvés, était passible des peines des traîtres. Il y aurait de plus, pour ses amis, une triple délibération de la Chambre des pairs, et pour le coupable, la chance du refus de la sanction du roi, qu'ils n'auraient pas eues.

des seigneurs du pays de Galles, pour donner au roi un pouvoir absolu, était un acte patent de Haute trahison. Dans le comte de Strafford, il y a plus d'adresse; il y avait l'habileté d'un véritable homme d'État; il n'arrivera au renversement des lois que successivement. Il faut, à la vérité, pour constituer de semblables actes en crime de Haute trahison, qu'il y ait continuité dans les efforts. Des tentatives répétées prouvent mieux l'acte patent; mais une fois que l'évidence est acquise, le crime est le même. Strafford était également coupable de Haute trahison directe contre le roi et sa couronne, en ayant fomenté, instigué et favorisé la rébellion des Écossais. Cette question, les Communes ne la traitèrent pas, parceque l'Écosse n'était point encore unie à l'Angleterre.

Les procès de Clarendon, de Danby, d'Oxford et Mortimer, accusés de Haute trahison ministérielle, nous montrent ce qu'elle n'est pas.

Le roi dirige, seul, les négociations avec les étrangers, et pour la sûreté extérieure du royaume. Ainsi négocier un traité à prix d'argent, tel que vendre Dunkerque à Louis XIV, 150,000 liv. sterl., et la paix de Nimègue à la France, 750,000 liv. sterl., par Clarendon et Danby, ne sont pas Haute trahison, n'étaient pas même alors des malversations, s'ils l'ont fait d'après des ordres du roi. Depuis l'*Acte d'établissement*, qu'ils aient eu ou non des ordres, si les traités sont onéreux à l'État, ils ont engagé leur responsabilité et peuvent être coupables, mais seulement de *Misdemeanors*. Il en est de même du traité d'Utrecht, par le comte d'Oxford, et de son conseil d'abandonner une des places de la Barrière, Tournay, à Louis XIV. Sur l'accusation de Haute trahison de Clarendon, par le comte de Bristol, «de s'être efforcé d'aliéner »le cœur des sujets de S. M., de sa personne, en »disant que S. M. était catholique: les juges dé»clarèrent que ce n'est qu'un simple mépris de la »personne du roi (T. II, p. 166).»

Nous devons donc tenir aux deux résultats des procès de Sulffolk et de Strafford, relevés plus haut, pour établir quels caractères de Haute trahison doit avoir la criminalité d'un ministre, pour lui infliger le nom et la punition des traîtres.

V. Les ministres, dans la constitution d'Angleterre, comme dans toutes celles dont le système représentatif est la base, peuvent être coupables non seulement de Haute trahison, mais de malversations de tout genre. Les violations du dépôt que leur a reconnu ou remis la confiance nationale, les abus d'autorité, l'inexécution et le mépris des lois de tout ordre, les négligences de devoir, par mauvaise volonté, oubli, paresse ou légèreté; les fautes de l'incapacité et de l'obstination, de la présomption, de l'ignorance ou de l'orgueil; le péculat, les concussions, le détournement à des intérêts privés ou le faux emploi des deniers publics sont tout autant de malversations ministérielles, et forment autant de chefs de *Misdemeanors*, qu'ont poursuivi les Chambres des communes anglaises, et qui le seront dans tout système représentatif.

On conçoit quelle variété de délits ou de crimes doit naître de ces causes; nous les avons exposés avec plus ou moins de détails dans le cours de cet ouvrage; nous en donnons un recensement complet, que nous avons rejeté en *Note* à la fin de cette conclusion générale. On verra que si les caractères du crime de Haute trahison ministérielle sont restreints, les *Misdemeanors* des agents supérieurs de l'administration sont nombreux et d'une large facture.

VI. Le Procès du comte d'Oxford et de Mortimer donnait aux ministres et aux serviteurs de la couronne l'utile avertissement de se décharger de toute responsabilité, dans les avis qu'ils devaient au roi, dans l'exercice même de la prérogative la moins contestée du monarque, celle de faire la paix et la guerre, et de diriger les négociations utiles à l'État. Cet avis ne fut pas perdu.

Il n'est aucune guerre, dans le siècle écoulé depuis le règne de George Ier, dont le Parlement n'ait été le premier moteur. La guerre de 1739, contre l'Espagne, a été enlevée à Walpole par les Communes, lorsque la faction des Pelham fit paraître à leur barre ce pilote de contrebandiers, auquel les douaniers espagnols du golfe du Mexique avaient coupé le nez et les oreilles. L'Espagne devait entraîner la France, déjà engagée dans la guerre de la succession de Charles VI d'Autriche. Après la prise de Bergopzoom, la paix fut demandée à grands cris; Louis XV s'était emparé de la Belgique, de cette tête de pont sur le continent de la politique hanovrienne.

La guerre de sept ans était plus dans la politique hanovrienne : il fallait se la faire déclarer. Des contestations pour quelques arpents de neige en

Canada, des représailles, la saisie de tous les bâtiments français, d'un côté; le lucre commercial, l'esprit de piraterie, de l'autre, déterminèrent les hostilités, et la paix ne fut redemandée, par l'opinion publique, que lorsque le duc de Choiseul eut engagé l'Espagne et Charles III dans la querelle.

La guerre contre les Américains, la répression d'abord de leur rébellion, furent votées par le Parlement. La paix fut obtenue de l'épuisement de l'Angleterre, du grand nombre d'ennemis qui étaient entrés dans la lutte, et de la neutralité armée des puissances maritimes du Nord.

La Convention, il est vrai, déclara la guerre à l'Angleterre en 1793; mais M. Pitt l'avait provoquée, par le refus de George III de s'interposer comme médiateur entre la France et l'Autriche, et par d'autres moyens (1). Une fois engagé dans cette première guerre de la révolution, on devait avoir la seconde; et dans l'une et dans l'autre, le Parlement s'était lié à toutes ces grandes coalitions, par des votes de subsides pour les puissances qu'on y enrôlait. Une des paix de l'Autriche, celle de Lunéville, vint fermer le continent aux troupes et à l'or de l'Angleterre : on traita donc à Amiens.

(1) M. Pitt avait usé de divers moyens de corruption, pour faire déclarer la guerre par la France, en opposition à la volonté du conseil exécutif. Celui-ci avait alors en Angleterre, et pour la seconde fois, un négociateur très habile, plein de probité et de la conviction que la France avait besoin de la paix avec l'Angleterre; et il avait l'espoir de réussir. Un des membres du conseil exécutif, le ministre Clavière, au fait de toutes les intrigues des meneurs de la Convention, jouait à la baisse des fonds anglais; et M. Pitt eut ce qu'il voulait et quand il le voulut, une déclaration de guerre, le 4 février 1793.

Dans les négociations pour conduire à la guerre ou à la paix, le ministère a toujours eu des correspondances doubles et, dans les négociations orales, des *Conférents*, personnes interposées entre les négociateurs, et dont le service ne fait des protocoles qu'une thèse diplomatique à arguments communiqués (1).

(1) L'usage des doubles correspondances diplomatiques a commencé sous Élisabeth. Nous avons des preuves de doubles correspondances, sous Charles II et sous Jacques II, par Barillon et M. de Grimoard. Sous Guillaume III et sous la reine Anne, il y avait conspiration flagrante, intelligences étroites, correspondances avec la cour de Saint-Germain. Elles portaient dans la diplomatie anglaise, mystères, intrigues plus ou moins coupables, et *imbroglio* si complet, que Guillaume III écrivait lui-même ses dépêches, et n'avait de secrétaires d'État pour les affaires du nord et du midi de l'Europe, que pour la forme (il n'y a eu de département général des affaires étrangères en Angleterre que depuis 1782). La politique hanovrienne exigeait naturellement une double correspondance; mais c'est spécialement sous le ministère de M. Pitt, qu'elles ont été maintenues dans le but de ne jamais donner au Parlement un état exact de la situation des affaires étrangères. Cette double correspondance était difficile à tenir; l'une, publique, a offert souvent des contradictions que l'opposition relevait avec amertume; des indiscrétions donnaient des bribes de l'autre, au grand danger du cabinet.

Lord Shelburne, au traité de Versailles, avait un conférent. En 1796, le directoire ne se détermina à renvoyer de Paris lord Malmesbury, qu'après avoir été informé que l'usage de la diplomatie anglaise était, quand on traitait droitement et à but, d'avoir un conférent, et il n'y en avait pas. Aux conférences de Lille en 1797, le conférent était M. P.... qui existe encore. Il y en avait un au traité d'Amiens, et dans les conférences de 1806, de lord Yarmouth et de lord Lauderdale. A Châtillon-sur-Seine, un conférent était moins nécessaire; les souverains dirigeaient, de Langres, la négociation; le respectable M. de Fleuret servait quelquefois de conférent entre lord Aberdeen et le duc de Vicence.

Les ministres ne sont donc plus la pensée originaire et directive de ces grandes mesures de la paix et de la guerre; ils ont criminellement, sans nul doute, bien que membres du pouvoir exécutif royal, et ses conservateurs obligés, concentré la puissance exécutive dans le Parlement. Peu leur importait, s'ils avaient personnellement dégagé leur responsabilité. Voilà donc une source d'accusations des Communes tarie.

Il n'y a plus, ou presque plus de domaines de la Couronne. Pour *se faire une existence* (substitution de la locution de *faire fortune*), les ministres cupides ne se jetteront plus sur ce mode de rémunération de leurs services.

Les procès de Warren-Hastings et de Melville ont développé un ordre de faits qui peuvent faire concevoir à nos lecteurs que l'Inde et ses immenses dépouilles, le maniement des fonds de l'État, les jeux de bourse, l'agiotage des dettes publiques, portées, depuis l'avènement de George Ier jusqu'à nos jours, de 1,300,000,000 de f. à 21,500,000,000 de f., et les désordres de la comptabilité anglaise, ont fourni des moyens occultes et inattaquables à l'*Impeachment* des Communes, de se *faire une existence*. L'Angleterre, dans la guerre de la succession d'Autriche, dans celle de sept ans, et dans les deux guerres de la révolution, venant par de gros subsides au secours des puissances belligérantes, et distribuant des couronnes, des états, des provinces, au Congrès de Vienne et à la paix générale des traités de Paris, l'Angleterre, disons-nous, devait élever la gratitude des monarques secourus et dotés, et ses négociateurs en éprouver les effets (1).

La liberté et la propriété du sujet anglais sont plus assurées contre les empiètements ministériels qu'ils ne l'avaient jamais été, par l'*Habeas corpus*, et la condamnation absolue et durable des *Generals Warrants*. Elles sont d'ailleurs protégées par les Cours de Westminster, avec une énergie de devoirs qui ne s'est jamais affaiblie.

Sur les autres parties des *Misdemeanors*, qui figurent dans la liste suivante, des statuts ont été portés contre leur renaissance et dès lors les procès, entre autres, le statut de 1796 sur la Haute trahison.

D'un autre côté, la composition actuelle de la Chambre des communes, la rend toujours ministérielle; dès l'instant qu'un changement de quelques voix, dans la majorité habituelle, manifeste la diminution de l'influence du ministère, il se

(1) L'usage a toujours existé et existe aujourd'hui partout, qu'une grande négociation, un traité de paix valent un cadeau respectif aux deux ou plusieurs ministres qui l'ont signé; mais de là à l'exiger, ensuite à le fixer, on a pu observer depuis vingt-cinq ans qu'il n'y avait qu'un pas. Il y a eu, à l'égard des concessions de subsides britanniques, des révélations pénibles, des plaintes même. Le Don Quichottisme de la balance politique et pour la cause des souverains du continent a présenté, en Angleterre, de beaux résultats pour ses adeptes, mais il y en a eu d'amers. On s'était *fait une existence* assurée de quelques millions de livres sterling (trois ou quatre), et l'honneur et la honte l'ont fait abandonner avec la vie. Le fils modeste du secrétaire Jenkinson de lord Bute, le comte de Liverpool, a laissé une fortune de 1700,000 liv. st. (43,000,000 fr.). Cet exemple n'a pas été perdu pour le continent, s'il n'y avait pas été devancé; nous avons vu des ministres dirigeants de grandes monarchies se faire de belles *existences*.

retire : il n'est donc plus besoin de l'accuser. La Chambre des pairs se refuse aux vengeances de la faction entrante au pouvoir, sur le ministère sortant. On l'a vu dans le procès de lord Melville : il n'y a donc plus aussi facilement et des accusateurs et des juges.

(Note de la page 436.) Nous avons déjà fait remarquer (t. Ier, p. 191) que le terme *Misdemeanors* était un terme générique. Nous avons dû dès lors offrir, dans ce recensement, chaque espèce de crime ou de délit qui y est comprise, et lui donner le nom qui lui est attribué dans notre langue.

Toute vente de la justice, toute iniquité dans les jugements, sont désignées et punies avec une grande sévérité par les lois anglaises, sous le nom générique de *Bribery*, du vieux mot français *Briber* (voler avec adresse, tromper pour arracher de l'argent.) Ainsi toute vente de la justice, des jugements même aux deux parties ; toute vente d'emplois judiciaires ; toute exigence d'argent pour en délivrer les provisions, tout cadeau extorqué, tout cadeau, même volontaire, reçu, toute complicité dans un détournement de deniers pupillaires, forment une concussion très grave dans un Chancelier d'Angleterre. Nous les avons classés par ordre alphabétique, dans leur espèce et sous leurs noms différents.

Le terme de *péculat* n'est pas anglais ; nous l'avons employé dans plusieurs de nos procès pour désigner des vols ou détournements de l'argent du public, appliqués au coupable.

Nous ne portons pas, dans l'état qui suit, deux *Misdemeanors* que ces derniers temps ont vu apparaître : 1° les ventes d'emplois militaires, par madame Clarke, maîtresse du duc d'York, et la connivence ou négligence de ce prince à les réprimer ; et 2° les tentatives du comte de Chatham, général en chef de l'expédition de Flessingue, en 1809, de se soustraire à la responsabilité de ce commandement, à l'aide de sa place dans le cabinet, comme grand-maître de l'artillerie.

Il y eut dénonciation aux Communes, interrogatoire, enquête ; l'un et l'autre donnèrent leur démission, qui arrêta toutes les poursuites. (*Histoire critique et raisonnée de l'Angleterre*, t. V, pag. 13 et 76.)

DES MALVERSATIONS MINISTÉRIELLES

(*High crimes and Misdemeanors*)

MENTIONNÉES DANS CE RECUEIL.

		Procès de
ABUS D'AUTORITÉ.	Dans l'administration des colonies.	Clarendon.
ALTÉRATION DES MONNAIES. .	Ordres et conseils pour l'—.	Strafford.
AMENDES ET CAUTIONS.	Exorbitantes, exigées par le Chancelier Jefferies. . . .	Devonshire. Juges de la C. du B. du R.
ARBITRAIRE (gouvernement).	Conseils et avis au Roi pour l'exercer	Strafford. Danby.
ARMÉE PERMANENTE.	Conseils d'avoir une—. . . .	Strafford. Clarendon.
	Ne pas dissoudre l'—, contre la loi du Parlement. . . .	Danby.
	L'augmenter, par de nouvelles levées publiques ou secrètes.	Strafford.
CADEAUX EXTORQUÉS.	Sous le nom d'emprunts. .	Bacon.
CONSEILS DONNÉS.	Pour avoir ou retenir une armée permanente.	*Ut Suprà.*
	Pour des perceptions illégales d'impôts (*Ship-Money*), etc.	Strafford. Clarendon.
	Pour la violation du dépôt des fonds des étrangers à la Tour.	Strafford.
	Pour des entreprises onéreuses à l'État, ou qui n'ont pas réussi.	Clarendon. Oxford.
	Pour s'opposer à une réforme de la Chancellerie.	Macclesfield.
CONSPIRATION.	Papiste, ne pas la révéler au Roi, pendant plus de deux mois.	Danby.

		Procès de
CONSTRUCTIONS PUBLIQUES. .	En ordonner d'inutiles. . . . Les ordonner en vue d'une provision, et la recevoir. .	Middlesex.
CONTREBANDE.	La faire.	Clarendon. Middlesex.
DENIERS PUPILLAIRES.	Conniver à des soustractions de	Macclesfield.
	S'en emparer, par des baux onéreux de leurs domaines, moyennant une provision.	Middlesex.
	Par des échanges onéreux, p. *ditto*.	Le même.
	Par des acquisitions à son profit	Le même.
DOMAINES DE L'ÉTAT.	Leur acquisition, par un ministre, sur fausse estimation.	Suffolk.
	Leur acquisition quand ils sont, dans l'espèce, inaliénables.	Middlesex.
	Et à vil prix, ou sur fausse estimation	Le même.
	Leur échange, à des taux onéreux, moyennant un cadeau.	Le même.
	Donnés à bail, à vil prix, *Ditto*.	Le même.
	Dilapidés dans leur revenu.	Strafford.
Ditto DE LA COURONNE. . . .	*Ditto*. . . *Ditto*.	Le même.
Ditto FÉODAUX.	Extorqués et dilapidés par Strafford. . . . . . *Voir*	David Fowlis.
DOUANES.	En accroître les tarifs, après accaparement des denrées qui les supportent (vins et merceries).	Middlesex.
	Résiliation onéreuse de leurs fermes, pour les donner à vil prix à des personnes interposées, ou moyennant un pot-de-vin. . .	Le même. W.-Hastings.
	Ditto. . *Ditto*. . pour se les faire adjuger nominativement.	Strafford.
	En accroître les tarifs pour	

		Procès de
	augmenter la contrebande et y prendre part. *Voir* Contrebande et	Péculat.
EMPLOIS ET FONCTIONS.	De finances, leur vente. .	Suffolk.
	Voir aussi.	Péculat.
	Judiciaires, leur création illégale et leur vente. . .	Macclesfield.
	Ditto. Vente d'agrément pour les acquérir. . . .	Le même.
EMPRISONNEMENTS.	Dans des châteaux éloignés, pour enlever aux détenus le bénéfice de leur *Habeas corpus.*	Clarendon.
	Sur un *General Warrant:* Cour des Pl. C. Wilkes, contre	Halifax.
	En général et de tout ordre.	W.-Hastings.
EXTORSIONS	Des terres féodales à son profit, ou à celui de personnes interposées. . . .	Strafford.
	Ditto. à l'aide de menaces d'un jugement capital. .	Le même.
	A l'aide de sentences de la Ch. Étoilée. . . *Voir*	Rd Chambers.
FONDS DU PUBLIC.	Leur détournement à des intérêts privés.	Melville.
	A des emplois confidentiels du gouvernement secret. .	Le même.
	Connivence à leur détournement.	Le même.
	Leurs déprédations.	Suffolk.
	Leur faux emploi à des dépenses non votées. . . .	Le même.
	Et non aux dépenses votées, en violation de l'ancienne loi de spécialité.	Danby.
	A des jeux de bourse, agiotage, retraits de valeurs qu'on sait devoir être en prompt remboursement.	Melville.
GRACES ET FAVEURS DE S. M.	Leur vente à prix d'argent.	Suffolk.
INDIGNITÉ.	D'un chancelier, par mensonges, en Cour d'équité.	Macclesfield.

		Procès de
Influence illégale	De ses fonctions, pour faire condamner à une peine capitale	Strafford.
Jugements judiciaires	Vendus aux deux parties	Bacon.
	A l'une d'elles, iniquement	Le même.
	Partial, dans une faillite	Macclesfield.
Lois	Leurs inexécution et violation	Middlesex.
	Du Parlement de 1387 et antérieurs. *Ditto*	Suffolk.
Mépris de S. M.	Et sa diffamation comme papiste. Résolution des douze juges	Clarendon.
Monopoles	Se les attribuer de fait, et en vertu de ses fonctions	Strafford.
Négociations et traités	Onéreux à l'État	Clarendon.
	Pour la vente de Dunkerque.	Le même
	Pour le traité de Nimègue.	Danby.
	Pour les deux traités de partage	Les 5 Lords.
	Pour la négociation du traité de la Barrière et de la paix d'Utrecht	Oxford.
Paiements	De dépenses légitimement dues, mais moyennant provision	Middlesex.
	Faits à des ennemis de l'État (la reine Marie de Modène, Lawless, contumaces.	Oxford.
Pairs	Avoir conseillé à S. M. la création d'un grand nombre de Pairs (12 à la fois).	Le même.
Pardons de S. M.	Vente à prix d'argent des. —Est aussi désignée sous le nom de péculat	Suffolk.
Parlement	Mépris ouvert de son autorité	Suffolk. Strafford.
	Conseils au roi de s'en passer, suivis d'actes	Les mêmes. Danby.
	La violation de ses priviléges est *Misdemeanor*	Suffolk.

	Ditto, est crime dans les membres du Parlement, comme dans tous autres citoyens.	Les Juges de la C. B. R. L'évêque de Worcester. Résolution des Communes.
PÉCULAT.	Sous ce nom ont été compris plusieurs crimes et délits, en matière de finances et autres, désignant tout acte fait à prix d'argent ou en fins d'intérêts privés, de *rémunération* arbitraire.	Clarendon. Suffolk. Strafford. Danby. Melville.
PENSIONS	Création de pensions sur l'Échiquier, s'élevant à des sommes considérables (251,000 l. st., en deux ans)	Danby.
SCEAU DE L'ÉTAT.	Apposition du — par le Chancelier à des actes en blanc, sur la demande de S. M.	Sommers.
SIGNATURE D'UN CONSEILLER PRIVÉ OU MINISTRE.	Ne doit pas être donnée individuellement, en blanc	Le même.
	Ne doit pas être donnée collectivement, sans délibération.	Les 5 Lords.
VIOLATION DE SERMENT. . . .	— Est *Misdemeanor* pour tout ministre—, l'a été pour le Chancelier. . .	Macclesfield.
VIOLATION DU DÉPÔT.	De la confiance publique, remise à un serviteur quelconque de la couronne, est *Misdemeanor*.	*Passim* dans tous les procès politiques.

FIN DE LA SECONDE PARTIE.

APPENDICE.

I.

DES ALTÉRATIONS DE LA CONSTITUTION; ET DE L'INFLUENCE QU'ELLES ONT EXERCÉE SUR LES PROCÈS POLITIQUES, DEPUIS LA RÉVOLUTION DE 1688.

Une constitution politique est l'œuvre du temps. Les intérêts et les passions des hommes l'altèrent, la modifient. Le temps seul corrige leurs erreurs et donne à ce grand pacte de l'association politique, cette espèce et cette durée de stabilité qui le rend loi fondamentale.

Le bill des droits, le bill d'élection et l'acte d'établissement eurent pour but de réformer et de rétablir la constitution du pays sur ses anciennes bases. Le roi Guillaume put voir l'exécution du bill des droits. Pour la rendre plus complète, il concourut avec les Whigs à former l'acte d'établissement, que ceux-ci défendirent avec énergie pendant l'administration de la reine Anne. A l'avènement de la maison de Hanovre à la couronne, ces grandes lois politiques avaient ou allaient recevoir toute leur force d'exécution. Qu'en reste-t-il aujourd'hui? Telle est la question à laquelle nous allons consacrer quelques pages de cet appendice.

George Ier, en montant sur un des plus beaux trônes du monde, y porta ses préjugés, ses intérêts d'électeur du saint empire romain, sa politique hanovrienne, les combinaisons de ses alliances continentales; et encore effarouché des desseins ambitieux et de la grandeur du règne de Louis XIV, il ne rêvait jamais que la grande alliance. Ses opinions ou ses projets se voilaient du prétexte de maintenir la balance politique de l'Europe. C'est de ce système, peut-être de cette chimère, qu'est sorti l'esprit, que s'est formé le caractère de son gouvernement et celui de son fils; et c'est dans ce qu'on appelle *la politique hanovrienne* de ce prince que nous trouverons les causes des altérations qu'a subies la constitution anglaise depuis 1688.

Il fallait à ce système de politique germanique et non anglaise, de la force dans le ministère et son unité ; il lui fallait dès lors le recevoir du Parlement et des Whigs qui le dominaient.

Mais ces ministres devaient paraître les serviteurs de ce grand corps, et en être en effet les courtisans, en même temps ils devaient s'en rendre maîtres.

Ils ont étendu ses pouvoirs et ses priviléges, et lui ont porté l'initiative de toutes les grandes mesures du gouvernement, bien sûrs d'obtenir leur adoption par ce qu'on appelle la corruption de la Chambre des communes, son dévouement au ministère, à l'aide de l'argent et des places obtenues ou espérées.

Ils ont donc attaqué, si ce n'est détruit, la balance des trois pouvoirs publics du système représentatif anglais ; et lors même que la représentation dans la Chambre des communes ne serait plus viciée par l'admission dans son sein des agents et des pensionnaires patents ou occultes du gouvernement, cette harmonie des trois pouvoirs publics de la constitution ne serait pas rétablie ; le pouvoir législatif aurait trop retenu de la puissance exécutive.

Cette *politique hanovrienne* devait se résoudre en guerres continentales et exigeait une armée permanente.

Par les guerres continentales, cette politique a porté en Angleterre l'esprit militaire et tout ce qu'il présage de dangers pour la constitution.

Les alarmes que créait une armée permanente, à la vérité, ont été calmées, et ses résultats neutralisés par l'institution de la milice et des corps de volontaires et d'Yeomanry.

Ces guerres ont entraîné à la prodigalité de l'argent du pays, au moins à de grandes dépenses. On y a fait face par l'accroissement des impôts, portés de 5,000,000 liv. sterl., en 1718, à 86,000,000 en 1815, et par des emprunts et des dettes qui, de 52 millions, à la mort de la reine Anne, se sont élevés à 860, à la fin des guerres de la révolution de France, 21 milliards et demi de francs.

Ces impôts et ces dettes, en sextuplant, en moins d'un demi siècle, la valeur des denrées, ont tué la petite propriété territoriale, et même la moyenne; et la représentation de la Chambre élective a été concentrée dans la seule grande propriété.

L'économie du système représentatif anglais, l'harmonie sociale ont dû en ressentir les atteintes. Les taxes d'abord ont été portées sur les consommations. Un code fiscal de fer a reçu de ces grands propriétaires les sanctions législatives que commandait l'acquittement d'impôts excessifs et intolérables. Avec l'aisance de la médiocrité, les moyennes et les dernières classes de la société ont donc encore perdu leurs priviléges de sujets bretons, d'être jugés par leurs pairs, les jurés; par les magistrats de la loi, et suivant les formes de la Loi Commune.

Alors un cri général s'est fait entendre; et il a retenti dans une Chambre des communes dévouée au ministère jusqu'à la servilité : « La constitution est altérée; l'influence de la »Couronne s'est accrue, s'accroît encore, et doit être réduite.»

A partir de ce jour, on n'a cessé de s'occuper des moyens de rétablir la constitution dans sa pureté. Long-temps il a été question de la réforme parlementaire, et ce long-temps est d'un demi-siècle; et depuis la paix des congrès de Vienne et de Paris, les ministres, à l'aide des Hunt et du radicalisme qu'ils ont fomentés, inspirés et soudoyés, sont parvenus à la faire encore ajourner. Les opinions cependant se sont mûries, les esprits se sont éclairés, et on a vu que cette influence de la Couronne, si démésurément accrue, ne l'apoint été à son profit, mais à celui du ministère et à l'avantage de la haute aristocratie, qui, par ses fractions, entre dans sa formation et compose le cabinet; que la réforme parlementaire est aujourd'hui plus difficile qu'elle l'était, en 1782, lors de la première motion de M. Pitt; que l'altération de la constitution est radicale; et qu'elle est dans l'existence même de la société, telle que l'ont modifiée ces guerres, ces impôts excessifs et ces dettes.

Tel est l'aperçu général de l'état de la constitution anglaise, ainsi que le bill des droits et l'acte d'établissement l'avaient déterminée. Il est présenté dans tout son ensemble

(*Histoire critique et raisonnée de la situation de l'Angleterre*), et ces dix dernières années, chargées de faits et d'actes politiques et parlementaires, lui ont encore donné plus de vérité. On a pu également en saisir quelques parties dans les notions historiques que nous avons jointes aux procès politiques contenus dans ce volume; et nous allons en éclaircir quelques autres, d'une manière sommaire et rapide, en suivant l'ordre de ce résumé.

Le ministère de Robert Walpole, de 1719 à 1742, avait une unité indispensable. Walpole, seul, avait la confiance des deux premiers Georges; seul il gouvernait l'Angleterre, que George Ier négligeait et ne connaissait pas, et que George II connaissait mal. C'est encore lui, qui, seul, a assuré l'influence du cabinet sur les Chambres, en leur portant l'initiative des grandes mesures du Gouvernement, parcequ'il était sûr de les diriger par une Chambre des communes, composée d'agents et de fonctionnaires publics, de pensionnaires du Gouvernement, et d'un nombre suffisant de stipendiaires triés et soldés pour lui donner une majorité. Le nombre des *sinécures*, bien plus considérable qu'il ne l'est aujourd'hui, et des créations de pairs, lui assuraient une influence dans la Chambre des lords, dans laquelle les pairs whigs dominaient. George Ier, en treize ans de règne, a fait soixante pairs anglais et cinquante-quatre pairs irlandais.

Sous le règne de George II, et dans les commencements de celui de George III, les priviléges des Chambres ont été plus étendus. Les Lords ont fait revivre des pairies éteintes, sans le consentement de la couronne et par voie de juridiction suprême. C'était une bien grave atteinte à la prérogative du monarque. Dans les procès de libelle, les Lords ont amplifié les priviléges que leur accordait la loi, *In scandala magnatum*.

Les Communes ont exercé leurs droits de contrôle sur les dépenses publiques et d'investigation de tous les abus, avec la plus grande autorité, inconstitutionnellement quelquefois, par la prison dont elles n'ont pas limité la durée à celle de leur session, par des amendes pour fait de violation de privilége, dont le droit leur était si contesté, lors des procès de

Skinner et de sir S. Barnardiston, et surtout par la déclaration d'*incapacité* du prévenu à remplir aucune charge, aucun office, aucune fonction publique, incapacité qu'elles ont infligée judiciairement et par forme de punition.

C'était déjà une forte atteinte à l'indépendance du pouvoir judiciaire, de rendre les juges amovibles et destituables, sur une adresse des deux Chambres au roi, ainsi que l'avait réglé l'article 7 de l'Acte d'établissement; elles l'ont étendue. Des juges poursuivis ont sauvé l'indépendance de leur corps et une discussion dans laquelle leur honneur et cette indépendance auraient été détruits, par leur démission. Les juges ont donc évité un *Précédent* qui aurait servi par la suite le système d'empiètement des Chambres.

En abandonnant la pensée, l'origine des grandes mesures du Gouvernement aux deux Chambres, le cabinet en a ressaisi la direction par des suspensions fréquentes de l'*Habeas corpus*, et par les pouvoirs extraordinaires d'une dictature accordée à la couronne, ou assumée par les ministres, avec certitude d'un bill d'indemnité. Les exemples donnés lors du procès d'Atterbury ont été suivis par M. Pitt. Le pouvoir arbitraire dans la Couronne a donc passé en habitude; et les lois du pays ont été, plus qu'elles ne l'avaient jamais été, voilées ou suspendues.

Ce sont là de graves et d'importantes altérations des pactes constitutionnels du bill des droits et de l'acte d'établissement.

Passons aux armées permanentes et aux guerres nombreuses, de quarante-neuf années de durée, depuis 1739.

L'armée sur le pied de paix était de sept mille hommes, à la paix de Riswick; de vingt-quatre mille, après la paix d'Utrecht, puis de trente-sept mille; de quatre-vingt-dix mille après le traité d'Aix-la-Chapelle. Elle est aujourd'hui du même nombre d'hommes, y compris les vingt-deux mille hommes du service de l'Inde; c'est donc soixante-huit mille hommes pour la garde des forts, châteaux et ports de la Grande-Bretagne et de l'Irlande, et de quarante-deux ou quarante-trois colonies ou possessions britanniques dont plusieurs, Malte, Corfou, Gibraltar, le cap de Bonne-Espérance et l'île de France exigent plus d'un régiment. Cette crainte des armées permanentes serait donc chimérique aujourd'hui. La nécessité des économies a obtenu, bien mieux qu'une résolution législative expresse, ce retour aux principes constitutionnels.

Mais un état militaire de cent soixante-dix mille hommes pendant la guerre de l'indépendance des États-Unis, de deux cent vingt mille hommes lors de la première guerre de la révolution, et de trois cent soixante mille hommes lors de la seconde, ont créé un esprit militaire hostile à la constitution, des habitudes militaires, une confraternité d'armes dans tous les rangs sociaux ; ils donnent des craintes aux vieux Bretons. On se croit, non sans raison aujourd'hui, sous le joug d'un état-major, entré tout entier dans le présent cabinet.

Les impôts excessivement et graduellement accrus, le fardeau des dettes et le mode et la presque perpétuité des emprunts ont réagi d'une manière bien plus grave sur la constitution, et l'ont encore essentiellement altérée.

Il a été prouvé au Parlement (*Histoire critique*, etc. T. 1, p. 202), que la dépense d'un petit ménage des comtés du centre de l'Angleterre avait été successivement, de 1773 à 1799, portée de 9 liv. st. à 47 liv. st. Les petites fortunes, les petites et les moyennes propriétés, ont dû se fondre dans les grandes, qui se concentraient naturellement par les substitutions, et s'accroissaient par les mariages, les dépouilles de l'Inde, et les trophées des guerres. Ainsi on comptait 250,000 propriétaires en 1660 ; il n'y en avait plus que 20,000, cent cinquante ans après, en 1810. L'antique harmonie sociale anglaise était donc détruite, et avec elle la représentation politique de la Chambre des communes. On arrivait à 4 millions d'ilotes avec une liste des pauvres de 9,000,000 l. st., et un peu plus de 7 millions d'hommes dépendaient, de toutes les manières, d'un demi-million d'heureux du siècle.

Les premiers emprunts de M. Pitt se levèrent aisément et à 3 1/2 p. °/₀. Les capitaux de la France, de la Belgique et de la Hollande, étaient venus se réfugier en Angleterre ; ils en sortirent en 1796 ; la circulation n'était plus abondante, il fallait y suppléer par des émissions de billets de la banque, d'une circulation forcée. On créa des valeurs, et il y en eut engorgement. On absorba les excédants dans les emprunts qui furent faits, mais à 6 1/2 et à 7 p. °/₀. On avait porté la valeur des signes et des billets de circulation de 25 millions de liv. sterl. à 40, à 70, à 90, et enfin, en 1813, à 125 millions. Ces variations ont été régularisées, par la loi dite de Sturges-Bournes, qui en donne la faculté au ministère. Cependant ces excès de la circulation devaient, dans tous les cas, à toutes les époques, entraîner des pertes, en élevant le prix des denrées; et c'étaient les faibles, les petits, les fortunes moyennes qui les supporteraient; celles-ci étaient donc détruites, et avec elles disparaissait cette économie du système de la représentation nationale anglaise qui confinait la démocratie ou les intérêts du grand nombre dans la Chambre des communes. Elle n'y était plus, elle était dans tout le corps de la nation. A la révolution de France, cette démocratie a apparu; redoutable, on a usé de moyens violents pour la comprimer. C'est alors qu'ont été rendues les lois contre la Haute-trahison, la sédition et les assemblées tumultueuses et illicites. Des peines très fortes ont été prononcées, et la déportation pour la récidive; et on a fait naître cette récidive, en provoquant des séditions; on a donc déporté à Botany-Bay. Les frais de transport étaient très onéreux, l'État ne pouvait plus s'en charger. Alors on a fait entrer, dans les séditions, des briseurs de métiers, ou on leur a fait demander le surhaussement du prix des journées et de la main d'œuvre, parceque les condamnations étaient moins fortes dans cette espèce, pour le premier délit comme pour la récidive.

Le Parlement, désormais composé d'une haute aristocratie héréditaire, et d'une aristocratie élective, a refusé au grand nombre sa protection, et lui a ôté celle des lois, par une multitude d'édits bursaux. L'aristocratie des deux Chambres a d'abord fait porter les impôts sur les consommations. Elle les a trop chargés, pour écarter un impôt plus égal, celui sur le revenu (*Income-tax*). Elle a ensuite sanctionné, contre la fraude, le code de l'excise et celui des douanes, codes qui rendent le citoyen anglais justiciable des commissaires du revenu, et non des magistrats de la loi. Il n'y a plus de Verdict de Jury, il n'y a plus les formes protectrices de la Loi Commune. A ces tribunaux et offices nouveaux, le prévenu est toujours supposé coupable; il faut qu'il prouve qu'il ne l'est pas. Ce n'est point un coroner, un conseil du roi qui l'accuse, et qui produit contre lui deux témoignages compétents et légaux, c'est un officier de l'excise ou des douanes qui lui présente un procès-verbal de douanier, ou d'un préposé aux taxes sur les boissons, qui fait foi jusqu'à inscription de faux; il est condamné à des amendes, à la prison, à la déportation, à la mort même, s'il était armé en faisant la contrebande.

Ces lois anti-nationales ont été tellement multipliées en peu de temps, qu'il était impossible de les connaître toutes. Un citoyen anglais devait vivre dans de continuelles appréhensions d'en avoir violé quelqu'une, de ne pas avoir un ennemi qui l'en accusât. Alors il perdait, dans sa vie domestique, cette aisance, cette franchise d'action qui est une des plus belles facultés de l'homme libre. Pour être un libre citoyen, il fallait être riche. Peut-être aurait-on cherché vainement un nouvel Hampden?

Ces vexations, cette persécution de la liberté par le fisc, ont été portées bien plus loin encore qu'elles ne l'étaient, lors de la mémorable résolution de M. Dunning à la Chambre des communes, pendant la session de 1779. Avec combien plus d'énergie, vingt ans plus tard, aurait été répété ce cri de souffrance! « La constitution est altérée... l'influence de la » couronne s'est accrue, s'accroît encore, et doit être ré» duite! »

Nous avons fait connaître la motion de M. Pitt pour une réforme parlementaire. Elle a été reproduite, une seule fois par lui, mais bien plus souvent, et à presque toutes les sessions, par le parti national; et elle a toujours été repoussée. Trop d'intérêts lui étaient opposés.

Un recensement fort exact, fait en 1810, a prouvé que, sur les trois cent cinquante et une nominations des bourgs, depuis celui de Westminster jusqu'à celui de Old-Sarum, comprenant toutes celles des *Bourgs* dits *pourris*, il y avait cent soixante-quinze députés de ces bourgs, dont le choix appartenait à des pairs ou à des particuliers riches, et cent quinze, sur la nomination desquels les mêmes personnes exerçaient une influence plus ou moins directe. Dix-sept nominations dans quatorze comtés dépendent de quinze Pairs. La Couronne, à son tour, a beaucoup de nominations, en Écosse, dans les bourgs du comté de Cornouailles et de celui d'York; elle a celles des Cinq-ports. La majorité ministérielle est donc formée, dans la Chambre, par ces membres à nominations directes du ministère et qui remplacent les agents de l'administration qu'on a exclus de l'éligibilité, et par les nominations des lords du parti royal. Le parti national a également une grande quantité de ces *Bourgs pourris*. Il porte donc de son côté quelque force aux députations des comtés et des villes ou cités; elle serait décisive, si les comtés et les villes avaient une représentation plus nombreuse et proportionnelle à leur richesse, à leur population, et à leur part dans les contributions générales. Cet état de la représentation causerait sans doute de grandes alarmes, s'il devenait propre à former des factions dans la haute aristocratie; si les intérêts des grandes maisons les scindaient davantage; si, aux grandes fractions de l'aristocratie en parti du pouvoir, et en parti national, succédait la transformation des coteries actuelles en factions politiques.

Lors même que ces dangers ne se réaliseraient pas, la représentation dans la Chambre élective n'est plus ce qu'elle était dans les temps anciens, et même à la révolution. Le nombre des *Free-holds* (les franches tenures), n'est plus le même; à la destruction des moyennes et des petites propriétés, ils se sont fondus dans les grandes, et n'ont plus formé que de grands *Free holds*, déjà grevés de substitutions. On a beaucoup bâti dans les villes et dans les campagnes; on a construit de grandes manufactures, des canaux, même des ouvrages publics sur des terrains grevés de substitutions, à l'aide de baux emphytéotiques de cent et de cent cinquante ans (longues *leazes*, *Copy-holds*). Ces constructions ont une très grande valeur. Dans une réforme parlementaire, on devra tenir compte de cette nouvelle espèce de propriété. Dans les villes, les conditions des électeurs varient : là l'élection est entre peu de bourgeois ; ici elle est acquise à tous les propriétaires de maisons ou aux habitants ; et dans plusieurs localités, elle est inégale, quelquefois injuste, et généralement impolitique. Dans le système d'une égale représentation de tous les intérêts à la Chambre élective, que de réformes seront donc à opérer, que d'oppositions à surmonter ! L'œuvre de la réforme parlementaire est donc d'une immense difficulté, et il faudra encore un demi-siècle pour les vaincre. Ainsi la constitution, heureusement modifiée à la révolution, restera long-temps encore altérée. On a cependant fait un premier pas pour l'Irlande, et dans un intérêt opposé à celui des catholiques, en portant de 2 liv. sterl. à 10 liv. le revenu du *Free-holds* exigé pour être électeur.

Cette transformation d'une représentation politique, sage, combinée et balancée de tous les intérêts, en une aristocratie héréditaire et élective, a dû porter, dans tout le système, dont le bill des droits et l'acte d'établissement étaient la base, une grande perturbation qui a attaqué, attaquera et détruira les droits de liberté et de propriété des Bretons. Le grand accroissement des impôts et des dettes en a été la cause ; et les guerres continentales et la politique hanovrienne en sont le principe et l'occasion.

Quels en seront les résultats futurs ? En les combinant avec l'état actuel de l'Angleterre, nous trouverons des impôts en déficit ; une dette qui ne s'amortit plus, et dont on réduit les intérêts pendant la paix, à l'aide de fortes émissions momentanées du signe des échanges, le papier de circulation, dont la loi de Sturges-Bournes, du nom de son auteur, laisse la faculté dictatoriale au ministère, et de là, l'impossibilité de faire de nouveaux emprunts sur une grande échelle, telle que l'état de guerre pourrait l'exiger.

Un commerce extérieur, non sur son déclin, mais dont les balances n'obtiennent des chiffres égaux à ceux de 1793 et de 1794, que parce qu'elles comprennent les exportations et les importations pour les possessions britanniques, qui y entrent pour 17 ou 18 vingt-cinquièmes.

Une population interne, désaffectionnée par la misère, et

dont un comité des Communes propose la transmigration dans le haut Canada, par 200,000 familles, environ 1,100,000 individus pris dans l'Irlande.

Dans ses rapports diplomatiques avec l'Europe, des menaces, des intrigues, point d'hostilités décidées, parcequ'on n'a plus les moyens de faire la guerre. Peu d'alliés, et qu'on doit perdre chaque jour, parcequ'on rejette sur eux le fardeau des alliances, et que souverains et peuples sont trop instruits pour se laisser décevoir long-temps.

Qu'espérer ? Beaucoup du temps d'abord, et de l'excellent esprit de la nation anglaise et de sa haute aristocratie.

Nous avons pu observer dans les procès de Warren-Hastings et de lord Melville, l'influence que ces changements avaient eue sur la jurisprudence du Parlement. La loi sur les assemblées illégales, dites tumultueuses, a été vexatoire, persécutrice; elle ne l'aurait pas été sous le roi Guillaume, même sous la reine Anne, mais aujourd'hui, indulgence pour l'aristocratie, sévérité pour le peuple.

II.

De l'application qui peut être faite des lois politiques anglaises aux lois françaises, et leur parallèle.

Partie du même point que l'Angleterre, la marche de la monarchie française n'a pas été la même que celles des tribus de la Germanie, dans la Bretagne. Il nous faut continuer le court et incomplet parallèle, que nous avons offert dans le chapitre Ier de cet ouvrage, tome Ier.

Lorsque, sous l'heptarchie (de 560 à 820), les Anglo-Saxons étaient sans organisation représentative, la monarchie de Clovis avait ses Champs-de-Mars, et les Placites de ses Maires du palais; et celle des Carlovingiens, ses assemblées générales du printemps et de l'automne, composées des grands-officiers de l'État, des évêques, des gouverneurs et administrateurs des provinces, les comtes, et des notables du pays (*Probi viri*, Rachimbourgs, etc.). Le comte du palais tenait, aux grandes fêtes de l'année, ses Placites ou grandes assises, Cour suprême de recours et d'appel des jugements des comtes et même des évêques; et il y avait un ordre régulier d'administration générale des affaires et de la justice. Nous pasâmes ainsi un grand siècle, qui ne fut pas sans gloire, sous le gouvernement de Pépin, de Charlemagne, de Louis-le-Débonnaire, et même de Charles-le-Chauve. Les principes politiques de l'association Teutonique étaient encore respectés : les peuples ne doivent obéir qu'aux lois qu'ils ont faites;... nulle subvention générale ne doit être levée sur eux, nulle guerre entreprise, s'ils ne les ont consenties;... leur liberté, leur propriété, sont un droit de naissance dont la lésion est un crime.

En Angleterre, ces principes sacrés de la grande souche germanique ressaisirent leur honneur et les respects des Anglo-Saxons, lorsque Egbert, vers l'an 800, réunit sous son sceptre toute l'Heptarchie saxonne.

L'ère fatale de l'altération de ces principes fut commencée, chez nous, en 867, par Charles-le-Chauve, le plus indigne des descendants de Charlemagne ; chez eux, par la conquête de Guillaume Ier, deux siècles plus tard (1068).

Trois cents ans d'anarchie féodale virent le passage de la monarchie de Charlemagne à celle de Philippe-Auguste, de saint Louis et de Philippe-le-Bel. Il nous avait fallu un siècle de malheurs pour arriver à une succession régulière de souverains, dans la famille de Hugues Capet ; deux autres siècles, sous dix rois, dont quelques uns doués de grands talents et tous d'une rare persévérance, s'étaient usés dans le désordre et au milieu d'une désorganisation universelle, à combiner et opérer la destruction de mille petits tyrans de nos provinces, et à obtenir quelque respect pour les lois.

En Angleterre, grâce au génie du conquérant, il n'y eut pas d'anarchie, mais un gouvernement régulier, dur et absolu. Des princes riches, n'ayant pas d'intérêts fiscaux à démêler avec leurs peuples, les rassemblèrent peu souvent ; et s'ils les consultèrent, ce fut lors des Placites, ou dans des Parlements, et dans la personne de ceux qui s'en croyaient ou s'en trouvaient par le fait les seuls représentants, les évêques et les barons. Quand les princes eurent été appauvris de déprédations et de prodigalités, leur domination devint tyrannique et oppressive, et les Anglo-Normands rachetèrent pièce à pièce leurs libertés et les lois de saint Édouard. De la sédition générale qui obtint la grande Charte, jusqu'à l'arrivée des députés des comtés auprès du Parlement, il se passa un demi-siècle; et de 1255, jusqu'à ce que ces députés, réunis à ceux des cités et des bourgs, formassent une Chambre distincte, indépendante, ayant des droits et des facultés reconnus et incontestables, cent vingt années s'étaient écoulées, pleines de troubles, de guerres des grands, d'oppressions des petits. Il était dès lors établi sur des bases solides, qu'à la Chambre des communes il appartenait de consentir les impôts, de concourir à la formation de la loi, de s'enquérir des abus, et de mettre en accusation les conseillers du roi, lorsqu'ils malversaient. (Procès des favoris et de Suffolk, 1388.)

Nous allions plus lentement en France. Les grands vassaux qui consentirent à ce que Hugues Capet prît le titre de roi étaient des égaux du duc de France et d'Orléans. Il était même, dans les vassaux du duché de Paris et de celui d'Orléans, des seigneurs assez puissants pour être indépendants. Louis-le-Gros avait eu une guerre de trois ans avec le seigneur de Puyset et celui de Corbeil, tandis qu'en Angleterre, sous la main de fer des rois normands, les barons étaient soumis ou faciles à soumettre. Louis-le-Gros, Philippe-Auguste et saint Louis surent affermir enfin l'autorité royale, en affaiblissant celle de leurs vassaux. Ils y parvinrent par de nombreuses émancipations des serfs, par l'affranchissement de leurs communes; ils les opposaient à leurs barons. Les Chartes d'incorporation des villes et des bourgs furent presque toutes faites à prix d'argent. Avec les économies faites sur les revenus de leurs domaines, et avec cet argent, nos rois rachetèrent les justices, le droit de battre monnaie, diverses franchises de ces barons, les fiefs même et les baronnies dans tous les temps, mais spécialement lors d'un départ pour la croisade ou de contestations sur leur hérédité. Nos rois obligèrent leurs barons, par l'établissement des quatre grands bailliages de Vermandois, de Sens, de Mâcon et de Saint-Pierre-le-Moutier, à reconnaître la justice royale; et ils accoutumèrent leurs peuples, à moitié affranchis, à ne trouver que dans l'autorité royale le redressement des torts, des abus, des vexations de leurs seigneurs. L'autorité du roi était protectrice et bienfaisante; elle devint bientôt souveraine et toute-puissante.

Suger, les frères Garlande, les deux Clément, le chancelier Guérin, évêque de Senlis, soutinrent, encouragèrent ce mouvement des esprits dans les Communes, et fomentèrent les divisions parmi les vassaux du domaine royal. Ces ministres éclairés de Louis-le-Gros et de Philippe-Auguste élevèrent les rivalités des barons, soudoyèrent leurs guerres, les ruinèrent les uns par les autres, et portèrent enfin une telle incertitude dans l'état des fiefs, que dans le Placite de Villeneuve-le-Roi, en 1204, trente barons ou vassaux, parmi lesquels se trouvaient des comtes de Nevers, de Dreux, de Melun, remerciaient Philippe-Auguste de ce qu'il avait octroyé son consentement à la charte de la grande ordonnance *De stabilimento Feudorum*, qui établit le partage du fief entre les enfants mâles du propriétaire décédé, et dès lors les affaiblit, et détruit tout le régime féodal.

Les Placites ou Parlements se tenaient, aux grandes fêtes, dans les lieux où se trouvait la Cour. L'usage s'établit de porter à cette assemblée les appels des jugements des grands bailliages. C'étaient presque toujours les seigneurs condamnés par les grands baillis qui usaient de cette voie de recours. Là ils étaient jugés par les barons, par les grands-officiers de la Couronne, par des clercs ou hommes savants, qui préparaient la matière. Ces Parlements, devenus cours de justice, acquéraient tous les jours plus d'influence et un pouvoir moins contesté. Philippe-le-Bel les rendit sédentaires à Paris. Beaucoup de barons (*Proceres*) préférèrent d'en être membres, à aller résider dans leurs terres. Ils restaient les *Jugeurs*. Les clercs, qui ne faisaient que les fonctions de *rapporteurs*, furent bientôt réunis aux *Jugeurs;* et la confiance dans les jugements de cette Cour augmenta, et avec elle son autorité et sa prépondérance. Les grands vassaux, les douze Pairs de France tinrent à honneur d'y siéger. Ainsi, assemblée politique temporaire, elle était en même temps Cour de justice suprême perpétuelle. C'était la *Aula magna regis et regni* de l'Angleterre; et elle suffisait aux exigences du temps.

En Angleterre, les besoins d'une civilisation plus avancée. d'une cour plus riche, d'un état incomparablement plus grand (les 40 comtés de l'Angleterre et la moitié occidentale de la France), réclamaient davantage: et les oppressions des règnes de Richard Cœur-de-Lion, de son frère et de son neveu, Jean Sans-Terre et Henri III, vinrent décider de bien plus grandes modifications au pacte social de la conquête. Les barons, plus puissants que ceux du domaine royal en France, moins indépendants toutefois que les six pairs laïques de la Couronne, se trouvèrent réunis, comme en France, dans le Parlement et dans l'*Aula magna regis et regni.* Ils ne puisaient aucune force dans la Cour du Grand-Justicier. Elle était peu nombreuse, et venait de se séparer en quatre cours, par les ordonnances de Henri II, et par l'article de la grande charte, qui rendait sédentaire à Londres la Cour des Plaids-Communs. Alors, à la différence des barons de

France, les barons anglais et Leicester à leur tête appelèrent les comtés au Parlement de Saint-Albans; et le parti royal, à celui de Windsor. Il fallut régulariser successivement cet appel ; et les Communes et la nation anglaise en durent le dernier bienfait à la rivalité d'Édouard III avec notre Philippe de Valois, à ses guerres sur le continent et à ses besoins, toujours renaissants, de subsides. Les assemblées du Parlement anglais devinrent annuelles. Les Communes, sous les Lancastres, obtinrent une très grande autorité, la prépondérance même sur les Lords. Pendant les guerres des deux Roses, les Pairs la ressaisirent. Mais leurs collègues de l'*Aula magna*, les Juges, n'obtinrent aucun accroissement de pouvoir politique, à la réaction qu'ils tentèrent sous Henri VII. Le chef naturel du corps des douze Juges, le Chancelier, jusqu'au cardinal Wolsey, a toujours été un évêque; et membres d'un corps que les Cours de Westminster se plaisaient à humilier, les Chanceliers ne travaillèrent jamais à accroître leur pouvoir politique. Les Juges ne sont devenus utiles au système politique, en Angleterre, que par la révolution qui les a purgés et décimés, par l'acte d'établissement qui les a rendus inamovibles ; et enfin par le statut de la cinquième année de George III, qui a réglé un ordre d'avancement pour eux et assuré leur indépendance de la Couronne.

Nos rois avaient bien eu recours également à l'assemblée des Communes et des trois états de leur royaume. Les ordonnances de saint Louis en font foi.

Le Parlement ayant été rendu sédentaire à Paris, en 1294, Philippe-le-Bel, dans sa querelle avec Boniface VIII, convoqua les États-Généraux du nord de la France, à Paris (1303). Ils l'ont été, sous les enfants de ce prince, sous son neveu Philippe de Valois, pour décider de la régence, de l'exécution de la loi salique, et reconnaître les droits à la couronne de Philippe-le-Long et de Philippe de Valois. Ils le furent lors de la prison du roi Jean, et pour sa rançon; sous Charles V, pour établir la taille; sous son fils, lors de sa folie et de la régence. Louis XI les convoqua, pour les opposer à la demande de la Guyenne, par son frère et les seigneurs de la *Ligue du bien public*; madame de Beaujeu, pour écarter le duc d'Orléans, Louis XII, de la régence; et Louis XII, en 1505, pour le mariage de sa fille avec François Ier. Les troubles de nos guerres de religion les assemblèrent en 1560, 1576, 1588, 1594; les désordres des finances enfin forcèrent à les convoquer, en 1614, et après un bien plus long intervalle, en 1789.

Il y a loin, sans doute, dans la manière dont ces grandes assemblées sont tenues, de 1303 à 1614, à 1789; de la réunion des *légats* du peuple, dans la Cour de la Sainte-Chapelle, aux pieds de l'Arbre-du-Mai et des échafauds richement décorés qu'occupait la cour, à la pompe de l'ouverture des États-Généraux de 1789. Il y a également une grande différence entre les résultats des États de 1303, et la considération, le pouvoir qu'obtinrent les États d'Orléans en 1560. A Orléans, les trois ordres apportent des cahiers médités et rédigés dans les bailliages. Ils les fondent, chaque ordre, en un seul; ils les délibèrent avec les seigneurs du conseil; ils les présentent au roi mineur et à sa mère, Catherine de Médicis. Enfin une ordonnance, dans laquelle ils sont insérés *verbatim*, est expédiée par le conseil de régence, qui en presse l'enregistrement par le roi de Navarre, son chef. Le Premier Président du Parlement, Gilles Le Maître, a les arrêts dans sa maison, pour les termes d'aigreur et d'irrévérence de sa réponse au roi de Navarre, bien moins encore que pour les retards apportés à l'enregistrement, qui a lieu, après délibération cependant. Les retards venaient de la cour et de Catherine de Médicis.

Nos États, régulièrement tenus, avaient de grands points de similitude avec les Parlements anglais de 1268 à 1344, sous Édouard III. Ils formaient, comme eux, des cahiers de griefs; ils les discutaient et délibéraient avec les commissaires du roi et du conseil d'en haut; et sur eux, ou sur les points d'intérêt général pour lesquels on les avait consultés, et sur leurs réponses, intervenait une ordonnance royale. Les Communes anglaises, à Acton-Burnell et à Windsor, étaient assemblées dans des lieux séparés, et à quelque distance de la réunion des Lords. On a vu que, même formant, Communes et Lords, des chambres séparées mais assemblées dans le même lieu, on avait quelquefois législaté, suivant les besoins, par une ordonnance, préférablement à un statut. On remarquera, enfin, pour l'objet de ce parallèle, que ce n'est que depuis la révolution de 1688 qu'il a été donné, chaque semaine, la sanction royale aux bills des deux chambres, au lieu de la retarder à la fin de la session et sur l'ensemble des bills.

Les guerres d'Édouard III le forçaient souvent de recourir à son Parlement; il devint annuel. En France, il y eut moins de guerres. Faites sur les lieux, à l'aide des forces nationales du ban et de l'arrière-ban, elles nous obligeaient moins de recourir à des troupes mercenaires et aux armées permanentes. Aussi Azincourt, Poitiers, Crécy sont des désastres publics; et Bécherel, Bouvines, Taillebourg, Mons, Cassel, batailles tout aussi meurtrières, sont moins ressenties en Angleterre.

Tel est l'ordre des faits qui établissaient au Parlement de Paris, dans le quatorzième siècle, une puissance plus étendue que celle d'une Cour de justice suprême. Cette puissance était une puissance politique, comme celle de l'*Aula magna* des Anglais, sous les rois normands, et les premiers Plantagénets. Le Parlement n'avait à prononcer avec le roi, ou en son nom, que sur la législation civile et municipale, toute fondée sur des coutumes locales, environ trois cent cinquante. Il maintenait l'exécution des lois fondamentales de la monarchie, celle de la succession au trône, la loi salique, et l'intervention des États-Généraux à une constitution de régence et à octroyer l'impôt. Il veillait au respect de la propriété et de la liberté du sujet, et à la conservation de l'autorité du monarque et de l'indépendance de sa Couronne de toute autre, et surtout des empiètements de l'autorité spirituelle et des ecclésiastiques.

Six siècles d'existence du Parlement ont montré, dans ses magistrats, un exercice non interrompu de l'administration de la justice, en toute équité et en toute science, et l'exécution de leurs devoirs, comme corps politique, provisoire, intermédiaire, faite avec courage, prudence et rare discernement. Dans un système où nos rois se refusaient à convoquer les assemblées nationales, le Parlement savait plier plutôt que de rompre, plutôt que de livrer le dépôt de l'autorité politique, dont il était investi, à de nouveaux Richelieus, à l'astuce des Mazarins futurs, aux déprédations, aux prodigalités d'une cour légère ou corrompue, aux goûts des guerres, du faste, et d'une fausse grandeur de quelque nouveau Louis XIV.

Au moment où il remit le dépôt de son pouvoir politique à l'assemblée constituante, il avait été exilé, deux fois, en quinze ans, depuis sa suppression par le chancelier Maupeou; et il était menacé d'une seconde suppression. Sans cordons, sans titres de noblesse, se recrutant par lui-même, et presque dans son sein, il était dans une complète indépendance du gouvernement dont il était le contrôle; et cette indépendance était assise sur l'intégrité du magistrat, les lumières du juge, et la fortune de ses membres. En 1789, on comptait, aux cent quatre-vingt-trois membres, y compris les pairs, dont il était composé, trente-trois millions de revenu.

Dès l'instant que le système des armées permanentes, ces guerres entreprises sur une grande échelle, et par des populations entières, ces luttes du dernier homme et du dernier écu, vinrent ravager l'Europe, il fallut bien appeler les peuples à concourir à ces hautes mesures politiques.

Les contribuables avaient à les sanctionner de leurs votes de subsides et de levées d'hommes. Le provisoire des Parlements, les formes lentes des États-Généraux, entravées par toute espèce de priviléges qui les rendaient presque toujours inutiles, et quelquefois dangereux, durent céder aux nouvelles exigences de la civilisation. Le Parlement de Paris avait demandé les États-Généraux; et ceux de 1789 furent forcés, par les résistances des privilégiés, de se constituer en assemblée nationale, et de donner des formes d'une représentation annuelle, indiquées par les besoins de la civilisation.

Arrivés plus tard, les États de 1789 profitèrent de l'expérience et des fautes de l'Angleterre, et firent mieux. Ils ne pouvaient former une Chambre des Pairs, et appeler à la représentation héréditaire les illustrations et les grandes notabilités du royaume, qui refusaient d'y prendre part. Assemblée unique, et bientôt menacée de la destruction et des vengeances des privilégiés, par la force et le manifeste du duc de Brunswick, la seconde législature céda ses chaises curules à la Convention. On eut la terreur, la république, et de grandes gloires militaires, qui ramassèrent le sceptre de l'empire et ne surent pas le conserver. Mais la constitution de 1791 n'en sera pas moins une constitution-modèle, hors la Chambre des pairs; et moins on s'éloignera de son esprit et de ses formes, plus on se placera dans le vrai et dans l'utile du système, et beaucoup mieux que les altérations de sa constitution, depuis 1688, n'ont permis à l'Angleterre d'y être.

Renouant la chaîne des temps, appréciant avec une grande sagesse les changements que vingt années de malheurs et de gloire, et quelques unes de bonne administration, ont portés dans nos mœurs et dans nos lois fondamentales ; cet exercice de facultés politiques plus développées, cette reconnaissance de droits, de libertés, de franchises qu'il faut respecter ; cet accroissement des lumières et leur communication rapide, caractères particuliers du dix-huitième siècle ; la division des fortunes, l'habitude du travail, le goût et le besoin du perfectionnement; en un mot, ces richesses d'une civilisation luxuriante, Louis XVIII donna, le 4 juin 1814, une Charte constitutionnelle.

Et cependant, cette Charte constitutionnelle, meilleure que le *Bill des droits* et l'*Acte d'établissement* de nos voisins, en dix années de temps, a été législativement violée et changée plusieurs fois.

« Au roi seul appartient la puissance exécutive » (dit l'article XIII de cette Charte); et c'est là un des points les plus essentiels qui différencie notre constitution, la sépare d'une manière plus prononcée de la constitution anglaise, et la rend bien supérieure à celle-ci.

Indépendamment de cette puissance exécutive, que les ministères anglais du siècle dernier ont portée au Parlement, en lui déférant l'initiative des grandes mesures de gouvernement, la Chambre des pairs en exerçait habituellement des parties essentielles et vivaces, comme représentant l'*Aula magna regis et regni;* on l'a vu dans cet ouvrage.

Le Parlement exerce sur les juges, par l'article 7 de l'*acte d'établissement*, un droit de contrôle qui tient de la puissance exécutive.

Enfin les droits d'investigation, d'enquête de tous les abus, de tous les vices, de toutes les erreurs de l'administration, qu'exercent vigoureusement les deux chambres du Parlement, constituent une puissance de contrôle, bien réellement exécutive.

Espérons que la puissance exécutive restera long-temps et uniquement, en France, à la Couronne; mais n'en attendons la durée d'existence que de la sagesse et des talents de ses serviteurs futurs. Des ministres incapables porteront toujours aux Chambres l'initiative des grandes mesures politiques, au lieu de la recevoir de l'opinion publique.

« Le roi nomme à tous les emplois d'administration publique (art. XIV). »

Nous avons vu comprendre les administrations communales dans les administrations publiques, et contre l'esprit de la constitution de 1791 et le mouvement général des opinions de cette époque. L'assemblée constituante voulait au moins que, dans la commune, on pût s'administrer par soi-même ; et elle départit à ces petites agrégations sociales le *self-government* des Américains, l'administration, par soi-même, des comtés de l'Angleterre. C'est donc encore un point dans lequel nous sommes séparés de la constitution anglaise. Combien il est à désirer, au contraire, que nous nous en rapprochions à cet égard !

« Le roi propose la loi » (art. XVI). Cette réserve habituelle de l'initiative, qu'on avait si prudemment abandonnée, en juillet 1815, est bien éloignée des anciens cahiers de nos États-Généraux. En voulant fortifier l'autorité royale, ne l'a-t-on pas affaiblie? Quel crédit obtiendront les serviteurs de la couronne lorsqu'on verra sortir du creuset brûlant d'une délibération une loi à laquelle ils ont attaché le nom du roi, car ils ne s'en font pas faute ; une loi, disons-nous, mutilée, boiteuse et même entièrement changée par les Chambres? La loi inspirera-t-elle beaucoup de respect? Si elle blesse les intérêts constitutionnels, les mœurs générales, quels droits auront les ministres à la confiance publique? Si au contraire ils retirent la loi, quel vernis d'incapacité, de légèreté, de faiblesse, n'imprimeront-ils pas à tous leurs actes d'administration?

Chez nos voisins, le budget seul est dévolu à l'initiative de la couronne, ainsi que les demandes de récompenses nationales; et le cabinet tâte l'opinion publique, par un membre qui siége sur les bancs de la trésorerie; ou un des ministres propose la loi qu'il leur faut.

Enfin, c'est surtout dans la composition, les formes et les délibérations de nos chambres législatives, et spécialement de la chambre élective, que nous différons bien plus de nos voisins; et, nous oserons le dire, à notre plus grand désavantage, et sur les points suivants:

1° Par le plus grand nombre d'agents du gouvernement et de fonctionnaires publics, qui sont éligibles et arrivent à la chambre. Les Communes anglaises ont lutté près d'un siècle avec le cabinet, pour exclure de la représentation les agents des finances, les membres des bureaux du ministère, les pensionnaires de la couronne et même les fournisseurs des divers services publics... Espérons que nous ne continuerons pas trop long-temps à voir contrôler les opérations, les demandes et les comptes des ministres par leurs agents;

2° La distribution par bureaux, qui n'est de presque aucune utilité aujourd'hui, et perd beaucoup de temps;

3° La formation des commissions, qui portent presque toujours, dans leur sein, les opinions plutôt que les capacités des Chambres. On en viendra, nul doute, aux comités anglais, dont les membres sont indiqués ou nommés par M. l'orateur ou par le membre de la Chambre qui a fait la proposition; ou enfin ils seront choisis à un scrutin;

4° Les délibérations sur l'ensemble de la loi, puis sur les articles, qui rendront très souvent les lois d'une exécution difficile, y introduisent des contradictions, et lui enlèvent l'ensemble, l'homogénéité des dispositions, et, dès lors, un esprit propre qui la caractérise et en facilite l'application. L'Assemblée constituante avait pris de nos voisins les trois lectures du projet de loi. On a voulu, par la division des Chambres en bureaux, éviter la précipitation et ces décrets d'urgence, qui ont fait beaucoup de mal sous la Convention. Nos Chambres y ont-elles gagné en maturité? Avec des cris de *la clôture* et *aux voix*, on enlève des décrets Ne sera-t'on pas obligé de revenir aux trois lectures, et d'établir un comité de rédaction qui ait l'habitude de donner aux principes adoptés, pendant les diverses lectures, les formes de la loi. Des lois bien claires, bien rédigées, n'ont plus besoin d'ordonnances d'exécution : mais voudra-t'on renoncer à ce luxe d'ordonnances qui entrave notre législation ?

Il est donc dans les formes de la délibération de nos voisins des emprunts avantageux à leur faire.

Voyons actuellement quelle application peut être faite de la jurisprudence anglaise dans les procès politiques, à la responsabilité ministérielle en France, et aux crimes d'État et délits politiques des agents du pouvoir.

Notre conclusion générale, p. 422, et le recensement des malversations ministérielles mentionnées dans notre ouvrage, p. 442, ont suffisamment indiqué quelle est la responsabilité des ministres et des agents supérieurs de la couronne en Angleterre. L'art. IV de cette conclusion, p. 430, établit les faits, principes ou points généraux qui déterminent les caractères de la haute trahison. Au numéro V, p. 435, nous avons également développé les principes et les règles d'après lesquelles cette responsabilité peut être engagée par de simples *Misdemeanors ;* et dans le recensement, on trouve les variétés de délits et de crimes pour lesquels elle a été réclamée, poursuivie et punie. La responsabilité ministérielle anglaise est donc bien définie et connue.

Mettons actuellement en parallèle ce qui forme ou engage la responsabilité de nos ministres. Nos lois, car ce n'est pas de bonnes lois que nous manquons, nos lois nous paraissent avoir reconnu et suffisamment défini les faits ou actes qui engagent la responsabilité, et avec plus de sévérité que les lois anglaises.

La loi du 27 avril 1791 de l'Assemblée constituante, celle du 10 vendémiaire an IV (1er octobre 1796), l'acte constitutionnel de l'an VIII (13 décembre 1799), et le sénatus-consulte de l'an XII (18 mai 1804), ont rendu les ministres responsables,

De tous délits commis contre la sûreté intérieure et extérieure de l'État;

De tout acte contraire à la constitution et aux lois, et de toute inexécution des lois et des règlements d'administration publique;

De tout attentat à la liberté et à la propriété;

De tout emploi de deniers publics contraire aux lois, et de toutes dissipations qu'ils auraient faites ou favorisées par leur négligence, connivence et complicité.

Le Code pénal, au liv. III, titre 1er, *Des crimes et délits contre la sûreté de l'État*, est applicable, dans ses art. 76, 77, 78, 80 et 81, au crime correspondant à celui qui retient, en Angleterre, le nom de *Haute trahison* ministérielle; et, à cet égard, le code législaté postérieurement est plus précis et plus sévère que les lois anglaises. Les art. 86 et 87 sont du même ordre, et peuvent recevoir leur application contre des ministres; il en est de même des art. 111, 112 et 113, relatifs aux élections, et 115 (sur les attentats à la liberté).

La section IIe, *De la forfaiture et des crimes et délits des fonctionnaires publics dans l'exercice de leurs fonctions*, offre une variété de crimes et de délits applicables à la responsabilité ministérielle, délits et crimes plus sévèrement punis que ceux qui auraient été commis par des personnes privées.

Le Code pénal, promulgué à nouveau par le Roi-législateur de la Charte, indique suffisamment sur quoi porte cette responsabilité ministérielle, et l'indique à lui seul, et indépendamment de nos lois antérieures et de l'esprit et du caractère de notre système constitutionnel, qui veulent, définissent et décrètent la responsabilité des ministres.

Ainsi, dans nos lois nouvelles sur la responsabilité ministérielle, nous n'avons rien à demander ou à emprunter à l'Angleterre; nos lois nouvelles n'ont en rien dérogé aux anciennes. Nous renvoyons à cet égard aux procès légaux du chancelier Poyet, trouvé coupable; de l'amiral Brion, déclaré innocent; de Baune Samblençay et de Lally, et à ceux, devant des commissaires, du garde des sceaux de Marillac et du surintendant Fouquet.

La Charte, art. XIII, a reconnu le principe: « Les mini-» tres sont responsables; » et art. LXVI: « Ils ne peuvent être

» accusés que pour faits de trahison et de concussion. Des lois » particulières spécifieront cette espèce de délits, et en dé- » termineront la poursuite. »

Des lois particulières ont, en effet, été présentées et non votées.

Dans toutes, les ministres ont laissé à l'appréciation des Chambres la gravité des cas et des circonstances et les peines à infliger.

En général la Charte et les projets de loi de responsabilité conçus dans son esprit tendent à mitiger la rigueur de nos lois sur la responsabilité. On ne conçoit donc pas la négligence du gouvernement à présenter la loi de responsabilité ; n'est-ce pas une contradiction singulière de voir les Chambres demander une loi à cet égard et les ministres s'y refuser ?

Nous avons donc un code complet de lois sur la responsabilité des ministres : elle est bien et clairement définie. Les lois qui le composent n'ont point été rapportées, et ont force de loi tant qu'elles ne sont pas opposées à la Charte ; or, elles ne le sont qu'en ce sens qu'elles paraissent trop sévères aux membres du ministère. Mais cette sévérité est levée, en ce fait, que la Cour des Pairs de France, juge suprême, a maintenu dans les procès politiques à elle déférés par le gouvernement, son droit d'arbitrer les peines. Ce droit lui compète, comme Cour suprême de jugement de crimes et de délits politiques qui reçoivent des circonstances leur gravité ou leur atténuation. Elle est moins sévère à cet égard que la Chambre des pairs anglaise, qui n'exerce son pouvoir discrétionnel que sur les preuves de culpabilité, et à la simple majorité.

L'application de cette loi de responsabilité s'est présentée, lors de la dénonciation de M. Labbey de Pompières contre le dernier ministère.

Il était reconnu, par tous, que le droit d'accuser compétait à la Chambre des députés, et le droit de juger à celle des Pairs. Lors du changement des formes du gouvernement du roi à la restauration, la Charte avait substitué la Chambre des députés au Corps législatif de la constitution impériale, et au Tribunat de celle de l'an VIII, et la Chambre des pairs à la Haute-cour.

Pour accuser, il faut enquérir : la Chambre a-t-elle le droit d'enquête ? et si on le reconnaissait, comme il n'y avait pas de difficulté, pouvait-elle l'exercer ? Les moyens ne lui en étaient-ils pas déniés jusqu'au moment où *les lois particulières qui spécifieront cette espèce de délits et en détermineront la poursuite*, auront *été rendues ?* C'était bien la prétention de ceux qui s'opposaient à la prise en considération.

Si la Chambre n'avait pas les moyens d'enquête pour le moment, il est certain qu'elle ne pouvait pas les déléguer à sa commission ; mais si elle se croyait les avoir, pouvait-elle, devait-elle les déléguer ?

La Chambre, avec le droit d'accuser, a indubitablement le droit d'enquête, même dans l'espèce actuelle.

En matière politique, lorsqu'il s'agit d'un grand intérêt, de celui du pays, cet intérêt social domine tout et est supérieur à toutes les combinaisons qui peuvent se lier pour l'attaquer. Il faut ici justice de délits, de crimes contre le pays. Le corps, les magistrats qui poursuivent ne seront pas arrêtés par le silence, par les réticences de la loi ; et comme corps politique, la Chambre est, dans ce cas, constituée en Cour, en chambre suprême d'accusation ; elle déterminera elle-même ses formes. Elle agit dans l'intérêt de l'accusation plus que dans celui de l'accusé (nous renvoyons à l'art. IV du procès de lord Lovat, p. 262) ; et devant concilier cet intérêt avec l'équité, avec sa propre dignité, avec l'importance de la matière, elle dirigera son accusation et son enquête suivant les formes usitées, suivant les lois du pays, dans l'espèce, le Code d'instruction criminelle.

Ce droit, elle l'a de même que tout tribunal, quel qu'il soit. Dès qu'il est constitué, il règle ses formes, l'exercice même de sa juridiction ; il n'a de limites à recevoir sur ce point que de ses attributions. Ces principes du droit romain, et nous dirons plus, du droit universel, sont admis en Angleterre. Le pouvoir de coercition si chaudement exercé chez nos voisins, rentre dans le droit d'enquête et en est une conséquence. Ce droit est utile à l'accusation comme au prévenu. Eh ! ne peut-il donc pas arriver qu'un ennemi de l'accusé se refuse à développer des faits qui prouveraient son innocence et renverseraient toute l'accusation ?

La Chambre a-t-elle pu déléguer à la commission chargée de l'examen de la prise en considération ses pouvoirs d'enquérir et de forcer à répondre et à déposer ?

Si nous traitions cette question d'après la considération de l'utilité d'un pareil pouvoir, d'une aussi grande délégation, nous regarderions cette attribution, dans le cas présent, comme intempestive et prématurée. De quoi s'agissait-il? de voir s'il y avait lieu à prendre en considération la dénonciation de M. Labbey de Pompières. Que fallait-il pour décider la Chambre à cette résolution? constater que cette dénonciation, dans l'ensemble des faits qui y étaient relatés, en présentait d'indubitables et de fondés. Dès qu'une plainte n'est pas illusoire et évidemment exagérée, elle doit être reçue : on délibère ensuite s'il y a lieu à instruire ; et ce n'est qu'alors que s'ouvre pour la Chambre la nécessité d'exercer les pouvoirs et le droit de coercition.

Les exercera-t-elle par elle-même ou par une commission? c'est à sa sagesse et à sa discrétion à le déterminer.

Si, au contraire, on décide, on traite cette question d'après l'exemple de nos voisins, nous pensons que la Chambre n'était pas encore arrivée au moment, au point précis de l'action judiciaire, où elle devait exercer son droit de coercition. Nous voyons, au procès d'Hastings, p. 316, que ce n'est qu'à l'instant où l'accusation de M. Burke a été admise par la Chambre que tous les moyens d'investigation, d'enquête et d'instruction lui sont prodigués.

Nous estimerions donc que la commission à laquelle a été renvoyée la dénonciation de M. de Pompières, pouvait bien ne pas se trouver suffisamment instruite, en faire rapport à la Chambre; mais que c'était à la Chambre à décider si elle-même l'était assez pour prendre la dénonciation en considération. Une fois la prise en considération admise, la Chambre pouvait étendre l'enquête par tous les moyens de coercition indiqués dans le Code d'instruction criminelle.

En résultat, la Chambre des députés ne voulait pas assez l'accusation du dernier ministère. Si une grande majorité l'avait ainsi déterminé, tout se serait aplani devant elle ; elle aurait décrété, dans ses résolutions, toutes les formes, tous les moyens qui lui étaient nécessaires.

Nous terminerons cette dissertation, déjà bien longue, par une observation qui nous paraît importante.

La Chambre des communes ne se constitue point en Grand Jury d'accusation (numéro IV du procès de lord Lovat); elle dénonce, elle accuse devant les Pairs. Elle se place dans la même position qu'une veuve, qu'un fils devant le meurtrier d'un époux ou d'un père.

Notre Chambre des députés se croit trop, au contraire, Chambre de mise en accusation. Il lui faudra sans doute de plus grandes preuves, et la poursuite des crimes et délits politiques pourrait en souffrir. Il en résulterait aussi un autre danger, c'est que, présentant une accusation bien prouvée, et les Pairs ne la trouvant pas suffisante et déclarant non-coupable, elle accuserait l'autre Chambre de partialité; et l'harmonie entre deux des branches de la législature serait détruite. Le procès du lord comte d'Oxford et de Mortimer a offert un précédent, à cet égard.

FIN DU TROISIÈME ET DERNIER VOLUME.

TABLE

DU TROISIÈME VOLUME.

SUITE DE LA SECONDE PARTIE.

PROCÈS POLITIQUES.

SECONDE PÉRIODE, DE 1688 A 1821.

FIN DE LA TABLE DU TROISIÈME ET DERNIER VOLUME.

ERRATA.

PREMIER VOLUME.

Page VI, ligne 15, *au lieu de* fils, *lisez* petit-fils.
— — — 16, — neveu, *lisez* petit-fils.
— 65, *Supprimez les deux premières lignes.*
— 81, — 3, *au lieu de* chez, *lisez* dur.
— 83, — 8 de la note, *au lieu de* Richard Ier, *lisez* Richard II.
— 103, — 25, *au lieu de* Marie Ire, *lisez* Jacques Ier.
— 129, — 5, — seizième, *lisez* douzième.
— 175, — 11, — treizième et quatorzième, *lisez* douzième et treizième.
— 176, — 28, — et, *lisez* ou.
— 237, — 4, — seulement, *lisez* et de félonies.
— 240, — 19, — elles, *lisez* ils.
— 242, — 14, — vingt-deux, *lisez* vingt-huit.
— 261, — 27, *après* Henri VIII, *lisez* et de ses enfants.
— 334, — 5, *au lieu de* 12, *lisez* 21.

SECOND VOLUME.

Page 6, ligne 26, *après* beaux jours, *supprimez* avec.
— — — 29, — et, *lisez* par.
— — — 30, — restauration, *supprimez* par.
— 39, — 7 de la note, *au lieu de* à sa place qu'elle substitua, *lisez* qu'à sa place elle substitua.
— 220, — 11, *après* communauté, *lisez* et francs-tenanciers.
— 232, — 3, — 7, *lisez* et 8.
— — — 9, — francs, *lisez* avant l'ouverture du procès.
— 236, — 17, *au lieu de* et, *lisez* susdites auront cours.
— 339, — 24, — sur le reste, *lisez* aux cours des comtés.

TROISIÈME VOLUME.

Page 138, ligne 19, *au lieu de* une, *lisez* la.
— 128, — 23, — se, *lisez* le.
— 139, — 26, — Goersy, *lisez* Goerz.
— 315, — 7, *après* produits, *lisez* par l'enquête.
— 324, — 11, et autres endroits, *au lieu de* Suhjahul-Dowlah, *lisez* Suhjah-Ul Dowlah.
— 353, — 18, *au lieu de* la Haute-Cour, *lisez* la Chambre des Pairs.

www.ingramcontent.com/pod-product-compliance
Lightning Source LLC
Chambersburg PA
CBHW031615210326
41599CB00021B/3188
9782013527217